Con Revuela puedes acceder a un entorno de aprendizaje para ver tu libro digital, recursos, contenidos y relacionarte con tus docentes y compañeros.

Entrar en **Revuela** es muy fácil

Accede a la siguiente web: **smaprendizaje.com**

Si ya tienes un usuario puedes seguir utilizándolo. Si no tienes usuario tendrás que registrarte en el entorno.

Accede con tus datos e introduce el código de licencia que aparece en la página izquierda para activar tu libro.

Si tienes alguna duda, puedes contactar con nosotros a través de la sección de Ayuda desde **smaprendizaje.com**.

Revuela

Esto no es solo un libro de Lengua, es hacer, de las palabras, historias.

2 secundaria

Lengua castellana y Literatura

sm

Así aprendes con Revuela

Revuela te ofrece **situaciones de aprendizaje** contextualizadas que vinculan el aprendizaje de la Lengua con cuestiones que ocurren a nuestro alrededor o en otras partes del planeta, y que nos afectan a todos. Con Revuela actuarás para cuidarte a ti y a los demás, y cuidar del planeta.

Este libro te permite trabajar de distintas maneras:

1. **Bloque a bloque.** En el orden que tienen las situaciones en el libro.
   BLOQUE 1. Comunicación | BLOQUE 2. Las lenguas y sus hablantes | BLOQUE 3. Reflexión sobre la lengua | BLOQUE 4. Educación Literaria

2. **De forma temática.** Las situaciones 1 de todos los bloques tienen un tema en común, relacionado con la ética del cuidado y la ciudadanía global. Lo mismo ocurre con las situaciones 2, con las situaciones 3...

3. **Adaptado a tu clase.** El profesorado puede elegir el orden que considere más adecuado a los intereses de tu alumnado.

Así son las **situaciones de aprendizaje** de tu libro:

Empezamos
Los nuevos contenidos se presentan contextualizados en situaciones reales.

Ruta de aprendizaje
Conocerás lo que vas a aprender en cada situación.

Aprenderás de forma práctica y competencial, actividad a actividad.

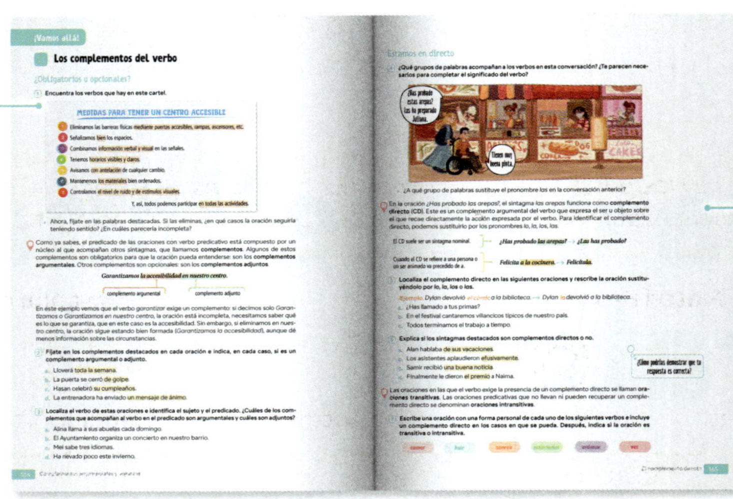

Con explicaciones directas para mejorar la comprensión de los contenidos.

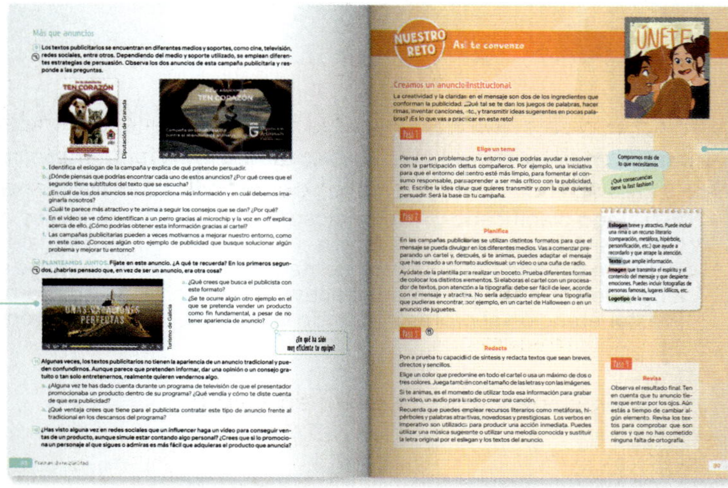

Y un reto competencial con el que podrás poner en práctica lo aprendido en la situación.

Encontrarás recursos digitales como vídeos, interactivos y audios.

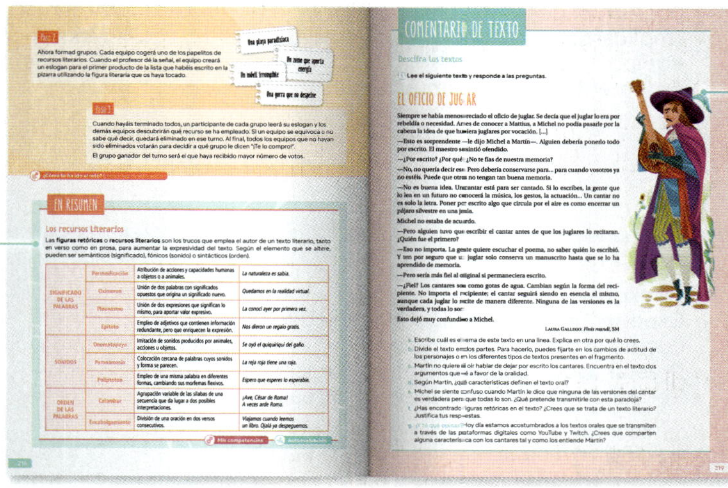

Comentario de texto

Al final de la situación de Literatura podrás realizar un comentario de un texto literario.

En resumen

Puedes consultar los conceptos que has aprendido.

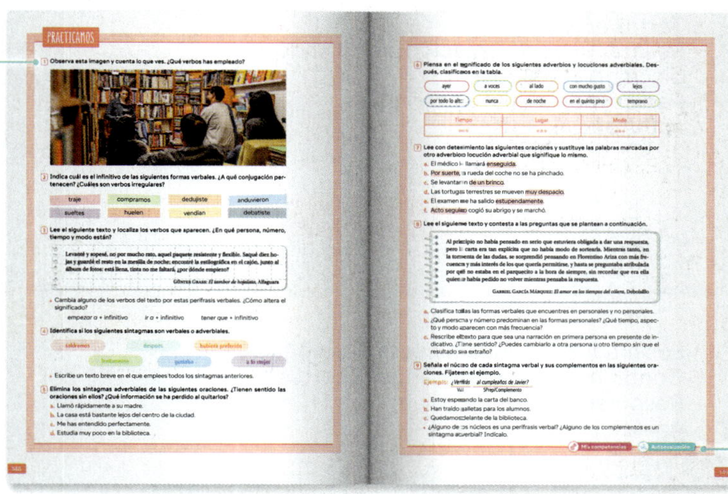

Actividades finales

Al final de la situación de Reflexión sobre la Lengua, comprobarás todo lo que has aprendido.

En tu entorno digital encontrarás una rúbrica y actividades interactivas para valorar las competencias y los conocimientos que has adquirido en cada situación.

En las páginas de este libro encontrarás estos iconos.
Indican distintos recursos que aparecen en tu entorno digital.

Materiales

Vídeo · Plantillas · Audio · Enlace

Avance de tu aprendizaje

Metacognición · Autoevaluación

Índice

Bloque 1 COMUNICACIÓN

Lecturas recomendadas

Cartas a Leonor. Una tierna novela sobre la importancia de la familia y la relación entre los abuelos y los nietos.

El libro salvaje. Una historia que ahonda en las relaciones familiares y demuestra que la lectura tiende puentes entre las diferentes generaciones.

1.1 Gestos que hablan

¡EMPEZAMOS!

Si queremos hablar con una persona, dirigimos nuestra mirada y nuestro cuerpo hacia ella. Si nos sonríen, sonreímos. Si nos saludan desde lejos, reaccionamos con un gesto. Todo ese lenguaje corporal, que usamos sin darnos cuenta, tiene una parte adquirida por imitación desde que somos bebés, y otra, aprendida. Entonces, ¿cómo puede una persona con discapacidad visual aprender esos gestos? ¿Y cómo puede reaccionar a ellos si no los puede ver? Observa este invento.

Vodafone One

- ¿Qué beneficios aporta este dispositivo a las personas con discapacidad visual para poder interactuar con el resto de las personas?
- ¿Cómo puede afectar en una conversación un gesto de la persona que habla o de la que escucha? Pon un ejemplo.
- "Realizamos distintos gestos según nuestra intención comunicativa". ¿Qué significa para ti esta afirmación?
- ¿Crees que la entonación, las pausas y la velocidad al hablar ayudan a identificar qué quieren transmitir y qué sienten las personas que conversan? ¿Por qué?
- Hay algunos gestos que se aprenden y otros son innatos, como el de la fotografía. ¿Qué gestos utilizas tú que hayas aprendido?

El investigador David Matsumoto, un reconocido experto en el campo de la comunicación no verbal, realizó un estudio para analizar si algunas expresiones faciales y gestos corporales eran innatos. Llegó a la conclusión de que los atletas con o sin discapacidad visual reaccionan igual en situaciones idénticas. Por ejemplo, ambos celebran su victoria con este gesto.

¡VAMOS A APRENDER!

1. Prestar atención al profesor cuando la pide.
2. Reconocer los canales de comunicación.
3. Identificar comunicación síncrona y asíncrona.
4. Conocer el papel del lenguaje no verbal en la comunicación.
5. Reflexionar sobre la importancia de la escucha activa.
6. Crear un diálogo teniendo en cuenta el lenguaje no verbal y la escucha activa.

NUESTRO RETO

¿Qué me quieres decir?

Nos comunicamos incluso cuando no pronunciamos ninguna palabra, porque nuestro cuerpo transmite información aunque no queramos. Pero también lo hace la voz. Es lo que vas a experimentar en este reto realizando un diálogo.

Callum es un joven que vive en Escocia y que, por una promesa que hace a una amiga, empieza a seguir el viaje migratorio que realiza Iris, un ave pescadora.

EL VIAJE DE IRIS

manglares: formación vegetal propia de las zonas pantanosas de las costas tropicales.

limo: barro mezclado con restos orgánicos.

ensenada: cala, parte del mar que entra en la tierra.

kulanjango: ave pescadora.

Durante las semanas siguientes, seguí anotando la ruta de Iris en mi cuaderno y me descargué varias fotos de los lugares por los que había pasado. [...]

El vuelo de Iris la llevó hacia el suroeste, a Senegal y Gambia. Su larga migración llegó a su fin junto al río Gambia, no lejos de la desembocadura. Pasé un buen rato mirando las fotos de la zona. Densos manglares verdes y palmeras que llegaban hasta la orilla, cocodrilos echando la siesta sobre montones de limo en la marea baja, pescadores remendando redes junto a sus barcas pintadas de colores. [...]

A partir de entonces, las señales de Iris empezaron a llegar siempre desde la misma zona. Volaba en zigzag sobre una pequeña ensenada del río donde pescaba, y se detenía a descansar en los árboles de las orillas. Parecía instalada, y empecé a comprobar su posición con menos frecuencia. Tendría que esperar hasta marzo para seguir su vuelo de vuelta a Escocia.

Acababa de sentarme ante el ordenador de mi habitación para comprobar su posición, después de un par de días sin conectarme. Encendí el ordenador y me dispuse a introducir la clave de Iris.

Una piedrecilla chocó contra mi ventana. La abrí y vi a Rob y Euan en el patio, con sus bicicletas.

—¿Vienes, Callum? Vamos a los caminos de las lomas.

Miré las colinas. Los árboles resplandecían en rojo y dorado a la luz de octubre. Era un día perfecto.

—¡Voy! —grité, pensando que Iris podía esperar. [...]

Las hojas de otoño, rojas como la sangre, flotaban sobre las oscuras aguas del lago y se acumulaban en la orilla.

—¿Quién es ese? —preguntó Euan.

Una figura con una camisa azul y unos vaqueros estaba de pie al otro lado del lago.

—Es Hamish —dije—. El biólogo del parque natural del que os hablé el otro día.

Adelanté a Rob y pedaleé con fuerza. Hamish me saludó, pero no sonreía como de costumbre.

—No tiene buena pinta, ¿verdad? —dijo.

—¿El qué? —respondí, completamente despistado.

—Iris. ¿No te has dado cuenta?

—Llevo un par de días sin seguirla... —dije.

Rob y Euan habían llegado a nuestra altura y escuchaban atentamente. Hamish sacudió la cabeza.

—No ha cambiado de posición desde hace tres días. La señal llega desde un pantano, pero está inmóvil: Iris no vuela, ni pesca, ni busca nuevos lugares de descanso. La cosa parece fea...

—¡Tenía que haberla vigilado! —dije dando una patada en el suelo.

—¿Y qué podrías haber hecho? —intervino Rob.

—Lo prometí —murmuré—. Le dije a Iona que cuidaría de Iris.

—Rob tiene razón —dijo Hamish poniéndome una mano en el hombro—. No puedes hacer nada. Las águilas pescadoras se enfrentan a muchos peligros; solo ahora que podemos seguirlas sabemos cuántas sobreviven a la larga migración.

Me separé de Hamish.

—Hice una promesa —insistí.

—Callum... —dijo Hamish.

—¡Encontraré la manera de ayudarla! —grité. [...]

Encendí el ordenador y esperé.

Hasta la hora de ir a la cama no llegó el siguiente mensaje de Jeneba.

De: Jeneba Kah

Asunto: Buscando a Iris

Enviado el: 9 de octubre, 21:00

Hola, Callum.

No hay noticias. Lo siento.

Mi padre y mi hermano fueron a pescar hoy y estuvieron buscando a Iris. Ojalá hubiera podido ir con ellos, pero es imposible. Un estudiante de Medicina estadounidense que se llama Max fue con ellos. Utilizó su GPS para intentar encontrarla. Max me ha dicho que fueron al lugar que indicaba la última señal de Iris, pero no la encontraron allí.

Las *kulanjango* son muy importantes para los pescadores. Mi padre dice que va a ir a ver al marabú, que es el brujo de nuestro pueblo. El marabú es ciego, pero ve cosas que otras personas no pueden ver. Es posible que nos ayude a encontrar a Iris.

Mi padre no ha pescado nada hoy.

Espero poder darte buenas noticias mañana.

Jeneba.

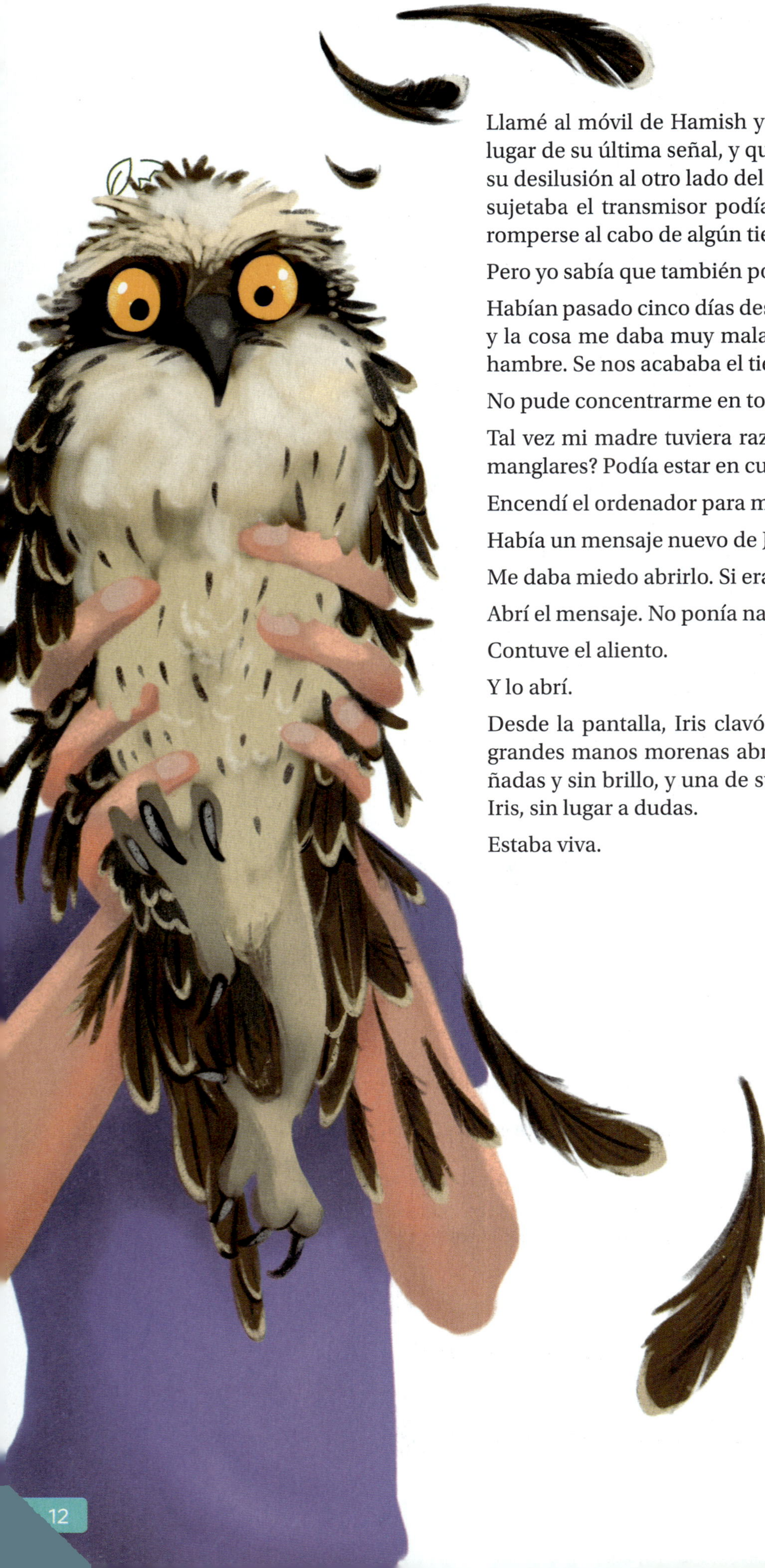

Llamé al móvil de Hamish y le conté que no habían encontrado a Iris en el lugar de su última señal, y que ya no aparecía en Google Earth. Casi pude oír su desilusión al otro lado del teléfono. De todas formas, dijo que el arnés que sujetaba el transmisor podía haberse roto, porque estaban diseñados para romperse al cabo de algún tiempo. Tal vez Iris siguiera volando por ahí.

Pero yo sabía que también podía estar en la tripa de un cocodrilo.

Habían pasado cinco días desde que la señal de Iris había dejado de moverse, y la cosa me daba muy mala espina. Si estaba viva, estaría debilitada por el hambre. Se nos acababa el tiempo. [...]

No pude concentrarme en todo el día. [...]

Tal vez mi madre tuviera razón. ¿Cómo iban a encontrarla en medio de los manglares? Podía estar en cualquier sitio.

Encendí el ordenador para mirar el correo.

Había un mensaje nuevo de Jeneba, con un documento adjunto.

Me daba miedo abrirlo. Si eran malas noticias, no quería saberlas.

Abrí el mensaje. No ponía nada. Solo estaba el adjunto.

Contuve el aliento.

Y lo abrí.

Desde la pantalla, Iris clavó en mí sus brillantes ojos amarillos. Un par de grandes manos morenas abrazaban su cuerpo. Sus plumas parecían desaliñadas y sin brillo, y una de sus patas caía sin fuerza bajo su cuerpo. Pero era Iris, sin lugar a dudas.

Estaba viva.

GILL LEWIS: *Kulanjango. El viaje del águila*, SM

Gill Lewis

Desde pequeña le gustaron los animales, por eso siempre quiso ser exploradora o veterinaria. Juntó sus dos pasiones, el amor por los animales y la literatura infantil, y desde entonces no ha parado de escribir. Si la buscas, seguramente la encuentres escribiendo en su casa del árbol y rodeada de animales.

Comprendo el texto

1 Los títulos nos dan pistas sobre el contenido del texto. El fragmento que has leído podría tener cualquiera de estos títulos.

Un ave en peligro

Sin noticias de Iris

Callum, un chico que cumple sus promesas

- ¿Cuál elegirías? ¿Por qué? También puedes escribir tú otro y explicar la razón de tu elección.

2 Crea el resumen del texto ordenando estas oraciones según se suceden en la lectura.

A. Callum recibe un correo de Jeneba desde Gambia.
B. Callum, pensando que todo iba bien, sale en bici con sus amigos por un parque natural.
C. El relato empieza contando cómo Callum observa el vuelo de Iris durante semanas y ve cómo el águila permanece en una misma zona, lo que le hace pensar que está instalada y bien.
D. Callum recibe la buena noticia: Iris sigue viva.
E. Callum está empeñado en cumplir la promesa que le hizo a su amiga Iona. Contacta con gente en la zona para que lo ayuden
F. Callum y sus amigos se encuentran con el biólogo del parque, que sospecha que hay un problema con Iris.
G. Hamish, el biólogo, advierte a Callum de la dificultad de seguir a estas aves; quizá han perdido su rastro.

- Léelas ahora en el orden correcto. Recuerda utilizar conectores, marcadores u otras fórmulas discursivas para cohesionar el resumen, como, por ejemplo: *entonces, así es, pero, en efecto, sin embargo, aunque, no obstante, finalmente.*

3 Iris es un ave migratoria. ¿Qué ave es? ¿Cómo se explica en el texto que es migratoria?

4 ¿Cuál de estas dos imágenes se corresponde con el viaje de Iris?

A

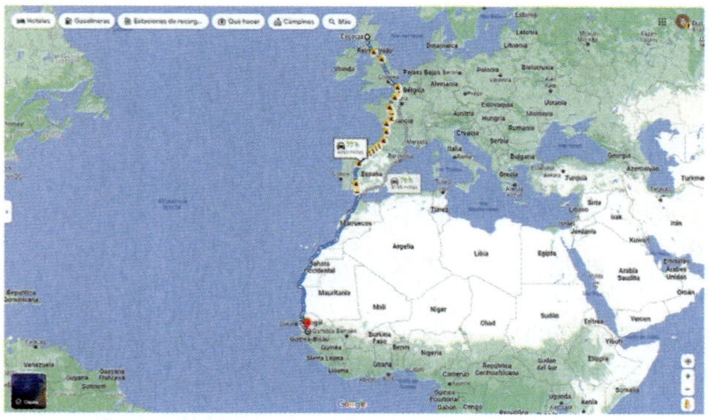

B

5 ¿En qué época del año ha viajado Iris? ¿Cuándo se prevé su vuelta? ¿Por qué crees que Iris migra en esos períodos?

6 ¿Qué cualidades de las siguientes dirías que tiene Callum? Da una razón para cada una de ellas basándote en la información del texto. Después, añade otra cualidad de Callum.

lealtad | optimismo | testarudez | responsabilidad

7 Sustituye las palabras resaltadas por otras que también expliquen el estado de Iris cuando fue localizada.

Sus plumas parecían desaliñadas y sin brillo, y una de sus patas caía sin fuerza bajo su cuerpo.

8 **Según la información del texto, ¿ de estas cosas que hace Callum cuáles indican que puede llegar a ser un buen científico?**

	Sí	No
Toma notas de las observaciones del vuelo de Iris.	●●●	●●●
Hace seguimiento durante poco tiempo.	●●●	●●●
Asocia una clave a Iris para poder seguirla.	●●●	●●●
Comprueba la posición del ave.	●●●	●●●
Tiene una señal que lo avisa inmediatamente de las variaciones del vuelo de Iris.	●●●	●●●
Trabaja en equipo.	●●●	●●●
Utiliza la tecnología.	●●●	●●●

9 **Has leído:**

> De todas formas, dijo que el arnés que sujetaba el transmisor podía haberse roto, porque estaban diseñados para romperse al cabo de algún tiempo.

Numerosos aparatos tienen lo que se denomina "obsolescencia programada", es decir, están programados para dejar de funcionar al cabo de un tiempo. ¿Cuál es tu opinión con respecto a esa práctica? Haz una lista de ventajas y desventajas.

10 **Escucha este fragmento. Callum se culpa de haber perdido el rastro a Iris. ¿Qué se dice a sí mismo? ¿A veces tú también te echas la culpa de las cosas que te pasan a ti o a otras personas? Comentadlo en grupo.**

- Sin embargo, enseguida empieza a buscar soluciones. ¿Crees que es una buena actitud? Pensadlo en parejas y dad al menos dos razones.

11 **Las tecnologías nos resultan muy útiles para compartir y mejorar la vida. En el texto aparecen algunas. ¿Qué nos permiten? Asocia.**

- **a.** *Global Positioning System (GPS)*
- **b.** Clave
- **c.** Cámara digital
- **d.** Google Earth
- **e.** Correo electrónico
- **f.** Ordenador

1. Localizar la posición de Iris
2. Comunicarse. Enviar mensajes a personas y organismos.
3. Observar los lugares por los que viaja Iris.
4. Conectarse a internet. Comunicarse. Aprender.
5. Permitir el acceso a algo concreto utilizando una contraseña.
6. Explorar el mundo a través de una aplicación de internet que muestra un globo terráqueo virtual.

12 **Has leído.**

> —Es Hamish —dije—. El biólogo del parque natural del que os hablé el otro día.
>
> Adelanté a Rob y pedaleé con fuerza. Hamish me saludó, pero no sonreía como de costumbre.
>
> —No tiene buena pinta, ¿verdad? —dijo.

Es muy relevante prestar atención a las palabras, pero el lenguaje corporal también comunica. ¿Qué indicaba la sonrisa de Hamish? Explica por qué es tan relevante para comunicar bien el lenguaje corporal. Poned ejemplos en parejas y comentadlo en grupo.

13 **PLANTEAMOS JUNTOS. Internet y las tecnologías, cuando están al servicio del bien común, proporcionan numerosos beneficios. Comentadlo y escribid una lista de aspectos positivos de la tecnología.**

La comunicación

¿Cómo nos comunicamos?

1 **Lee este texto de *El Principito* y contesta a las preguntas.**

> En el segundo planeta, vivía un vanidoso:
>
> —¡Ah! ¡Ah! ¡Ahí tengo la visita de un admirador! —exclamó desde lejos el vanidoso en cuanto divisó al principito. [...]
>
> —Buenos días —dijo el principito—. ¡Qué sombrero más raro lleva usted!
>
> —Es para saludar —le respondió el vanidoso—. Es para saludar cuando me aclaman. Desgraciadamente, por aquí nunca pasa nadie.
>
> —¿Ah sí? —dijo el principito sin comprender.
>
> —Golpea tus manos una contra otra —aconsejó entonces el vanidoso.
>
> El principito golpeó sus manos una contra otra. El vanidoso saludó modestamente, levantándose el sombrero.
>
> ANTOINE DE SAINT-EXUPÉRY: *El Principito*, Salamandra

¿En qué aspecto de esta actividad te gustaría profundizar?

a. En el texto intervienen dos personajes. ¿Quiénes son?

b. ¿Crees que se conocen y tienen confianza entre ellos? ¿Quién de los dos es un adulto y quién un niño? Busca palabras en el texto que apoyen tu respuesta.

c. Indica una intervención de un personaje que se pueda apoyar con un gesto para que se entienda mejor y describe el gesto que haría el personaje.

d. Si este texto formara parte de un chat de mensajería instantánea se podría enriquecer con el uso de emoticonos. Propón un emoticono para acompañar a cada una de estas expresiones.

- ¡Qué sombrero más raro lleva usted!
- Desgraciadamente, por aquí nunca pasa nadie.
- ¿Ah sí?

2 **En muchas situaciones, la comunicación se establece a través de un diálogo en el que los participantes intercambian roles de emisor y receptor, lo que se conoce como comunicación bidireccional. Señala cuáles de estas situaciones describen una comunicación bidireccional y explica por qué.**

A

B

C

D

E

3 CONTRASTAMOS JUNTOS. Cuando dialogamos podemos comunicarnos hablando o escribiendo por medio de diferentes canales. Une cada una de las situaciones que se describen con el tipo de canal que usarías para comunicarte.

Oral | Aire

Escrito | Papel o medio físico

Escrito | Tecnología digital

Oral | Tecnología digital

a. Pedir permiso a tus padres para salir con tus amigos al cine.
b. Preguntar a tu abuelo cómo se encuentra de su constipado.
c. Pedir a tu profesor que te deje revisar un examen y que te resuelva dudas.
d. Planificar con tu mejor amigo vuestros planes de fin de semana.
e. Comentar en tiempo real una partida de un videojuego.
f. Comunicarte con tu hermano mientras estás estudiando en el extranjero.
g. Consolar a un amigo que ha perdido a un familiar.

- Ahora compara las respuestas con las de tus compañeros y contestad a estas preguntas.
  a. ¿Hay diferencias entre tus respuestas y las de tus compañeros? Si las hay, ¿a qué crees que se deben?
  b. ¿Qué consideras que te condiciona a la hora de decidir qué canal usas para comunicarte en cada momento? Cita al menos tres condicionantes.
  c. ¿Cuál es el canal de comunicación que te gusta usar más y cuál menos? ¿Por qué?
  d. ¿Piensas que hay canales que no deberían usarse en determinadas circunstancias? ¿Cuáles? Justifica tu respuesta.

4 Cuando nos comunicamos podemos hacerlo en tiempo real o en un diálogo con respuestas en otro momento. Lee la descripción de estos dos tipos de comunicación y completa la tabla con ejemplos orales o escritos de tu vida cotidiana.

Comunicación síncrona
Las personas que dialogan participan de la comunicación al mismo tiempo.

Comunicación asíncrona
Las personas que dialogan no coinciden en el tiempo.

	Síncrona	Asíncrona
Con quién dialogas	●●●	●●●
Intención	●●●	●●●
Canal	●●●	●●●

- ¿Cuál ha sido el motivo de tu elección para que fuera síncrona o asíncrona?

Sin palabras

5 Imagina que quieres explicar que tienes hambre a alguien que no conoce tu idioma. ¿Cómo lo harías? ¿Y si le quisieras explicar cómo cocinas tu comida favorita? ¿Sería posible hacerlo sin usar palabras?

6 El lenguaje no verbal (gestos, entonación, postura corporal, etc.) puede sustituir a la palabra en mensajes sencillos y, en ocasiones, complementarlo. Fíjate en estas imágenes y responde a las preguntas.

a

b

a. ¿Qué diferencia hay entre la intención del niño en ambas imágenes? Explica en cuál de ellas el lenguaje no verbal sería imprescindible para entender correctamente la intención del niño con su respuesta.
b. Pon otro ejemplo en el que sea muy importante tener en cuenta los gestos o la entonación de quien habla para interpretar bien su intención al hablar.
c. Ahora imagina que se tratase de una conversación por chat y explica cómo dejaría claro el niño en ambos casos su intención sin usar más palabras.

7 **Reflexiona sobre los diferentes tipos de comunicación que utilizas en tu vida cotidiana y analiza qué mensajes compartes con otras personas sin la necesidad de utilizar palabras, y cuáles son aquellos que dependen únicamente del lenguaje hablado. Luego, comparte tus conclusiones con tus compañeros. ¿Coincide el lenguaje no verbal que utilizáis?**

Tienes toda mi atención

8 Con el fin de que un diálogo sea eficaz, adaptamos nuestro lenguaje según la situación, la relación con nuestro interlocutor y el grado de formalidad que se requiere. Indica en cuál de las circunstancias de las imágenes te parecería adecuada cada una de estas expresiones.

¡Qué guay! | Sería conveniente abordar ese tema en otra reunión.

Buenos días, señora | ¡No te flipes! | Ha sido un placer conversar con usted.

¿Podría estacionar el vehículo en esta zona? | ¡Suéltalo! No te cortes.

a

b

c

9 A veces hay situaciones en la que dos o más personas están hablando, pero ninguna de ellas escucha realmente lo que la otra está diciendo, o no está dispuesta a cambiar su punto de vista. ¿Lo has experimentado en alguna conversación? ¿Qué crees que pasaría si en un diálogo nos centramos solo en hablar y no escuchamos al resto de los participantes? Además del silencio, ¿cómo podemos demostrar que escuchamos a nuestro interlocutor?

10 La clave para tener conversaciones satisfactorias no solo está en hablar, sino también en escuchar activamente. Esto significa ser capaces de entender la intención de nuestro interlocutor y conectar con sus emociones mientras nos habla. Observa esta infografía para saber cuáles son los pasos para llevar a cabo una escucha activa.

Consejos para una buena escucha activa:

- Mantén el contacto visual. Para que tu interlocutor sepa que lo estás escuchando, debes mirarlo a los ojos con atención.
- Centra tu atención y no te distraigas con el móvil o cualquier otro objeto que tengas a tu alcance.
- Ten en cuenta los gestos y la entonación de quien te habla a la hora de interpretar sus mensajes y conocer su estado emocional y su intención.
- Procura acompañar tu escucha con gestos acordes al contenido de lo que dice tu interlocutor para mostrarle empatía.
- Respeta los turnos de palabra y evita interrumpir a tu interlocutor.
- Demuestra que sigues escuchando con gestos de asentimiento y una postura corporal de interés que haga ver que te muestras receptivo.
- Formula preguntas que evidencien tu interés acerca de lo que te transmite tu interlocutor.
- Antes de hacer tu aportación puedes realizar un breve resumen de lo que has entendido.

- A continuación preparad y escenificad en parejas una conversación en la que se lleve a cabo una escucha activa.

11 La asertividad es la habilidad para expresar de forma adecuada ciertos mensajes, como aquellos en los que debemos comunicar nuestro desacuerdo o disgusto. Observa estos consejos para ser asertivo y escribe el inicio de una conversación con un amigo que siempre elige la película cuando vais al cine y tú estás molesto porque nunca puedes elegirla.

Convierte las quejas o reproches en peticiones

Si algo no te gusta, no centres tu queja en tu interlocutor sino en **cómo te sientes** y **qué deseas o necesitas** y propón soluciones a los problemas:

Describe la situación que te hace sentir mal:	Describe cómo te sientes:	Expresa tu necesidad o deseo:
Cuando...	Me siento...	Me gustaría que... Te pido que...

¿Qué cambiarías para hacer (aún) mejor esta actividad?

NUESTRO RETO ¿Qué me quieres decir?

Realizamos un diálogo

¿Creéis que se puede utilizar la tecnología al servicio del bien común? Petro Psyllos ha creado un dispositivo de voz que facilita la vida a las personas con discapacidad visual. ¿Qué os gustaría saber sobre él y su invento? ¡Preparad preguntas y respuestas!

Paso 1

Preparad el diálogo

En parejas, pensad qué os gustaría saber sobre su motivación a la hora de crear el dispositivo, el proceso de elaboración del mismo, si lo creó solo o en equipo, qué sintió al comprobar que funcionaba y que tenía una repercusión positiva en la sociedad, etc., y preparad una serie de preguntas que le queráis hacer.

Id escribiendo las respuestas a la par que realizáis las preguntas, porque unas pueden llevaros a otras.

Podéis investigar más sobre él, si os interesa el tema, o simplemente imaginar e inventar lo que podría pensar, sentir y decir.

Paso 2

Incluid una intención

Cuando tengáis el diálogo preparado, revisadlo y analizad en qué preguntas o respuestas podéis incluir distintas intenciones comunicativas. Por ejemplo, en una respuesta, la intención puede ser transmitir alegría, en otra, empatía, o en una pregunta, asombro.

Respuesta para transmitir alegría:
¡Me sentí muy orgulloso!
Pregunta para transmitir empatía:
Imagino que no fue fácil abrirse paso siendo tan joven, ¿no?

Debéis introducir tres intenciones diferentes, pero no las comentéis con el resto de vuestros compañeros.

Paso 3

Pensad en consejos

Mantener un diálogo eficaz exige escuchar activamente, lo que quiere decir que se deben seguir unas pautas. Comentad entre vosotros qué significa escuchar de manera activa a otra persona y cread una lista de requisitos que se deben cumplir. Observad los consejos del recuadro y añadid los que hayáis decidido entre los dos.

CONSEJOS PARA UNA ESCUCHA ACTIVA

- ✔ Respetar los **turnos de palabra**.
- ✔ Mantener el **contacto visual**.
- ✔ Mantener una **postura corporal** que transmita interés.
- ✔ Observar los **gestos** e interpretar la **entonación** para distinguir cuál es la intención comunicativa y cómo se siente la persona que habla.
- ✔ Realizar **gestos coherentes** con la información que aporta la persona que habla.

Paso 4

Revisad lo escrito

Repasad la entrevista, comprobad que habéis incluido preguntas o respuestas que tengan distintas intenciones y pasadla a limpio.

Lo contamos

Un programa de radio dedicado a informar sobre avances tecnológicos os ha invitado a que realicéis vuestra entrevista. ¿Preparados para leerla en voz alta?

Paso 1

Pensad cómo lo vais a contar

Se podría pensar que en la lectura de un texto en la radio los gestos no tienen importancia porque los oyentes no los ven. Observad este vídeo en el que los actores leen una historia que se emite por ese medio.

¿Qué gestos asocian a algunas de sus palabras? ¿Por qué creéis que los hacen si nadie los ve? ¿Por qué se miran entre ellos si están leyendo? ¿Los actores hacen gestos solo cuando hablan o también cuando escuchan?

Los gestos los ayudan a expresar mejor la intención comunicativa que hay detrás de sus palabras: saludar, mostrar cansancio ante una exigencia, etc.

Analizad la entrevista que habéis escrito y las tres intenciones que queríais transmitir. Luego, decidid qué gestos pueden ayudaros a dar una entonación adecuada a esas palabras.

Después, decidid también qué palabras clave ayudan a comprender mejor esa intención y subrayadlas. Por ejemplo, en la intervención: "Supongo que no fue fácil para un chico tan joven abrirse camino". Podríais remarcar las palabras *fácil* o *joven*.

Paso 2

Entrenad la entonación y la intención comunicativa. Lectura en voz alta

Vais a ensayar la lectura de vuestra entrevista poniendo especial atención en tres aspectos:

1. Realizar los gestos que habéis asociado a las palabras de manera que puedan apreciarse con claridad.
2. Remarcar las palabras que habéis subrayado diciéndolas más lentamente o alargando ligeramente las vocales.
3. Escuchar de manera activa.

- En cuanto a los gestos, probad a realizarlos justo antes de pronunciar las palabras con la que los habéis asociado y comprobad si esto os ayuda a entonar mejor.

Paso 3

Contadlo

Al leer en voz alta y no tener que aprenderse el texto se corre el peligro de hacerlo demasiado deprisa. Levantad la mirada del papel y conectad con vuestros compañeros, el silencio que se crea hasta que volváis a fijar los ojos en el texto resultará agradable a los que os escuchan.

Al final de vuestra lectura, el resto de los compañeros tendrán que adivinar qué tres intenciones comunicativas os habíais marcado, qué gestos habéis hecho y qué palabras habéis remarcado.

CONSEJOS

Para leer un texto en voz alta y que los demás lo disfruten primero debéis comprenderlo, saber qué intención hay detrás de las palabras. Si utilizáis gestos y expresiones, estos os ayudarán a dar la entonación adecuada.

¿Cómo te ha ido el reto?

1. ¿Cómo han realizado su entrevista los demás? Evalúa a una pareja.

	Conseguido	Todavía no
1. Han realizado gestos y los hemos percibido con claridad.	●●●	●●●
2. He comprendido qué emociones querían transmitir porque han dado la entonación adecuada a sus preguntas y respuestas.	●●●	●●●
3. Han practicado la escucha activa.	●●●	●●●

2. Completa la información.

He evaluado a la pareja formada por... Lo que mejor han hecho es...

Compartimos

Reunid todos los consejos para practicar la escucha activa y resumid los que consideréis más importantes. Luego, cread con ellos un minifolleto y llevadlo a casa. Podéis colocarlo en la nevera para recordarlo cuando lo necesitéis y charlar sobre ello con vuestros familiares.

EN RESUMEN

La comunicación

La comunicación puede ser **oral o escrita** y, a su vez, puede darse por diferentes canales, como el aire, el papel o la tecnología digital.

La comunicación es **bidireccional** cuando los participantes se intercambian los roles de emisor y receptor. En función de si nos comunicamos en tiempo real o no, esta puede ser:

- **Síncrona:** las personas que dialogan participan de la comunicación al mismo tiempo.
- **Asíncrona:** las personas que dialogan no coinciden en el tiempo.

El **lenguaje no verbal** son los gestos, la entonación, la postura corporal y otros elementos que complementan a la comunicación verbal y que, en ocasiones, pueden sustituir a la palabra en mensajes sencillos. n la comunicación debemos adaptar nuestro mensaje a la **situación**, el **grado de familiaridad** con nuestro interlocutor y el **nivel de formalidad** que se requiera.

Además, para comunicarse hay que practicar la **escucha activa**, es decir, entender la intención de nuestro interlocutor y conectar con sus emociones mientras nos habla. Para ello hay que poner atención en los siguientes aspectos:

- Mantener el contacto visual con el interlocutor.
- Centrar la atención y no distraerse con el móvil o cualquier otro objeto que haya al alcance.
- Respetar los turnos de palabra y evitar interrumpir al interlocutor.
- Demostrar que se sigue escuchando asistiendo y manteniendo una postura corporal de interés.
- Formular preguntas que evidencien el interés de lo que transmite el interlocutor.
- Interpretar los gestos del interlocutor y acompañarlo con gestos acordes.

Los desacuerdos se deben expresar con **asertividad**, que consiste en no centrar la queja en el interlocutor sino en los sentimientos y deseos propios, proponiendo soluciones a los problemas.

Mis competencias Autoevaluación

1.2 La ilusión nos mueve

¡EMPEZAMOS!

A la isla de Lamu se la conoce en África como "la joya de Kenia" por sus playas paradisiacas, la belleza de un mar salpicado de embarcaciones tradicionales y la tranquilidad de sus calles, por las que no circulan vehículos. Sin embargo, ahora también es conocida por las toneladas de plásticos que llegan a sus playas y por la brillante reacción que han tenido sus habitantes para solucionar el problema.

Kenia, cuna del primer barco del mundo fabricado 100% con desechos plásticos/ Agencia EFE

- ¿Cómo es la isla donde han sucedido estos hechos? Descríbela con tres adjetivos.
- ¿Qué ha ocurrido en Lamu? ¿Qué han decidido hacer sus habitantes para solucionar el problema?
- ¿Cómo lo han hecho? ¿Qué materiales han utilizado?
- ¿Crees que la acción que han realizado los beneficia solo a ellos? ¿Por qué?
- ¿Consideras que la reacción de los habitantes de Lamu transmite algo heroico y digno de admiración? ¿Cómo convertirías esta noticia en un cuento didáctico? Coméntalo con tu compañero.
- ¿Te parece bien esta iniciativa? ¿Qué problema intentan evitar? ¿Se te ocurre otra iniciativa que podrías hacer para disminuir el consumo de plásticos en tu día a día?

POR
DÓNDE
VAMOS

MODALIDADES TEXTUALES

- **la narración**
- **la descripción**
- la prescripción
- la argumentación
- la exposición

¡VAMOS A APRENDER!

1. Implicarnos en situaciones de trabajo en equipo.
2. Identificar los elementos de la narración.
3. Utilizar correctamente los tiempos verbales en la narración.
4. Diferenciar descripción dinámica de estática.
5. Redactar una descripción.
6. Crear un texto narrativo a partir de una noticia en la que alguien ha contribuido a hacer del mundo un lugar mejor.

NUESTRO RETO

Como salida de un cuento

En la vida real a veces suceden historias que parecen sacadas de un cuento. Un grupo de personas se unen para enfrentarse a un problema, emplean el ingenio, le ponen ilusión y consiguen hacer del mundo un lugar mejor. ¿Te atreves a contar esas historias?

Vas a leer un fragmento sobre los proyectos que han propuesto dos jóvenes, de Brasil y Sierra Leona, respectivamente, para proteger el medioambiente, combatir el cambio climático y luchar por un mundo mejor y más igualitario.

ANNA LUÍSA BESERRA

Agua potable para todos

Anna Luísa Beserra nació en Brasil y desde pequeña quiso ser científica. Este deseo tomó una dirección clara cuando descubrió las dificultades de acceso al agua que tenía la población rural en el nordeste de su país.

Debido al clima semiárido de esta región, muchas comunidades sufren problemas de abastecimiento durante las estaciones más secas. Por ese motivo, la gente suele almacenar el agua de lluvia en cisternas y recipientes domésticos. Sin embargo, esta agua se contamina con facilidad y puede provocar enfermedades e incluso la muerte, especialmente en niños.

Cuando Anna Luísa decidió presentarse a un premio para jóvenes científicos, eligió preparar un proyecto que ayudase a resolver este problema. “El primer prototipo lo creé cuando tenía 15 años y soñaba con ser científica. [...] Como ya sabía el gran problema que suponía la falta de acceso al agua potable en el mundo, traté de buscar una solución que fuera simple y viable”.

La joven comenzó como lo haríamos cualquiera de nosotros, buscando en Google. Así descubrió Sódis, un sistema para potabilizar el agua basado en el poder desinfectante de la radiación solar. Esta sencilla tecnología se utilizaba en África y consistía en poner el agua de la cisterna en botellas de plástico PET y dejarlas al sol entre seis y 48 horas.

Esta estrategia, sin embargo, tenía algunas limitaciones. En primer lugar, las botellas solo podían contener dos litros de agua, lo que hacía el proceso lento y poco práctico. Por otra parte, no había manera de saber a partir de qué momento el agua era potable y podía ser consumida. En tercer lugar, las botellas de PET, con el uso, acaban desprendiendo microplásticos tóxicos.

Anna Luísa intentó resolver los problemas del sistema Sódis y creó un dispositivo al que llamó Aqualuz. Pese a que su proyecto no ganó el premio, siguió trabajando y estudiando para mejorarlo y desarrollar nuevas versiones.

Cuando acabó el instituto, decidió estudiar Biotecnología en la Universidad Federal de Bahía. Allí conoció a colegas de otras disciplinas, que se unieron al proyecto de Aqualuz y colaboraron para encontrar soluciones a algunos de sus problemas. Entre otras mejoras, sustituyeron las botellas de PET por un depósito de diez litros e instalaron un sensor que cambiaba de color cuando el agua estaba lista para el consumo.

Anna Luísa defiende con entusiasmo las ventajas de su invento: se trata de un sistema resistente, fácil de limpiar y reciclable. Además, el filtro no utiliza sustancias dañinas para la salud o la naturaleza, como el cloro. Solo necesita luz solar.

Tras seis años de duro trabajo, ahora muchas familias de la región semiárida de Brasil disfrutan de agua potable gracias a Aqualuz, y el proyecto ha ganado premios internacionales y el respaldo expreso de la ONU.

"El primer paso es empezar. Muchas personas tienen ideas, pero no pasan a la ejecución. Un factor que hace que la gente se dé por vencida es que no creen que vaya a funcionar. Esto es algo normal; Aqualuz está en la versión diez, lo que significa que hemos cometido al menos nueve errores hasta diseñar un modelo funcional".

Anna Luísa sigue investigando, dando charlas y trabajando contra la escasez de agua potable a través de Safe Drinking Water For All ("Agua Potable para Todos"), la *startup* que creó para comercializar Aqualuz y, más tarde, una desalinizadora solar a la que han llamado Aquasolina. Grandes inventos para mejorar la vida de las comunidades más desfavorecidas.

KELVIN DOE

Dando voz al barrio

Kelvin Doe nació en Sierra Leona, un país muy pobre, lastrado desde la década de 1990 por las consecuencias de una durísima guerra civil. Al salir de clase, muchos niños recorren los vertederos del extrarradio de la capital, Freetown, en busca de piezas de metal que puedan vender. Kelvin, por su parte, miraba con enorme curiosidad los electrodomésticos inservibles, los motores y las piezas electrónicas, preguntándose qué eran, para qué servían, y si él podría hacerlos funcionar.

Comenzó a repararlos con ayuda de unos viejos libros de ingeniería básica de la biblioteca y a experimentar nuevas posibilidades. Pero su barrio solo disponía de electricidad unas pocas horas a la semana y las pilas eran demasiado caras. Se propuso entonces fabricar unas baterías caseras y, cuando lo consiguió, comenzó a reunir piezas para construir un generador.

kits: equipos de utensilios.

Catalina González Vilar

Nacida en Alicante, es una antropóloga y escritora especializada en literatura juvenil. Ha escrito novelas, cuentos, teatro y, en los últimos años, se está lanzando al mundo del cómic y de los videojuegos. Ha recibido varios galardones, entre los que destacan Premio SM El Barco de Vapor.

Así fue como la familia de Kelvin consiguió tener electricidad en casa y él pudo llevar adelante su siguiente proyecto: crear una emisora de radio para el barrio. La radio es algo fundamental en Sierra Leona. Gracias a ella, las noticias, los deportes y la música llegan a todos los rincones del país. Además, una emisora propia ayudaría a que los vecinos pudiesen hablar de las cosas que les interesaban.

Kelvin montó la estación de radio en el salón de casa, una casa muy pequeña, con un radiotransmisor y un mezclador de música que él mismo inventó, un reproductor de CD reciclado y una antena que le permitía llegar a todo su vecindario. Él pinchaba música y reclutó a chicos del barrio para que fuesen en busca de noticias, entrevistasen a gente, retransmitiesen los partidos locales de fútbol y le ayudasen con sus trabajos como DJ en celebraciones.

La radio fue todo un éxito y se convirtió en un punto de encuentro, un lugar donde la gente, y especialmente los jóvenes, podía expresar sus intereses y preocupaciones, lo que avivó un sentimiento de comunidad. En el barrio apodaron a Kelvin DJ Focus. “Me llaman así porque creo que, si focalizas tu atención, puedes inventar cualquier cosa”, explica.

Algo después, Kelvin y sus compañeros quedaron finalistas en un premio de innovación para estudiantes con su proyecto de radio comunitaria. Allí conoció a uno de los organizadores, David Sengeh, que había nacido en Sierra Leona pero trabajaba en el MIT, el Instituto Tecnológico de Massachusetts. El objetivo de David era encontrar el talento en su país y ayudar a desarrollarlo. Fue él quien organizó una visita de tres semanas de Kelvin a Nueva York, donde el joven participó en talleres de ingeniería y contó su historia en la Universidad de Harvard y en el propio MIT.

Esta experiencia fue una gran oportunidad, pero no sería la última. Una empresa de Canadá le ofreció un proyecto para diseñar kits de iluminación solar a bajo coste, y Kelvin se instaló en Ontario para estudiar ingeniería y seguir inventando. Desde allí, emplea su mente para idear soluciones que mejoren la vida de las personas sin recursos y utiliza su voz para inspirar y transmitir a los jóvenes de su país que, pese a las dificultades, se pueden conseguir grandes cosas con confianza, entusiasmo y empuje.

Catalina González Vilar: *Nosotros somos el cambio*, SM

Comprendo el texto

1 Los dos relatos que has leído están extraídos del libro *Nosotros somos el cambio*. Basándote en los fragmentos, da dos razones por las que se le ha puesto ese título.

2 Has leído dos historias de dos jóvenes empeñados en resolver un "problema" que hará que mejore la vida en su comunidad. Para darle solución, ambos jóvenes empezaron por hacerse una pregunta. Completa la tabla.

Protagonista	Situación inicial	¿Qué pregunta se hacía?
Anna Luísa Beserra	Anna nació en ●●●, y descubrió que ●●●.	●●●
Kelvin Doe	Kelvin nació en ●●●, un país ●●●, en el que mucho muchos niños ●●●.	●●●

3 Anna sabía que el agua es imprescindible para la vida y quería que el agua potable llegase a zonas con problemas de abastecimiento. A partir del sistema de suministro existente, inventó otro mejor. Completa el mapa conceptual y utilízalo para exponer en voz alta los dos sistemas.

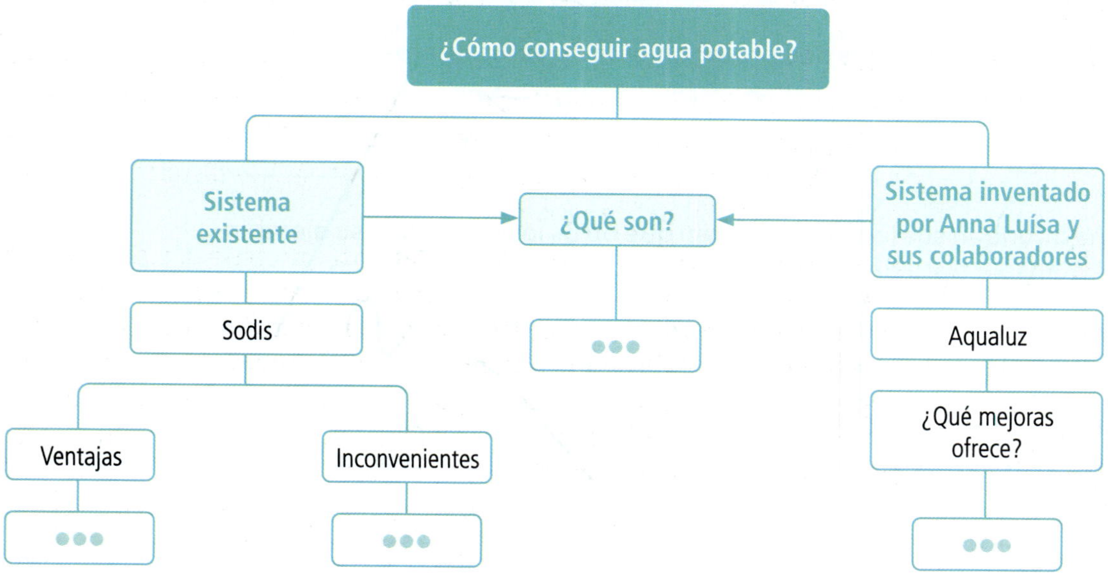

4 Anna muestra las limitaciones del sistema Sódis y se refiere fundamentalmente a tres. ¿Qué palabras utiliza para enumerarlas?

5 Escucha este párrafo en el que Anna Luísa explica cómo comenzó su proyecto. En él se condensan muchas de las ideas que hacen que los proyectos y los sueños se conviertan en realidades. Asocia cada oración con lo que se dice en el texto.

- **a.** Cada error es una oportunidad, podemos aprender equivocándonos.
- **b.** ¿Tienes una idea? Ponla en acción.
- **c.** Si quieres algo, da el primer paso.
- **d.** Para perseguir un sueño hay que creer en él.

6 Para conseguir metas, además de tener ganas hacen falta conocimientos. ¿Qué estudios realizaron Anna y Kelvin?

7 Una de las razones del éxito de los proyectos de Kelvin y de Anna es que no los desarrollaron solos. ¿Con quién contaron cada uno de ellos? ¿Crees que es importante trabajar en equipo? Da al menos tres motivos.

8 Estos dos relatos hablan de personas que aportan lo mejor de sí mismas para mejorar su entorno. Fíjate ahora en la trayectoria de Kelvin. Escribe cuáles fueron sus logros y a quiénes beneficiaron.

9 **PLANTEAMOS JUNTOS.** En el barrio apodaron a Kelvin DJ Focus. Él decía "Me llaman así porque creo que, si *focalizas tu atención*, puedes inventar cualquier cosa". ¿Qué significa focalizar la atención? ¿Es importante hacerlo? En parejas, poned ejemplos que justifiquen vuestra respuesta.

10 En el texto se utilizan comillas (" ") varias veces. Por ejemplo: "El primer prototipo lo creé cuando tenía 15 años y soñaba con ser científica. [...]". ¿Para qué se usan ahí las comillas? Busca otro ejemplo en el texto con la misma función.

11 Fíjate en el significado de esta palabra. Búscala en el texto. ¿Cómo se ha escrito? ¿Por qué?

> **Start-up**
> (ing)
> s.f.
> **1.** Empresa recién creada.
>
> *CLAVE: Diccionario de uso del español actual*, SM

12 Estas son algunas de las cualidades de los dos protagonistas de estos relatos. Justifícalas apoyándote en informaciones del texto.

curiosidad | perseverancia | capacidad de trabajo en equipo | altruismo | empatía

13 Tanto Kelvin como Anna difunden sus logros e intentan que otros jóvenes sigan su ejemplo. ¿Cómo lo hacen? ¿Qué mensaje trata de transmitir cada uno?

14 Cuando observas una necesidad y quieres contribuir a darla a conocer, lo primero es informarte de lo que hasta el momento se conoce en ese ámbito. ¿Qué hicieron Kelvin y Anna?

15 **Aprendo a pensar.** Anna Luisa opina que "Un factor que hace que la gente se dé por vencida es que no creen que vaya a funcionar". ¿En qué crees que se basa? ¿Qué opinas tú y qué argumentos expondrías?

- En parejas, responded: ¿por qué es importante creer en lo que estás haciendo?, ¿es suficiente? ¿Cuántas versiones hizo Anna antes de lograr un modelo funcional?

16 Por equipos buscad información acerca de personas que lograron sus propósitos porque no se dieron por vencidas y completad una ficha como esta.

Quién es: ...
Dónde nació: ...
Qué consiguió: ...
Qué beneficio supuso para su comunidad: ...
Cómo lo consiguió: ...

- Hablad de la persona que habéis elegido empleando el vocabulario de las cualidades que aparece en el texto: *curiosidad, perseverancia, capacidad de trabajo en equipo, empatía, generosidad, empuje, confianza* y *entusiasmo*.

17 La lectura muestra proyectos que buscan proteger el medioambiente y paliar los efectos del cambio climático. Buscad otros ejemplos de ideas que se hayan llevado a cabo con este fin. ¿Cómo favorecen estos cuidados? Explicad en qué consisten.

¡Vamos allá!

La narración y la descripción

Contar historias

1 Los textos narrativos presentan, a través de un narrador, historias reales o imaginarias que suceden a personajes en un lugar y un tiempo determinados. Mira este fragmento de la película *Harry Potter y las reliquias de la muerte* en el que Hermione lee una leyenda en voz alta. Después, responde a las preguntas.

Harry Potter y las reliquias de la muerte

Elementos de la narración

Narrador: quien cuenta los hechos. Interno si es uno de los personajes (1.ª persona) y externo si no participa de la historia. (3.ª persona)

Personajes: quienes llevan a cabo los hechos o los experimentan.

Acción: los hechos que suceden.

Espacio: los lugares en los que suceden los hechos.

Tiempo: los momentos en los que suceden los hechos.

a. Indica los personajes, la acción y el espacio de la historia.

b. Cita algunas expresiones que ayudan a percibir el paso del tiempo en el relato.

c. ¿El narrador de la historia es interno o externo? Justifica tu respuesta.

d. Identifica las tres partes de la narración:
- **Planteamiento**: se dan a conocer personajes, tiempo y espacio.
- **Nudo**: conflicto y acciones que este desencadena.
- **Desenlace**: resolución final del conflicto.

e. Cuando en una narración, además de contar una historia, también se pretende hacer un uso artístico de la lengua, hablamos de narraciones literarias. Justificad si el fragmento es o no una narración literaria. Debéis fijaros en las palabras y expresiones utilizadas y compararlas con el uso que hacéis vosotros de la lengua.

¿Qué has logrado y con la ayuda de quién?

2 La narración está presente en otros ámbitos ajenos a la literatura. Lee el siguiente texto narrativo y responde a las preguntas.

www.telemadrid.es

Unas 1200 ovejas merinas y 200 cabras retintas del rebaño del Concejo de la Mesta, acompañadas por sus pastores, pasarán el domingo por el centro de la capital para reclamar la mejora de las vías pecuarias y el apoyo al pastoreo trashumante, prioritario para generar empleo en el medio rural.

El viernes 21 de octubre llegará el rebaño del Concejo de la Mesta a la Casa de Campo por la Puerta del Arroyo Meaques, para pasar el fin de semana en la zona ganadera de Valdeza protagonizando diversas actividades educativas durante el viernes y sábado relacionadas con el pastoreo trashumante.

a. ¿Qué historia se está contando?

b. ¿Aparecen todos los elementos de la narración?

c. ¿Por qué es un texto narrativo a pesar de ser una noticia?

3 Lee el siguiente titular y crea a partir de él un breve cuento y una noticia. Aunque los dos sean narraciones, intenta hacer un uso más artístico del lenguaje en el cuento.

Los vecinos del pueblo salen a las calles a limpiar la nieve

Cuéntame cuándo

4 Los textos narrativos pueden contar historias que han sucedido o historias futuras imaginadas. Incluso podemos encontrar narraciones en tiempo presente si el narrador está contando en tiempo real lo que le sucede. Observa estas viñetas y escribe una pequeña narración para cada una como si la contaran los personajes que tienen los bocadillos vacíos. Después, justifica el tiempo verbal que has utilizado.

5 **CONTRASTAMOS JUNTOS.** Lee este texto y rescríbelo como una narración, sin diálogos, que Xosé cuenta dentro de muchos años.

> Cuando comenzó el curso, Marcos, el profesor de biología, les propuso a sus alumnos crear un huerto en el jardín del instituto. Andrea y Xosé fueron los primeros en ofrecerse voluntarios, intentando animar a sus compañeros de clase para que se apuntaran con ellos.
>
> —¿Por qué no os apuntáis, chicos? —dijo Xosé a sus compañeros— Es una buena iniciativa y así además podemos cuidar el medioambiente.
>
> —Pero Xosé..., ¿has creado alguna vez un huerto? —le preguntó una de sus compañeras.
>
> —Yo no, pero sé que Andrea este año hizo uno en su casa.
>
> —¡Sí! Mis padres y yo hicimos un huerto y plantamos unas zanahorias, ¡no sabéis lo ricas que estaban! —exclamó Andrea.
>
> —¿Sabes qué pasos debemos seguir y qué materiales necesitaremos? —preguntó Xosé.
>
> —Nos reuniremos mañana en el recreo y buscaremos el sitio donde vamos a ubicar el huerto, el espacio deberá estar cerca de una fuente para regar el huerto con facilidad. Marcos nos ayudará a hacer una lista con los materiales y herramientas que vamos a necesitar. Plantaremos primero zanahorias y lechugas que se pueden sembrar todo el año, y a lo largo del curso ya decidiremos qué otras hortalizas podemos plantar. ¿Os parece?

a. En equipos, revisad vuestras redacciones y fijaos qué ha pasado con los tiempos verbales. ¿Habéis empleado los mismos que estaban en el texto original? ¿Tus compañeros han utilizado unos diferentes a ti?

b. Para que el texto sea claro y coherente hay que mantener el mismo tiempo verbal a lo largo de toda la narración, ¿lo habéis logrado?

6 **Lee este texto sobre la Batalla de Toro y después contesta a las preguntas.**

> El asedio de Burgos termina en enero. Es Isabel en persona la que toma posesión del castillo, el 19 de enero de 1476, tras un viaje de seis días en plena tempestad de nieve desde Valladolid. En cambio, la conspiración de Zamora se descubre; Fernando puede ocupar la ciudad, pero el castillo sigue sin caer en sus manos. [...] El rey de Portugal está atrincherado en Toro, donde recibe nuevos refuerzos. Allí al lado, en Peleagonzalo ocurre la gran batalla el 1 de marzo de 1476. [...]. El mismo día de la victoria, Fernando comunica a Isabel: "Haced cuenta que esta noche Nuestro Señor os ha dado toda Castilla". Los Reyes Católicos hacen celebrar ceremonias religiosas de Acción de Gracias y prometen construir en Toledo el monasterio de San Juan de los Reyes, en conmemoración de la victoria que acaban de conseguir.
>
> JOSEPH PÉREZ: *Isabel y Fernando. Los Reyes Católicos*, Nerea

a. Señala los verbos que marcan las acciones que suceden e indica en qué tiempo están.

b. ¿En qué año se desarrollan los hechos narrados?

c. Escribe de nuevo las tres primeras oraciones del texto cambiando los verbos a tiempo pasado y explica en cuál de las dos opciones se percibe una mayor cercanía de la acción.

d. ¿Crees que hace falta que el tiempo de los verbos esté en pasado para que entendamos qué sucedió hace tiempo?

7 **El presente que se emplea para referirse a actos pasados se llama presente histórico. Con su uso se intensifica la acción y se crea una sensación de más cercanía con el oyente o lector. Busca en algún libro o en internet algún ejemplo de este tipo de presente.**

Ayúdame a imaginarlo

8 **Cuando leemos o escuchamos una narración, solemos imaginar todo lo que nos están contando. Escucha el audio y, después, dibuja el lugar donde sucede la acción. Compara tu dibujo con el de tus compañeros y comentad las diferencias. ¿A qué pueden ser debidas?**

- Escucha este otro audio y vuelve a hacer un dibujo del lugar que se describe. ¿Te ha resultado más fácil? ¿Hay muchas diferencias con los dibujos de tus compañeros? ¿Por qué?

9 **Cuando construimos un texto narrativo, debemos ayudar a imaginar lo narrado. Para lograrlo utilizamos textos descriptivos, que tienen como objetivo crear imágenes mentales de los personajes, lugares, ambientes y objetos. Redacta un pequeño fragmento descriptivo sobre un paisaje que pueda añadirse al texto en el lugar donde aparece un asterisco [*]. Compárala con tus compañeros para ver cómo cambia la historia y qué ha aportado vuestra descripción.**

Ten en cuenta para tu descripción:

1. Puedes utilizar **abundantes sustantivos** que crean imágenes de las realidades descritas (objetos, personas, lugares, etc.) acompañados de **adjetivos y otros complementos** que nos dicen cómo son o cómo están.
2. Necesitarás palabras que hagan **referencia a la ubicación en el espacio** y a lo que se puede **percibir a través de los sentidos** (tamaños, formas, colores, texturas, olores, sonidos, etc.).
3. Tienes que seguir un **orden claro** (decídelo antes de empezar).
4. Si quieres, puedes **añadir tu impresión personal** de lo descrito y estarás haciendo una descripción subjetiva.

> Fisgón fue el primero en abandonar la penumbra de la boca de la cueva y, saltando de roca en roca, salió a cielo abierto para contemplar el panorama.
>
> —¡Eh, amigos! —llamó—. ¡Esto es verdaderamente singular! ¡Al otro lado de la Cordillera Gris hay un mar amarillo! [*]
>
> —¡No digas tonterías! —replicó Cascarrabias, pero se apresuró a seguir al gnomo para comprobarlo.
>
> Única y Liviana se unieron a ellos.
>
> —¿Veis lo que os decía? —insistió Fisgón, señalando el horizonte con un amplio gesto de su mano.
>
> Los otros se asomaron fuera de las rocas... y se quedaron boquiabiertos.
>
> LAURA GALLEGO: *Retorno a la isla blanca*, SM

10 Los fragmentos descriptivos pueden ayudarnos a imaginar cómo son los personajes, los objetos o los lugares, tanto cuando se mantienen inalterables como cuando sufren cambios. Lee la explicación de los dos tipos de descripciones y relaciona cada una con el fragmento que corresponda.

Descripción estática

Se presenta un objeto, personaje, paisaje o escena que no experimenta cambios y se describe desde una posición fija por parte del narrador. Lo descrito se muestra como una fotografía en la que el tiempo se ha detenido.

Descripción dinámica

Se presenta un objeto, personaje, paisaje o escena como una realidad cambiante en el transcurso del tiempo. Lo descrito puede presentar dinamismo porque el narrador esté en movimiento, porque en la escena descrita aparezcan personajes u objetos en actividad o por cambios provocados por el mero paso del tiempo ante los ojos del narrador.

a Macondo era entonces una aldea de veinte casas de barro y cañabrava construidas a la orilla de un río de aguas diáfanas que se precipitaban por un lecho de piedras pulidas, blancas y enormes como huevos prehistóricos. En pocos años Macondo fue la aldea más ordenada y laboriosa que cualquiera de las conocidas hasta entonces por sus tres cientos habitantes. Era de verdad una aldea feliz, donde nadie era mayor de treinta años y donde nadie había muerto.

GABRIEL GARCÍA MÁRQUEZ: *Cien años de soledad*, Debolsillo

b Zepelín Casiopea consta de cuatro plantas y alberga algo menos de quinientos habitantes. Todas, excepto Bodega, tienen la misma estructura y constan de amplias galerías luminosas que recorren babor y estribor y un amasijo de pasillos centrales estrechos y confusos. Paredes, suelo y techo están cubiertos de madera, aunque su función es sobre todo estética, ya que debajo hay fuertes estructuras metálicas que los aíslan del exterior.

RAÚL CARONTE: *La memoria de las nubes*, Siren Books

11 ¿Qué modalidad descriptiva utilizarías, dinámica o estática, para describir lo que se indica a continuación?

a. El patio de un colegio a la hora del recreo
b. El bastón de tu abuelo
c. Una estatua
d. Un zapatero arreglando los zapatos
e. Una persona
f. El atardecer
g. Un caballo
h. Un cuadro
i. El paisaje que se ve desde un tren en movimiento

Explica si te ha gustado o no la actividad y por qué.

- Compara las respuestas con las de tus compañeros. ¿Coinciden todas las respuestas? ¿Alguna de las opciones os ha hecho dudar? ¿Crees que hay ciertas realidades que se pueden describir tanto de forma estática como dinámica?

12 ¿Alguna vez te han contado o has vivido en primera persona una anécdota divertida? Redáctala primero para contársela después a tus compañeros.

Paso 1 Piensa dónde y cuándo ocurrió, si te ocurrió a ti o a otras personas y quién estuvo implicado. Decide, además, qué narrador vas a usar: si te ocurrió a ti, narra con verbos en primera persona. Si te lo contaron o lo presenciaste pero no estás implicado, narra en tercera persona.

Paso 2 Ahora piensa un elemento de los implicados en tu historia que sería importante imaginar con más detalle. Puede ser una persona, animal, lugar, objeto, ambiente, etc. Deberás introducir un pequeño fragmento descriptivo cuando aparezca ese elemento en tu narración.

Paso 3 Por último, redacta tu anécdota siguiendo la estructura del texto narrativo. Es importante elegir el tiempo verbal que se ajuste a la historia que quieras contar y mantener ese tiempo verbal a lo largo de la anécdota.

NUESTRO RETO Como salida de un cuento

Creamos una historia

¿Has oído alguna vez la expresión "la realidad supera a la ficción"? Vas a elegir una historia real y a redactarla como si perteneciera a la fantasía.

Paso 1

Investiga

En primer lugar, necesitas encontrar un hecho real que te parezca llamativo por los sucesos que narra, por el modo de solucionar un problema, por las características de los personajes involucrados o del lugar donde ha ocurrido. Piensa en alguna noticia que hayas visto en la televisión o que te hayan contado. Si lo prefieres, puedes emplear una de las siguientes:

PRODUCTORES DE SALSA DE TOMATE ENTREGAN SUS RESIDUOS A UNA FÁBRICA DE COCHES PARA QUE LOS UTILICEN COMO MATERIAL Y ELIMINAR EL PLÁSTICO.

UN GRUPO DE PESCADORES RECOGE PLÁSTICOS EN EL MAR Y LOS ENTREGA A UNA FÁBRICA TEXTIL PARA QUE LOS UTILICEN EN LA CONFECCIÓN DE LA ROPA.

Paso 2

Estructura

Ahora ya tienes una trama para tu historia. Quizá tendrás que "adornarla" inventando personajes o creando un protagonista, imaginando detalles del lugar donde sucede para que resulte más atractivo, etc.

PLANTEAMIENTO

Presenta a los personajes y sitúa la historia en un lugar y un tiempo determinados. ¡Utiliza la **descripción estática**!

Luego, introduce el problema que se debe resolver.

Antes de empezar a redactar tu historia debes tomar dos decisiones importantes: ¿en qué tiempo verbal vas a contarla: en pasado o en presente? El presente puede dar una sensación de inmediatez y acción, mientras que el uso del pasado puede dar una sensación de reflexión y distancia temporal.¿Serás un narrador interno o externo? Dependiendo de lo que decidas, deberás escribir el texto en primera o en tercera persona.

Paso 3

Escribe

Empieza a escribir tu historia siguiendo la estructura de los textos narrativos. El planteamiento es el lugar perfecto para introducir una descripción estática de los personajes y del escenario.

Luego, narra cómo afrontan tus personajes el problema, qué hacen y cómo lo hacen.

Introduce una descripción dinámica para que tu historia sea más brillante y más clara. No es lo mismo escribir "los pescadores recogieron el plástico" que "el pequeño barco navegaba bajo un sol abrasador, se balanceaba entre la espuma de las olas y los pescadores recogían con entusiasmo los plásticos".

Por último, escribe el desenlace.

NUDO

Narra los hechos que se van sucediendo en el tiempo y el modo en que se va resolviendo el conflicto.

¡Utiliza la **descripción dinámica**!

DESENLACE

Narra cómo se resuelve el conflicto. ¡Ponle emoción para que resulte conmovedor!

Paso 4

Revisa

Revisa el texto que has escrito y pon mucha atención en comprobar si hay coherencia en los tiempos verbales. Empezar en pasado y saltar al presente, o viceversa, creará confusión cuando cuentes tu historia.

Lo contamos

¿Recuerdas cuando eras pequeño y tus familiares te contaban un cuento? Además de por la historia, seguro que atraían tu atención por la emoción que le ponían y los gestos con los que acompañaban la narración.

Paso 1

Piensa cómo lo vas a contar

Decide qué intención persigues al contar tu historia e introduce los cambios o añade los detalles que sean necesarios. Puedes elegir entre estas dos opciones:

1. *Me convierto en un cuentacuentos y narro la historia como me la habrían contado mis familiares cuando era pequeño.* En este caso, ten muy presente la estructura que seguiste al escribir tu historia y diferencia claramente las tres partes: planteamiento, nudo y desenlace, para que sea fácil seguirte.
2. *Cuento la historia como si fuera un discurso con el objetivo de hacer pensar a mis compañeros y motivarlos a cambiar el mundo como lo hacen los personajes que he creado.* En este caso, deberás presentar la historia antes de contar el planteamiento que has escrito y realizar una reflexión después de narrar el desenlace.

Paso 2

Entrenad la postura, el gesto y la emoción

En parejas, cada uno de vosotros pensad en tres películas que conozcáis bien y que sean de géneros muy distintos entre sí: miedo, aventuras, romántica, etc. Luego, por turnos, contaos el argumento como si fuera un cuento siguiendo estas instrucciones:

En primer lugar, narrad el argumento sentados uno frente a otro y, después, comentad cómo lo habéis hecho: ¿habéis transmitido el espíritu de la película: emoción por la aventura, miedo ante los sucesos, sentimiento con la romántica, etc.?

Luego, repetid la actividad anterior, pero esta vez colocaos de pie uno frente a otro. ¿Qué cambio notáis? ¿Es más difícil controlar los gestos y transmitir emoción? Ayudaos para detectar cuáles son vuestros puntos débiles y qué aspectos deberéis cuidar cuando contéis ante los demás la historia que habéis escrito.

Paso 3

Cuéntalo

Es el momento de colocarte frente a tus compañeros de clase y contar tu historia.

Antes de empezar a hablar, visualiza a tus personajes, el escenario que vas a describir y los hechos que vas a contar.

Utiliza tu imaginación para sumergirte en la historia, como lo hiciste cuando contabas el argumento de tu película preferida. De ese modo, tus gestos serán naturales y coherentes con tus palabras y conseguirás tu propósito: que se contagien de la emoción que tú mismo sientes.

Focaliza tu atención en lograr que tus compañeros sientan la emoción que quieres comunicar. Aunque te parezca que tú eres el protagonista porque hablas ante ellos, céntrate en el poder de tu historia. Eso hará que tus compañeros se conmuevan con tus palabras.

¿Cómo te ha ido el reto?

1. ¿Cómo han contado su historia los demás? Evalúa a un compañero.

	Conseguido	Todavía no
1. Ha seguido un orden claro: planteamiento, nudo y desenlace.	●●●	●●●
2. Ha comprendido la intención que perseguía al narrar su historia: entretener o hacernos reflexionar.	●●●	●●●
3. Ha conseguido transmitir emoción con su postura y sus gestos.	●●●	●●●
4. Ha destacado la solución o la superación del problema.	●●●	●●●

2. Completa la información.

He evaluado a... Lo que mejor ha hecho es...

Compartimos

Cread titulares que sinteticen vuestras historias y escribidlos en papelitos en los que incluyáis un título como "Las ideas y las acciones mejoran nuestro mundo". Podéis repartirlos en el patio para que todos reflexionen sobre la importancia del emprendimiento.

EN RESUMEN

La narración y la descripción

Los **textos narrativos** presentan, a través de un narrador, historias reales o imaginarias que suceden a unos personajes en un lugar y un tiempo determinados. El narrador puede ser interno si es uno de los personajes (primera persona) y externo si no participa de la historia (tercera persona).

Los **tiempos verbales** son una herramienta fundamental para construir una narración coherente y clara. Es importante elegir el tiempo verbal que se ajuste a la historia que se quiere contar y que se mantenga a lo largo de la narración. El presente histórico se puede utilizar para relatar hechos pasados como si estuvieran sucediendo en el momento en que se están narrando y provocar una sensación de más cercanía en el lector.

Los textos narrativos se suelen organizar en estas tres partes:

- **Planteamiento:** se presenta a los personajes, se sitúa la historia en un escenario y en un tiempo concretos y se plantea una situación a la que el protagonista debe enfrentarse o un problema que debe resolver.
- **Nudo:** se desarrollan las acciones que se van sucediendo en el tiempo para acercarse a la resolución del conflicto.
- **Desenlace:** se resuelve el conflicto.

Para imaginarnos las escenas, necesitamos que el texto nos ayude a construir en nuestra mente a los personajes y los espacios donde se desarrollan. De esto se encargan los **fragmentos descriptivos** que se intercalan en las narraciones. Pueden ser **descripciones estáticas** (lo descrito se presenta como una fotografía en la que el tiempo se ha detenido y se describe desde una posición fija) o **descripciones dinámicas** (presentan los cambios provocados por el paso del tiempo ante los ojos del narrador o por el movimiento del mismo respecto a lo que describe).

Mis competencias Autoevaluación

1.3 Culturas compartidas

¡EMPEZAMOS!

El agua es muy importante en la cultura islámica y prueba de ello es el impresionante sistema de regadío que crearon los árabes hace unos mil años en España. Cavaron acequias en las laderas de las montañas de Sierra Nevada y consiguieron llevar el agua hasta los campos y regarlos. Hoy, esas acequias se han recuperado para promover la agricultura tradicional, fomentar la vida rural y restaurar su paisaje.

MEMOLAproject

- ¿Quiénes participaron en el proyecto? Piensa en cuál es su formación, edad, procedencia, etc.
- ¿Piensas que este proyecto es beneficioso para la vida social de las personas de la zona? ¿Por qué? ¿Y puede ser ventajoso en lo económico?
- ¿Crees que la cultura puede servirnos para crecer económica y personalmente? Explícalo con tus propias palabras a partir de la información del vídeo.
- Si tuvieras que hacer una exposición sobre este proyecto, ¿qué ideas clave elegirías? ¿Qué información añadirías para que se conociera o comprendiera mejor?

POR DÓNDE VAMOS

MODALIDADES TEXTUALES

- la narración
- la descripción
- la prescripción
- la argumentación
- **la exposición**

¡VAMOS A APRENDER!

1. Prestar ayuda cuando alguien la necesita.
2. Hacer una lluvia de ideas para aprender a estructurar un texto.
3. Identificar qué es un texto expositivo.
4. Reconocer la estructura de un texto expositivo.
5. Diferenciar un texto divulgativo de uno especializado.
6. Crear un texto divulgativo sobre el intercambio de conocimientos y costumbres entre los pueblos.

NUESTRO RETO

Hablando claro

¿Has pensado alguna vez de qué cultura proceden algunos avances que cambiaron nuestro país o hábitos que nos hacen más felices? ¡Lo harás en este reto!

Descubre la historia que hay detrás de dos inventos clave en nuestra sociedad: el papel y la imprenta.

EL PAPEL

Cuando el papel llegó a Europa desencadenó una revolución en el mundo de la impresión y el conocimiento. Pero la larga historia del papel comenzó en China y no tiene nada que ver con tinta y escritura.

Los primeros escribas chinos grababan sus símbolos en conchas de tortuga, huesos de animales y tablillas de bambú. Más tarde, utilizaron pinceles para dibujar palabras en pliegos de seda. Según la leyenda china, la escritura sobre papel comenzó en el año 105 d. C. cuando Cai Lun observó que las avispas extendían capas de fibra de madera para construir sus frágiles nidos. Las imitó y creó su papel con jirones de tela, redes de pescar, corteza de árbol y planta de cáñamo. Es probable que Cai Lun fuera el primero en describir el proceso de fabricación del papel aunque el fragmento más antiguo que se conserva —en el interior de Mongolia— se fabricó dos o tres siglos antes de que él naciera. Demasiado delicado para escribir en él, se usaba para envolver... y como pañuelos.

Leer y escribir

El papel no sustituyó inmediatamente a los pliegos de seda que seguían utilizándose en el siglo VI. Pero para entonces, los ingeniosos chinos ya usaban el papel para hacer ropa, sombreros, cometas y hasta bolsitas de té. Los chinos guardaron celosamente el secreto de la confección del papel, pero no pudieron evitar su difusión. Cuando los ejércitos árabes y chinos se enfrentaron en la batalla de Talas en 751, entre los prisioneros se encontraban dos fabricantes de papel. Su pericia ayudó a sus captores árabes a fabricar papel en Samarcanda y más tarde en Bagdad. Las fábricas de esta pujante ciudad se hicieron tan famosas que la palabra griega para denominar al papel era *bagdatixon*. Durante los cinco siglos siguientes, el papel cambió radicalmente el mundo árabe. Las palabras sobre el papel sustituyeron a la tradición oral como forma principal de transmitir el conocimiento y la religión.

jirones: trozos desgarrados de una prenda.

pericia: habilidad o destreza para resolver algo.

El viaje del papel

En Europa, el papel reemplazó a la vitela, piel de ternero estirada y pulida. La España musulmana introdujo el papel en Europa: a principios del siglo XIII ya había fábricas en Francia, a las que pronto siguieron las de Inglaterra. La fabricación del papel, artesanal en sus orígenes, se industrializó poco a poco en Europa. A partir del siglo XIII, las norias hacían funcionar pesados martillos de madera que golpeaban los jirones con fuerza hasta convertirlos en una pasta de fibras esponjosas. Pero transformar esa pasta en pliegos continuó siendo una tarea ardua hasta que el fabricante francés Louis-Nicolas Robert patentó una máquina que producía largas cintas de papel. Las máquinas de hoy día quizá sean más grandes y rápidas, pero la esencia sigue siendo prácticamente la misma. Es difícil evaluar el impacto del papel en nuestro mundo. Su éxito supuso un factor decisivo para el triunfo de la imprenta y la amplia difusión del conocimiento que conllevó. ¿Habría sido tan importante la invención del papel si no la hubiera seguido la imprenta? ¡A saber!

LA IMPRENTA

En 1440, un joven alemán compartió un secreto con sus acreedores para pagar sus deudas. El gesto transformaría por completo la religión, la ciencia y la cultura.

El "secreto" de Johannes Gutenberg fue que había encontrado una nueva manera de multiplicar libros, que en aquel entonces eran preciados tesoros copiados a mano palabra por palabra con pluma y tinta. Buena parte del método de Gutenberg, al que llamaríamos imprenta, no era nuevo en absoluto. Su prensa de imprimir se basaba en una prensa de vino. Hacía veinticinco años que se fabricaba papel en Estrasburgo, donde vivía, y ya empezaba a sustituir al pergamino. La tinta pegajosa que utilizaba se la pedía a los artistas que pintaban al óleo. Y su método de moldear pequeñas letras de metal habría resultado familiar a un joyero 500 años antes.

acreedores: personas que tienen derecho a que se les pague una deuda.

La gran idea

Pero la genialidad de Gutenberg fue la manera en que aunó destreza y materiales. Creó unas piezas metálicas con la forma de las letras a partir de unos ingeniosos moldes hechos a mano. Formando palabras, después líneas, luego páginas enteras, la pieza metálica de la letra o tipo se recubría de tinta que se extendía con un papel húmedo. Al presionarlo firmemente en la prensa, el papel mostraba una impresión perfecta en todas las hojas.

Fue un auténtico ingenio, y Gutenberg empezó a producir libros a una velocidad sin precedentes en su nuevo taller de Mainz. Trató por todos los medios de mantener su secreto, pero fue en vano. En 1462, Mainz fue saqueada en una guerra y los métodos de Gutenberg dejaron de ser un secreto. En 1500, ya había, al menos, 1000 imprentas en funcionamiento en Europa.

¡Más libros! ¡Más libros!

Imprimir con un tipo móvil multiplicó la producción de libros, como Gutenberg esperaba. En el siglo XV se habían copiado a mano menos de tres millones de libros. Un siglo después de su invento, el número de libros impresos alcanzó los 90 millones.

La imprenta no solo hacía libros. Aparecieron panfletos que divulgaban impactantes ideas innovadoras sobre ciencia, religión y política, y en 1609 comenzaron a imprimirse los primeros periódicos de Estrasburgo.

[...] Tampoco es que la imprenta barriera de un plumazo los libros copiados a mano. Incluso después de la invención del papel, muchos lectores preferían los libros de pergamino.

RICHARD PLATT: *Un mundo por descubrir*, Maeva Young

Comprendo el texto

1 **Los títulos nos adelantan las ideas centrales de los textos. Ahora que has leído los dos, si los uniéramos en uno solo, ¿cuál de estos títulos te parecería más acertado? ¿Por qué?**

A. Palabras para permanecer

B. El secreto de los grandes inventos

C. Grandes pasos para la comunicación

D. Grandes inventores

2 **Ambos textos nos transmiten información y nos explican conocimientos de forma clara y ordenada, por eso son textos expositivos. ¿Qué información nos expone el primer texto? ¿Y el segundo?**

3 **En el fragmento en el que se habla del papel se puede leer la siguiente oración que incluye dos puntos.**

> La España musulmana introdujo el papel en Europa: a principios del siglo XIII ya había fábricas en Francia, a las que pronto siguieron las de Inglaterra.

Los dos puntos (:) paran el discurso para llamar la atención sobre lo que sigue, pero ¿cuál de estas funciones cumplen en esta oración?

A. Conectan dos oraciones que tienen relación entre sí.

B. Introducen una enumeración.

C. Introducen una cita en estilo directo.

4 **Relaciona los adjetivos destacados de la columna de la izquierda con su sinónimo en la columna de la derecha.**

Frágiles nidos	Sorprendentes
Pujante ciudad	Débiles
Tarea **ardua**	Conocido
Preciados tesoros	Complicada
Tinta **pegajosa**	Pringosa
Habría resultado **familiar**	Creativos
Ingeniosos moldes	Valiosos
Impactantes ideas	Próspera

5 **Las líneas del tiempo son una herramienta visual para ordenar y explicar acontecimientos históricos. Con información del primer texto, crea tú una línea del tiempo para describir la revolución del papel.**

6 **Has leído que Louis-Nicolas Robert patentó una máquina que producía largas cintas de papel, una máquina que en la actualidad sigue siendo como la que él creó en el siglo XVIII. Lee la definición y, después, responde a la pregunta.**

> **Patente de invención**
>
> 1. f. Documento en que oficialmente se le reconoce a alguien una invención y los derechos que de ella se derivan.
>
> REAL ACADEMIA ESPAÑOLA: *Diccionario de la lengua española*

- ¿Para qué patentó su máquina? ¿Crees que los inventos hay que patentarlos? ¿Por qué?

7 Has leído cómo fueron descubiertos dos secretos esenciales para la difusión del conocimiento. Completa la siguiente tabla con información de ambos textos.

¿Cuál era el secreto?	¿Quién lo inventó?	¿Cuándo se difundió?	¿Cómo se propagó el secreto?
Fabricación del ●●● para escribir	Quizá fue Cai Lun, en ●●●	Siglo VIII	Cuando dos chinos, fabricantes de papel, ●●●
●●● para multiplicar libros	●●●, un joven alemán	Siglo ●●●	Cuando, en 1462, la ciudad de Mainz ●●●

- ¿Hubieras podido tú guardar un secreto como el de Gutenberg? ¿Crees que es posible guardar hoy día un secreto tan importante?

8 Escucha este fragmento y, a continuación, en parejas, haced un listado de momentos en vuestro día a día en los que utilicéis el papel para leer.

9 El final del segundo texto destaca que, "pese a la invención del papel, muchos lectores seguían prefiriendo los libros en pergamino". Algo parecido ocurre en la actualidad con los libros en formato electrónico frente a los libros en papel. Indicad en parejas las ventajas de cada uno de ellos.

Libros electrónicos	Libros en papel
●●●	●●●
●●●	●●●

10 Los dos textos están divididos con diferentes apartados: *Leer y escribir*, *El viaje del papel*, *La gran idea* y *¡Más libros! ¡Más libros!* ¿Crees que su función es solamente estética o desempeñan alguna otra función? ¿Cuál es?

- **Aprendo a pensar.** ¿Se te ocurre alguna otra manera de llamar a cada apartado? Por equipos, haced una lluvia de ideas para inventar otros apartados que cumplan la misma función.

11 Indica la imagen que representa a cada uno de los inventos del texto y descarta aquella que no tiene relación.

A

B
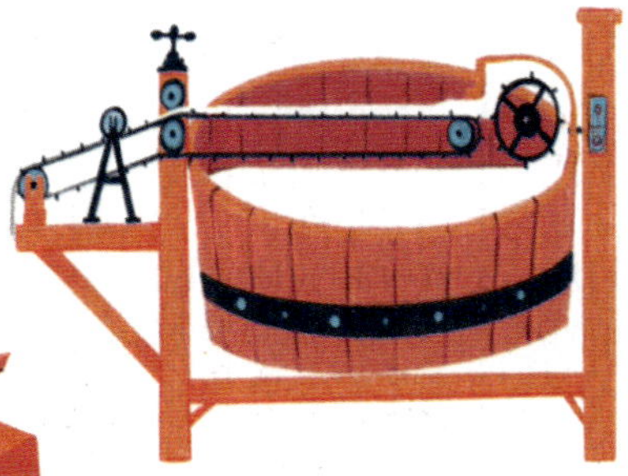

C

- **CONTRASTAMOS JUNTOS.** ¿Qué otro invento se te ocurre que haya revolucionado también la comunicación escrita? Compártelo con tu equipo y entre todos elegid uno y presentádselo a vuestros compañeros justificando vuestra elección.

12 Hay inventos que cambian la vida de las personas. Da tres razones por las que la imprenta es uno de esos avances tecnológicos que mejoran la vida de la gente.

La exposición

A los hechos me remito

1 En ocasiones pretendemos transmitir una información de manera objetiva para que otra persona conozca o entienda algo. Observa estas viñetas y señala en cuáles crees que la persona está transmietiendo de manera objetiva la información.

2 Los textos que comunican información objetiva de manera clara y ordenada para transmitir conocimiento se denominan textos expositivos. ¿Cuáles de estos textos son expositivos?

- Un cuentacuentos de una biblioteca
- Una obra de teatro
- Una conferencia sobre la gastronomía de tu país en un centro cultural
- Una entrada enciclopédica sobre la Segunda Guerra Mundial
- Un pódcast en el que un científico explica la influencia de la Luna en las mareas
- Un anuncio de un perfume
- Un documental sobre los mamíferos marinos

3 **PLANTEAMOS JUNTOS.** En el día a día también se usan los textos expositivos, por ejemplo, cuando hablas sobre lo que has aprendido en una visita a un museo o analizas el significado de una expresión. Piensa con tu compañero una situación concreta en la que hayáis utilizado una exposición para explicar a alguien algo que no conocía y, después, contesta a las preguntas.

a. ¿De qué o de quién trataba tu explicación?
b. ¿A quién iba dirigida?
c. ¿Lo hiciste mediante lengua oral o escrita?
d. ¿Decidiste complementarla con alguna imagen, objeto, mapa, etc.?
e. ¿Crees que la persona a quien te dirigías aprendió algo gracias a ti? Justifica tu respuesta.

¿Qué te ha aportado esta actividad?

Explicaciones para todos

4 **Los textos expositivos se suelen dividir en tres partes para facilitar su comprensión: introducción, desarrollo y conclusión. Lee su definición y señala las tres partes en el texto.**

Introducción	Se presenta el tema del que se va a hablar motivando al receptor a saber algo más.
Desarrollo	Se explican los contenidos de forma más detenida siguiendo un orden claro.
Conclusión	Se da fin al texto con alguna idea importante que se desprende de lo explicado.

La sala Minerva del Círculo de Bellas Artes acogerá en la XXV edición de PHotoESPAÑA una exposición con los ganadores de la primera edición del Concurso Internacional de Fotografía Esperanza Pertusa.

Conocer la realidad es el primer paso para tomar conciencia y ejecutar acciones, por pequeñas que sean, que conduzcan a una transformación. Este concurso de fotografía quiere premiar e incentivar a artistas de la fotografía, profesionales o *amateurs*, que nos aproximan a esta realidad, atrapando con el poder de la mirada a quien observa, incitándole a conocer más de aquello que nos habla; invitándole, en última instancia, a ser parte de esa fuerza de transformación social que invocamos.

La exposición colectiva *Enfoca el corazón para cambiar el mundo* presenta las obras ganadoras y reconocidas por el jurado de la primera edición del Premio Internacional de Fotografía Esperanza Pertusa. Más de 60 artistas de diferentes países concurrieron a la convocatoria presentando sus proyectos fotográficos sobre pobreza y exclusión social.

El objetivo de este premio es reconocer y difundir la obra de artistas, profesionales o *amateurs*, que inspiran una transformación social positiva, que buscan despertar conciencias y mover a la acción, mirando de frente a la situación de pobreza y exclusión social que viven millones de seres humanos en el mundo.

www.circulobellasartes.com

5 **Lee atentamente esta introducción y completa el texto expositivo con las partes que le faltan.**

Se abre en Mérida una cápsula del tiempo de hace 100 años

El pasado mes de junio, el Ayuntamiento de Mérida abrió una cápsula del tiempo que llevaba 100 años enterrada en el parque del río Albarregas, escondido al lado del acueducto de los Milagros. En su interior, se encontraron varias monedas, tres libros muy desgastados y un artículo de periódico de 1920.

6 **Muchas veces, cuando necesitamos saber algo, acudimos a textos expositivos en distintos formatos: escritos, audios o vídeos. Observa este vídeo y, después, responde a las preguntas.**

Órbita Laika, RTVE

a. ¿Qué se explica en este vídeo? ¿Te ha costado entenderlo?

b. ¿Piensas que un científico necesitaría esta explicación? ¿A quién crees que se dirige?

c. Se podría elaborar un texto sobre el mismo tema para un grupo de receptores más expertos. ¿En qué contexto lo imaginas? ¿Crees que cambiaría el léxico empleado? ¿Qué consideras que cambiaría en la forma del texto?

7 Un texto expositivo tiene como objetivo explicar de manera clara y concisa un tema específico. Es esencial considerar tanto el tema que se va a explicar como el público al que va dirigido, ya que el nivel de conocimiento del receptor puede influir en la forma en que se presenta la información. Lee estos dos textos y, después, responde a las preguntas.

a

El bazo se encuentra en la parte superior izquierda del abdomen, debajo de la caja torácica. Ayuda a proteger al cuerpo, eliminando del torrente sanguíneo los glóbulos rojos viejos y otras sustancias extrañas (como los gérmenes).

El bazo forma parte del sistema linfático, que es una extensa red de drenaje. Las funciones del sistema linfático consisten en mantener los líquidos corporales en equilibrio y defender al cuerpo de las infecciones. [...]

El bazo actúa como un filtro. Elimina las células viejas y lesionadas y ayuda a controlar la cantidad de sangre y de células sanguíneas que circulan por el cuerpo.

El bazo también ayuda a eliminar gérmenes. Contiene unos glóbulos blancos llamados linfocitos y macrófagos. Estas células funcionan atacando y destruyendo los gérmenes que contiene la sangre que pasa a través del bazo.

www.kidshealth.org

b

El bazo es la mayor acumulación de tejido linfoide del organismo y, en la especie humana, el único organismo linfoide interpuesto en la circulación sanguínea. Gracias a su riqueza en células fagocitarias y al contacto íntimo entre la sangre y estas células, representa un importante órgano de defensa frente a gérmenes que penetran en la sangre circulante y es también el principal órgano destructor de hematíes desgastados por el uso. Al igual que los demás órganos linfáticos, da origen a linfocitos que pasan a la circulación sanguínea. Como consecuencia de su localización en el torrente sanguíneo, el bazo responde con rapidez contra los antígenos que invaden la sangre, constituyendo un importante filtro fagocitario e inmunológico para la sangre y es un gran productor de anticuerpos

L. C. Junqueira y J. Carneiro: *Histología básica*, Masson

a. ¿Qué texto te resulta más difícil de comprender? ¿Por qué? ¿Qué necesitarías para entenderlo mejor?

b. ¿A quién crees que se dirige cada uno de estos textos? ¿Dónde se pueden encontrar?

c. En el texto *b* aparecen las expresiones *hematíes, linfocitos* y *células fagocitarias*. Busca en el texto *a* de qué otra manera se expresan esos tres conceptos. Después, investiga para comprobar si es ese su significado.

d. Observa los tipos de exposición según el receptor al que se dirigen y justifica cuál de los textos propuestos arriba es especializado y cuál es divulgativo. Argumenta tu respuesta señalando de forma concreta alguna de sus características.

EXPOSICIONES ESPECIALIZADAS	EXPOSICIONES DIVULGATIVAS
Dirigidas a un receptor experto con conocimiento del tema en el que pretende profundizar	Dirigidas al público en general que pretende conocer el tema a grandes rasgos
• Uso de **abundantes tecnicismos** propios de la disciplina tratada. • Parte de conocimientos previos, por lo que **no necesita definir o explicar** muchos aspectos. • **Profundiza** en el conocimiento de lo explicado porque se dirige a personas que ya conocen lo más general.	• Pocos **tecnicismos** que, si aparecen, son **explicados**. • Uso de **comparaciones y ejemplos**. • Estilo más **cercano al lector** (uso de interrogaciones retóricas, primera persona del plural o, incluso, segunda del singular, estilo menos formal, etc.). • Expresiones comprensibles para receptores no expertos en la materia.

8 Lee estos dos textos expositivos y explica si se trata de textos especializados o divulgativos. Justifica tu respuesta con referencias concretas a los textos.

a

Núcleo

Segmento que vertebra una unidad fonológica, morfológica o sintáctica y aporta sus propiedades gramaticales fundamentales. Las unidades gramaticales que poseen núcleo se llaman endocéntricas. El núcleo proporciona las propiedades categoriales de los sintagmas. [...] También aporta los rasgos semánticos básicos para determinar la naturaleza del conjunto.

RAE-ASALE: *Glosario de términos gramaticales*

b

Las piedras que vemos en las vías del tren se llaman balasto y se utilizan para asentar la vía del tren utilizándose como si fueran un colchón que amortigua el tránsito de los trenes. Su función es la de aportar estabilidad a la vía férrea, haciendo que permanezca con la geometría dada durante su construcción.

También cumple otras dos funciones importantes: distribuir las presiones que transmite la vía al terreno haciendo que sean admisibles para este, y permitir el drenaje del agua de lluvia, evitando que se encharque (o inunde) y se deteriore el conjunto.

ALFRED LÓPEZ: *Ya está el listo que todo lo sabe*, Léeme Libros

9 Lee estos textos sobre el cambio climático y el calentamiento global y, después, responde.

a

Es importante tener en cuenta que, aunque se suelen utilizar como sinónimos, los términos "calentamiento global" y "cambio climático" no son lo mismo. En realidad, el segundo engloba al primero, al tratarse de un fenómeno más amplio que se refiere "a los cambios en el estado del clima que pueden identificarse a través de cambios en los valores promedio y/o en la variabilidad de sus propiedades", según define la Convención Marco de Naciones Unidas sobre el Cambio Climático (CMNUCC).

El calentamiento global resulta del aumento del efecto invernadero, un proceso en el que la radiación térmica emitida por la Tierra queda atrapada en la atmósfera debido a los gases con ese efecto (GEI). [...] El cambio climático puede ser originado "por procesos naturales internos o por forzamientos externos también naturales como la modulación en los ciclos solares o las erupciones volcánicas. También puede ser causado por cambios inducidos por el hombre de forma persistente en la composición de la atmósfera", amplía la CMNUCC. Y es, en este segundo caso, el de las causas antropogénicas, cuando se habla más específicamente del calentamiento global. Es decir: el cambio climático puede tener causas naturales o antropogénicas, mientras que las causas del calentamiento global son siempre producto de la actividad humana.

www.bbva.com

b

a. ¿Cuál crees que es la intención de estos dos textos?
b. ¿Crees que ambos son textos expositivos? Justifica tu respuesta.
c. Distingue en el texto *a* las tres partes propias de una exposición.
d. ¿Crees que se trata de textos especializados o divulgativos? Justifica tu respuesta.
e. Piensa cuál de estos textos te resulta más útil para aprender este contenido y comparte tu respuesta con la de tus compañeros. ¿Son iguales todas las respuestas? ¿Crees que todas las personas entendemos las exposiciones de la misma manera?

NUESTRO RETO

Hablando claro

Escribimos un texto divulgativo para apreciar las culturas

El intercambio de conocimientos y costumbres entre los pueblos nos permite crecer económica y personalmente. ¡Es lo que vas a escribir en este texto de manera clara y sencilla!

Paso 1

Busca

El primer paso para crear tu texto es elegir un ejemplo que te sirva para explicar cómo una cultura afecta a otra y cómo le aporta algo positivo para la mejora de la vida de las personas. Para ello, piensa en elementos materiales, como objetos, máquinas, edificios, etc., que conozcas y que creas que proceden de otra cultura.

También puedes elegir otros que no sean materiales, como la música, el baile, las fiestas y la forma de celebrarlas, etc., que también creas que proceden de otros países y que a ti o a las personas de tu entorno os hacen sentir bien.

Si no se te ocurre nada, o lo prefieres, puedes elegir uno de estos ejemplos.

Yoga

Acueducto

Chocolate

Paso 2

Investiga

Empieza investigando de dónde procede ese objeto, edificio, fiesta, costumbre, etc. Luego, averigua cómo llegó a nuestro país o continente, qué condiciones se dieron para que ese intercambio cultural se produjera y qué beneficios ha aportado a nuestra sociedad.

- ¿Cuál es su origen?
- ¿Cómo se incorpora a nuestra cultura?
- ¿Qué beneficios trae?

Paso 3

Redacta

Ahora que ya has reunido toda la información, es el momento de redactar tu texto siguiendo esta estructura:

- Comienza con una introducción en la que especifiques qué tema vas a tratar para presentar y explicar cómo se producen los intercambios culturales.
- Luego, desarrolla el ejemplo que has elegido e investigado y expón cuál es su origen, cómo se incorporó a nuestra cultura y qué beneficios nos ha aportado.
- Por último, termina destacando algún aspecto de tu texto que quieras resaltar.

Paso 4

Revisa

Revisa el texto que has escrito y observa si utilizas alguna palabra difícil de comprender. Es el momento de cambiarla por un sinónimo o por una expresión que ayude a entender mejor lo que quieres contar. ¡No olvides que tu texto es divulgativo!

Lo contamos

¿Te gusta explicar? ¿Has pensado alguna vez en dedicarte a la enseñanza? Vas a experimentarlo contando a tus compañeros las conclusiones de tu investigación sobre las culturas como lo haría un profesor.

Paso 1

Piensa cómo lo vas a contar

En primer lugar, asegúrate de que el contenido del texto que has escrito es claro y se entiende bien. Para ello, pide ayuda a un compañero, léele tu texto y anímalo a que te diga cómo podrías mejorarlo para que se comprenda mejor.

Después, piensa qué partes de tu texto podrías contar con imágenes (fotos, gráficos, una oración, etc.) para que el mensaje fuera aún más directo.

Por último, prepara diapositivas siguiendo estos consejos:

- Elige pocas imágenes y solo las que sean muy REPRESENTATIVAS.
- Incluye POCO TEXTO. ¡Solo las ideas clave!
- Utiliza un tamaño de letra GRANDE para que todos puedan leerla.

Paso 2

Entrena la respiración para relajarte, dar ritmo y crear pausas

Vas a emplear la respiración para relajarte antes de empezar a hacer tu exposición. Para ello, sigue estas instrucciones:

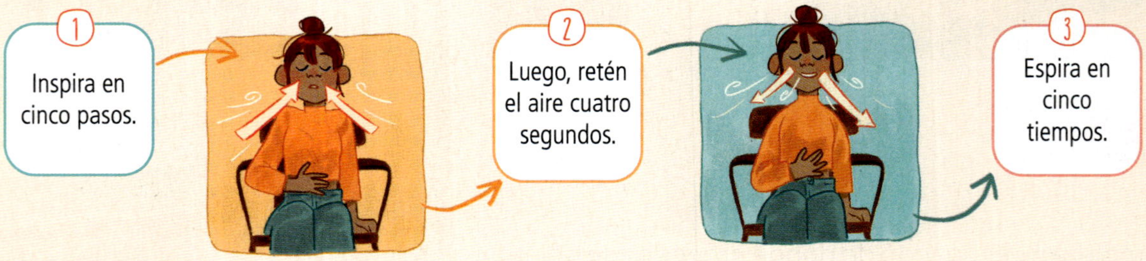

Ahora, en parejas, vais a entrenar la respiración como herramienta para hacer pausas, dar ritmo y evitar correr al realizar una exposición. Os sentiréis poco naturales, pero si os concentráis os asombrarán los resultados.

Para ello, por turnos, contaos una parte de vuestra exposición probando a incluir respiraciones en distintas partes: antes de empezar a hablar, al final de una oración, antes de expresar algo que queráis destacar, etc.

Paso 3

Cuéntalo

¡Ha llegado el momento de experimentar cómo se te da ser profesor!

Antes de empezar, relájate respirando al menos cinco veces como has entrenado.

Cuando salgas y te coloques frente a tus compañeros, respira de nuevo.

Aprovecha los momentos en los que cambies una diapositiva o esperes a que la observen para respirar profundamente. Te ayudará a relajarte y a concentrarte en lo que estás haciendo.

¡No des la espalda a tu público cuando expliques tus imágenes!
Y LO MÁS IMPORTANTE... ¡CUENTA TUS DIAPOSITIVAS, NO LAS LEAS!

¿Cómo te ha ido el reto?

1. ¿Cómo han realizado su exposición los demás? Completa esta tabla y evalúa a un compañero.

	Conseguido	Todavía no
1. He notado que ha utilizado la respiración para tranquilizarse antes de empezar.	●●●	●●●
2. He notado que en un momento determinado ha usado la respiración para hacer una pausa o ralentizar el ritmo.	●●●	●●●
3. Ha empleado de forma adecuada las imágenes.	●●●	●●●

2. Copia y completa la información.
He evaluado a... Lo que mejor ha hecho es...

Compartimos

Elegid una opción entre todos:

- Visitad a alumnos de cursos inferiores para explicarles vuestros trabajos sobre las culturas. Tened en cuenta que tendréis que adaptar vuestro lenguaje, diapositivas y actitud para que sean adecuados a su edad.
- Haced un mural sobre los intercambios de culturas utilizando las fotografías que más os gusten de las que elegisteis para realizar vuestra exposición. Podéis añadirles un pie de foto para que se entienda mejor el contenido de todo el mural.

EN RESUMEN

La exposición

Los textos expositivos son aquellos que comunican información objetiva de manera clara y ordenada para transmitir conocimiento. Pueden estar en diferentes formatos e ir acompañados de imágenes u otros recursos que apoyen el mensaje. Frecuentemente tienen esta estructura:

- **Introducción:** se presenta el tema del que se va a hablar de manera motivadora.
- **Desarrollo:** se explican los contenidos de forma más detenida siguiendo un orden claro.
- **Conclusión:** se da fin al texto destacando alguna de las ideas principales.

En función del nivel de conocimiento del receptor hay dos tipos de exposiciones:

Especializada	El receptor tiene conocimientos previos del tema: • Se usan **abundantes tecnicismos** de la disciplina tratada. • **No es necesario definir** o explicar muchos aspectos básicos. • **Se profundiza** en el conocimiento de lo explicado.
Divulgativa	Dirigida el **público general** para que conozca el tema a grandes rasgos: • Se manejan pocos tecnicismos y, si aparecen, son **explicados**. • Se usan **comparaciones y ejemplos**. • Se emplea un estilo más **cercano al lector**. • Se utilizan **expresiones comprensibles** para receptores no expertos en la materia.

Mis competencias | Autoevaluación

1.4 En torno a lo digital

¡EMPEZAMOS!

Imagina a una persona situada en el centro del campo de juego de un estadio lleno de gente. Y que ese estadio se multiplicara de tamaño hasta llegar a reunir a millones de espectadores. Algo similar sucede en el universo digital. Gracias a un dispositivo tenemos detrás de nuestra pantalla a millones de personas con las que podemos dialogar. En 1995, los primeros internautas se dieron cuenta de la necesidad de crear unas normas de convivencia para ese espacio virtual. Así nació la netiqueta.

Practica la netiqueta en internet/Internet Segura for Kids (is4k)

- ¿Qué recomendaciones ofrece el vídeo sobre el uso del lenguaje en la red? ¿Y sobre la privacidad personal?
- ¿Por qué crees que existe un número de teléfono de ciberseguridad?
- Los expertos afirman que, en situaciones de duda, antes de contestar a un mensaje debes pensar a quién se lo mandas, cómo te expresas y por qué y cuándo lo contestas. ¿Qué opinas de esta recomendación? Pon ejemplos.
- Observa la infografía. ¿Estás de acuerdo con sus recomendaciones? ¿Cuál o cuáles añadirías tú? ¿Por qué?

Internet Segura for Kids (is4k)

¡VAMOS A APRENDER!

1. Pedir ayuda a los compañeros antes que al profesor.
2. Diferenciar las intenciones de los medios de comunicación.
3. Reflexionar sobre lo que puede pasar si no reconoces una noticia falsa.
4. Distinguir las partes de una página web.
5. Reconocer los hipertextos.
6. Crear una página web sobre buenas prácticas en la red.

NUESTRO RETO

En La web con red

¿Alguna vez, al realizar una actividad nueva, pides consejo a un amigo que ya la conoce, porque crees que él mejor que nadie puede ayudarte a saber qué debes hacer y cómo comportarte? En este reto vas a ayudar a niños más pequeños a introducirse en el entorno digital.

Leo el texto

Un grupo de amigos graba un vídeo comparando su aburrido verano con el de un cantante de moda. De un día para otro, alguien lo sube a una red social y se vuelve viral. En este fragmento, Candela y su amiga Raquel cuentan lo sucedido en sus diarios y tratan de averiguar quién subió el vídeo y qué relación tiene el culpable con un cruasán.

VIRALIZANDO PARTIDOS

• 9

CANDELA

Mi hermano se cree muy listo, pero le tengo calado. Fue él quien colgó el vídeo en TikTok, por mucho que jure y perjure que no tiene nada que ver. Tampoco es tan grave: yo estaba de acuerdo con colgarlo. Nos lo hemos currado y ha quedado de la muerte. No tiene sentido que lo tiremos a la basura. Sí, me gusta competir y ganar, y terminar las cosas que hemos empezado y cumplir objetivos. Por eso todo el mundo cree que soy yo quien se saltó el acuerdo y subió el vídeo a YouTube.

Pero ha sido Jota. Lo sé. Qué diferentes somos... No entiendo cómo mi hermano puede pasarse horas tirado en el sofá. A mí me gusta leer, embobarme delante de la tele y todo eso, como a él, pero también necesito activarme. Y notar que cada día me supero y juego mejor. Porque, aunque me gustan los partidos y los campeonatos, con lo que más disfruto es compitiendo conmigo misma. Notar que consigo dominar el revés y el saque con efecto. He jugado a todo tipo de deportes, pero el año pasado me federé en el club de tenis de mesa del barrio. Son medianamente medianos, y he descubierto que yo soy más que medianamente buena. Vaya, que soy muy buena. Gracias a mis resultados hemos subido de categoría. Este año tengo como objetivo conservarla y, a ser posible, subir un poco más.

Me hubiese gustado ser una *crack* del fútbol o del baloncesto, o de algo que no fuese tan poco común como el *ping-pong*. Pero resulta que en lo que tengo facilidad es en la conexión oculomanual. O sea, que donde pongo el ojo pongo la pelota de tenis de mesa. O eso dice Berni, mi entrenador. Ahora ya no me importa. Durante los primeros meses no ganaba ni un partido, tan solo algún set. En *ping-pong* gana el mejor de cinco sets, y cada set es de once puntos. Todo muy parecido al tenis, pero en pequeñito. Si no lo dejé fue porque Berni ya me había advertido y porque le prometí que durante seis meses no diría ni mu. Cuando gané el primer partido, supe que el tenis de mesa era mi deporte: ágil, rápido, con estrategia, y por primera vez la victoria era solo cosa mía, a pesar de que entre todos los miembros del club formamos un equipo que va sumando puntos. Gané diez partidos seguidos y me convertí en la salvación del club. Se han apuntado dos chavales y un chico un año mayor que yo. A lo mejor no salgo nunca en las noticias deportivas de la tele, pero para mí lo que he conseguido es la bomba.

Ayer, Alberto, Jota, Raquel y Anaïs vinieron a verme jugar, y cuando acabé, alguien nos vino a felicitar. No a mí porque hubiese jugado bien... ¡Nos felicitaron a todos por el vídeo! Fueron dos chicos del club. Se quedaron embobados mirando a Raquel, como si fuese ella la que hubiera ganado el partido. La cara de Raquel se iluminó de rojo como el piloto de una alarma avisando de que algo está a punto de explotar. Yo, desde el primer momento, no le quité los ojos de encima a Jota. Él se hacía el loco, el sorprendido, pero a mí no me la da con queso. Corrimos como locos a encender el móvil. ¡El vídeo tenía un montón de visualizaciones y me gustas!

Gritamos histéricos de contento, alucinados y eufóricos. Después de tanta tontería sobre si colgarlo o no, resultó que verlo allí, en la web de vídeos más famosa del mundo, nos puso como locos de contento. Hasta que Anaïs, que a veces parece tonta de tan ingenua, preguntó:

—¿Pero cómo ha podido ser? Si nosotros no lo hemos colgado, ¿quién ha sido?

A mí me dieron ganas de responderle que era cosa de Jota, más seguro que los apellidos de Raquel Segura y Alberto Segurola, pero preferí callarme. El nombre de usuario que aparece como autor del vídeo es Croissant. Vaya, ha disimulado un poco y lo ha escrito en francés, pero está más claro que el agua. Jota lleva días dándonos la paliza con que, cada vez que va a comprar pan, le dedica una miradita a la dependienta y ella le regala un cruasán de los pequeños. Bueno, tampoco me parece mal lo que ha hecho. Lo sorprendente fue que todos me miraron acusándome. Bueno, todos menos Raquel. Raquel es mi amiga y me conoce. Sabe que yo doy la cara. Tuve que defenderme:

—¡Eh, eh! Yo no he sido. No voy a repetirlo, pero antes de dejarlo estar voy a decirlo por última vez: yoooo noooo heeee siiiiidoooo.

Lo dije así, arrastrando las vocales para que se les quedase grabado en el cerebro.

—Bueno. Total, nos has hecho un favor— replicó sonriente Alberto.

¡Y todos me felicitaron! ¡Ja, ja, ja! Fue buenísimo. Pude ver cómo Jota se moría de envidia. A él le gusta tirar la piedra y esconder la mano. Hablar por lo bajini. Tomar el primer atajo. Nunca nunca nunca ir de frente. Me da lecciones de listo y esta vez le ha salido el tiro por la culata. Al ver la reacción tan positiva, dejé de insistir en que yo no era responsable de haber colgado nada en internet. No quería desilusionarlos...

Pero lo mejor fue que, cuando volvimos a mirar, el número de visualizaciones había subido. No mucho, unas cien, pero para nosotros cien personas es algo muy bestia. Somos cinco chicos que hicimos un vídeo y ahora resulta que hay gente que mira y comparte lo que hicimos. Bueno, pues genial. A eso le llamo yo ganar el set, el partido y el campeonato. Aunque, como le dije a Raquel, tampoco hay que emocionarse. Dentro de unos días nadie se va a acordar de *Muérete de asco* (así titulamos el vídeo). Se lo dije para calmarla, porque de repente creyó que el vídeo nos catapultaría a la fama y que no podría pisar la calle y se puso histérica. Aunque, a ver, voy a volver a mirar.

[...]

¡Madre mía! ¡Aún más visualizaciones!

Anna Manso

Es escritora de literatura infantil, guionista de numerosos programas y series infantiles y colabora en revistas culturales. Ha ganado varios galardones, entre los que destacan el Premio SM Gran Angular de literatura juvenil o el Premio Atrapallibres de literatura infantil.

• 11

Raquel

◀◀ x4

No puede ser. O sí. No puede ser...

Llevo todo el día dándole vueltas a la dichosa palabreja: "Croissant".

Cuando nos enteramos de que alguien había colgado el vídeo, la gente creyó que había sido Candela. Supongo que por su forma de funcionar. Parece que sea la dueña del universo, tan mandona y segura, tan competitiva. Había insistido en que era una soberana tontería dejarlo olvidado en el disco duro, y que a nuestros amigos les iba a molar ver *Muérete de asco*. Que debíamos subirlo, vamos. Por eso, cuando nos enteramos de que alguien había colgado el vídeo, la gente no se lo pensó dos veces: la culpa era de Candela.

A mí se me ocurrió otra posibilidad, pero era tan descabellada que no dije nada. Ahora lo tengo cada vez más claro: ha sido Alain.

El vídeo lo tenemos solo nosotros cinco... y Alain, porque yo se lo mandé. Me salté la promesa de no enseñarlo a hermanos, primos y colegas. Era una tentación demasiado grande. Quería que descubriese esa otra Raquel. Y, además, me pareció inofensivo. Está a kilómetros de distancia. No caí en la cuenta de que internet no entiende de kilómetros.

Cuando vi que el usuario que había colgado el vídeo se escondía detrás de la palabra "Croissant", casi me desmayo. El pasado verano, en el camping de la playa, estaba yo haciendo cola en el horno del supermercado cuando un chaval un poco chulito quiso colarse. Era francés, pero hablaba español superbién. Quedaba un solo cruasán y pretendía llevárselo por la cara. Yo, que nunca me quejo, esa vez salté. Me tocó las narices que el niñato francés fuese tan caradura. Discutimos y luego, de repente, me dijo que daba igual, que me lo quedase yo, y me guiñó un ojo. Era Alain y nos hicimos amigos. Nos pasamos las vacaciones riéndonos del dichoso cruasán, y ahora resulta que la persona que ha colgado el vídeo se llama como se llama.

Anna Manso: *Somos auténticos*, SM

Comprendo el texto

1 **Tras leer este texto, ¿cuál de estos títulos te parecería más pertinente? ¿Por qué?**

A. Saltarse el acuerdo
B. Las visualizaciones y los me gustas
C. Muérete de asco
D. ¡Madre mía! ¡Aún más visualizaciones!
E. Una tentación demasiado grande

2 **En el primer fragmento, en el que habla Candela, se pueden distinguir cinco partes. Incluye las ideas que faltan y, después, ordénalas correctamente.**

A	B	C	D	E
Su hermano colgó el vídeo en TikTok, aunque todo el mundo piensa que fue ella.	•••	Emoción tras descubrir que el vídeo se había colgado.	•••	•••

3 **PLANTEAMOS JUNTOS. Una de las normas de comportamiento en las redes sociales es pedir permiso a los participantes antes de subir una foto o un vídeo. ¿Creéis que en este caso se ha respetado? Después, indica alguna otra norma que consideres que se ha vulnerado.**

4 **Imagina que uno de los cinco amigos quiere borrar el vídeo y así lo hace. ¿Se solucionaría el problema? ¿Por qué?**

5 **A lo largo del texto aparecen muchas características de Candela. Busca al menos cinco. Tras leer su diario, ¿añadirías algún otro rasgo de su personalidad?**

- De las características que acabas de identificar, ¿a cuáles atribuye Candela el hecho de que sus amigos crean que es ella la que subió el vídeo a la red social?

6 **Sustituye las palabras destacadas por otras para que se mantenga el mismo sentido.**

a. Se me ocurrió otra posibilidad, pero era tan descabellada que no dije nada...
b. Se quedaron embobados mirando a Raquel...
c. De repente creyó que el vídeo nos catapultaría a la fama...

7 **El segundo párrafo empieza con la palabra *pero* y esto nos señala que van a aparecer ideas que se oponen a las del párrafo anterior. ¿Qué ideas son las que se oponen a las del primer párrafo?**

8 **Has leído un fragmento del diario de Candela y otro del de Raquel. El diario es un género discursivo en el que se registra lo cotidiano, lo personal, y en el que, generalmente, se utiliza lenguaje informal. En parejas, completad esta tabla e indicad algunas expresiones informales más que aparecen en la lectura.**

Expresión informal	Expresión formal
Le prometí que durante seis meses no diría ni mu.	•••
Hablar por lo bajini.	•••
Para nosotros cien personas es algo muy bestia.	•••
Un chaval un poco chulito.	•••
Jota lleva días dándonos la paliza.	•••

9 Fíjate en los diferentes usos de la palabra *loco* en estas oraciones y señala si significan lo mismo o no. Sustituye las expresiones por sinónimos para comprobarlo.

Texto	Sinónimo
Él se *hacía el loco*, el sorprendido, pero a mí no me la da con queso.	●●●
Corrimos *como locos* a encender el móvil.	●●●
Nos puso *como locos* de contento.	●●●

10 Candela cuenta a partir del segundo párrafo cómo han sido sus comienzos en el mundo del *ping-pong* con una finalidad. ¿Qué quiere explicar con ello?

11 El uso de imágenes ayuda a la comprensión del mensaje. De las siguientes imágenes, ¿cuáles dos utilizarías para ilustrar cada fragmento de un diario? ¿Por qué?

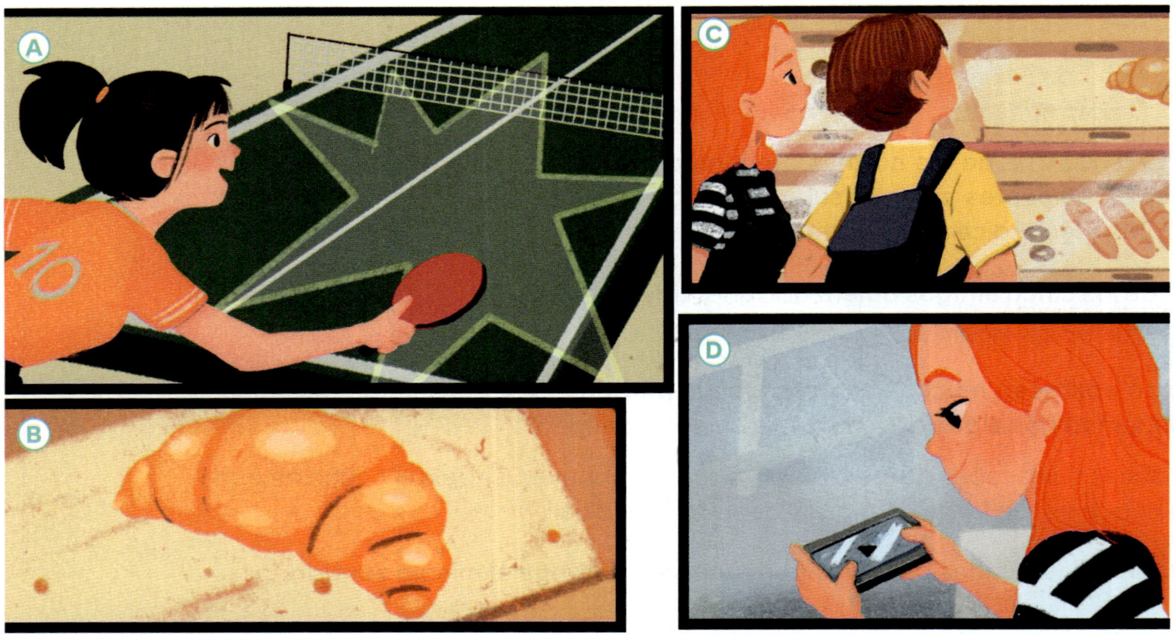

12 En el texto hay muchas oraciones con carga expresiva como, por ejemplo, algunas comparaciones humorísticas como la que hay a continuación. En parejas, añadid alguna otra similar que empleéis en vuestro día a día.

> La cara de Raquel se iluminó de rojo como el piloto de una alarma avisando de que algo está a punto de explotar.

13 Ahora escucha este fragmento del texto y responde.

> El vídeo lo tenemos solo nosotros cinco... y Alain, porque yo se lo mandé. Me salté la promesa de no enseñarlo a hermanos, primos y colegas. Era una tentación demasiado grande. Quería que descubriese esa otra Raquel. Y, además, me pareció inofensivo. Está a kilómetros de distancia. No caí en la cuenta de que internet no entiende de kilómetros.

- ¿Qué quiere decir "internet no entiende de kilómetros"?
- ¿A qué piensas que se refiere Candela con "quería que descubriese esa otra Raquel"? Finalmente, comentad con toda la clase si creéis que en las redes sociales hay muchas personas que muestran una cara diferente.

Textos en la red

¿Cómo leer en internet?

1 **Imagina que quieres saber cómo fue el desarrollo de un festival de música que se celebró ayer en tu ciudad y al que acudieron algunos de tus amigos.**

a. ¿Dónde buscarías la información si dispones de un dispositivo con conexión a internet? ¿Y si no lo tuvieras? ¿Crees que la ausencia de conexión es una desventaja para informarse?

b. ¿Consideras que todo lo encontrado en la red es veraz? ¿Cómo puedes comprobarlo?

c. ¿Alguna vez has dado por cierta alguna información que te ha llegado por redes sociales o alguna página web y después has descubierto que era falsa? ¿Llegaste a compartirla con alguien? ¿Cómo te sentiste? ¿Sacaste alguna lección de esa experiencia?

2 **Para comprender mejor la naturaleza de los contenidos que encontramos en la red y tomar decisiones más informadas y críticas sobre lo que creemos y cómo actuamos es importante diferenciar entre rumor, información, publicidad y opinión.**

INFORMACIÓN
Datos o hechos veraces y contrastados de fuentes conocidas. Se puede comprobar su veracidad.

OPINIÓN
Punto de vista o valoración personal sobre hechos o ideas. Es importante tener en cuenta si la fuente es anónima o no y, en caso de no serlo, la credibilidad de quien opina en el tema del que se trata.

RUMOR
Datos o hechos no contrastados de fuentes no conocidas que se difunden rápido de forma masiva.

PUBLICIDAD
Invitación a comprar un producto o utilizar un servicio con fines económicos u otros intereses.

- Explica a cuál de las categorías anteriores pertenecen estos titulares.

a **Internet desvela el secreto del nuevo novio de la modelo de moda**

b **Gran oportunidad para conseguir el mejor móvil del mercado a buen precio**

c **La policía anuncia en sus redes la disolución de una fiesta ilegal que se celebró el pasado 7 de diciembre**

d **El alcalde ha pronunciado un discurso lamentable como pregón de las fiestas de la localidad y debería dimitir**

3 **Aprendo a pensar.** **¿Qué pasaría si faltara la verificación de una noticia? ¿Conoces algún ejemplo de una noticia que luego resultara ser falsa? ¿O un ejemplo de publicidad que parecía información?**

- ¿En qué te fijas tú para verificar una noticia y distinguirla de un rumor o de una noticia falsa o bulo? ¿Qué consejos le darías a un compañero que está aprendiendo a buscar en internet?

4 El acceso a internet nos permite llegar a gran cantidad de información de manera rápida, pero hemos de ser conscientes de que no todo es fiable. Es frecuente ver titulares o fotografías sospechosamente llamativos que esconden información diferente a lo que parecen anunciar o, incluso, falsa. Observa esta infografía de la policía y contesta a las preguntas.

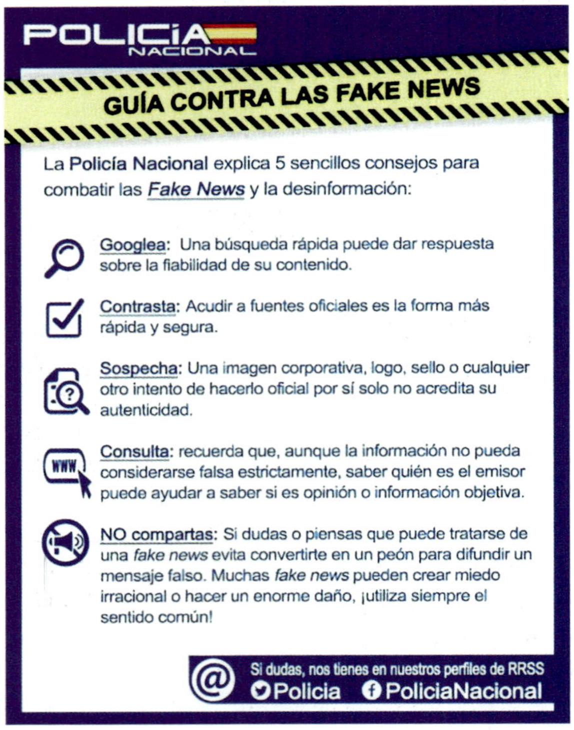

www.policia.es

a. ¿Qué son las *fake news*? ¿Por qué piensas que la policía nos alerta contra ellas?
b. ¿Qué interés crees que hay detrás de quien difunde una noticia falsa?
c. ¿Crees que siempre hay que reflexionar un poco antes de reenviar un contenido? ¿Por qué?
d. ¿Qué repercusiones puede tener que no sigamos estos consejos para combatir las *fake news*?

¿Has disfrutado con esta actividad? ¿Por qué?

5 Investiga en plataformas que se dedican a verificar si las noticias son verdaderas, como la herramienta de Verifica RTVE, Maldita o Newtral, y escribe tres noticias que hayan circulado y que han sido desmentidas posteriormente.

¿A dónde nos llevan los clics?

6 Seguro que sabes navegar por internet. ¿Eres capaz de decir para qué sirve cada uno de los campos, botones y textos que aparecen en esta página web? Explícalo y, después, responde a las preguntas.

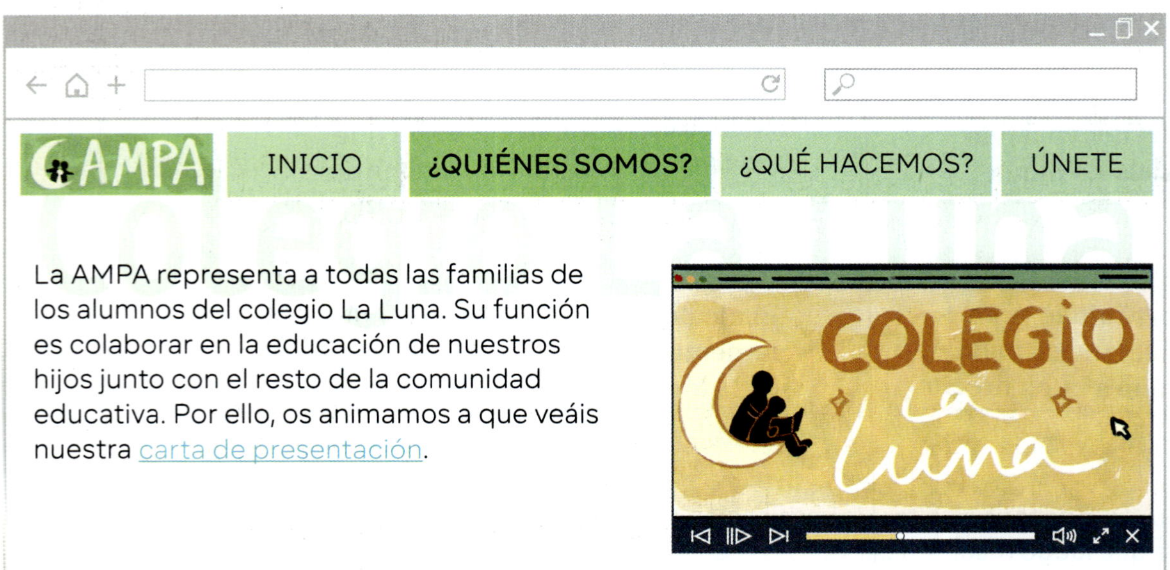

a. ¿A qué organización pertenece la página web? ¿Cuál es el logo?
b. ¿Hay algún enlace o lugar en el que pinchar? ¿A dónde te llevarían? ¿Son enlaces internos o externos? ¿Cuál es su objetivo?

7 Fíjate en esta noticia que aparece en una página web de un periódico digital y en la información acerca de su estructura y contenido. Después, explica qué diferencias observas respecto a una noticia en la página de un periódico tradicional en papel y responde a las preguntas.

Firma del redactor

Actualización constante

Posibilidad de suscripción de pago para acceder a más servicios e información

CABECERA (*Header*)
Suele incluir el logo, el menú de navegación y algunos otros botones.

CUERPO (*Body*)
Incluye los distintos contenidos de la página web.

PIE DE PÁGINA (*Footer*)
Incluye el logo, el contacto y las redes sociales.

www.elconfidencial.com

Menú | **El Confidencial** | Iniciar sesión | Suscríbete -40%

El abrazo del alma o cuando Modric y Casemiro dieron una lección al mundo

Croacia y Brasil jugaron un partido a brazo partido en busca de un hueco en las "semis", pero al término del choque, dos de sus jugadores más representativos dieron un gran ejemplo

Por: Rubén Rodríguez | 10 de diciembre de 2022 | **05:00 h.**

El abrazo final del partido (Reuters/Annegret Hilse)

Hubo una vez un trío de futbolistas que dominó el fútbol mundial. Cuenta la leyenda que tres jugadores, de características muy diferentes, de países distintos y con formas de ver la vida opuestas, dejaron sus países de nacimiento en dirección a España, donde empastaron como nunca antes se había visto en el Real Madrid. Toni Kroos, Luka Modric y Carlos Casemiro marcaron una época en el conjunto blanco, forjando una amistad a prueba de bomba... incluso en los peores momentos.

Y es que si un Mundial tiene algo especial es que hace que aquellos compañeros con lazos de sangre imposibles de romper tengan que medirse cara a cara en busca de la gloria por su país. Un alemán, un croata y un brasileño hicieron —y algunos lo siguen haciendo— historia en el Santiago Bernabéu, pero la diosa Fortuna quiso que este viernes, tanto Modric como Casemiro se vieran las caras en un partido a vida o muerte en el Mundial de Qatar.

Más información: Marruecos vs Portugal, **ver partido en directo** | Mundial de Qatar 2022 | Luka Modric

El Confidencial Quiénes somos Trabaja con nosotros Apps Facebook Twitter Rss

© TITANIA COMPAÑÍA EDITORIAL, S.L. 2023. España. Todos los derechos reservados Condiciones Política de Privacidad Política de Cookies Transparencia Auditado por GFK
Datos de mercado proporcionados por TradingView

Primero se suelen ver solo el titular e imagen atractivos en la página de inicio, para saber más hay que pinchar en ella y se nos dirige al texto completo.

Enlaces para compartir en redes sociales.

Imágenes y vídeos que ilustran la noticia.

Hipervínculos que amplían o complementan la información en otros textos.

Pie de foto

Enlaces a contenidos relacionados

Enlaces a bloques de contenido en los que se incluye este texto.

a. ¿Qué partes de la página web se mantienen visibles aunque se navegue por distintos enlaces internos? ¿Qué parte cambiará dependiendo del enlace que se pinche? ¿Cómo lo sabes?

b. Busca algún ejemplo de otra página web y señala las tres partes principales.

c. ¿Se ven igual las páginas web en una pantalla de ordenador y en un teléfono o en una tableta?

8 Un hipertexto es un documento digital interactivo con texto, imágenes, vídeos y otros recursos multimedia conectados por enlaces o hipervínculos, que permiten a los usuarios saltar de un tema a otro simplemente pinchando en los enlaces que les interesen. ¿Qué ventajas y desventajas puede tener esta manera de estructurar la información?

9 Los textos de internet incluyen hipervínculos que nos pueden dirigir a otros contenidos que resuelven nuestras dudas. Fíjate en este texto y contesta a las preguntas.

Estos chimpancés se curan sus heridas con insectos

Un fotógrafo capta imágenes de los grandes simios de Gabón aplicando una especie desconocida de insecto tanto a ellos como a sus familiares

El parque nacional de Loango, en Gabón, ha servido recientemente de telón de fondo para que los investigadores observen un espectáculo raramente visto en la naturaleza: chimpancés aplicando insectos a sus heridas. [...]

Loango, una gran zona protegida en la costa occidental de África Central, es un paraíso natural: la zona, de más de 1502 kilómetros cuadrados, contiene un mosaico de diferentes hábitats (como selvas tropicales, lagunas, humedales, sabanas, bosques tropicales costeros, llanuras de inundación y manglares) que han creado una explosión de biodiversidad. [...]

En febrero de 2022, los científicos publicaron su mayor descubrimiento: los chimpancés tratan deliberadamente sus propias heridas y las de su grupo utilizando una especie desconocida de insecto. Es la primera vez que se observa científicamente este comportamiento en el gran simio.

Alessandra Mascaro, bióloga evolutiva de Ozouga y líder del estudio de febrero, notó por primera vez en 2019 que los chimpancés de Rekambo parecían tratar sus heridas. Observó un vídeo en el que la chimpancé hembra aplicaba un insecto recién capturado en una herida abierta de su hijo. Poco después, la madre retiró cuidadosamente los restos del insecto. El comportamiento parecía el cuidado de una herida.

www.nationalgeographic.es

a. ¿Cuáles son los contenidos que podrías ampliar gracias a los hipervínculos? Si fuera un texto en una revista impresa, ¿necesitarías consultar algo en otras fuentes para entender por completo el texto?

b. ¿Cuál de ellos crees que dirige a un vídeo? ¿Y a un artículo de una revista científica?

c. ¿Consideras que dos personas pueden empezar leyendo el mismo texto y terminar navegando por textos distintos? ¿Por qué?

10 En internet también podemos escribir nuestra opinión, contestar a preguntas de forma pública o privada, compartir fotografías y vídeos,etc. Para ello, debes tener una conducta adecuada. Señala cuáles de estos comportamientos no son correctos y justifica por qué.

a. Mirar el móvil de otra persona sin su permiso

b. Bloquear a quien te hace comentarios ofensivos.

c. Mostrar enfado por no tener una respuesta inmediata.

d. .Comunicar en una plataforma que hay usuarios haciendo comentarios insultantes.

11 **CREAMOS JUNTOS.** La interacción mejora la comunicación, pero también conlleva ciertos riesgos, como infringir los derechos de terceros o dañar nuestra imagen o seguridad. Para fomentar una convivencia positiva, se han establecido pautas de comportamiento conocidas como netiqueta o etiqueta digital. Elaborad una infografía con algunas de ellas y con otras que consideréis necesarias teniendo en cuenta vuestros conocimientos y experiencias.

Cuida el lenguaje para evitar ofender y no uses mayúsculas si no son necesarias.

Reflexiona antes de responder de manera impulsiva

No facilites demasiada información personal sobre ti.

Si una publicación o mensaje te hace sentir mal o incumple las normas de convivencia o legales, repórtalo.

Si no sabes cómo actuar en la red, pregunta a tu familia o a un profesional.

¿Para qué te ha servido hoy formar parte de un equipo?

NUESTRO RETO En la web con red

Creamos la *landing* de una página web

¿Os gustaría crear una asociación para ayudar a niños más pequeños a introducirse en el entorno digital? Es lo que haréis en equipo en este reto creando una *landing* o portada de página web.

Paso 1

Reflexionad

En primer lugar, elegid el nombre de vuestra asociación y reflexionad sobre los consejos que habéis trabajado en esta situación de aprendizaje y que daríais a los niños sobre su comportamiento en la red. Luego, pensad cómo lo haríais: dando charlas educativas, creando vuestra propia netiqueta, organizando una tutoría *online*, etc. Así tendréis material para ofrecer información sobre quiénes sois, cuáles son vuestros objetivos y las actividades que desarrolláis.

Paso 2

Planificad

Ayudaos de la plantilla para crear la estructura de la página web. Comenzad con la cabecera incluyendo entre dos y cuatro botones en el menú de navegación, por ejemplo: quiénes somos, nuestros objetivos, actividades que realizamos o nuestra netiqueta.

Luego, cread el pie de página eligiendo iconos reales de redes sociales o inventando otros que os gusten más.

Paso 3

Redactad

Elegid uno de los botones del menú de navegación para desarrollarlo y dotarlo de contenido en el cuerpo de la página web.

Haced un esquema para organizar los contenidos que vais a incluir teniendo en cuenta el público al que os dirigís y escoged las imágenes.

Redactad los textos de manera sencilla para que puedan leerse con agilidad. Una forma de conseguirlo es escribir el texto completo, luego resumirlo y fragmentarlo en textos cortos e incluir listas, por ejemplo, de consejos. También es recomendable añadir títulos a los textos para que el lector identifique rápidamente su contenido.

Seleccionad palabras clave que dirijan a los lectores a otros enlaces donde puedan ampliar información. Podéis señalarlas subrayándolas o remarcándolas con color azul.

CABECERA (*Header*)

Permanece fija aunque te desplaces por la página web.

Contiene:

- El logo
- El menú de navegación interactivo
- El botón de contacto

CUERPO (*Body*)

Se incluye el contenido de la página web de manera llamativa y organizada.

- Utiliza imágenes atractivas que ilustran el tema.
- Crea textos breves, claros y con contenidos independientes entre sí.
- Crea enlaces eligiendo un máximo de tres palabras clave.

PIE DE PÁGINA (*Footer*)

Contiene el logo, el contacto y los botones de las redes sociales.

Paso 4

Revisad

Releed y observad el resultado final para estar seguros de que no os falta ningún elemento y que los textos se entienden aunque se lean en distinto orden.

Lo contamos

¿Qué contenidos relacionados con buenas prácticas en la red transmitirías en una charla para niños de cursos inferiores? Prepárate, porque es lo que harás en este reto poniendo el foco en atrapar su atención y en explicarte con claridad.

Paso 1

Piensa cómo lo vas a contar

Utiliza la información de la portada de la página web que has creado con tu equipo y selecciona tres contenidos que consideres fundamentales. Los desarrollarás en el cuerpo de la charla. Sigue esta estructura para prepararla:

¿Sabes por qué nos gusta tanto que nos cuenten historias? Porque las historias despiertan emociones, y cuando algo nos emociona no lo olvidamos. Emplea este recurso al principio de tu charla: cuenta una experiencia personal que te ayude a ilustrar aquello de lo que quieres hablar.

A veces nos cuesta retener los datos y las cifras, pero lo que nos hace sentir una historia permanece en nuestro recuerdo.

ESTRUCTURA

APERTURA
Capta su atención mediante el *storytelling*, el arte de contar historias.

CUERPO
- Contenido 1
- Contenido 2
- Contenido 3

CIERRE
Cuenta tu conclusión y anima a tus oyentes a actuar en consecuencia.

Paso 2

Entrenad la dicción y el volumen

En parejas, vais a jugar a "cazar el mensaje": poneos de pie y situaos en lugares alejados del aula. Uno de vosotros piensa una oración corta y, sin hablar, la vocaliza abriendo bien la boca y exagerando los gestos hasta que el compañero la adivine.

Cuando la adivina, levanta la mano. Entonces, dice la oración para que el compañero la oiga, pero tendrá que esforzarse en proyectar la voz porque no se puede gritar. Después, intercambiad los roles.

Paso 3

Cuéntalo

Ha llegado el momento de ponerte de pie ante la clase para hacer tu presentación: respira hondo y concéntrate en la historia personal que has elegido para ilustrar tus contenidos. ¡Seguro que atrapas la atención de tus compañeros desde el principio!

Recuerda el entrenamiento y piensa que tu mensaje tiene que llegar alto y claro también a los del fondo de la clase. Proyecta tu voz y esfuérzate en pronunciar las palabras completas para que tu mensaje les llegue nítido, así no tendrán que esforzarse en comprender y podrán disfrutar con tu historia.

Las historias crean un vínculo emocional entre la persona que habla y la que escucha, es como si se tendiera un puente entre ambas.
¡Disfrutad de las historias de los compañeros, os ayudarán a conoceros mejor!

¿Cómo te ha ido el reto?

1. ¿Cómo hemos creado nuestra portada de página web?

	Conseguido	Todavía no
1. Hemos elaborado la cabecera y el pie incluyendo varios botones en el menú de navegación.	●●●	●●●
2. Hemos redactado textos breves e independientes entre sí que se entienden bien.	●●●	●●●
3. Hemos aportado imágenes para que la página resulte atractiva.	●●●	●●●

2. ¿Has conseguido crear un hipertexto? Justifícalo.

Compartimos

Cread el *Manual de las buenas costumbres en internet*. Resumid las normas que os parezcan imprescindibles, esmeraos en la maquetación e imprimid varias copias. Podéis dejar algunas en la biblioteca y repartir otras entre los alumnos del centro.

EN RESUMEN

Textos en la red

Para interpretar correctamente el contenido de las páginas web hay que diferenciar entre:

- **Información:** datos veraces y contrastados procedentes de fuentes conocidas.
- **Opinión:** punto de vista o valoración personal sobre hechos o ideas. Se debe tener en cuenta la credibilidad de quien opina del tema.
- **Rumor:** datos o hechos no contrastados de fuentes no conocidas.
- **Publicidad:** invitación a comprar un producto o utilizar un servicio con fines económicos u otros intereses.

Las **noticias digitales** son actualizadas constantemente y constan de cabecera (*header*), cuerpo (*body*) y pie de página (*footer*), además de contener otros elementos como enlaces para compartir en redes sociales, imágenes y vídeos que la ilustran e hipervínculos o enlaces a otros textos de contenidos relacionados.

Un **hipertexto** es un conjunto de textos y recursos audiovisuales unidos entre sí en una página web que nos dirige de unos contenidos a otros.

Para que exista una buena convivencia en la web se han ido estableciendo una serie de normas de conducta llamadas **netiqueta** o **etiqueta digital**. Algunas de estas pautas son:

- Cuida el lenguaje para evitar ofender y no uses mayúsculas si no son necesarias.
- Reflexiona antes de responder de manera impulsiva.
- Expresa tu punto de vista con educación, sin ofender a los demás.
- No facilites demasiada información personal sobre ti.
- Si una publicación o mensaje te hace sentir mal o incumple las normas de convivencia o legales, repórtalo.
- Si no sabes cómo actuar en la red, pregunta a tu familia o a un profesional.

Mis competencias **Autoevaluación**

1.5 Más allá del titular

¡EMPEZAMOS!

Un día, mientras desayunaba, el cantante y compositor Jorge Drexler se conmovió al leer una noticia en el periódico. Contaba la historia de una chica de la etnia tarahumara que había ganado a atletas profesionales en una ultramaratón de 100 kilómetros. Los tarahumaras acostumbran a correr desde pequeños porque viven en montañas remotas y, para poder comunicarse con otros poblados, recorren enormes distancias a toda velocidad. ¿Qué mejor historia para ilustrar una canción que habla de la necesidad humana de movimiento?

La historia de otra canción | Jorge Drexler | TEDxRíodelaPlata

- ¿Qué parte de la Historia de la humanidad narra la canción? ¿Cómo la describe?
- ¿Qué significa la palabra *trashumantes*? ¿Qué relación tiene con la evolución humana?
- ¿Qué piensas que quiere transmitir el compositor cuando dice “es más mío lo que sueño que lo que toco”?
- ¿Qué relación crees que encontró el artista entre la vida de la corredora y la historia de supervivencia humana que quería contar?
- Observa la obra de teatro y la película que se muestran a la derecha e investiga qué noticia real las inspiró.
- ¿Alguna vez has leído o escuchado una noticia y su historia te ha parecido digna de una canción, una película o una novela? ¿Cuál es esa noticia?

FEDERICO GARCÍA LORCA: *Bodas de sangre*, SM

Lo imposible

¡VAMOS A APRENDER!

1. Respetar el turno de palabra.
2. Diferenciar las intenciones de los medios de comunicación.
3. Identificar los diversos géneros periodísticos.
4. Distinguir las partes de la noticia.
5. Reflexionar sobre la importancia de la estructura de la noticia.
6. Crear una noticia partiendo de una canción.

NUESTRO RETO

Canciones contadas

¿Qué puede inspirar a un artista más que la propia realidad? Muchos cantantes narran historias reales o las evocan con las letras de sus canciones. En este reto, tú harás exactamente lo contrario. Te inspirarás en una canción que te guste para crear una noticia.

The Human Library busca recrear una biblioteca donde, en vez de libros, hay personas que dialogan para romper estereotipos y estigmas sociales.

THE HUMAN LIBRARY, LA BIBLIOTECA QUE TE PERMITE 'LEER' A PERSONAS PARA TERMINAR CON LOS PREJUICIOS

JUDITH DEL RÍO

Un proyecto presente en más de 50 países y que pretende que los "lectores" conozcan a las personas, al igual que los libros, "sin juzgar su portada"

Si eres habitual de bibliotecas y librerías, sabrás que no hay sentimiento más especial que ese que experimentas cuando te encuentras con *El Libro*. Es ver la portada, leer la contraportada y... clic. Tienes que leerlo. Bien sea por la historia que promete, porque sigues a su autor desde hace tiempo, porque su diseño o el tema te ha llamado la atención; siempre hay algo que determinará que un libro sea el elegido. Lo mismo sucederá al contrario: si te llama algo la atención de un modo negativo sobre un libro en concreto, es bastante probable que nunca pase por tus manos, aunque no sepas ni de qué va.

Si lo piensas, te darás cuenta que lo mismo sucede con las personas. ¿Por qué decides conocer a unas personas y no a otras? Probablemente, porque haya algo en ellas que te atraiga o te produzca rechazo. Con esos prejuicios pretenden acabar desde The Human Library, un proyecto de "biblioteca humana" que se propone un reto: "prestar" a las personas para conversar con ellas y acabar con las ideas negativas preconcebidas.

En el contexto de un aumento de la curiosidad y el afán por desvelar los secretos de lo desconocido a la par que aprendemos, The Human Library se convierte en una biblioteca humana en el verdadero sentido de la palabra. Creada en el año 2000 en Copenhague, de la mano de Ronni Abergel, su hermano Dany y sus amigos Asma Mouna y Christoffer Ericssen; The Human Library pretende ser ese lugar donde los "lectores" pueden tomar "prestadas" a las personas que conforman el grupo, que hacen las veces de libros abiertos, y mantener conversaciones sobre aquellos temas en los que tengan experiencia.

"Cada libro humano de nuestra biblioteca representa a un grupo de nuestra sociedad que a menudo está sujeto a prejuicios, estigmatización o discriminación, debido a su estilo de vida, creencias, discapacidad, estatus social, origen étnico, etc.", explican desde su página web, "los libros humanos son voluntarios con una historia que contar, y la forma en que se distribuyen se adapta a los propios prejuicios de cada individuo, alentando la diversidad y la inclusión a través de las confesiones más personales".

El primer evento comenzó con dudas, pero resultó todo un éxito: más de ocho horas al día, durante cuatro días seguidos, con más de 50 "libros humanos" diferentes. Una amplia selección de temas que brindó a los lectores la oportunidad de desafiar todo tipo de estereotipos y prejuicios. Voluntarios como Bill Carney, el "activista negro", que asegura que lo importante que ha de hacer el lector es escuchar.

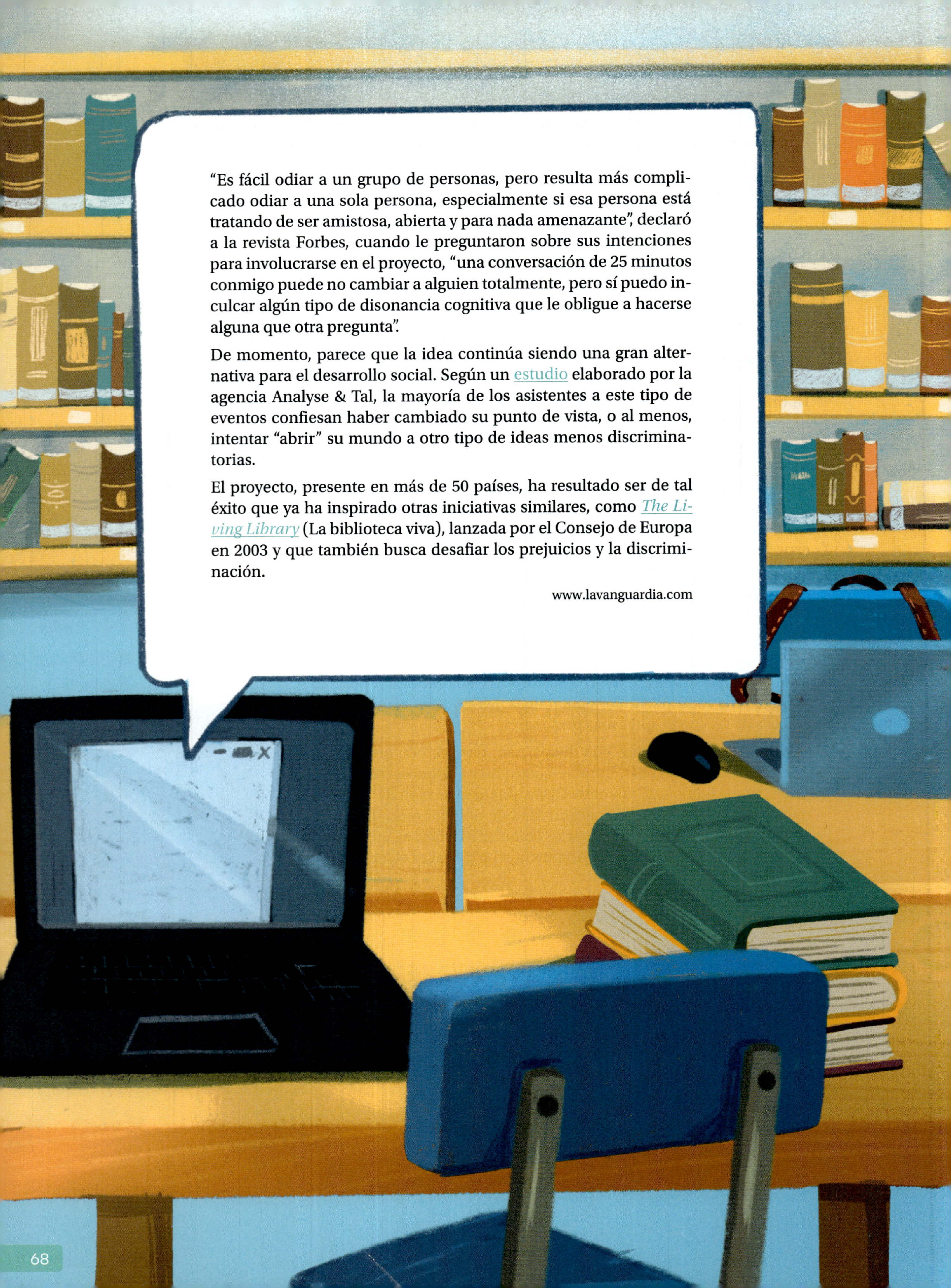

"Es fácil odiar a un grupo de personas, pero resulta más complicado odiar a una sola persona, especialmente si esa persona está tratando de ser amistosa, abierta y para nada amenazante", declaró a la revista Forbes, cuando le preguntaron sobre sus intenciones para involucrarse en el proyecto, "una conversación de 25 minutos conmigo puede no cambiar a alguien totalmente, pero sí puedo inculcar algún tipo de disonancia cognitiva que le obligue a hacerse alguna que otra pregunta".

De momento, parece que la idea continúa siendo una gran alternativa para el desarrollo social. Según un estudio elaborado por la agencia Analyse & Tal, la mayoría de los asistentes a este tipo de eventos confiesan haber cambiado su punto de vista, o al menos, intentar "abrir" su mundo a otro tipo de ideas menos discriminatorias.

El proyecto, presente en más de 50 países, ha resultado ser de tal éxito que ya ha inspirado otras iniciativas similares, como *The Living Library* (La biblioteca viva), lanzada por el Consejo de Europa en 2003 y que también busca desafiar los prejuicios y la discriminación.

www.lavanguardia.com

Comprendo el texto

1 **CONTRASTAMOS JUNTOS.** Los títulos recogen la idea principal del texto. ¿Cuál de estos títulos elegirías para este artículo? Piénsalo, comentadlo en parejas y dad una razón que avale vuestra elección.

A. Conocer para comprender, comprender para respetar

B. Las bibliotecas humanas, un proyecto danés

C. Escuchar para entendernos

2 En la noticia hay un párrafo que recoge lo esencial de este proyecto. ¿Cuál es? ¿Por qué es importante ese párrafo? ¿Cómo se llama a esta parte en los medios de comunicación?

3 ¿Qué dos situaciones que se plantean al principio de la lectura se muestran en estas dos ilustraciones?

a

b

- ¿Qué pasa cuando estas mismas reacciones se producen con personas en vez de con libros? ¿Te enseña la lectura cómo evitar las consecuencias negativas de esto?

4 En el texto has leído lo siguiente.

> Con esos prejuicios pretenden acabar desde *The Human Library*, un proyecto de "biblioteca humana" que se propone un reto: "prestar" a las personas para conversar con ellas y acabar con las ideas negativas preconcebidas.

¿A qué se refiere la palabra *esos*? Lee la definición de *prejuicio* y utilízala en tu explicación.

> **prejuicio**
> s. m.
> **1.** Juicio u opinión que se forman de antemano y sin tener los datos adecuados.
> Clave: *Diccionario de uso del español actual*, SM

5 Indica si estas afirmaciones son verdaderas o falsas.

	V	F
El proyecto *The Human Library* se creó hace ya diez años.	•••	•••
Este proyecto pretende que las personas se conozcan antes de juzgarse por su apariencia.	•••	•••
Lo más importante que ha de hacer el "lector" en *The Human Library* es hablar mucho.	•••	•••
Un estudio demuestra que las personas cambian su punto de vista inicial después de participar en el proyecto.	•••	•••

6 Busca en el texto la expresión *disonancia cognitiva*. ¿Qué crees que supone?

A. Estar en contra de algo porque lo has pensado bien.

B. Tener a la vez dos pensamientos: uno desfavorable y otro favorable.

7 En el texto se plantea superar las contradicciones que todos tenemos haciéndonos preguntas.

> Una conversación de 25 minutos conmigo puede no cambiar a alguien totalmente, pero sí puedo inculcar algún tipo de disonancia cognitiva que le obligue a hacerse alguna que otra pregunta.

Aporta dos razones de por qué para aprender y para conocer a los demás es importante hacerse preguntas. Utiliza ejemplos del texto.

8 En el texto se emplean comillas varias veces, por ejemplo: "Cada libro humano de nuestra biblioteca representa a un grupo de nuestra sociedad que a menudo está sujeto a prejuicios, estigmatización o discriminación, debido a su estilo de vida, creencias, discapacidad, estatus social, origen étnico, etc." Busca las veces en las que aparecen oraciones entrecomilladas. ¿Para qué se usan?

9 El texto que has leído es un artículo publicado en un medio digital, no en papel. ¿En qué se nota? ¿Qué ventajas tiene la lectura digital? ¿Y qué desventajas?

10 Un voluntario del proyecto *The Human Library*, Bill Carney, dice lo siguiente.

> "Es fácil odiar a un grupo de personas, pero resulta más complicado odiar a una sola persona, especialmente si esa persona está tratando de ser amistosa, abierta y para nada amenazante".

Comentad en parejas qué quiere decir y poned ejemplos concretos de situaciones en las que esto puede ocurrir.

11 **PLANTEAMOS JUNTOS.** Se atribuye a un filósofo de la antigua Grecia, Zenón de Citio, la siguiente máxima: "Tenemos dos orejas y una boca para oír más y hablar menos". En parejas, relacionad este mensaje con el contenido del texto y escribid un eslogan, o una frase sugerente, que comience por *Si escuchas...*

12 En las primeras líneas del texto se refiere a *El Libro* y lo pone en cursiva. ¿Qué pasaría si cambiáramos el artículo "El" por "Un"? Explícalo con tus palabras.

13 En el proyecto *The Human Library* las personas actúan como "libros abiertos". ¿Qué significa aquí "ser un libro abierto"?

14 Has leído lo siguiente:

> "Cada libro humano de nuestra biblioteca representa a un grupo de nuestra sociedad que a menudo está sujeto a prejuicios, estigmatización o discriminación, debido a su estilo de vida, creencias, discapacidad, estatus social, origen étnico, etc."

Busca en el diccionario qué significan las palabras destacadas y utilízalas poniendo ejemplos de situaciones concretas en las que se produce.

15 Para que la "biblioteca humana" sea un buen recurso para la convivencia, ¿qué actitud ha de mostrar quien escucha?

16 Combatir las noticias falsas o *fake news*, tan frecuentes en las redes sociales y en medios de comunicación, tiene mucho que ver con lo que se dice en el texto. Escribe, basándote en el texto, dos antídotos contra las noticias falsas.

¡Vamos allá!

Los medios de comunicación

¿Qué quieres saber?

1 **Pregunta a tus abuelos o a otras personas mayores cómo y dónde se informaban sobre lo que pasaba en el mundo cuando eran jóvenes. ¿Existe en la actualidad alguna fuente de información distinta a las que emplearon tus familiares? ¿Crees que son todas igual de fiables?**

- ¿Dónde buscarías tú hoy día información sobre hechos importantes que han sucedido recientemente y que son de interés público?

2 **Las redes sociales también son un medio de comunicación. Imagina que hay una avería en el autobús en tu ciudad. ¿Qué información podrías obtener a partir de lo que cuentan viajeros y testigos en redes sociales? ¿Qué información te faltaría? ¿Dónde podrías encontrar más información y contrastar la que dan los implicados?**

3 **Los textos periodísticos pueden explicar objetivamente situaciones de actualidad, manifestar opiniones sobre temas de interés social, mover a la reflexión acerca de la actualidad, dar información y valorar manifestaciones culturales o artísticas, etc. Fíjate en algunas de las intenciones que puede tener un texto periodístico y relaciónalas con el texto que corresponda.**

Informar | Profundizar y analizar | Opinar y valorar

a

Lo que la película *Campeones* ha hecho por la discapacidad

Son campeones. Lo demuestran en cada gesto. En cada acción. Pero llegó una película, les dio nombre, provocó una carcajada y otorgó valía a personas que todos los días de su vida deben demostrar lo capaces que son. [...]

Las fundaciones y entidades que trabajan mano a mano con algunas de las 3,84 millones de personas con alguna discapacidad que hay en nuestro país (sea física, sensorial, orgánica o intelectual), coinciden curiosamente en un diagnóstico: ***Campeones* dio visibilidad a un colectivo que ya la tenía**, pero lo hizo "sin ternurismos, sin concesiones a una emotividad ñoña, con talento y respeto a una realidad que tiene pocas oportunidades de lucirse en la gran pantalla. [...]", resume **Luis Cayo Pérez Bueno**, presidente del Cermi (Comité Español de Representantes de Personas con Discapacidad).

www.abc.com

b

***Campeones*: ¿y qué es ser "normal"?**

No era nada cómodo ni sencillo sacar adelante el reto que se ha planteado en su quinto largometraje Javier Fesser: hacer una comedia protagonizada por discapacitados intelectuales en la que el respeto hacia ellos y la reivindicación de sus derechos cohabitaran armónicamente con la composición de situaciones abiertamente cómicas, sin recurrir a lugares comunes ni a lamentables y manidos chistes fáciles.

www.elmundo.es

c

Habrá segunda parte de la película *Campeones*

La película ***Campeones*** pretende volver a los cines tras el éxito de la entrega original. [...]

La comedia española que encandiló a todo un país en 2018 y fue vista por más de tres millones de personas **va a tener una segunda parte**.

www.elconfidencial.com

Por todos los medios

4 Lee las descripciones de los diferentes géneros periodísticos que buscan proporcionar información, ya sea de manera objetiva o interpretando la información a través de opiniones. Luego, identifica a qué género pertenece el vídeo del final y justifica tu elección.

NOTICIA

Texto que ofrece información sobre un suceso o asunto de actualidad que tiene interés para los lectores. Usa un estilo claro y sencillo que busca la transmisión de la información de manera totalmente objetiva. Responde a las preguntas básicas del periodismo: ¿Qué ha sucedido?, ¿Cuándo ha sucedido?, ¿Dónde ha ocurrido?, ¿Por qué ha sucedido? ¿Cómo ha sucedido?

Telediario 1, RTVE

REPORTAJE

Texto que profundiza en un asunto de interés. Ofrece información obtenida tras una detallada investigación. Se suele ampliar mediante testimonios de expertos y análisis de datos mediante gráficos, mapas, etc. Aunque se trate de un medio escrito, incluye información gráfica, como fotografías o infografías, y audiovisual, si se trata de medios digitales. En ocasiones, el periodista, además de profundizar, interpreta y valora la información que maneja.

Informe Semanal, RTVE

CRÓNICA

El periodista, desde el lugar del suceso o acontecimiento, narra con detalle el desarrollo de lo ocurrido. Transmite sus impresiones como testigo de lo que narra con un estilo personal. Puede usar un lenguaje literario o, a veces, un tono cercano y coloquial. Las crónicas tratan sobre deportes, política, viajes, conflictos armados, etc.

Noticias 24h, RTVE

La Sexta noticias

¿A qué te ha ayudado en esta actividad tu equipo?

- **CONTRASTAMOS JUNTOS.** El vídeo que acabas de ver se emitió dentro de un informativo en un canal de televisión. ¿En qué otros medios podrías encontrar este misma contenido? ¿Qué diferencias habría en la forma de presentarlo en función de cada medio? Pon ejemplos y debátelo con tus compañeros.

5 **Lee este texto y justifica a qué género periodístico pertenece.**

www.rfef.es

¡España sella la clasificación perfecta! (5-0)

Pleno de victorias, ni un solo gol en contra y 53 dianas a favor: así da el salto al Mundial 2023 el conjunto dirigido por Jorge Vilda.

El gran ambiente que se respiraba en la Ciudad del Fútbol de Las Rozas reflejaba la importancia de la cita a la que asistía la selección absoluta femenina. El objetivo: sellar la Fase de Clasificación para el Mundial 2023 con pleno de victorias e imbatidas; el rival: Ucrania.

Desde el inicio del duelo, el conjunto dirigido por Jorge Vilda mostró su ambición y, durante el primer período, lo hizo a base de dobletes. Esther González, que abría el marcador, y Alba Redondo fueron las encargadas de poner los goles en el primer período para firmar el 4-0 con el que se llegaba al descanso.

El guion fue constante en la segunda parte. España siguió imponiendo su juego y apoderándose de la posesión del esférico. La encargada de aumentar la cuenta en el luminoso fue Jeni Hermoso desde los once metros, firmando así el 5-0 definitivo.

6 **Lee esta noticia y di qué añadirías para crear un reportaje a partir de ella.**

Más de 5400 euros para la Escuela de Vela Adaptada de Baiona gracias al III Vertiatlón Solidario

Baiona vivió esta tarde con gran expectación la celebración de la tercera edición del Vertiatlón Solidario, una competición organizada con fines benéficos y el principal objetivo de recaudar fondos para la Escuela de Vela Adaptada para personas con discapacidad del Monte Real Club de Yates.

Varias playas y calles de la villa marinera acogieron las tres pruebas del triatlón *sprint* que, desde las cuatro de la tarde y hasta pasadas las seis, se disputaron los más de 200 atletas llegados desde diferentes puntos del país.

Los más rápidos en completar los 750 metros a nado, los 20 kilómetros en bicicleta y los 5 kilómetros a pie fueron los deportistas del Olímpico de Vedra, Jacobo Crego y Aida García, logrando ambos tiempos espectaculares.

Emplearon una hora y una hora y trece minutos respectivamente en completar el recorrido completo y lograron subirse a lo más alto del podio de ganadores de la categoría general. [...]

www.telemarinas.com

7 **Observa la fotografía y, a partir de ella, escribe el inicio de una noticia, una crónica y un reportaje. ¿En qué se diferencian los textos que has escrito? ¿Por qué has escogido ese enfoque para cada género periodístico?.**

¿Sobre qué te gustaría aprender algo más, relativo a los medios de comunicación?

No solo un titular

8 La noticia es el género periodístico informativo por excelencia. La información suele organizarse siguiendo esta estructura fija. Obsérvala y, después, responde a la pregunta.

Titular: avanza el contenido de la noticia de forma breve y atractiva. Puede constar de antetítulo (pone en contexto), título (información más importante) y subtítulo (ampliación). Aparece escrito con una tipografía de cuerpo mayor.

Entradilla: resume los datos fundamentales de lo ocurrido.

Cuerpo: desarrolla la información aportada en la entradilla ordenándola de mayor a menor relevancia.

FALSIFICACIONES DE ARTE

La policía interviene tres falsos "velázquez" y "tiziano" puestos a la venta por 45 millones de euros

Las obras son propiedad de un particular que asegura que las recibió en herencia como originales

El Grupo de Patrimonio Histórico de la Policía de la Generalitat Valenciana ha intervenido tres pinturas que se atribuían a Diego Velázquez y a Tiziano pero que, en realidad, eran falsificaciones [...]. Los cuadros son propiedad de un particular, afincado en Santander, que ha asegurado que las obras proceden de una herencia familiar y que siempre se han considerado como originales.

Las piezas recuperadas durante la operación son un autorretrato de Velázquez, que se vendía por 30 millones de euros; un retrato de Francisco de Quevedo, cuya autoría se atribuía a Velázquez y que se comercializaba por tres millones de euros; y *Ecce Homo*, una pintura supuestamente de Tiziano, que había salido al mercado por 12 millones de euros.

La operación comenzó en marzo cuando la policía de la Generalitat detectó que las dos supuestas obras de Velázquez y la de Tiziano se habían puesto a la venta por internet. Los agentes consultaron entonces con el Museo de Bellas Artes de Valencia, cuyos expertos concluyeron que la calidad de las pinturas no presentaba las características mínimas que se precisan para cuestionarse como obras de artistas de la talla de Velázquez y Tiziano.[...]

Las tres falsificaciones se encuentran ya bajo custodia en las dependencias policiales de Pont de Fusta de Valencia.

www.elpais.com

- Ahora ordena estos párrafos que han sido extraídos de *heraldo.es* para que constituyan una noticia bien estructurada.

A	Los Bomberos de Zaragoza han trabajado durante casi tres horas en un fuego originado en una granja de pollos perteneciente al municipio de Jaulín, y ubicada en la carretera que conecta la localidad con Fuendetodos.
B	Arde una granja de pollos sin causar víctimas en Jaulín
C	Tal y como indican desde el Cuerpo, no ha habido ningún tipo de víctima, puesto que la instalación permanecía vacía a la espera de que este viernes llegasen los ejemplares. No obstante, uno de los servicios movilizados ha sido una ambulancia. Una bomba urbana pesada, otra ligera, una nodriza pesada, una autoescala automática de 30 metros, así como unidad de mando y comunicaciones, se han sumado al vehículo mencionado. Por el momento, se desconoce el estado en el que ha quedado la granja tras el incendio.

9 **Aprendo a pensar.** ¿Qué pasaría si faltara alguna de las partes de la noticia? Explica cómo te llegaría la información en función de qué parte faltase.

10 Ahora imagina que dentro de veinte años eres periodista. Piensa en un suceso o acontecimiento del que te gustaría informar y que convierte el mundo en un lugar mejor, y redacta una noticia breve que incluya las respuestas a estas preguntas: ¿qué ha pasado?, ¿cuándo ha sucedido?, ¿por qué ha sucedido?, ¿cómo ha sucedido?, ¿dónde ha ocurrido?

NUESTRO RETO Canciones contadas

Creamos una noticia a partir de una canción

¿Eres de las personas que se fijan en las letras de las canciones? Eso es lo que necesitas en este reto, porque vas a inventar una noticia a partir de la historia que cuente una canción.

Paso 1

Elige una canción

Lo primero que necesitas es encontrar una canción que te guste que narre una historia que pueda inspirarte para convertirla en una noticia. Si no encuentras ninguna, puedes utilizar este ejemplo que cuenta una historia basada en un hecho real.

Ella despidió a su amor.
Él partió en un barco en el muelle de San Blas.
Él juró que volvería
y, empapada en llanto, ella juró que esperaría.
Miles de lunas pasaron
y siempre ella estaba en el muelle, esperando.
Muchas tardes se anidaron.
Se anidaron en su pelo y en sus labios.

Maná: *En el muelle de San Blas*

Paso 2

Planifica

Ayúdate de la plantilla para organizar la información que vas a incluir e inventa los datos necesarios para completar tu noticia. Trata de que parezcan actuales y novedosos.

Como no podrás ser veraz, porque tu noticia será ficticia, asegúrate de que resulte verosímil, es decir, que pueda pasar por verdadera.

Después, ordena los datos comenzando por los más importantes y deja la información secundaria para el final.

Paso 3

Redacta

Cuando tengas clara la estructura de tu noticia y la información que vas a incluir, comienza inventando un titular breve y atractivo que avance la información básica. Luego, añade una entradilla que contextualice y sintetice lo que ha sucedido.

Redacta con precisión y claridad y evita el empleo de expresiones ambiguas para no crear confusión en el lector.

Utiliza un léxico culto pero asequible y evita tecnicismos o argot, si la canción lo incluye, que puedan dificultar la comprensión de tu noticia.

No olvides incluir todos los detalles. Te ayudará responder a las cinco preguntas: **¿qué?, ¿cuándo?, ¿dónde?, ¿cómo?, ¿por qué?**

Paso 4

Revisa

Repasa el texto que has escrito para comprobar que no has cometido faltas de ortografía e intercámbialo con un compañero, para que los dos os aseguréis de que vuestras noticias se entienden bien y que no os falta ningún detalle.

Lo contamos

¿Qué pasaría si fueras un reportero a pie de calle y te grabaran contando tu noticia? Lo primero que verían las personas al aparecer tu imagen en pantalla sería tu postura corporal y tu actitud. ¡Eso es precisamente lo que vas a entrenar en este reto!

Paso 1

Piensa cómo lo vas a contar

¿Recuerdas que al escribir tu noticia priorizaste la información principal y dejaste para el final los datos menos relevantes? Esta norma es aún más importante cuando hablamos en público, porque quienes te escuchan no pueden decidir "saltarse" esa parte como podrían hacerlo si estuvieran leyendo. Si cansas a tu audiencia, dejará de prestarte atención. Por eso debes revisar tu texto y eliminar la información superflua.

Subraya la información fundamental de tu texto. Así, cuando cuentes tu noticia remarcarás con tu voz y tus gestos esos datos.

Paso 2

Entrena la cortesía: la postura corporal y el contacto visual

La primera impresión que van a recibir de ti las personas que te escuchen será tu actitud corporal y tu presencia. Esta se manifiesta en un conjunto de aspectos que tienen que ver con la postura general, la posición de la cabeza y la mandíbula, y la mirada. ¡Vas a comprobarlo con un experimento!

1. Dividid la clase en dos equipos.
2. Los compañeros del primer equipo caminarán por el espacio simulando que están cansados y apáticos. El resto anotarán en secreto el máximo de detalles que observen en sus compañeros relacionados con su actitud: postura, mirada, etc..
3. Luego se desplazarán como si estuvieran muy contentos y los compañeros volverán a anotar los detalles.
4. Cambiáis de roles y repetís los mismos pasos anteriores.
5. Comentad entre todos los detalles que habéis anotado y extraed conclusiones: ¿qué habéis advertido?, ¿vuestros datos coinciden?

Cuando una persona transmite presencia resulta más fácil que los demás estén a gusto escuchándola y se sientan tratados con mayor consideración. Esta actitud resulta mucho más cortés: la mirada se alza para atender a los demás, el cuerpo se abre mostrando accesibilidad, la cabeza se yergue transmitiendo ganas de comunicar ¡y hasta la voz suena más alegre!

En parejas, contaos vuestra noticia teniendo en cuenta estos aspectos y, después, comentad si transmitíais una sensación agradable y amable.

Activa tu cuerpo pensando en algo alegre, abre el pecho, no dejes tu cabeza hundida entre los hombros, levanta ligeramente la barbilla, mira a tu compañero mientras hablas. ¡Y sonríe!

Paso 3

Cuéntalo

Sal a la pizarra caminando tranquilo y por el camino recuerda esa anécdota o pensamiento que te hace sentir alegre. Así comenzarás "activado" y con confianza.

Colócate en el centro y mira a tus compañeros con la cabeza ligeramente levantada. ¡No demasiado o transmitirás soberbia! Sonríe y empieza a hablar poniendo en marcha tus mejores modales.

Para a respirar profundamente. Te ayudará a relajarte y a concentrarte en lo que estás haciendo

Tu exposición comienza desde el momento en que te levantas de la silla para salir a la pizarra. Aprovecha esos segundos para colocar tu cuerpo "en posición de salida". Tu cerebro recibirá la señal y tu actitud será tu aliada.

¿Cómo te ha ido el reto?

1. ¿Cómo he escrito mi texto?

	Conseguido	Todavía no
1. He redactado el texto siguiendo esta estructura: titular, entradilla y cuerpo.	●●●	●●●
2. He utilizado un lenguaje culto pero sencillo y fácil de comprender.	●●●	●●●
3. He conseguido que parezca verosímil.	●●●	●●●

2. ¿Has cumplido que tu texto sea claro, objetivo y preciso? Justifícalo.

Compartimos

Elegid una opción entre todos:

- Grabad en vídeo vuestras noticias. Podéis enseñarlas en casa para que vuestros familiares vean todo lo que habéis aprendido.
- Reunid vuestras noticias e incluid dibujos o fotografías para crear un periódico escolar. Quizá los alumnos de otras clases se animen a participar al ver vuestro trabajo.

EN RESUMEN

Los medios de comunicación

La prensa escrita, la televisión y la radio son medios de comunicación que ofrecen diversos contenidos, entre los que destaca la información. Se puede encontrar también información en redes sociales, aunque es recomendable contrastar las fuentes.

Los textos periodísticos pueden tratar un mismo hecho de diferente manera en función de la intención: informar, profundizar y analizar; u opinar y valorar.

Los principales géneros periodísticos informativos son los siguientes:

- **Noticia:** aporta datos sobre un suceso de actualidad con un estilo claro y sencillo para transmitir la información de manera objetiva, directa y veraz.
- **Crónica:** cuenta lo ocurrido a partir de la vivencia del periodista, que la redacta desde el lugar de los hechos, y transmite sus impresiones como testigo de lo que narra con un estilo personal.
- **Reportaje:** profundiza en los detalles de un asunto de interés y ofrece información obtenida tras una detallada investigación. Además, interpreta y valora la información a través de análisis y opiniones de expertos o testigos del suceso y, en ocasiones, también del periodista.

Para que la noticia sea eficaz como fuente de información clara y veraz, ha de redactarse de forma ordenada. Esta es la estructura que suele tener:

- **Titular:** es claro y breve, y aporta los datos básicos de manera atractiva. Puede dividirse en antetítulo (contexto), título (lo más importante) y subtítulo (ampliación).
- **Entradilla:** resume los datos fundamentales de lo ocurrido.
- **Cuerpo de la noticia:** desarrolla la información de la entradilla por orden de relevancia.

Mis competencias — Autoevaluación

1.6 Poder de persuasión

¡EMPEZAMOS!

¿Has oído hablar del *upcycling* o suprarreciclaje? Consiste en transformar de manera creativa un desecho para convertirlo en un producto de mayor calidad y valor ecológico que el original. Se aplica en campos tan distintos como el arte, el mobiliario y la moda. Este último sector, que es el más contaminante después de la actividad petrolera, es pionero en implementar esta nueva forma de revalorizar "la basura". Observa la imagen y responde a las preguntas.

"Ropa sostenible con Ecoalf" / *Para todos La 2*

- ¿Dónde está la persona que aparece en la imagen? ¿Qué ves al fondo? ¿Qué relación puede tener con ese lugar?
- Observa el vídeo. ¿Crees que esta marca practica el suprarreciclaje? ¿Por qué?
- ¿Qué información transmite la marca en sus etiquetas?
- ¿Crees que en el vídeo aparece alguna otra forma de publicitar la marca? ¿Y en las fotografías de la página siguiente?
- ¿Consideras que una campaña publicitaria está siempre ligada a la venta de un producto? Pon un ejemplo.

¡VAMOS A APRENDER!

1. Llegar a acuerdos.
2. Diferenciar publicidad comercial e institucional.
3. Identificar la estructura y las características del anuncio.
4. Reflexionar sobre los formatos publicitarios.
5. Crear un anuncio institucional.

NUESTRO RETO

Así te convenzo

¿Alguna vez has visto un anuncio en una valla publicitaria o en la televisión y te ha sorprendido por su ingenio para sensibilizar sobre un tema o para impulsarte a actuar de una cierta manera? ¡Es lo que sentirán tus compañeros con el anuncio que vas a crear!

Alexander Cuervo tiene una misión: convertirse en el mago más importante de su época. Por eso se encadena y se cuelga bocabajo a 35 metros del suelo, ante la mirada de miles de espectadores. El truco consiste en liberarse. ¿Lo conseguirá?

EL MAGO QUE VOLABA

presto a: dispuesto a.

Habíamos empapelado la ciudad de carteles que anunciaban mi actuación: "El gran mago Alexander Cuervo, el dios de las alturas. Un espectáculo de escapismo al filo del precipicio". El señor Clearwater se había hecho con uno y me había pedido que se lo firmase. Yo me había sentido como si quisiese que pagase un pacto con mi alma.

—No antes de celebrar el éxito —le había dicho riendo—. Mejor no tentar a la suerte.

Él también debía estar allí, entre toda esa gente, o quizá en uno de los balcones más elegantes. El magnate americano sabía elegir el mejor sitio, era su gran habilidad.

Toda la ciudad estaba allí. Por fin demostraría con un número sin par que era el mayor mago que habían contemplado aquellas calles. Seguro que Aubrey Galaxia era una de esas caritas pálidas, y sabía que si le ganaba en ese reto, nunca me podría superar.

Con júbilo, liberé mi mano izquierda y la mostré. Un aplauso emocionado se extendió entre la multitud y, antes de que terminasen, había logrado liberar mi mano derecha. La mostré también y después estiré los brazos, cansado, sosteniendo las cadenas.

—¡Cuidado abajo! —grité antes de dejarlas caer.

La gente se movió como cuando cae una gota de agua en la superficie tersa del lago y las cadenas golpearon el suelo, rebotando. Bien, eso era lo que podía hacer mi cuerpo en cualquier momento si me equivocaba en el siguiente movimiento.

Intenté relajarme y tomé aire, cerrando los ojos. Repasé mentalmente lo que tenía que hacer y, de pronto... comencé a oler a jazmín.

¡Maldita fuese!

Como si tuviese uno de los malditos cuencos de flores de Aubrey Galaxia bajo mi nariz... ¡Sabía que estaba allí!

Abrí los ojos para intentar localizarla, pero lo que vi me dejó paralizado.

La calle se alejaba de mi cabeza a una velocidad de vértigo. Las personas que me parecían ratoncitos pronto me parecieron cucarachas, y después hormigas, y pulgas. Me alcé sobre la cúpula del edificio Metrópolis, subiendo y subiendo, bocabajo, viendo cómo las calles de la ciudad pasaban a ser las de un plano y cómo las nubes se cruzaban en mi camino hasta que vi los campos y las montañas... ¡y el mar!

Estaba a punto de desmayarme por el mareo y la velocidad.

El corazón me latía a mil por hora.

¡Aquello tenía que parar o acabaría entre las estrellas!

Cerré los ojos para defenderme de la terrible sensación. Lo que estaba viendo no podía ser real, era imposible que fuese real. Imposible.

Apretando los dientes, utilicé toda mi fuerza para doblarme sobre mí mismo y agarrarme los tobillos, sin atreverme a despegar un párpado.

— No es real, no es real... —me repetía una y otra vez.

Escuché la ovación del público. Eso me tranquilizó. Lo había visto convertirse en motas de polvo insignificantes, pero ellos debían seguir viéndome a mí, como antes. Los escuchaba cerca.

El olor a jazmín seguía inundando mis pulmones, y eso solo podía significar que Aubrey Galaxia me la estaba jugando. No entendía cómo, pero no iba a dejarla ganar. Aquel aroma era su huella y significaba que temía mi éxito.

Me solté de una de las manos y la moví arriba y abajo, indicándole al público que siguiese aplaudiendo y gritando. Tenía que atarme a esa sensación.

Los espectadores se convirtieron, de pronto, en mi red de seguridad, en mi única conexión con la realidad. Sus voces me recordaban dónde estaba y qué debía hacer.

Trasteé a ciegas con las esposas que me sujetaban los pies. Debía liberarlos los dos a la vez, al mismo tiempo que, para no caer, me sujetaba con las manos a las esposas que estaban atornilladas a la estructura de madera.

El público coreaba mi nombre:

—¡Cuervo, Cuervo, Cuervo...!

Llené mis pulmones de aire y me solté con los ojos cerrados.

Un grito ahogado paralizó a la multitud y abrí un ojo para comprobar que no me había matado.

Vi el madero delante de mí, vi el edificio Metrópolis a mi derecha y giré la cabeza para observar el rostro tenso de Johann.

Dejé escapar el aire de mis pulmones y sonreí. Mi amigo me esperaba ya al otro lado de la estructura, presto a tenderme una mano para ayudarme a salir de la estrecha pasarela.

Patricia García-Rojo

Es profesora y escritora de literatura infantil y juvenil. Sus libros le han valido galardones como el Premio SM, El Gran Angular y el Premio Ciudad de Málaga de Narrativa Infantil. En su blog Ridícula Calamidad escribe poesía.

Me encaramé a la madera y apreté los dientes. No había pasado tanto miedo en mi vida.

—Maldita Aubrey Galaxia —murmuré, porque todavía tenía el olor a jazmines dentro.

No sabía cómo lo había hecho, pero estaba convencido de que ese viaje a lo más alto del cielo se lo debía a ella. [...] Maldita señorita Galaxia.

Agarré la mano que Johann me tendía y me puse de pie sobre la estructura. El público volvió a explotar en un aplauso.

En cuanto estuve en la cornisa del edificio, me abracé a mi amigo riendo y le dije:

—Vamos a poner a esa maga en su sitio.

"Soy el más grande. Soy Alexander Cuervo"

La entrevista en la que Alexander Cuervo nos desvela sus pensamientos mientras pendía del Metrópolis

Corrían las once de la mañana del domingo cuando un hombre, aparentemente normal, pendía bocabajo a casi cuarenta metros del suelo. Era Alexander Cuervo, esposado ante un público de más de mil personas. Justo después de realizar su proeza (reportaje completo en la página 4), concedió a *El Sol* la siguiente entrevista.

► ¿Ha sentido miedo?

Un mago jamás siente miedo. Sabe que la magia es una amiga en la que puede confiar.

► Dicen que utiliza poderes psíquicos o que desmaterializa las esposas para escapar. ¿Es eso cierto?

Soy el rey de las esposas, el genio del escapismo. Mis poderes escapan de la comprensión del público.

► ¿No piensa, entonces, desvelarnos su secreto?

No hay secreto para el que sepa mirar. La magia es una forma de mirar; por eso, el que la conoce se calla.

► Su nombre apenas comenzó a escucharse hace unos cuatro meses, su carrera ha cogido velocidad y no hay noche que no llene su teatro. ¿Dónde reside la clave de su éxito?

En la originalidad, definitivamente. No me tomo a la ligera al público e intento siempre ofrecer un espectáculo que sorprenda, no que sea una mera repetición con variantes, como las que pueden verse en otras salas de la ciudad.

► ¿Se refiere usted a las actuaciones de Aubrey Galaxia, la maga del misterio?

No creo que haya ningún misterio en copiar.

► ¿Acusa directamente a la señorita Galaxia de robarle sus trucos?

No me hace falta acusar, solo señalo lo que el público lleva todo el verano evidenciando.

(El mago se muestra serio y orgulloso en sus últimas respuestas).

► Por su tono de voz, ¿debemos intuir que hay entre Alexander Cuervo y Aubrey Galaxia algún tipo de rivalidad?

Amigo, no puede haber rivalidad entre dos personas que trabajan a dos niveles diferentes. La señorita Galaxia ofrece pequeños juegos de salón, yo acabo de arriesgar mi vida ante toda la ciudad. Yo soy el más grande, yo soy Alexander Cuervo.

PATRICIA GARCÍA-ROJO: *Yo soy Alexander Cuervo*, SM

Comprendo el texto

1 La primera parte de este texto, antes de la entrevista, es una narración. ¿Cómo se desarrollan los acontecimientos que narra el relato? Ordena estas partes y relaciónalas con la estructura de la narración que encontrarás en la siguiente tabla.

A. Intenta concentrarse en sus capacidades, fijar su atención en el público y evitar pensar en su rival para poder desatarse y no caer al vacío.

B. Alexander Cuervo, encadenado bocabajo a 35 metros de altura, trata de liberarse. Mientras lo intenta, nos relata sus sentimientos.

C. Finalmente consigue liberarse y toma una decisión.

D. El mago empieza a liberarse de las cadenas y, de pronto, siente una presencia que pone en riesgo su vida.

ESTRUCTURA DE LA NARRACIÓN		
Planteamiento (situación inicial)	Presentación de la situación (o de los personajes)	
Nudo	Conflicto	Problema que desencadena la acción
	Acciones desencadenadas	Desarrollo de los hechos desencadenados por el problema
Desenlace	Resolución de los hechos para solucionar el problema	

2 En los relatos hay una voz narrativa, es decir, hay alguien que nos cuenta lo que sucede. ¿Quién narra aquí lo que ocurre?

3 En un momento determinado, Alexander Cuervo piensa que no va a poder superar el reto y va a caer y morir: "¡Aquello tenía que parar o acabaría entre las estrellas!". ¿Cómo consigue superar el miedo y lograr su objetivo?

- ¿Qué haces tú cuando tienes miedo pero quieres superar un reto?

4 En el relato se puede deducir que se había congregado mucho público para ver a Alexander Cuervo. ¿Se había dado publicidad a la actuación? ¿Cómo lo sabes? ¿Crees que la publicidad contribuyó a que hubiera tanto público? Da dos razones.

5 Observa la estructura de la entrevista que aparece en el texto. Normalmente, las entrevistas tienen estas partes. Léelas y, después, localízalas en el texto.

Título y subtítulo. En ocasiones destacan palabras del entrevistado. Avanzan el contenido.

Presentación. Se habla de la persona entrevistada o del motivo de la entrevista.

Diálogo. Compuesto por las preguntas del periodista y las respuestas de la persona entrevistada.

6 En el título de la entrevista se reproducen palabras del mago. Redacta otro titular que te parezca importante y explica por qué destacas esa idea.

7 En la entrevista has leído lo siguiente.

> **¿Ha sentido miedo?**
> Un mago jamás siente miedo. Sabe que la magia es una amiga en la que puede confiar.

¿Es sincera su respuesta? ¿Por qué crees que responde esto?

8 En la entrevista, Alexander Cuervo da varias claves de su éxito.

singularidad | respeto a la audiencia | capacidad de asombrar | innovación

Indica con qué palabras se refiere a cada una de estas características en la siguiente respuesta.

Su nombre apenas comenzó a escucharse hace unos cuatro meses, su carrera ha cogido velocidad y no hay noche que no llene su teatro. ¿Dónde reside la clave de su éxito?

En la originalidad, definitivamente. No me tomo a la ligera al público e intento siempre ofrecer un espectáculo que sorprenda, no que sea una mera repetición con variantes, como las que pueden verse en otras salas de la ciudad.

9 Escribe de otra manera las expresiones destacadas.

a. Los espectadores se convirtieron, de pronto, en mi red de seguridad.

b. La calle se alejaba de mi cabeza a una velocidad de vértigo.

c. Vamos a poner a esa maga en su sitio.

10 Después de leer el texto podrás deducir algunas de las singularidades de la personalidad de Alexander Cuervo. ¿A partir de qué palabras puedes deducirlas?

Características	Palabras
Confianza en sí mismo	●●●
Prepotencia	●●●
Autocontrol	●●●
Capacidad de concentración	●●●
Afán de superación	●●●
Perseverancia	●●●
Competitividad, rivalidad	●●●

11 Para dar difusión a la actuación del mago Alexander Cuervo, según el texto, ¿qué acciones publicitarias se han realizado?

	V	F
Reportaje de la actuación	●●●	●●●
Carteles publicitarios	●●●	●●●
Entrevista en prensa	●●●	●●●
Entrevista en televisión	●●●	●●●
Difusión en redes sociales	●●●	●●●

- Si hoy tuvieras que publicitar un acontecimiento así, ¿qué acciones crees que llegarían a más público? Comentadlo en parejas y comparad vuestras ideas con las del resto de la clase.

12 ¿Teme Alexander Cuervo a Aubrey Galaxia? Quizá esa sea la razón de que aproveche la entrevista para tratar de desprestigiarla. ¿De qué la acusa? ¿Crees que las personas que han triunfado se miden todo el tiempo con otros, o hacen valer sus propios logros? Piensa en algún ejemplo de personas del deporte o de la ciencia y comentadlos en parejas: ¿Cómo dan valor a sus éxitos?

¡Vamos allá!

La publicidad

Una llamada a la acción

1 Observa este texto publicitario y responde a las preguntas.

a. ¿Qué reacción crees que espera de nosotros?

b. ¿Cuáles son los lugares o medios en los que podrías encontrarlo?

c. ¿Qué función tiene el texto que aparece en el cartel?

d. ¿Por qué crees que la imagen está dentro de un corazón? ¿Qué idea te transmite esa composición?

e. ¿Crees que este cartel sería la única pieza de esta campaña publicitaria o que habría más? ¿Por qué?

2 Los textos publicitarios son textos argumentativos que utilizan la palabra, la imagen, la música y los formatos audiovisuales para animar al consumo de algún producto o a que actuemos de una manera determinada. Fíjate en esta clasificación de la publicidad en virtud de quién es el emisor. Justifica a qué tipo pertenece el vídeo y explica de qué nos quiere persuadir.

PUBLICIDAD COMERCIAL

Una marca pretende convencernos para consumir un determinado producto o servicio.

PUBLICIDAD INSTITUCIONAL

Una institución busca nuestra participación en una campaña o un compromiso social mediante determinadas acciones o actitudes.

Comunidad de Madrid

a. ¿De qué nos quiere persuadir el vídeo?

b. ¿Qué elementos utiliza para hacerlo?

3 Busca un ejemplo de publicidad comercial y explica de qué pretende convencernos. Puedes escoger un cartel publicitario de la calle y hacer una fotografía, en la prensa digital o en papel, en redes sociales, en televisión o en radio.

4 Ponte en las situaciones que se detallan e indica al menos un tipo de publicidad que hayas visto o escuchado en cada una de ellas. Después, señala si usa el sonido, la palabra, la imagen o vídeos.

a. Cuando caminas por la calle: •••
b. Cuando vas en el coche: •••
c. Cuando lees tu revista favorita: •••
d. Cuando ves la televisión: •••
e. Cuando navegas por internet: •••

- ¿Cuáles de los ejemplos que has puesto crees que existían hace cuarenta años? ¿Piensas que la publicidad debe adaptarse a la realidad de cada momento?

¿Qué te ha aportado esta actividad?

5 La publicidad necesita llamar nuestra atención y convencernos de consumir un determinado producto o servicio. A pesar de ser textos breves, utilizan muchos recursos de persuasión para conseguir su objetivo. Fíjate en esta infografía e indica algún anuncio que conozcas en el que se emplee alguno de estos recursos.

Un buen texto publicitario...

Nos **sorprende** » **Capta** nuestra **atención** » **Suscita** nuestro **interés** o **necesidad** » Provoca **emociones** » **Incita** a comprar, consumir o actuar de una determinada manera

mediante

Palabras
Recursos literarios: (metáforas, hipérboles, etc.) Palabras atractivas, vocabulario novedoso , vocabulario prestigioso, verbos en imperativo y palabras con rima.

Sonidos
Música sugerente.

Imágenes
Personajes famosos, personas felices, imágenes extrañas o modificadas, colores llamativos, paisajes o decorados atractivos y contrastes inesperados.

Valores
Lo bueno, lo sano, lo moderno, juventud, salud, tranquilidad, éxito, etc.

6 Por equipos, buscad tanto en el anuncio del audio como en el cartel y en el vídeo el máximo número de recursos de persuasión que podáis.

Asemiel ANIMPA

Fundación ONCE

7 **CREAMOS JUNTOS.** Selecciona uno de los siguientes anuncios para crear una campaña publicitaria. Identifica los aspectos más atractivos de tu producto y piensa en cómo presentarlos de manera convincente. Además, ten en cuenta las emociones que deseas evocar en el consumidor. Explica qué elementos vas a utilizar para lograrlo y explica las razones.

a) **Anuncio** para **sensibilizar** sobre el uso del transporte público.

b) **Anuncio** para **vender** una nueva marca de leche.

c) **Anuncio** para **concienciar** sobre el ahorro de agua en casa.

d) **Anuncio** para **vender** un nuevo modelo de ordenador.

8 Diferentes formatos de publicidad utilizan distintos elementos como palabras habladas o escritas, imágenes estáticas o animadas, música, etc. Observa este cartel en el que se señalan la estructura y los elementos principales. ¿Podrías localizar dichos elementos en el cartel que aparece más abajo?

Ayuntamiento de Aspe (Alicante)

Ayuntamiento de Morón de la Frontera (Sevilla)

Más que anuncios

9 **Los textos publicitarios se encuentran en diferentes medios y soportes, como cine, televisión, redes sociales, entre otros. Dependiendo del medio y soporte utilizado, se emplean diferentes estrategias de persuasión. Observa los dos anuncios de esta campaña publicitaria y responde a las preguntas.**

Diputación de Granada

a. Identifica el eslogan de la campaña y explica de qué pretende persuadir.

b. ¿Dónde piensas que podrías encontrar cada uno de estos anuncios? ¿Por qué crees que el segundo tiene subtítulos del texto que se escucha?

c. ¿En cuál de los dos anuncios se nos proporciona más información y en cuál debemos imaginarla nosotros?

d. ¿Cuál te parece más atractivo y te anima a seguir los consejos que se dan? ¿Por qué?

e. En el vídeo se ve cómo identifican a un perro gracias al microchip y la voz en *off* explica acerca de ello. ¿Cómo podrías obtener esta información gracias al cartel?

f. Las campañas publicitarias pueden a veces motivarnos a mejorar nuestro entorno, como en este caso. ¿Conoces algún otro ejemplo de publicidad que busque solucionar algún problema y mejorar tu entorno?

10 **PLANTEAMOS JUNTOS. Fíjate en este anuncio. ¿A qué te recuerda? En los primeros segundos, ¿habrías pensado que, en vez de ser un anuncio, era otra cosa?**

Turismo de Galicia

a. ¿Qué crees que busca el publicista con este formato?

b. ¿Se te ocurre algún otro ejemplo en el que se pretenda vender un producto como fin fundamental, a pesar de no tener apariencia de anuncio?

¿En qué ha sido muy eficiente tu equipo?

11 **Algunas veces, los textos publicitarios no tienen la apariencia de un anuncio tradicional y pueden confundirnos. Aunque parece que pretenden informar, dar una opinión o un consejo gratuito o tan solo entretenernos, realmente quieren vendernos algo.**

a. ¿Alguna vez te has dado cuenta durante un programa de televisión de que el presentador promocionaba un producto dentro de su programa? ¿Qué vendía y cómo te diste cuenta de que era publicidad?

b. ¿Qué ventaja crees que tiene para el publicista contratar este tipo de anuncio frente al tradicional en los descansos del programa?

12 **¿Has visto alguna vez en redes sociales que un *influencer* haga un vídeo para conseguir ventas de un producto, aunque simule estar contando algo personal? ¿Crees que si lo promociona un personaje al que sigues o admiras es más fácil que adquieras el producto que anuncia?**

NUESTRO RETO Así te convenzo

Creamos un anuncio institucional

La creatividad y la claridad en el mensaje son dos de los ingredientes que conforman la publicidad. ¿Qué tal se te dan los juegos de palabras, hacer rimas, inventar canciones, etc., y transmitir ideas sugerentes en pocas palabras? ¡Es lo que vas a practicar en este reto!

Paso 1

Elige un tema

Piensa en un problema de tu entorno que podrías ayudar a resolver con la participación de tus compañeros. Por ejemplo, una iniciativa para que el entorno del centro esté más limpio, para fomentar el consumo responsable, para aprender a ser más crítico con la publicidad, etc. Escribe la idea clave que quieres transmitir y con la que quieres persuadir. Será la base de tu campaña.

Compramos más de lo que necesitamos

¿Qué consecuencias tiene la *fast fashion*?

Paso 2

Planifica

En las campañas publicitarias se utilizan distintos formatos para que el mensaje se pueda divulgar en los diferentes medios. Vas a comenzar preparando un cartel y, después, si te animas, puedes adaptar el mensaje que has creado a un formato audiovisual: un vídeo o una cuña de radio.

Ayúdate de la plantilla para realizar un boceto. Prueba diferentes formas de colocar los distintos elementos. Si elaboras el cartel con un procesador de textos, pon atención a la tipografía: debe ser fácil de leer, acorde con el mensaje y atractiva. No sería adecuado emplear una tipografía que pudieras encontrar, por ejemplo, en un cartel de Halloween o en un anuncio de juguetes.

Eslogan breve y atractivo. Puede incluir una rima o un recurso literario (comparación, metáfora, hipérbole, personificación, etc.) que ayude a recordarlo y que atrape la atención.

Texto que amplíe información.

Imagen que transmita el espíritu y el contenido del mensaje y que despierte emociones. Puedes incluir fotografías de personas famosas, lugares idílicos, etc.

Logotipo de la marca.

Paso 3

Redacta

Pon a prueba tu capacidad de síntesis y redacta textos que sean breves, directos y sencillos.

Elige un color que predomine en todo el cartel o usa un máximo de dos o tres colores. Juega también con el tamaño de las letras y con las imágenes.

Si te animas, es el momento de utilizar toda esa información para grabar un vídeo, un audio para la radio o crear una canción.

Recuerda que puedes emplear recursos literarios como metáforas, hipérboles y palabras atractivas, novedosas y prestigiosas. Los verbos en imperativo son utilizados para producir una acción inmediata. Puedes utilizar una música sugerente o utilizar una melodía conocida y sustituir la letra original por el eslogan y los textos del anuncio.

Paso 4

Revisa

Observa el resultado final. Ten en cuenta que tu anuncio tiene que entrar por los ojos. Aún estás a tiempo de cambiar algún elemento. Revisa los textos para comprobar que son claros y que no has cometido ninguna falta de ortografía.

Lo contamos

Imagina que una institución, como un ayuntamiento o una ONG, te pide que les presentes tu iniciativa. ¡Sería estupendo que te ayudaran a difundirla! ¡Pon en marcha tu poder de sugestión y tus dotes creativas para convencerlos con tu presentación!

Paso 1

Piensa cómo lo vas a contar

Observa la estructura base de una presentación. Aunque esta no varíe, lo que sí cambia son los múltiples recursos que se pueden emplear para despertar la curiosidad de los oyentes y para provocarles emociones que los muevan a la acción.

APERTURA
Despierta el interés de tu público. Por ejemplo, lanza una pregunta sugerente.

CUERPO
Explica las ideas principales con argumentos.
Utiliza conectores para enlazar e introducir los distintos argumentos: *en primer lugar*, *por otra parte*, etc.

CIERRE
Responde a la pregunta inicial y moviliza a tus oyentes.

Una buena manera de enriquecer tu presentación es emplear recursos multimedia. Observa estos consejos:

- Elige un programa de presentaciones con el que te sientas cómodo: PowerPoint, Prezi, Canva, etc.
- Puedes dar vida a tu presentación utilizando en tus diapositivas mapas mentales, líneas del tiempo, animaciones, infografías o cualquier otro recurso.
- También puedes añadir elementos multimedia: imágenes libres de derechos, por ejemplo, de Creative Commons, audios con sonidos para enfatizar ideas o crear ambiente, cortes de vídeo para ilustrar el contenido que vas a desarrollar, una canción con tu eslogan, etc.

Paso 2

Entrena cómo vencer el miedo escénico

Vamos a aplicar una técnica que practican los deportistas de élite, la **visualización positiva**. En primer lugar, ponte en una postura cómoda y respira hondo tres veces. A continuación, con los ojos cerrados, imagínate con todo lujo de detalles cómo te gustaría verte cuando salgas a hablar: tus movimientos y actitud en el escenario, tu seguridad al exponer tus ideas, incluso los aplausos que recibirás al finalizar y cómo te harán sentir. Aporta todo el realismo que puedas a tus visualizaciones ¡y confía en el poder de tu mente!

Paso 3

Cuéntalo

Un truco para desprendernos del miedo es pensar que tu presentación es un regalo que haces a las personas que te están escuchando. Si tú le das valor, ellos también se lo darán.

¡Les estás dando ideas para mejorar vuestro entorno!

La actitud psicológica de "ofrecer un regalo" a tus oyentes te ayuda a desviar la atención de ti mismo y tus miedos para centrarte en las personas que te escuchan. Y eso aporta tranquilidad.

¿Cómo te ha ido el reto?

1. ¿Cómo he creado mi anuncio?

	Conseguido	Todavía no
1. He incluido un eslogan, una imagen y un texto ampliando la información.	●●●	●●●
2. He redactado textos breves y directos.	●●●	●●●
3. He creado un eslogan atractivo.	●●●	●●●

2. ¿Qué has aprendido al hacer el anuncio que antes no sabías?

Compartimos

Elegid una opción entre todos:

- Solicitad permiso para organizar el *Festival de los anuncios* en el centro e invitad a los compañeros de otras clases a asistir como público. Podéis organizar votaciones por categorías, por ejemplo: premio al anuncio más divertido, al más sorprendente, al que ha utilizado recursos más originales, etc.
- Pedid ayuda a vuestros profesores para contactar con un medio de comunicación local. ¡Quizá quieran incluir alguna de vuestras propuestas en uno de sus programas!

EN RESUMEN

La publicidad

Los textos publicitarios son textos argumentativos que emplean la palabra, la imagen, la música y los formatos audiovisuales para llamar nuestra atención y convencernos de algo. Esta intención puede concretarse en distintas finalidades en función del emisor:

- **Publicidad comercial:** una marca trata de convencer para consumir un producto o servicio.
- **Publicidad institucional:** una institución promueve determinadas iniciativas o actitudes que se consideran beneficiosas para la sociedad.

Para captar la atención, suscitar interés y provocar emociones en los destinatarios, la publicidad utiliza diferentes recursos de persuasión. Algunos de los más habituales son:

Palabras	Recursos literarios (hipérboles, metáforas, etc.), palabras atractivas, vocabulario novedoso, verbos en imperativo, etc.
Sonidos	Música sugerente.
Imágenes	Personajes famosos, personas felices, imágenes y colores llamativos, paisajes atractivos, contrastes inesperados.
Valores	Lo bueno, lo sano, lo moderno, la juventud, la salud, el éxito, etc.

Un anuncio publicitario suele contar con los siguientes elementos:

- **Eslogan:** frase breve y atractiva para llamar la atención.
- **Logotipo:** identifica al anunciante.
- **Texto:** añade información y persuade.
- **Imagen:** representa los valores que busca transmitir.
- **Contacto**: QR, página web, teléfono o redes sociales del anunciante.

Mis competencias | Autoevaluación

Bloque 2 LAS LENGUAS Y SUS HABLANTES

Lecturas recomendadas

El mar detrás. Esta es la historia de Isata, Dibra, Wole y tantos otros refugiados que quisieron dejar de serlo.

Una novela que incita al compromiso y a adoptar una mirada diferente sobre la realidad de los campos de refugiados.

2.1 Saluda a cámara

¡EMPEZAMOS!

Fíjate en esta imagen de la saga de ciencia ficción *Star Trek*. ¿Qué crees que hace el personaje? Coméntalo con tus compañeros.

Star Trek

- Este es el gesto de saludo de los vulcanos, una especie ficticia perteneciente al universo de *Star Trek*. ¿Qué gesto sueles hacer tú cuando saludas? ¿Haces el mismo gesto si saludas a un amigo o a alguien que conoces poco? ¿Qué otros gestos para saludar conoces?
- El saludo de los vulcanos tiene su propio emoji. ¿Qué otros emojis hay para saludar? ¿Usas alguno?
- Si necesitaras comunicarte con una persona que no habla ninguna lengua que conozcas, ¿qué harías para hacerte entender?
- ¿Cómo puede ayudarnos la tecnología a entender palabras que desconocemos?
- ¿En cuántas lenguas sabes decir *hola*? Comentadlo en clase: ¿en cuántas lenguas distintas conseguís saludar entre todos?

¡VAMOS A APRENDER!

1. Implicarnos en las puestas en común de clase.
2. Comprender qué es una familia lingüística.
3. Reflexionar sobre los distintos tipos de lenguas.
4. Conocer algunas características de las lenguas de signos.
5. Practicar los signos del alfabeto dactilológico y transferir el aprendizaje a otros ámbitos.

NUESTRO RETO

Apadrina una lengua

Estás a punto de descubrir que las lenguas son mucho más que formas de comunicarnos. Cuando llegues al reto final, ¿serás capaz de utilizar la tecnología para poner esos descubrimientos al servicio de una buena causa?

¡Vamos allá!

Diversidad lingüística

La vuelta al mundo en 6000 lenguas

1 ¿Cuántos nombres de lenguas conoces? Piensa en las que estudias tú u otras personas que conoces, en las que se hablan en tu entorno, en las que hayas escuchado en alguna película o visto en algún cartel, etc. Haz una lista y coméntala con tus compañeros. ¿Cuántas lenguas distintas habéis reunido entre todos?

2 En España, Portugal, Italia y Francia se hablan lenguas diferentes, pero en este mapa aparecen con el mismo color. ¿Por qué? ¿Qué otros países tienen ese mismo color?

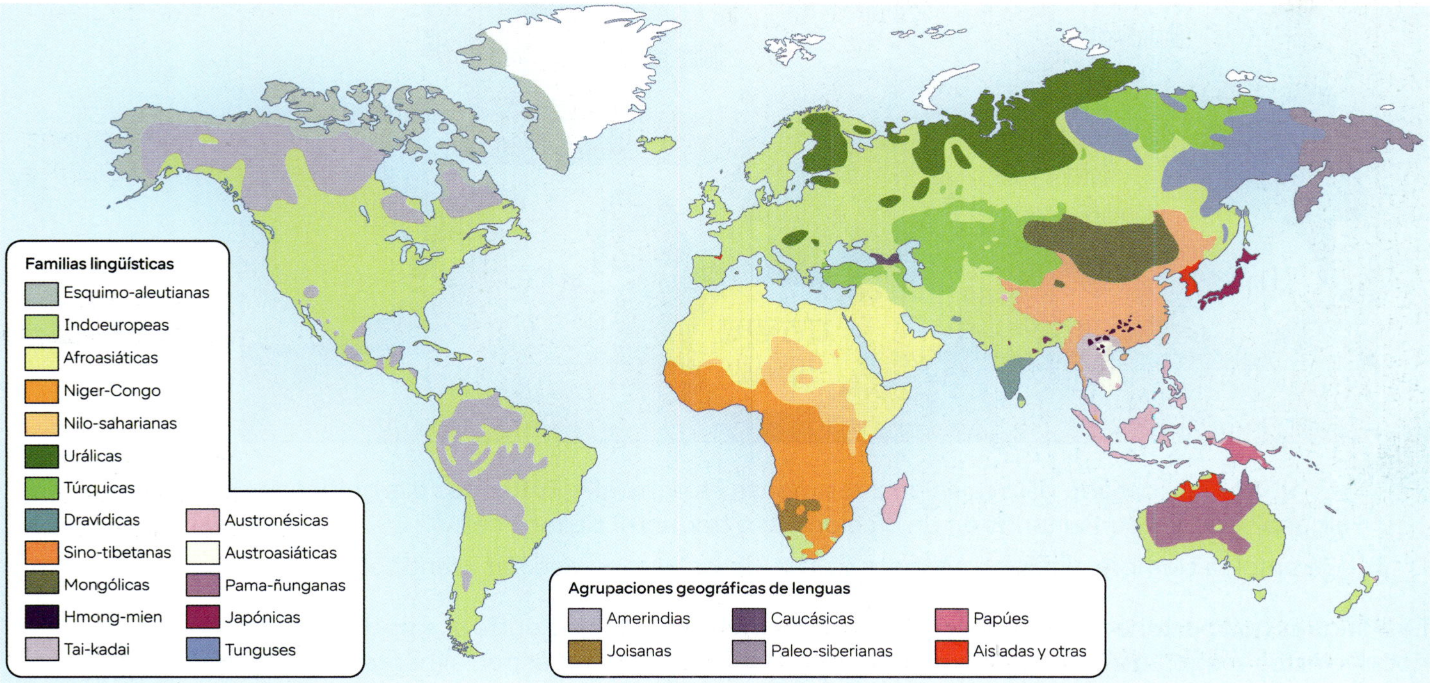

3 La relación entre las lenguas se puede representar con la metáfora de un árbol. De un tronco común nacen las diferentes ramas lingüísticas que, a su vez, se dividen en diversas lenguas. Fíjate en este modelo en el que aparece parte de nuestra familia lingüística, el indoeuropeo, y añade una lengua más en cada rama.

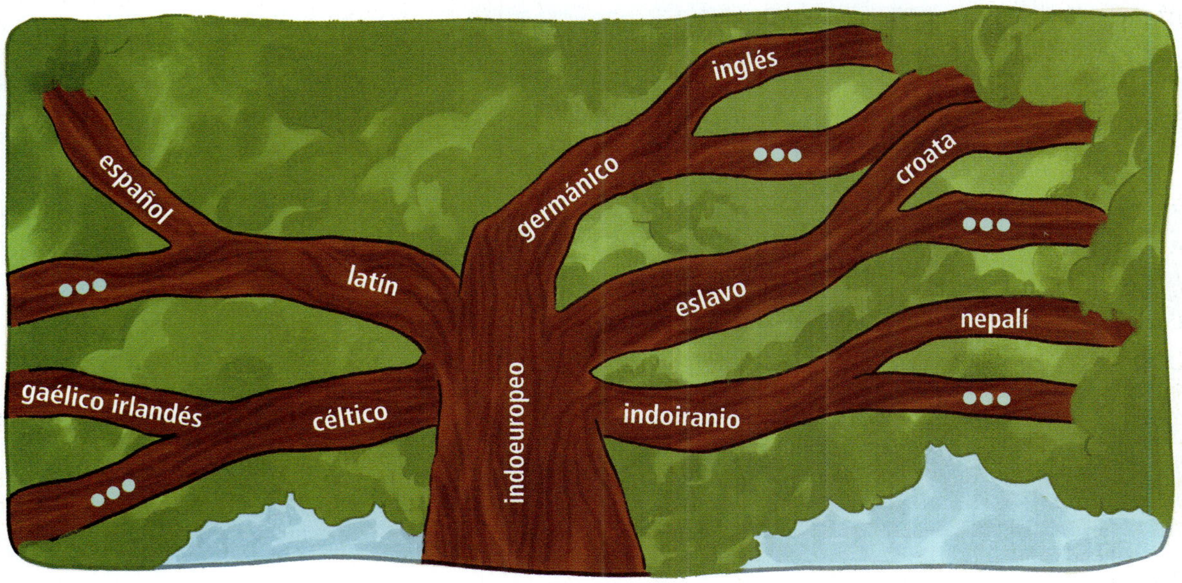

alemán

italiano

hindi

ruso

bretón

En el mundo existen alrededor de seis mil lenguas vivas en la actualidad, pero ha habido muchas más a lo largo de la Historia. Las lenguas cambian con el tiempo dentro del territorio en el que se hablan. Cuando las diferencias se hacen muy grandes y las personas dejan de comprenderse entre sí, se dice que ha nacido una nueva lengua.

Las lenguas que comparten un antepasado común pertenecen a la misma **familia lingüística**. Por ejemplo, las lenguas romances, como el francés, el portugués o el español, proceden todas del latín. A su vez, las lenguas romances se engloban dentro de la familia lingüística del indoeuropeo, junto con lenguas como las germanas, eslavas, índicas o iranias, entre otras.

4 **En esta escena, los hablantes de seis lenguas indoeuropeas nos transmiten tres mensajes. Como verás, se utilizan varios alfabetos; en los que son distintos del latino, aparece la transcripción entre paréntesis. ¿Eres capaz de relacionar las parejas de mensajes que contienen la misma información?**

a. ¿En qué te has basado para relacionar los mensajes entre sí? ¿Entiendes el significado de alguno? Puedes consultarlos en un diccionario o traductor de internet.

b. ¿Se emplea siempre el mismo alfabeto dentro de las parejas que has identificado?

Las lenguas que pertenecen a una misma familia guardan semejanzas entre sí, y podemos reconocer ciertos rasgos de las lenguas emparentadas con la nuestra, especialmente las que se encuentran en la misma rama. Sin embargo, los sonidos, la gramática y el léxico de las lenguas de otras familias pueden ser muy diferentes.

5 **Mirad el vídeo y, en parejas, pronunciad por turnos estas palabras del chino mandarín. ¿Conseguís identificar por la entonación qué palabra dice vuestro compañero?**

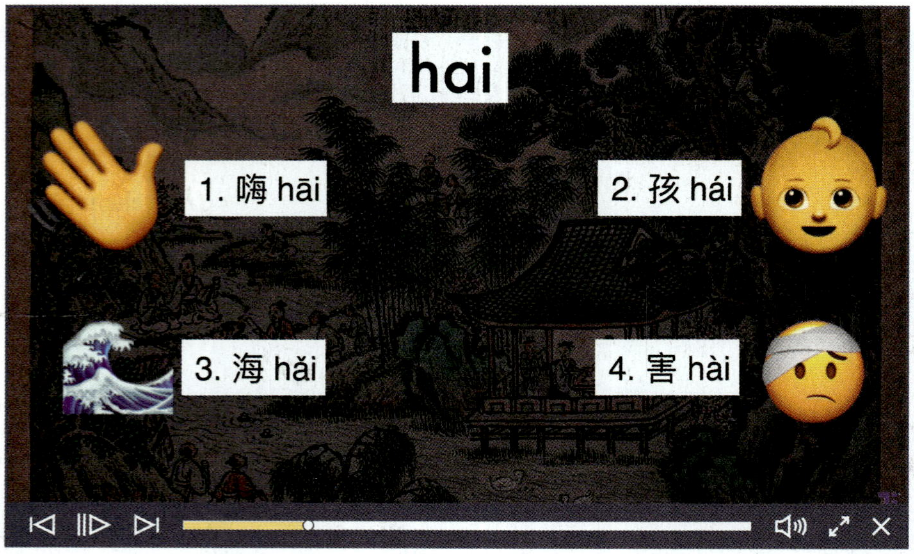

Tiengos

¿Qué tres cosas destacarías de lo que has aprendido?

En muchas lenguas del mundo, el tono de los sonidos determina el significado de las palabras. Por eso se llaman **lenguas tonales**. Es el caso, por ejemplo, del chino mandarín, que es la lengua del mundo con más hablantes nativos: se estima que el 12 % de la población mundial habla chino mandarín como lengua materna.

La **lengua materna** o **lengua nativa** es la primera lengua que aprende una persona en su vida. Si se convive desde el nacimiento con hablantes de distintas lenguas, es posible tener más de una lengua materna.

6 Observa cuáles son las nueve lenguas con un mayor número de hablantes nativos y ordénalas de mayor a menor número de hablantes. ¿Qué porcentaje de la población mundial habla otras lenguas que no aparecen aquí?

Chino mandarín: lengua nativa del 12 % de la población mundial

Español: lengua nativa del 6 % de la población mundial

Portugués: 2,9 %

Árabe: 3,6 %

Inglés: lengua nativa del 5 % de la población mundial

Hindi: lengua nativa del 4,5 % de la población mundial

Ruso: 2 %

Japonés 1,6 %

Bengalí: 3 %

7 Lee el siguiente texto y, después, contesta a las preguntas.

www.un.org/es/

Los idiomas, con su compleja imbricación con la identidad, la comunicación, la integración social, la educación y el desarrollo, son factores de importancia estratégica para las personas y para todo el planeta. Sin embargo, a causa de los procesos de globalización, pesa sobre las lenguas una amenaza cada vez mayor de extinguirse; en algunos casos, algunas ya están desapareciendo completamente. Con la extinción de los idiomas, mengua también la rica urdimbre de la diversidad cultural. Se pierden posibilidades, tradiciones, recuerdos, modalidades únicas de pensamiento y expresión; recursos valiosos y necesarios para lograr un futuro mejor.

Cada dos semanas desaparece una lengua y se lleva consigo todo un patrimonio cultural e intelectual. Al menos el 43 por ciento de las 6000 lenguas que se estima que se hablan en el mundo están en peligro de extinción. Tan solo unos pocos centenares de idiomas han tenido el privilegio de incorporarse a los sistemas educativos y al dominio público, y menos de un centenar se utilizan en el mundo digital.

Las sociedades multilingües y multiculturales existen a través de sus lenguas, que transmiten y preservan los conocimientos y las culturas tradicionales de manera sostenible. Por eso, debemos cuidar de todas las lenguas.

a. ¿Qué causas llevan a la extinción de una lengua, según este texto?

b. ¿Qué consecuencias tiene que desaparezca una lengua?

8 En todas las lenguas existen algunas palabras o expresiones a las que no es fácil encontrar un equivalente en otro idioma. Lee estos ejemplos.

> *Tsundoku* (japonés, sustantivo): comprar un libro, no leerlo y dejarlo apilado sobre otros libros no leídos.
>
> *Trepverter* (yidis, sustantivo): la frase o respuesta ingeniosa que se te ocurre cuando ya es demasiado tarde para usarla. Literalmente, "palabras de escaleras".
>
> *Meraki* (griego, adjetivo): entregarte con todo tu corazón a algo, como cocinar, y hacerlo desde el alma, con creatividad y pasión.
>
> *Karelu* (tulu, sustantivo): la marca que queda en la piel por llevar algo muy ajustado.
>
> Ella Frances Sanders: *Lost in translation*, Libros del Zorro Rojo

- **PLANTEAMOS JUNTOS** cuáles de estas palabras no tienen una palabra equivalente en otro idioma que conozcamos: *risa*, *siesta*, *sobremesa*, *comida*, *tapas*. ¿Por qué crees que algunas palabras son tan difíciles de traducir?

Mucho más que sonidos

9 Observa cómo se signa *gato* en la lengua de signos española y en la británica. ¿Por qué crees que son diferentes?

a

b

10 Fíjate en este vídeo cómo se emplea la lengua de signos con una persona sordociega. ¿Qué diferencia hay respecto a otras lenguas de signos?

Agencia EFE

- ¿De qué manera ayuda la tecnología a la comunicación de las personas con sordoceguera? Explícalo a partir de los ejemplos que se muestran en el vídeo o de otros que conozcas.

La gran mayoría de las lenguas son orales (usan el canal vocal-auditivo), pero en el mundo hay alrededor de unas trescientas **lenguas de signos o de señas**, cuyos usuarios transmiten sus mensajes a través de gestos que se observan por la vista o, en el caso de las personas con sordoceguera, por el tacto.

Estas lenguas son tan ricas, complejas y diferentes entre sí como cualquier otra. Para componer un signo hay que atender a varios factores: modo en que se coloca la mano, lugar donde se realiza el signo, movimiento de las manos, distancia con respecto al cuerpo, expresión facial y corporal, etc.

En algunas circunstancias, como cuando no existe un signo para un determinado concepto o necesitan transmitir una sigla o un nombre propio, los signantes pueden utilizar un **alfabeto manual o dactilológico**, que es un procedimiento para representar las letras de las lenguas orales de cada país imitando su forma.

11 **Observad el alfabeto dactilológico español y, en parejas, deletread alguna palabra a vuestro compañero. Prestad atención tanto a la posición de las manos como a las flechas, que indican el movimiento. ¿Cuántas de las palabras que deletrea vuestro compañero acertáis?**

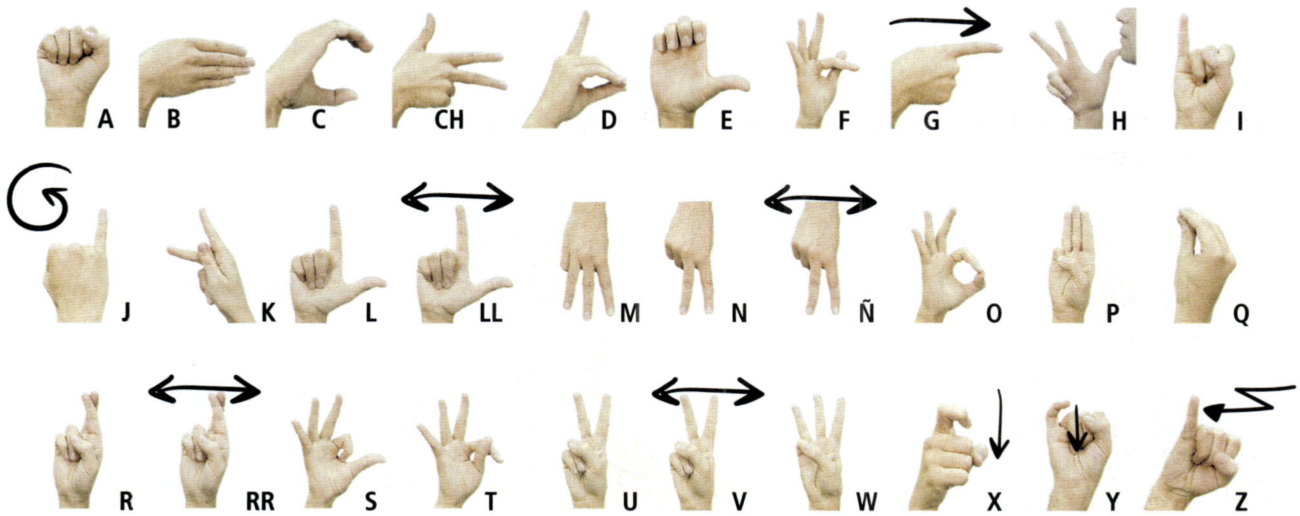

- **Aprendo a pensar.** ¿Para qué puedes emplear el alfabeto dactilológico? Piensa en qué situaciones podrías usar estos signos en casa, en clase o en otros ámbitos.

Mundos nuevos

12 **J.R.R. Tolkien, el autor de *El señor de los anillos*, diseñó hasta quince idiomas en sus creaciones sobre la Tierra Media. Observa la imagen y una transcripción del texto en la llamada lengua negra de Mordor.**

Ash nazg durbatulûk,
ash nazg gimbatul,
Ash nazg thrakatulûk
agh burzum-ishi krimpatul.

Un anillo para gobernarlos a todos,
un anillo para encontrarlos,
un anillo para atraerlos a todos
y atarlos en las tinieblas.

a. ¿Cómo crees que se dice *anillo* en lengua negra?

b. ¿Conoces otros casos de lenguas inventadas para recrear una sociedad que aparece en algún libro, película, serie de televisión, etc.?

13 **CONTRASTAMOS JUNTOS** las respuestas. Los siguientes textos tienen el mismo significado. El primero está escrito en interlingua, y el segundo, en esperanto. ¿Entiendes algo? ¿Cuál te ha parecido más fácil? ¿Por qué? Comentadlo por equipos.

a) Tote le esseres human nasce libere e equal in dignitate e in derectos. Illes es dotate de ration e de conscientia, e debe comportar se fraternalmente le unes con le alteres.

b) Ni ĉiuj naskiĝis liberaj kaj egalaj laŭ digno kaj rajtoj. Ni ĉiuj havas niajn proprajn pensojn kaj ideojn. Ni ĉiuj devas agi unuj kun aliaj laŭ spirito de frateco.

No solo se inventan lenguas para recrear mundos de ficción. Existen lenguas construidas o **lenguas artificiales**, como la interlingua o el esperanto, que se crearon para favorecer la comunicación entre los pueblos. Estos idiomas tienen unas reglas sencillas, para facilitar su aprendizaje, y toman elementos gramaticales y léxicos de lenguas muy difundidas.

14 ¿Sabías que hay una versión de *Wikipedia* en esperanto? Búscala y consulta algún artículo. ¿Entiendes algo?

15 Observa este vídeo en interlingua e intenta traducirlo al castellano. Después, busca más información sobre las diferencias entre la interlingua y el esperanto.

NUESTRO RETO Apadrina una lengua

Aprende y comparte

Ya has visto que en nuestro planeta hay lenguas con cientos de millones de hablantes y otras que corren el riesgo de desaparecer. La tecnología es una de las causas por las que las lenguas más habladas se extienden, pero también puede ser una forma de conocer una lengua minoritaria. ¿Quieres saber cómo? ¡Empieza el reto!

Paso 1

Busca información sobre alguna lengua que se encuentre en peligro de extinción. Puedes empezar por aquí:

- La Unesco publica un atlas de las lenguas del mundo en peligro: https://www.e-sm.net/revlc2esobl02sa01_04
- El portal Dobes recoge abundante documentación sobre lenguas amenazadas: https://www.e-sm.net/revlc2esobl02sa01_03
- Proyectos como Living Tongues o Wikitongues se encargan de entrevistar a los últimos hablantes de lenguas que corren el riesgo de desaparecer y de recoger toda la información posible sobre ellas: https://www.e-sm.net/revlc2esobl02sa01_01 https://www.e-sm.net/revlc2esobl02sa01_02

Paso 2

Redacta una pequeña ficha sobre la lengua que has elegido. Puedes seguir este modelo:

- ¿Qué lengua es?
- ¿Dónde se habla?
- ¿Cuántas personas la tienen como lengua materna?

Paso 3

Localiza alguna grabación de audio o vídeo, un cartel, un poema, un cuento o cualquier otra muestra de la lengua que has escogido, y realiza una exposición oral en clase para presentar la información que has recopilado. Entre todos, elegid cuáles son las palabras o expresiones que más os gustan en cada una de las lenguas que habéis investigado.

¿Cómo te ha ido el reto? Entra y haz tu valoración

EN RESUMEN

Diversidad lingüística

En el mundo existen alrededor de seis mil lenguas vivas en la actualidad, pero ha habido muchas más a lo largo de la Historia. Las lenguas cambian con el tiempo dentro del territorio en el que se hablan. Cuando las diferencias se hacen muy grandes y las personas dejan de comprenderse entre sí, se dice que ha nacido una nueva lengua.

Las lenguas que comparten un antepasado común pertenecen a la misma **familia lingüística**. Por ejemplo, las lenguas romances, como el francés, el gallego o el castellano, proceden todas del latín. A su vez, las lenguas romances se engloban dentro de la familia lingüística del indoeuropeo, junto con lenguas como las germanas, eslavas, índicas o iranias, entre otras.

Las lenguas que pertenecen a una misma familia guardan semejanzas entre sí, y podemos reconocer ciertos rasgos de las lenguas emparentadas con la nuestra.

En muchas lenguas del mundo, el tono de los sonidos determina el significado de las palabras. Por eso se llaman **lenguas tonales**. Es el caso, por ejemplo, del chino mandarín, que es la lengua del mundo con más hablantes nativos.

La **lengua materna o lengua nativa** es la primera lengua que aprende una persona en su vida. Si se convive desde el nacimiento con hablantes de distintas lenguas, es posible tener más de una lengua materna.

La gran mayoría de las lenguas son orales (usan el canal vocal-auditivo), pero en el mundo hay alrededor de trescientas **lenguas de signos o de señas**, cuyos usuarios transmiten sus mensajes a través de gestos que se observan por la vista o, en el caso de las personas con sordoceguera, por el tacto.

Estas lenguas son tan ricas, complejas y diferentes entre sí como cualquier otra. Para componer un signo, hay que atender a varios factores: modo en que se coloca la mano, lugar donde se realiza el signo, movimiento de las manos, distancia con respecto al cuerpo, expresión facial y corporal, etc.

En algunas circunstancias, como cuando no existe un signo para un determinado concepto o necesitan transmitir una sigla o un nombre propio, los signantes pueden utilizar un **alfabeto manual o dactilológico**, que es un procedimiento para representar las letras de las lenguas orales de cada país imitando su forma.

Las **lenguas construidas o lenguas artificiales**, como la interlingua o el esperanto, se crearon para favorecer la comunicación entre los pueblos. Estos idiomas tienen unas reglas sencillas, para facilitar su aprendizaje, y toman elementos gramaticales y léxicos de lenguas muy difundidas.

Mis competencias | Autoevaluación

2.2 De esto sí se habla

¡EMPEZAMOS!

¿En qué piensas cuando oyes la palabra *cuidar*? Muchas veces relacionamos este verbo con la salud, pero también tiene que ver con el bienestar general. ¿Cómo crees que pueden cuidarnos las palabras?

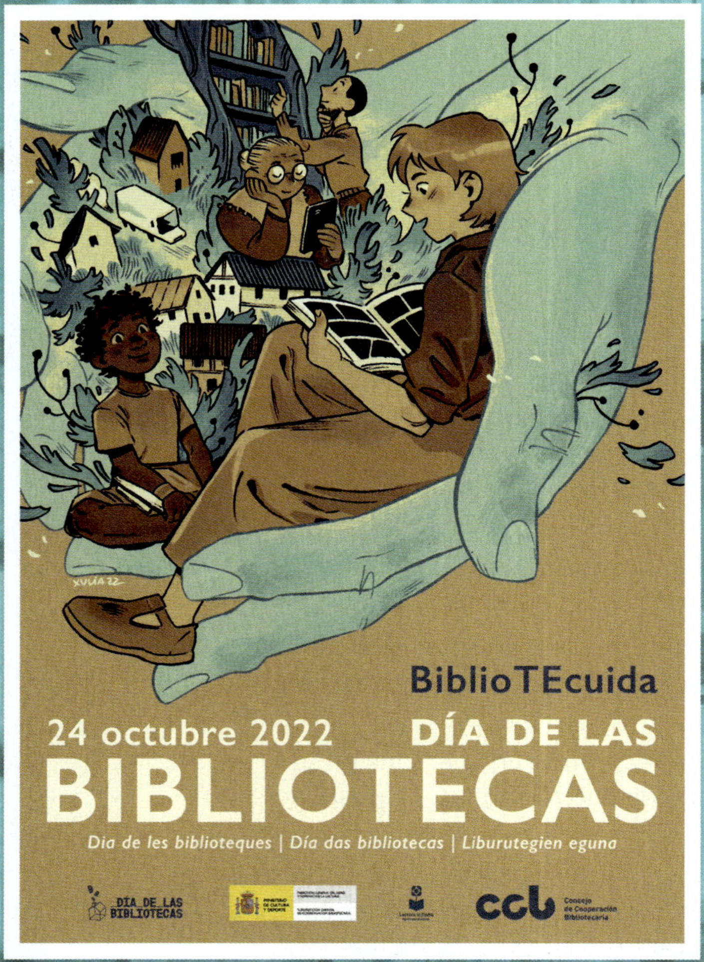

Ministerio de Cultura y Deporte / Gobierno de España

- Observa este cartel. ¿Cómo se relaciona en la imagen el tema de las bibliotecas con el del cuidado? ¿Y en la parte escrita?
- ¿Sabes qué lenguas se emplean en el cartel?
- ¿Qué significa *liburutegien eguna*? ¿Cómo lo has sabido? Si no lo sabes, ¿de qué manera podrías averiguarlo?

¡VAMOS A APRENDER!

1. Mantener el nivel de ruido.
2. Conocer las lenguas que se hablan en España.
3. Identificar las variedades del español.
4. Reconocer préstamos y calcos.
5. Argumentar con evidencias los efectos del contacto entre lenguas.

NUESTRO RETO

Palabras prestadas

¿Qué tienen en común el tomate, el chocolate y el chicle? ¿Y la croqueta, el cruasán y el puré? No, no se trata solo de que designen alimentos... Descubre el origen de las palabras con un viaje lingüístico.

¡Vamos allá!

1 Las lenguas de España

Nuestra riqueza lingüística

1 ¿Podrías decir cuántas lenguas se hablan en España? En parejas, comentad las que conocéis y explicad qué sabéis de ellas.

2 Observa este mapa de las lenguas habladas en España. ¿Hay alguna que no hubieras oído nunca? ¿Qué lenguas se hablan en más de una comunidad autónoma?

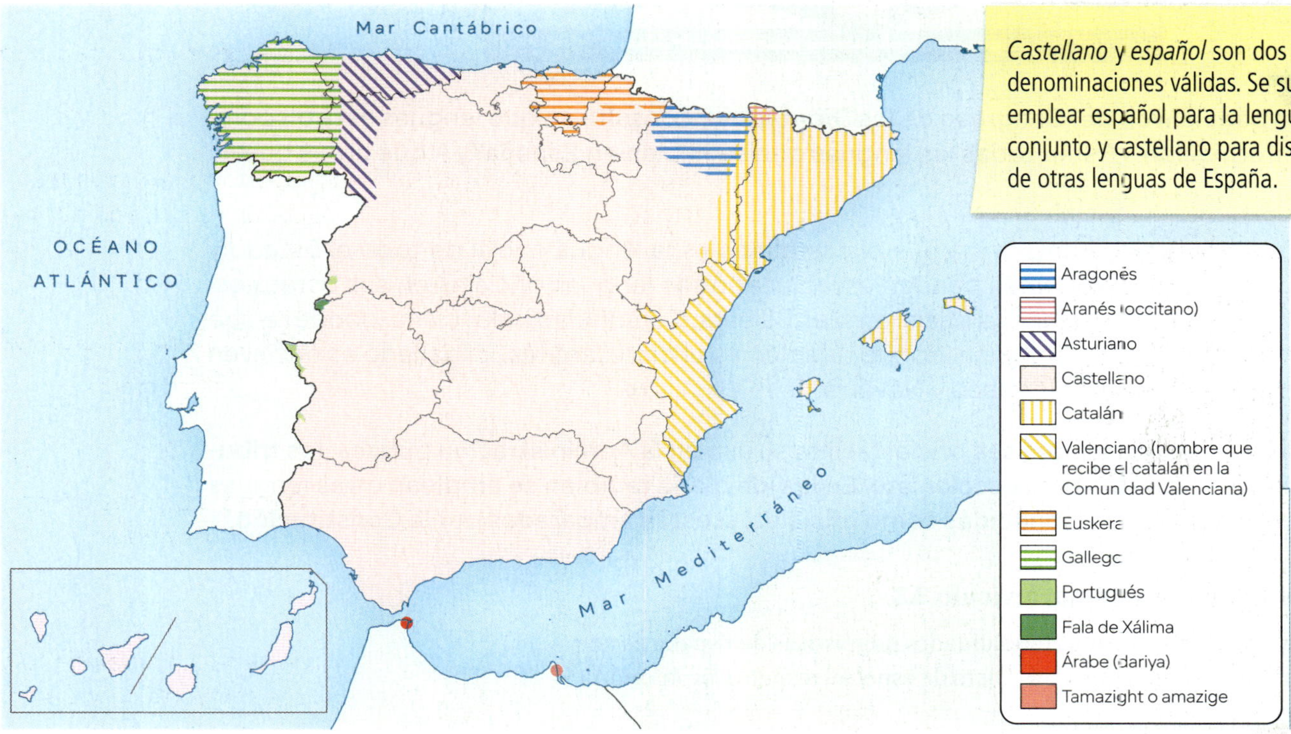

Castellano y *español* son dos denominaciones válidas. Se suele emplear español para la lengua en su conjunto y castellano para distinguirla de otras lenguas de España.

España es un país de una gran riqueza lingüística. Además del castellano o español, un tercio de la población habla regularmente otra lengua:

- El **catalán** se habla en Cataluña, Illes Balears, la mayor parte de la Comunidad Valenciana (donde recibe el nombre de *valenciano*) y el extremo oriental de Aragón. Fuera de España, se habla en Andorra, en parte de la región francesa del Rosellón y en la ciudad de Alguer, en la costa de Cerdeña (Italia).
- El **gallego** se habla en Galicia, el occidente de León y del Principado de Asturias y en la comarca de Sanabria (Zamora).
- El **euskera** se habla en la mayor parte del País Vasco y en el norte de la Comunidad Foral de Navarra. Fuera de España, se habla en el País Vasco francés.
- El **asturiano** se habla en casi todo el Principado de Asturias, en la franja occidental de las provincias de León y Zamora y en la zona de Miranda del Duero (Portugal).
- El **aragonés** se habla en el norte de la provincia de Huesca.
- El **portugués** se habla, dentro de España, en algunas zonas limítrofes con la frontera de Portugal. En tres municipios del noroeste de Cáceres está viva la **fala de Xálima**, una lengua estrechamente relacionada con el portugués y el gallego.
- El **aranés** es una variedad de la lengua occitana y se habla en el Valle de Arán (Lleida).
- El **dariya** (árabe dialectal marroquí) tiene una presencia notable en la ciudad de Ceuta.
- El **tamazight** o **amazige** es una lengua bereber que se habla en la ciudad de Melilla.

3 Presta atención a este fragmento de un informativo. ¿En qué lengua hablan? ¿Cuál es el tema de la noticia? ¿Reconoces alguna palabra?

Televisión Melilla

4 Visita la página web del Congreso de los Diputados y consulta en qué lenguas está disponible la información. ¿Están todas las lenguas que se hablan en España? ¿A qué crees que se debe?

La Constitución española determina que el **castellano** es la lengua oficial de todo el Estado y que las comunidades autónomas pueden establecer otras lenguas oficiales en sus estatutos. De este modo, el **catalán** es lengua oficial en Illes Balears, Comunidad Valenciana (donde recibe el nombre de valenciano) y Cataluña (donde también es oficial el **aranés**); el **gallego** es oficial en Galicia, y el **euskera**, en el País Vasco y Navarra.

5 El hecho de que una lengua sea oficial facilita su uso en la Administración pública, los tribunales de justicia, el sistema escolar, etc. En la vida diaria también se emplean otras lenguas que, aunque no sean reconocidas como oficiales, sí están amparadas por la Constitución.

Constitución española, artículo 3.3

La riqueza de las distintas modalidades lingüísticas de España es un patrimonio cultural que será objeto de especial respeto y protección.

- **PLANTEAMOS JUNTOS** qué lenguas merecen este "especial respeto y protección" que indica la Constitución española.

6 Las palabras de la primera fila están en latín, la lengua que trajeron consigo los romanos en la conquista de la península Ibérica. A continuación, aparecen las mismas palabras, en distinto orden, en otras lenguas.

clave	flama	nocte	petra	plorare	ponte

Aragonés	Aranés	Asturiano	Castellano	Catalán	Gallego
plorar	clau	llave	llave	clau	chorar
clau	flama	llama	piedra	flama	noite
flama	pedra	ponte	llorar	nit	chama
nuei	plorar	nueche	llama	plorar	pedra
piedra	nueit	piedra	noche	pont	chave
puent	pont	llorar	puente	pedra	ponte

a. Relaciona cada palabra en latín con su equivalente en las otras lenguas.

b. ¿Encuentras algún parecido entre las lenguas? ¿A qué crees que puede deberse?

c. Observa esa misma serie de palabras en euskera: *giltza*, *sugar*, *gau*, *harri*, *negar egin*, *zubi*. ¿Ves alguna conexión con las demás?

En la península Ibérica se hablaban diversas lenguas antes de la llegada de los romanos, entre ellas, el euskera. Durante el proceso de **romanización**, los distintos pueblos hispanos adoptaron las instituciones, cultura y forma de organización social de Roma, además de su lengua.

El latín hablado en Hispania fue evolucionando de forma diferente en los distintos territorios, en un proceso gradual que duró siglos y que se consolida a partir del siglo X, cuando empiezan a aparecer textos escritos en **lenguas romances**, que son las lenguas que proceden del latín: castellano, catalán, gallego, etc. El euskera es la única lengua prerromana que se conserva en España.

7 **Observa con atención esta escena y responde a las preguntas a continuación.**

a. ¿Cuál de los carteles está escrito en euskera? ¿Cómo lo has sabido?

b. ¿Qué dice cada persona? ¿En qué lengua habla cada una? Puedes usar un traductor en línea si lo necesitas.

8 **En España también viven hablantes de lenguas que se han originado fuera de nuestro territorio. Observa este cartel del Gobierno de Aragón escrito en rumano. Como también es una lengua romance, quizá puedas entender algunas palabras. ¿Cuál crees que es la finalidad de este cartel?**

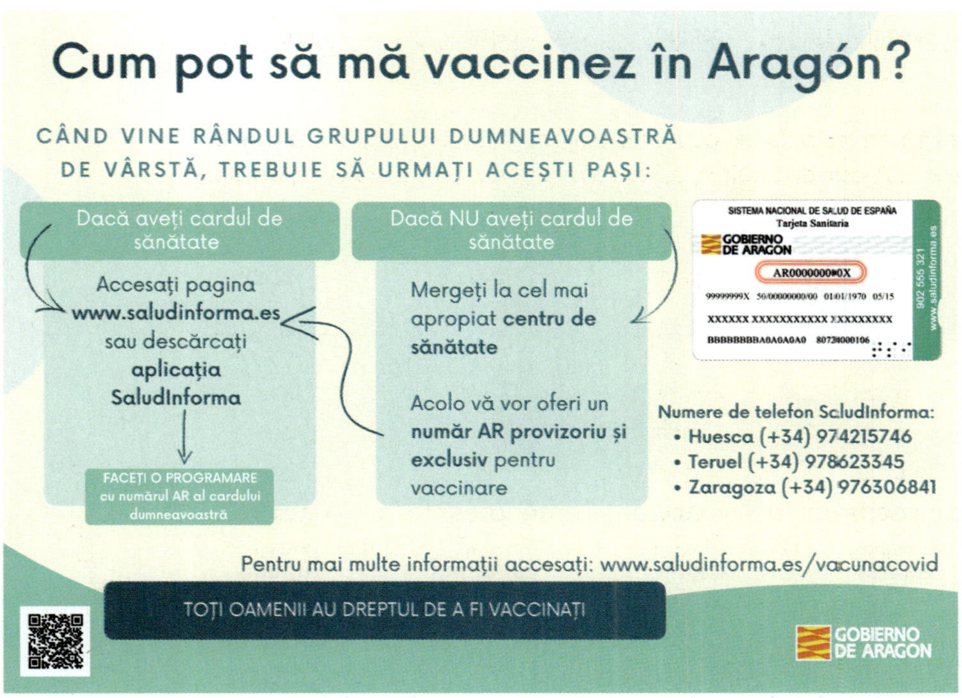

Explica si hay algo que no has comprendido y cómo te hace sentir eso.

- Busca ejemplos de carteles y anuncios que se puedan ver en nuestras calles y que estén en una lengua que no sea originaria de España. Coméntalos con tus compañeros. ¿A quién van dirigidos? ¿Por qué se usan esas lenguas?

9 **Observa este vídeo y contesta a las preguntas.**

Saca la lengua, RTVE

a. ¿Qué es la lengua romaní? ¿En qué se diferencia del caló?

b. En el vídeo se mencionan varias palabras de origen romaní que se han incorporado al léxico castellano. ¿Cuáles son? ¿Las habías oído o usado antes?

El pueblo gitano llegó desde el Indostán a Europa a partir del siglo XIV. Con ellos traían la lengua **romaní**, de origen indoeuropeo, de la rama indoaria. La convivencia con las lenguas de los países en los que se iban asentando hizo que apareciesen diversas lenguas mixtas, que combinaban el léxico romaní con la gramática local. En la península Ibérica, esta lengua es el **caló**, que tiene variantes en las comunidades con lengua propia y en Portugal, y que ha dejado importantes trazas en el léxico castellano.

10 **Estas son algunas palabras provenientes del caló. ¿Puedes explicar lo que significan? Si no conoces su significado, búscalas en el diccionario.**

camelar chungo currar cate bulo

2 Las variedades del español

Poner el acento

11 **¿Cómo llamarías al animal de la imagen? ¿Usarías alguna de estas palabras o prefieres otro diminutivo?**

perrico perrillo perrín perrino perriño perruco

- ¿De dónde crees que es más típica cada una de las opciones anteriores?

Andalucía Extremadura Galicia Asturias Cantabria Aragón

Hemos visto que España es un territorio plurilingüe, puesto que en su interior coexisten varias lenguas. Sin embargo, también existe diversidad dentro de cada lengua. Todas las lenguas tienen **variedades dialectales**, que son modos particulares de hablar una lengua. Las diferencias más significativas tienen que ver con la variación territorial. En los distintos lugares en los que se habla una lengua pueden emplearse palabras diferentes para designar un mismo concepto, usarse sonidos diferentes e incluso haber cambios en algunos aspectos gramaticales.

Las variedades del español se pueden englobar en tres grandes grupos:

Variedades septentrionales

Se hablan en el norte de la Península e Illes Balears. Hay diferencias en función de las zonas según tengan o no contacto con otras lenguas (catalán, euskera, gallego, asturiano, aragonés). Un rasgo común a todas ellas es que se pronuncia la /s/ al final de sílaba.

Variedades meridionales

Engloba diferentes variedades que se hablan en el sur de la Península y en Canarias, como el andaluz, el extremeño, el murciano o el canario, con características distintas. Un rasgo común a todas ellas es que se aspira o desaparece la /s/ al final de sílaba.

El español de América

Agrupa las distintas variedades de español que se hablan en el continente americano. Aunque tienen características distintas, comparten algunos rasgos como el seseo (*caso* y *cazo* se pronuncian igual) y el uso de *ustedes* para la segunda persona del plural.

12 **Contesta a estas preguntas sobre tu forma de hablar español. ¿A qué variedad corresponde?**

a. ¿Cómo pronuncias la palabra *cielo*? ¿Y la palabra *sierra*?
b. Si estás hablando con un grupo de amigos, ¿dirías *vosotros sabéis* o *ustedes saben*?
c. Si has mandado un mensaje a una amiga, ¿dirías *la escribí* o *le escribí*?
d. ¿Qué te suena más natural: *He visto a Eva hoy* o *Vi a Eva hoy*?
e. ¿Cuál de estas dos oraciones usarías: *Si haría falta iría yo* o *Si hiciera falta iría yo*?

13 **Lee este diálogo entre dos hablantes argentinos. ¿Qué significan en este contexto las palabras *plata*, *colectivo* y *subte*? Si no lo sabes, búscalas en un diccionario.**

- ¿Qué rasgo característico tiene su forma de conjugar los verbos?

3 Préstamos y calcos

Estamos en contacto

14 **Observa cómo se indica el origen de una palabra en el *Diccionario de la lengua española*.**

dle.rae.es

almohada

Del ár. hisp. *almuḫádda*, y este del ár. clás. *miḫaddah*.

1. f. Funda rellena de un material blando que sirve para reclinar la cabeza.

La lengua de origen puede aparecer con abreviaturas. Si sitúas el cursor sobre ellas se mostrará su significado (árabe hispánico, árabe clásico).

- Ahora busca estas palabras en el diccionario y descubre de qué lengua proceden.

chicle | pijama | capricho | carné | izquierda | capicúa

Cuando aparece un nuevo objeto o realidad, hay que buscarle un nombre. En ocasiones, las nuevas palabras se crean con los recursos ya existentes en una lengua (a través de prefijos y sufijos, por ejemplo). Otras veces se toma el nombre que el nuevo objeto o realidad trae de su lengua de origen: la planta del tomate se trajo de América y su nombre también; en concreto, *tomate* procede del náhuatl *tomatl*, una lengua hablada en México.

Estas palabras que una lengua toma de otra se llaman **préstamos**. Hay préstamos no adaptados, que mantienen su forma original (*stock, software*) y préstamos adaptados, cuando se modifican conforme a las normas de nuestra lengua (*cruasán* viene del francés *croissant*). El **calco** es un tipo particular de préstamo en el que se traducen de manera literal las combinaciones de varias palabras (*perrito caliente* viene del inglés *hot dog*).

15 **Estas palabras inglesas son usadas en algunos contextos por hablantes de español. ¿Sabes lo que significan? ¿Las usas? ¿Pueden sustituirse por otras?**

like · *follower* · *mail* · *tablet* · *influencer* · *hashtag*

- **Aprendo a pensar.** ¿Crees que el español seguirá incorporando palabras de otras lenguas a su léxico? ¿De qué lengua o lenguas piensas que es más probable que lo haga? Arguméntalo con evidencias.

NUESTRO RETO Palabras prestadas

Un viaje al origen

Los préstamos son un ejemplo del contacto entre lenguas y dan información histórica de nuestras relaciones con otros hablantes. ¡Prepárate para dar la vuelta al mundo buscando el origen de las palabras!

Paso 1

Elige una lengua que haya tenido contacto con el castellano por motivos geográficos, como las otras lenguas peninsulares o europeas, o por motivos históricos, como el árabe o las lenguas amerindias.

Paso 2

Investiga qué palabras que empleamos en castellano proceden de la lengua que has elegido. Podéis hacer tarjetas como estas.

mochila origen: euskera	**forastero** origen: catalán	**cachear** origen: gallego
patata origen: quechua	**aguacate** origen: náhuatl	**hamaca** origen: taíno

Paso 3

CREAMOS JUNTOS un mural con un gran mapa del mundo para colgar en la pared de la clase. Colocad las tarjetas sobre el lugar del que provienen las palabras. ¿De qué lugares habéis encontrado más palabras? ¿A qué creéis que se debe?

¿Cómo te ha ido el reto? Entra y haz tu valoración

EN RESUMEN

Las lenguas de España

España es un país de una gran riqueza lingüística. Además del **castellano o español**, que es la lengua oficial en todo el Estado, un tercio de la población habla regularmente otra lengua. Algunas de estas lenguas también son oficiales en ciertas comunidades autónomas.

LENGUA	¿DÓNDE SE HABLA?
Catalán	En Cataluña (lengua oficial), Illes Balears (lengua oficial), Comunidad Valenciana (lengua oficial, recibe el nombre de **valenciano**) y el extremo oriental de Aragón. Fuera de España, se habla en Andorra, en parte de la región francesa del Rosellón y en la ciudad de Alguer, en la costa de Cerdeña (Italia).
Gallego	En Galicia (lengua oficial), el occidente del Principado de Asturias y León y en la comarca de Sanabria (Zamora).
Euskera	En el País Vasco (lengua oficial) y la Comunidad Foral de Navarra (lengua oficial). Fuera de España, se habla en el País Vasco francés.
Asturiano	En casi todo el Principado de Asturias, en la franja occidental de las provincias de León y Zamora y en la zona de Miranda del Duero (Portugal).
Aragonés	En el norte de la provincia de Huesca.
Portugués	Dentro de España, en algunas zonas limítrofes con la frontera de Portugal. En tres municipios del noroeste de Cáceres está viva la **fala de Xálima**, una lengua estrechamente relacionada con el portugués y el gallego.
Aranés (occitano)	En el Valle de Arán (Lleida). Es lengua oficial en Cataluña.
Dariya (árabe)	En la ciudad autónoma de Ceuta.
Tamazight o amazige	En la ciudad autónoma de Melilla.

Todas las lenguas anteriores son **lenguas romances**, porque proceden del latín, excepto el euskera, que es una **lengua prerromana**; el dariya, que es un dialecto del **árabe**, y el tamazight o amazige, que es una **lengua bereber**.

Además de las lenguas que se han originado en nuestro territorio, en España se hablan otras lenguas que han traído consigo las personas que se han asentado aquí. Algunas llevan siglos en contacto con el castellano, como el caló, que ha dejado importantes trazas en nuestro léxico.

Las variedades del español

Todas las lenguas tienen variedades o dialectos, que son modos particulares de hablar una lengua. Dentro del español, distinguimos dos grandes grupos en función del lugar de España en el que se hablan: las variedades **septentrionales** (en el norte de la Península e Illes Balears) y las variedades **meridionales** (en el sur de la Península y Canarias). Además, en los países hispanohablantes de **América** existen otras variedades del español.

Préstamos y calcos

Los **préstamos** son palabras que una lengua toma de otra. Hay préstamos no adaptados, que mantienen su forma original (*stock*, *software*) y préstamos adaptados, cuando se modifican conforme a las normas de nuestra lengua (*cruasán* viene del francés *croissant*). El **calco** es un tipo particular de préstamo en el que se traducen de manera literal las combinaciones de varias palabras (*perrito caliente* viene del inglés *hot dog*).

Mis competencias   Autoevaluación

Bloque 3 REFLEXIÓN SOBRE LA LENGUA

Lecturas recomendadas

El misterio del Artefacto C. Viaja al asombroso mundo de Terra Prima, lleno de robots gigantes, piratas aéreos, hombres cohete... ¡y agentes secretos con superpoderes!

Descubre una aventura sobre mundos paralelos llena de misterio, acción y escenas en cómic.

3.1 Un museo en el bolsillo

¡EMPEZAMOS!

La tecnología pone al alcance de nuestra mano un montón de opciones culturales: música, series, películas, obras de arte, etc. De esta manera, el patrimonio cultural es más accesible, pero ¿qué perdemos y qué ganamos con la experiencia?

Museo del Prado (Madrid)

- ¿Qué tienen en común los lugares que muestran estas tres fotografías?
- En parejas, comentad vuestra experiencia cuando habéis visitado alguno de estos lugares u otro similar. ¿Qué viste? ¿Había mucha gente? ¿Qué te gustó más y qué menos? ¿Hubo algo que querías ver y no pudiste?
- Si tienes un dispositivo con conexión a internet podrías, en este mismo momento, hacer una visita virtual a cualquiera de los sitios que muestran las imágenes. ¿Cuál elegirías? ¿Por qué?
- ¿Sientes lo mismo al escuchar un disco que al ir a un concierto? Coméntalo con tus compañeros. ¿Qué ventajas y qué desventajas tiene disfrutar de la cultura de forma remota frente a hacerlo en directo?

Museo Guggenheim (Bilbao)

La Alhambra (Granada)

¡VAMOS A APRENDER!

1. Trabajar de forma individual, aunque estemos en grupo.
2. Clasificar las palabras según su significado, su forma y su categoría gramatical.
3. Reconocer las relaciones semánticas y los cambios de significado de las palabras.
4. Identificar la estructura de las palabras.
5. Elegir la mejor palabra después de analizar y comparar, de manera visual, sus características.

NUESTRO RETO

La palabra exacta

Para empezar un proyecto hay que tener una idea, ilusión, ganas de trabajar... pero también hace falta un buen nombre. Cuanto más sepas sobre las palabras, más fácil te resultará encontrar el nombre perfecto.

¡Vamos allá!

1 Las clases de palabras

Atención al significado

1 **Algunos anuncios se pagan por palabras: cuantas menos palabras uses, menos pagas. Fíjate en el primer texto e indica qué palabras puedes quitar en el segundo texto sin perder información esencial.**

a Alquilo piso. Centro ciudad. Baño renovado. No mascotas. Llamar 669 99 66.

b Yo vendo una casa que está en el barrio de los Pajaritos. No tiene aparcamiento, pero sí calefacción central. Que los interesados me llamen al número 669 99 66.

Normalmente en lo primero que nos fijamos de una palabra es en su significado. En función del significado podemos distinguir palabras que tienen significado gramatical, como *yo* o *una*, y palabras que tienen significado léxico, como *alquilo* o *mascotas*.

Yo alquilo un piso con el baño renovado.

Las palabras que expresan nociones relacionadas con el propio sistema lingüístico, como la cuantificación, el tiempo, la referencia, etc., tienen **significado gramatical**. Es el caso de pronombres, determinantes y algunos verbos, adverbios, conjunciones y preposiciones.

Las palabras que expresan acciones, entidades o cualidades para describir el mundo (real o imaginario) tienen **significado léxico**. Pertenecen a este grupo los nombres, los adjetivos y la mayoría de los verbos y adverbios.

2 **Indica qué palabras de la siguiente oración tienen significado léxico y cuáles tienen significado gramatical.**

Nosotros recorrimos la pirámide de Keops virtualmente y la profesora nos explicó algunos datos.

Estas sí son formas

3 **Fíjate en la siguiente pareja de oraciones. ¿Qué palabras de la segunda oración son una variante de una palabra de la primera oración? ¿Qué palabras no han variado?**

El museo más importante de la ciudad te ofrece próximamente una visita virtual, pero no es gratuita.

Los museos más importantes de las ciudades os ofrecen próximamente unas visitas virtuales, pero no son gratuitas.

Algunas palabras pueden cambiar de forma (*museo, museos*) y otras no (*más*). En función de su morfología, las palabras se clasifican en variables e invariables:

- Las palabras **variables** adaptan su forma a las necesidades del contexto sintáctico a través de afijos flexivos localizados al final de las palabras (*esta casa, esos chicos*). Son variables los nombres, los adjetivos, los determinantes, los verbos, y la mayoría de los pronombres. Algunos pronombres varían cambiando su forma por completo (*yo, me, nos*).
- Las palabras **invariables** mantienen su forma siempre igual independientemente del contexto. Es el caso de los adverbios (*rápidamente*), las preposiciones (*por*), las conjunciones (*pero*) y las interjecciones (*ay*).

4 Rescribe esta oración con los cambios que se proponen en cada caso.

La tecnología inmersiva nos permite disfutar del patrimonio cultural a través de una réplica digital

a. Cambia la palabra *réplica* por *duplicados*. ¿Qué otras palabras tienes que cambiar en la oración para mantener la concordancia de género y número?
b. Cambia el tiempo de una forma verbal de presente a futuro.
c. Cambia el pronombre de la primera persona del plural a la segunda persona del singular.

5 **Lee el texto y di si las palabras destacadas son variables o invariables. Si son variables, indica si su flexión es de género, número, persona o tiempo.**

www.rtve.es

Las nuevas tecnologías inmortalizan para el futuro el patrimonio cultural del pasado

- El acelerador de partículas se está utilizando para descifrar textos de papiros datados en el siglo II a. C.
- La realidad virtual permite adentrarse en una construcción del Neolítico igual que lo hizo el hombre prehistórico.

Milagros de Diego Cerezo

Palabras de categoría

6 **Observa las imágenes y di lo que ves en cada una. ¿Las palabras que has usado tienen significado léxico o gramatical? ¿Son variables o invariables?**

a

b

c

d

- Escribe una oración sobre estas imágenes. ¿Todas las palabras que has usado tienen las mismas características o son de diferentes clases? ¿Por qué crees que es así?

Para identificar y clasificar las palabras, hay que fijarse en tres aspectos: su significado (léxico o gramatical), su morfología (palabras variables o invariables) y su sintaxis (cómo se combinan con otras unidades lingüísticas).

Cuando las palabras comparten propiedades en esos tres aspectos decimos que pertenecen a la misma **categoría gramatical** o clase de palabras. Estas categorías o clases son:

nombre | verbo | adjetivo | determinante | pronombre

adverbio | conjunción | preposición | interjección

7 **CONTRASTAMOS JUNTOS las respuestas. Observa las palabras destacadas en las siguientes oraciones y fíjate en su forma y en su significado. ¿Cuáles son variables y cuáles son invariables? ¿Qué tienen en común en cuanto al significado?**

a. Virginia Woolf fue una escritora adelantada a su tiempo.
b. Debí haber leído las instrucciones antes.
c. El nuevo delantero del equipo tiene muchos seguidores en las redes.
d. Los médicos recomiendan no pasar más de ocho horas ante una pantalla.
e. La productora adelantó unos meses el lanzamiento de la serie.

- Aunque sus significados tengan algún parecido, cada una pertenece a una categoría gramatical distinta. Indica con cuál de estas categorías se corresponde cada una de las palabras anteriores y explica cómo las has identificado.

verbo | preposición | adjetivo | nombre | adverbio

Los nombres y los adjetivos son palabras variables con significado léxico. Los determinantes y los pronombres son palabras variables con significado gramatical.

El **nombre** o sustantivo es la clase de palabra que designa a personas, animales, objetos, sentimientos, ideas, eventos, etc. Tienen género masculino o femenino y número singular o plural. Se pueden clasificar en nombres propios (*Italia*) o comunes (*país*). Los comunes pueden ser contables (*casa*) o no contables (*agua*). Los contables pueden ser individuales (*árbol*) o colectivos (*bosque*).

El **adjetivo** es una clase de palabra que modifica al nombre aportándole distintos significados. Por ejemplo, puede indicar una propiedad o cualidad del nombre (*gato grande*) o concretar su clase (*gato persa*). A veces, los adjetivos transmiten una valoración personal del hablante (*bonito gato*). El adjetivo concuerda en género y número con el nombre al que modifica.

El **determinante** introduce al nombre, con el que concuerda en género y número. Los artículos indican si es un objeto conocido por el hablante o no (*el gato*/*un gato*); los demostrativos expresan distancia (*este gato*/*aquel gato*); los posesivos indican pertenencia (*nuestro gato*); los numerales cardinales y los cuantificadores imprecisos expresan cantidades (*tres gatos*/*muchos gatos*) y los interrogativos y exclamativos introducen preguntas o exclamaciones (*¡Cuántos gatos!*).

El **pronombre** es la clase de palabra sin contenido léxico que se refiere a las personas, los animales y las cosas sin nombrarlos. Los pronombres pueden ser personales (*yo, mí, tú, os, ellas, le*), demostrativos (*esto, aquello*), numerales cardinales (*diez, cuatro*), cuantificadores imprecisos (*pocas, algunos*) e interrogativos y exclamativos (*qué, quiénes*). La mayoría de los pronombres tienen género y número, y los pronombres personales, además, tienen rasgos de persona.

8 **Completa estas oraciones con determinantes y adjetivos que concuerden con el nombre al que modifican.**

a. Ayer me hice daño en ●●● mano ●●●.
b. ¿Cuándo fue ●●● ●●● vez que fuiste al cine?
c. La actriz ●●● salía en ●●● serie.
d. En ●●● inauguración había ●●● público.
e. Vimos ●●● documental sobre ●●● pez ●●● de agua ●●●.
f. ●●● semana ponen ●●● drama ●●● en ●●● teatro ●●●.

- ¿Qué indican sobre el nombre los determinantes que has añadido? ¿Y los adjetivos?

Explica si te ha gustado o la actividad y por qué.

9 **Compara las siguientes oraciones y responde.**

A Adrián le gustan mucho las series. | A Martina le gustan mucho las series policiacas.

a. ¿A quién crees que le gustan más tipos de series, a Adrián o a Martina? Explica cómo lo has sabido.
b. Añade un adjetivo que modifique al nombre *series* en la primera oración. ¿Cambia ese adjetivo tu respuesta anterior sobre a quién le gustan más tipos de series? ¿Por qué?

10 **Fíjate en esta pareja de oraciones. ¿Cómo cambiarían si las dijera la propia violinista? ¿Y si la violinista fuera la persona que escucha?**

La violinista agradeció el aplauso. → Ella lo agradeció.

- ¿A qué grupo de palabras sustituye el pronombre *lo*? ¿Cómo tendrías que cambiar la primera oración para que en la segunda pudieras decir *Ella las agradeció*?

11 **La palabra *agendar* está recogida en el diccionario desde hace poco. ¿A qué categoría gramatical pertenece? ¿Cómo lo has sabido? Construye una oración con esa palabra para referirte a algo que hiciste ayer.**

El **verbo** es una clase de palabra que expresa acciones (*hablar*), procesos (*evolucionar*) y estados (*ser*). Los verbos son palabras variables que cambian su forma en función de la persona a la que se refieren (*hablo, hablas*), el número de participantes en la acción (*hablo, hablamos*), el tiempo (*hablo, hablé*), el modo (*hablo, hablara*) y el aspecto (*hablé, hablaba*).

12 **¿Cuál es el verbo intruso en cada grupo? Indica si el intruso se diferencia del resto de su serie en el tiempo, la persona a la que se refiere o el número de participantes.**

a. Haces, sabes, temes, oyes, caigo, comes.

b. Verás, contarán, explicaremos, agradeceréis.

c. Pensé, construyeron, pintas, bajasteis, dibujó, dijimos.

13 **Fíjate en estas dos oraciones. ¿Cómo explicarías en qué se diferencia su significado?**

No le gustan el café y la leche.

No le gusta el café con leche.

El adverbio, la preposición, la conjunción y la interjección son clases de palabras invariables.

Los **adverbios** aportan información para concretar las circunstancias de un evento (*acuden allí diariamente; ayer lo trató cariñosamente*), o el grado o la cantidad (*lee bastante/es bastante lector*). A diferencia de la preposición y la conjunción, el adverbio es una clase abierta de palabras (se pueden crear nuevos adverbios) y es independiente: puedes responder *allí* si te preguntan *dónde vas*, pero no puedes responder a una pregunta solo con las palabras *en* o *ni*.

Las **preposiciones** relacionan grupos de palabras. Pueden expresar nociones, como la localización (*Estoy en casa*) y la trayectoria (*Voy hacia casa*), o pueden no tener significado léxico (*de*).

Las preposiciones son *a*, *ante*, *bajo*, *con*, *contra*, *de*, *desde*, *durante*, *en*, *entre*, *hacia*, *hasta*, *mediante*, *para*, *por*, *según*, *sin*, *sobre*, *tras*, *versus* y *vía*. Hay otras preposiciones como *cabe* y *so*, pero apenas se usan.

Las **conjunciones** relacionan grupos de palabras u oraciones. Son coordinantes cuando unen dos elementos del mismo nivel sintáctico (*y, ni, o, pero*) y subordinantes cuando unen una oración a otro elemento del que depende (*aunque, si, que*).

Las **interjecciones** son palabras invariables con significado léxico que se suelen emplear para expresar sentimientos, dar indicaciones, saludar o despedirse (*hola, oh*).

14 **Observa estas escenas y escoge el verbo que mejor exprese lo que representan. Después, forma oraciones donde utilices con ese verbo adverbios, preposiciones y conjunciones.**

a

b

2 Las reglas semánticas

Iguales, opuestos y colegas

15 **Observa la siguiente escena y contesta a las preguntas.**

a. ¿Cómo se siente la mujer? Emplea tres palabras con significados iguales o muy parecidos para expresarlo.

b. ¿Cómo está el chico? Dilo con una palabra y, después, busca otra palabra que signifique lo contrario.

16 **Fíjate en las siguientes series de nombres, adjetivos y verbos. En todas ellas hay un intruso: encuéntralo y explica cómo lo has sabido.**

sofá	clásica	recitar
pantalla	folclórica	declamar
teclado	proporcionada	relatar
auriculares	electrónica	saltar

Las palabras de significado léxico que pertenecen a una misma categoría gramatical pueden establecer entre ellas diferentes relaciones semánticas:

- Son palabras **sinónimas** cuando significan total o parcialmente lo mismo: *pelota/balón*.
- Son palabras **antónimas** cuando tienen significados opuestos: *frío/calor*.
- Son palabras **hipónimas** cuando tienen en común una parte de su significado, que se incluye en el de un elemento con un significado más general, el **hiperónimo**. Por ejemplo, del hiperónimo *fruta* los hipónimos serían *manzana*, *plátano*, *sandía*, etc.

17 **Completa las siguientes series con un hipónimo más y el hiperónimo.**

a. Sauce, abeto, olmo y ●●● son tipos de ●●●.

b. Susurrar, gritar, cuchichear y ●●● son formas de ●●●.

c. Añil, celeste, cian y ●●● son tipos de ●●●.

Las palabras de la misma categoría gramatical que tienen una parte de su significado en común pertenecen al mismo **campo semántico**. Hay palabras que pueden pertenecer a más de un campo semántico. Cuando esto sucede se trata de una palabra **polisémica**: tiene varios significados.

18 **Piensa en dos significados que puedan tener las siguientes palabras e indica con qué campo semántico se relaciona cada uno. Usa el diccionario si lo necesitas.**

Ejemplo: *estación* se relaciona con el campo semántico del tiempo (las partes en las que se divide el año) y también es un tipo de edificio.

sierra · manto · vaso · nota · papel

19 ¿Puedes encontrar palabras antónimas y sinónimas de *una* y *que*? ¿Qué crees que es más fácil, inventar un nuevo nombre o un nuevo pronombre como *yo* o *me*?

Cultivamos campos semánticos

20 Además del significado literal, las palabras pueden tener otros significados en función del contexto. Observa la escena. ¿Por qué crees que el padre llama *ratón* a su hijo?

Una manera de crear nuevos significados es a través de la **metáfora**, que establece una similitud entre dos realidades en principio diferentes: en la escena anterior, *ratón* se emplea para llamar a un niño al que le gusta mucho el queso.

Otra fuente de nuevos significados es la **metonimia**, que se basa en la proximidad real entre elementos de un mismo campo semántico: un objeto y sus partes, un autor y sus obras, etc.

¿Te gusta el queso de Cabrales? → *Cabrales* es el nombre de un concejo asturiano.

¿Te gusta el cabrales? → Aquí *cabrales* se emplea para denominar un tipo de queso que se hace en ese lugar.

21 Explica el significado de estas expresiones. ¿Qué elementos se identifican en la metáfora que da lugar a este significado? Fíjate en el ejemplo.

Ejemplo: *Me rugen las tripas.* → Tengo mucha hambre. → La metáfora identifica el estómago con un animal.

a. Que no te corten las alas.
b. Eres un libro abierto.
c. Ya estás dando la nota.
d. Creo que va a llover, está el cielo plomizo.

22 Si decimos *En el museo de Zaragoza hay varios Goyas*, ¿estamos empleando una metáfora o una metonimia? Explícalo.

23 Las palabras destacadas en las siguientes oraciones son expresiones metonímicas. ¿A qué palabras están sustituyendo?

a. Se necesitan un par de manos más para acabar el trabajo.
b. Pekín organizará el próximo mundial de balonmano.
c. Shakespeare es difícil de traducir al francés.
d. El público ha elegido a nuestra representante en Eurovisión.

24 Piensa en dos significados de la palabra *canguro*. ¿Cuál de los dos crees que apareció primero? ¿En qué parecido puede basarse el segundo significado?

- Después, haz lo mismo con la palabra *virus*.

25 **Ante la subida de los precios de un producto, la persona encargada de explicarlo dice que ha habido una "actualización de los precios". ¿Por qué crees que lo hace? ¿Se trata de una metáfora?**

Las expresiones *subida de precios* y *actualización de precios* tienen significados similares, pero en algunos contextos *subida* puede tener unas connotaciones negativas que *actualización* evita. El contenido **connotativo** son los matices subjetivos, compartidos por un grupo de personas, que se asocian a una palabra, mientras que el contenido **denotativo** es el concepto que asociamos a la palabra de manera objetiva y que compartimos todos los hablantes.

Cuando los hablantes perciben que una palabra resulta ofensiva o desagradable pueden evitar usarla y se convierte en una **palabra tabú**. Para sustituirla se emplea otra palabra o expresión que se llama **eufemismo**. Por ejemplo, decir de alguien que es *viejo* puede interpretarse como despectivo, por lo que muchos hablantes lo sustituyen por la palabra *mayor*.

26 **Imagina que tienes un hermano que ha sacado malas notas y te pide ayuda para contárselo a tus padres. Sugiere algunos eufemismos que pueda usar para suavizar el mensaje.**

Ejemplo: *En esta evaluación ha estado algo despistado.*

3 La formación de palabras

Derivamos y componemos

27 **Fíjate en las siguientes palabras: *límite, limitar, limitación, ilimitable*.**

a. ¿Qué parte de su significado tienen en común?

b. ¿Todas pertenecen a la misma categoría gramatical?

c. En parejas, ampliad esta familia léxica con al menos dos palabras más. Luego, comparad los resultados con los de vuestros compañeros de clase.

Muchas palabras están formadas por unidades más pequeñas que se denominan *morfemas*. La **raíz** es el morfema común a todas las palabras de la misma familia léxica (*dedo*, *dedal*). A la raíz se adjuntan otros morfemas: los **afijos flexivos**, que aportan distintos valores gramaticales, y los **afijos derivativos**, que forman **palabras derivadas**.

Los ***prefijos*** son los afijos derivativos que van delante de la raíz. → ***intercambiable*** ← Los ***sufijos*** son los afijos derivativos que van detrás de la raíz.

Los prefijos no cambian la categoría gramatical: *intercambiable* es un adjetivo como *cambiable*.

Algunos sufijos sí transforman la categoría gramatical: *cambio* es un sustantivo y *cambiable* es un adjetivo. Otros sufijos, como los aumentativos y los diminutivos, no cambian la categoría gramatical: *gatito* es un nombre como *gato*.

28 **Forma antónimos de estas palabras con los prefijos *in-* y *des-*.**

confianza · tranquila · leal · tolerancia · comunicar · conectar

- Ahora, escribe otras dos palabras con *in-* y otras dos con *des-*. ¿En todos los casos aportan el significado de contrario o negación?

29 **Identifica la raíz y los sufijos de las siguientes palabras. Después, escribe otra palabra con la misma raíz y una palabra distinta con el mismo sufijo. Fíjate en el ejemplo.**

Ejemplo: *bromear* ⟶ raíz *brom-*, como *broma*, y sufijo *-ear*, como *marear*.

gatuno · puntero · imitable · ropaje · artista · brevedad

30. Pon ejemplos de palabras que terminen con los siguientes sufijos. ¿A qué categoría gramatical pertenece cada grupo? Contrasta tus respuestas con tu equipo.

a. Palabras con los sufijos *-ción*, *-ez* y *-miento*.

b. Palabras con los sufijos *-oso*, *-ble* y *-udo*.

c. Palabras con el sufijo *-mente*.

¿A quién has ayudado hoy?

31. **PLANTEAMOS JUNTOS** si un mismo sufijo tiene siempre el mismo significado. Leed estas parejas de oraciones y comentad qué matiz aporta el uso de los sufijos en las palabras destacadas.

a. Me encanta este pastelito. / No te vayas, vuelvo en un momentito.

b. Algunos futbolistas tienen un sueldazo. / ¡Fue un momentazo cuando salió en el vídeo!

32. Algunas palabras tienen dos raíces o más: son las palabras compuestas. Nombra las siguientes imágenes e identifica cuáles corresponden a palabras compuestas y cuáles son palabras derivadas con prefijos o sufijos.

a

b

c

d
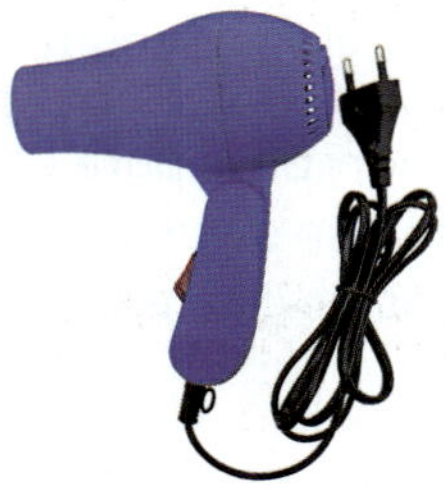

33. Identifica las palabras que se han combinado para formar estos compuestos.

cabizbajo | austrohúngaro | limpiacristales | sacacorchos | coliflor

Vía rápida

34. Observa las palabras destacadas en azul en estas oraciones. ¿En cuál te resulta más natural emplearla? ¿Por qué palabra la sustituirías en el otro caso?

¿Nos vemos en el cole?

El cole Cervantes ha sido condecorado por su proyecto.

Existen diferentes formas de abreviar palabras. El **acortamiento**, como *cole*, es un segmento de una palabra o expresión y suele usarse en un contexto informal. Las **siglas** (*DNI*) se forman con las iniciales de varias palabras y se escriben en mayúsculas y sin puntos. Se usan mucho en textos científicos y en el ámbito de las empresas y las instituciones públicas. Los **acrónimos** (*ovni*) son siglas que se han lexicalizado y se leen como palabras.

También existen otras abreviaciones que no forman palabras nuevas: son las **abreviaturas**, como *Dra.* (doctora) o *pág.* (página). Se suelen usar para ahorrar espacio en textos escritos, principalmente académicos o legales.

35. Explica qué significan estos acrónimos y cómo se han formado. Puedes usar el diccionario.

pyme | led | IVA | UCI

36. Identifica las abreviaturas que se emplean en este texto e indica a qué corresponden.

Estimada Sra. García:

Conforme a sus indicaciones, el paquete n.º 6784 ha sido enviado a la plza. Mayor, 25, 5.º izda.
Si tiene cualquier problema, puede contactarnos en el tel. 669 99 66.

Dpto. Logística

NUESTRO RETO La palabra exacta

Dales nombre a tus ideas

Pon en práctica todo lo que has aprendido en esta situación de aprendizaje y encuentra el nombre perfecto para un proyecto, ya sea real o imaginario.

Paso 1 Organizaos por equipos y elegid un proyecto que necesite nombre. Puede ser un proyecto real que queráis llevar a cabo o uno inventado. Por ejemplo, un boletín digital para informar sobre las actividades culturales que hay en vuestra zona.

Paso 2 Proponed nombres para el proyecto. Haced todas las propuestas que se os ocurran y, después, votad para elegir los dos que más os gusten.

Paso 3 **Aprendo a pensar.** Haced un diagrama de Venn en el que comparéis las dos palabras finalistas. Tened en cuenta todas sus características: forma, estructura, categoría gramatical y significado, tanto el que aparece en el diccionario (en caso de estar recogidas en él) como el que puede evocar a las personas que las oigan o las connotaciones que puedan tener.

Paso 4 A partir de la comparación y el análisis que habéis hecho en el paso anterior, elegid la palabra mejor. Después, contadles a los demás el nombre que habéis escogido. ¿Qué les parece? ¿Causa la impresión que buscabais?

¿Cómo te ha ido el reto? Entra y haz tu valoración

EN RESUMEN

Las clases de palabras

En función del significado podemos distinguir dos tipos de palabras:

- Con **significado gramatical**: expresan nociones relacionadas con el propio sistema lingüístico, como la cuantificación, el tiempo, la referencia, etc.
- Con **significado léxico**: expresan acciones, entidades o cualidades para describir el mundo (real o imaginario).

En función de su morfología, las palabras se clasifican en:

- **Variables** (nombres, adjetivos, verbos y la mayoría de los pronombres y los determinantes): adaptan su forma al contexto sintáctico a través de afijos flexivos (*esa niña*, *los hijos*).
- **Invariables** (adverbios, preposiciones, conjunciones e interjecciones): mantienen su forma siempre igual.

En función del significado, la morfología y la sintaxis, las palabras se clasifican en **categorías gramaticales**. Estas categorías o clases son nombre, verbo, adjetivo, determinante, pronombre, adverbio, conjunción, preposición e interjección.

Las relaciones semánticas

Las palabras de significado léxico que pertenecen a una misma categoría gramatical pueden establecer entre ellas diferentes relaciones de significado:

- Pueden ser palabras **sinónimas,** cuando significan total o parcialmente lo mismo (*pelota/balón*).
- Pueden ser palabras **antónimas,** cuando tienen significados opuestos (*frío/calor*).
- Pueden ser palabras **hipónimas,** cuando tienen en común el que su significado se incluye en el de un elemento con un significado más general (el **hiperónimo**). Por ejemplo, del hiperónimo *fruta* los hipónimos serían *manzana*, *plátano*, *sandía*, etc.

Pertenecen al mismo **campo semántico** aquellas palabras de la misma categoría gramatical que tienen una parte de su significado en común. A veces, una misma palabra puede pertenecer a más de un campo semántico. Cuando esto sucede, se trata de una **palabra polisémica**: tiene varios significados.

Una manera de crear nuevos significados es a través de la **metáfora**, que establece una similitud entre dos realidades en principio diferentes (el ratón animal y el ratón del ordenador, por ejemplo). Otra fuente habitual de nuevos significados es la **metonimia**, que se basa en la proximidad real entre elementos de un mismo campo semántico: un objeto y sus partes, un autor y sus obras, etc. *El museo tiene varios Picassos.*

Las palabras pueden tener contenido denotativo y connotativo. El contenido **denotativo** es el concepto que asociamos a la palabra de manera objetiva y que compartimos todos los hablantes. El contenido **connotativo** son los matices subjetivos, compartidos por un grupo de personas, que se asocian a una palabra.

Cuando los hablantes perciben que una palabra resulta ofensiva o desagradable pueden evitar usarla y se convierte en una **palabra tabú** (*viejo*). Para sustituirlas se emplean otras palabras o expresiones que se llaman **eufemismos** (*mayor*).

La formación de palabras

La mayoría de las palabras están formadas por unidades más pequeñas que se denominan *morfemas*. La **raíz** es el morfema común a todas las palabras de la misma familia léxica y a ella se adjuntan otros morfemas: los afijos flexivos, que aportan distintos valores gramaticales, y los afijos derivativos, que forman palabras derivadas.

Los **prefijos** son los afijos derivativos que van delante de la raíz (*intercambio*, *recoger*). No cambian la categoría gramatical. Los **sufijos** son los afijos derivativos que van detrás de la raíz. Algunos sufijos no cambian la categoría gramatical (*gatito* deriva de *gato* y los dos son nombres), pero otros sufijos sí la transforman (*navegar* es un verbo y *navegador* es un nombre).

Las palabras **compuestas** (*girasol*, *paraguas*) tienen dos raíces o más.

A través del **acortamiento** (*cole*) y las **siglas** (*DNI*) se pueden formar nuevas palabras. Los **acrónimos** (*ovni*) son siglas que se han lexicalizado y se leen como palabras.

También existen otras abreviaciones que no forman palabras nuevas: son las **abreviaturas**, como *Dra.* (doctora) o *pág.* (página).

PRACTICAMOS

1 **Observa las palabras señaladas en estas oraciones. ¿Tienen significado léxico o gramatical? ¿Son variables o invariables? Explica por qué.**

a. Han hallado una lanza prehistórica.

b. Buscamos un regalo para nuestra hermana.

c. La película empieza después de los anuncios.

d. Esas ranas son endémicas de Costa Rica.

2 **Lee el texto y sustituye las palabras destacadas por sinónimos.**

> Tenía mucho interés el rey en saber si las islas de las que yo le hablaba pertenecían, por el Tratado de Tordesillas, a sus dominios o a los del emperador, su primo. Sobre un papel, encima de una mesa, es fácil trazar fronteras. Incluso sobre la tierra, que tiene ríos y montes, se pueden tomar puntos de referencia y levantar muros.
>
> JOSÉ A. GAGO: *La Tierra es redonda*, Instituto Geográfico Nacional

3 **Imagina que has visto una película que no te ha gustado nada y escuchas las siguientes opiniones sobre ella. Usa antónimos para dar tu versión.**

a. La película tiene un excelente guion.

b. Está espléndidamente interpretada por el actor protagonista.

c. Se hace corta.

d. El final es inusual.

4 **Explica qué relación de significado hay entre estos pares de palabras.**

a. herbívoro/ciervo

b. principio/final

c. baile/danza

d. subir/bajar

5 **Localiza en cada grupo el intruso que no corresponde a esa categoría gramatical.**

Nombre	Adjetivo	Adverbio	Verbo
libro	inteligente	delante	jugué
libreta	sonora	ferozmente	pronto
libre	altivo	allí	venid
libertad	deprisa	muy	saltamos
liberación	otoñal	orgullosa	irán

6 **Clasifica las siguientes palabras en una tabla como esta.**

UE	desenvolver	bienestar	amistoso
montaje	ovni	IRPF	básicamente
pararrayos	portero	telaraña	parabrisas
IA	láser	inagotable	Unesco

Palabra derivada	Palabra compuesta	Sigla	Acrónimo
•••	•••	•••	•••

7 ¿Qué acortamientos aparecen en esta conversación?

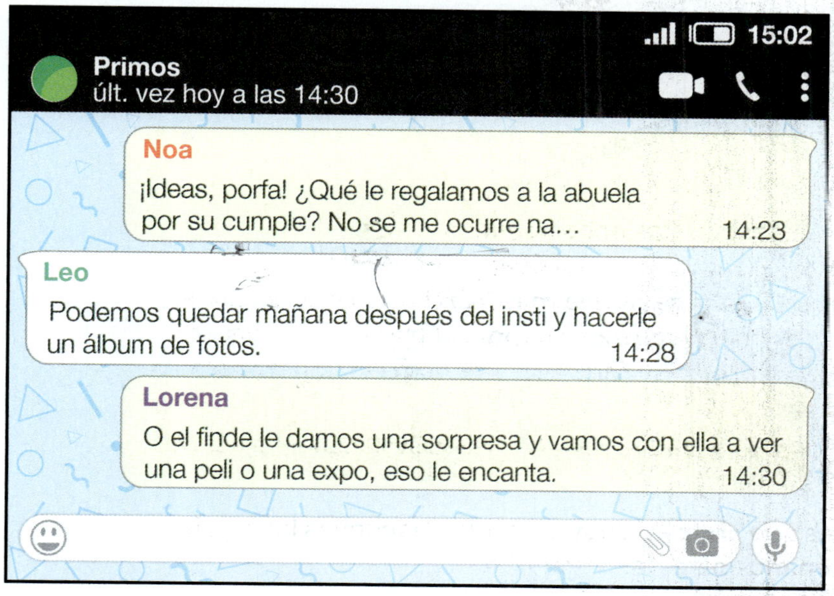

8 **Escribe la abreviatura de las siguientes palabras.**

a. doña **b.** derecha **c.** señor **d.** doctor **e.** etcétera **f.** avenida

9 **Escribe dos palabras con cada uno de los siguientes prefijos y sufijos.**

extra- *sub-* *-ista* *-dora*

10 **Fíjate en el significado de la palabra *puente* en estas dos oraciones. ¿Cuál de los significados crees que apareció primero? Explica la metáfora que dio lugar al otro significado.**

a. El puente de Triana se inauguró en 1852.

b. ¿Este viernes hay clase o tenemos puente?

11 **Indica si las siguientes palabras son polisémicas o tienen un solo significado. Para comprobarlo, puedes buscarlas en el diccionario.**

banco globo sirena mono bacteria

- Escribe oraciones en las que uses las palabras polisémicas anteriores con distintos significados.

12 **Imagina que vas a participar en un concurso donde te piden que pongas nombre a un nuevo aparato que puede hacer todo lo que se ve en estas imágenes. Inventa una palabra compuesta para llamar al aparato y describe para qué sirve.**

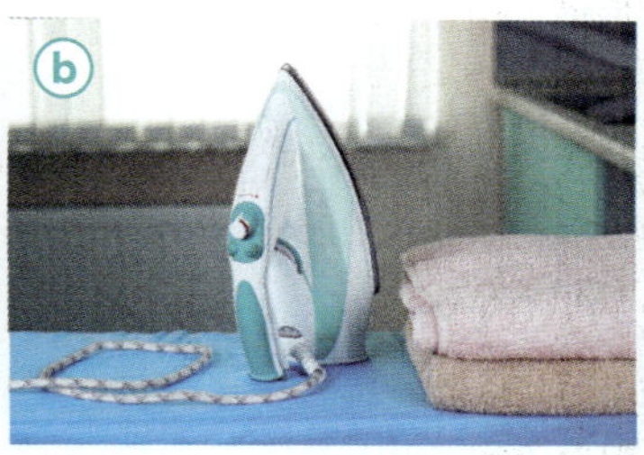

3.2 Construir con sentido

¡EMPEZAMOS!

La tecnología nos rodea y, en muchos casos, nos facilita las tareas cotidianas. Pero, en ciertas situaciones, no tener una persona a quien dirigirse puede convertirse en un obstáculo muy grande. ¿Qué gestiones que antes se hacían cara a cara se realizan hoy a través de máquinas? ¿Qué personas pueden tener más dificultades al llevarlas a cabo?

- ¿Para qué sirven las máquinas que se ven en las imágenes?
- ¿Para qué personas puede resultar más difícil utilizar esas máquinas? ¿Por qué?
- ¿Qué se podría hacer para ayudar a esas personas a superar esas dificultades?

POR DÓNDE VAMOS

SINTAGMAS

- **Sintagma nominal**
- **Sintagma adjetival**
- **Sintagma preposicional**
- Sintagma verbal
- Sintagma adverbial

¡VAMOS A APRENDER!

1. Compartir el espacio y los materiales.
2. Identificar y clasificar el sintagma nominal, el sintagma adjetival y el sintagma preposicional según su núcleo.
3. Reconocer la estructura de los sintagmas nominales, adjetivales y preposicionales.
4. Analizar sintácticamente diferentes sintagmas siguiendo una serie de pasos.

NUESTRO RETO

Sintagmas solidarios

Las palabras, como las personas, funcionan bien cuando trabajan en grupo. Descubre en este reto cómo pueden los sintagmas ayudarte a ayudar.

¡Vamos allá!

1 El sintagma nominal

Unos dentro de otros

1 **Las matrioskas son unas muñecas rusas que contienen otras muñecas. Fíjate en la imagen y responde a las preguntas para descubrir qué tienen en común estas muñecas con los grupos de palabras.**

a. Observa la imagen. Si decimos que la muñeca del medio es *la hija de la hija de la primera muñeca*, ¿qué diríamos de la muñeca más pequeña?

b. Reflexiona sobre el ejemplo anterior. ¿Cuántas veces puedes incluir un grupo de palabras dentro de otro?

c. ¿Qué tienen en común las matrioskas y los grupos de palabras? Inventa un sintagma que tenga al menos cuatro sintagmas dentro.

Al igual que las muñecas rusas, los grupos de palabras pueden contener otros grupos. Los sintagmas son grupos de palabras que tienen un comportamiento sintáctico unitario. Este comportamiento hace que los sintagmas puedan sustituirse por otro elemento y puedan moverse dentro de un sintagma mayor.

2 **No todos los conjuntos de palabras son sintagmas. Para saber si las palabras subrayadas en cada oración son sintagmas, comprueba si se pueden sustituir y mover. Fíjate en el ejemplo:**

Ejemplo: Todos vieron cómo el tocadiscos de la abuela se encendía solo.

Sustitución: *Todos vieron cómo eso se encendía solo.*

Movimiento: *Todos vieron cómo se encendía solo el tocadiscos de la abuela.*

Conclusión: sí es un sintagma.

a. Hemos comprado una casa nueva para vivir todos en ella.

b. Los amigos de Juan han venido a visitarnos esta mañana.

c. Ayer enviamos un ramo de flores a nuestro tío.

3 **Construye tantos sintagmas como puedas utilizando las palabras que aparecen a continuación.**

mi | la | de | hermana | María | amiga

Los sintagmas siempre constan de una palabra que funciona como núcleo dentro de todo el conjunto. El núcleo de un sintagma es el que determina la clase semántica de todo el conjunto. Por ejemplo, *una casa roja* es un tipo de casa y, por eso, el núcleo (N) es *casa*, que es un nombre. Como el núcleo es un nombre, el sintagma *una casa roja* es un **sintagma nominal** (SN).

4 **Presta atención al elemento que determina la clase semántica del conjunto e indica cuáles de los siguientes sintagmas son nominales.**

a. la nueva monitora
b. muy inquieto
c. sorprendentemente
d. Iván
e. hemos llegado
f. aquellos árboles

¿Solo o acompañado?

5 **¿Qué ves en esta imagen? Responde con una lista de sintagmas nominales.**

a. ¿Cuáles son los núcleos de los sintagmas nominales que has empleado?
b. ¿Has usado nombres solos o acompañados de otras palabras? Si has usado otras palabras, ¿de qué clase son?
c. En la siguiente oración, ¿qué sintagma nominal puedes sustituir por *ellos*? ¿Qué clase de palabra es *ellos*?

Los pasajeros del globo viajan en la barquilla.

El **núcleo** del sintagma nominal (SN) es un **nombre** (*una casa roja*) o un **pronombre** (*ella*). Además del núcleo, el sintagma nominal puede llevar:

- **Modificadores** (Mod). Son determinantes y van antes del nombre: *una casa roja*.
- **Complementos del nombre** (CN). Pueden estar formados por un sintagma adjetival (*una casa roja*; *una bonita casa*), por un sintagma preposicional (*un queso de Galicia*) o por otro sintagma nominal (*tu hermano Felipe*).

6 **Localiza los sintagmas nominales en estos titulares. ¿Cuáles son sus núcleos?**

Éxito de la misión espacial europea

Descubren nuevas especies de aves tropicales

- Forma sintagmas nominales con los mismos núcleos que has identificado, pero cambiando los modificadores y los complementos.

7 **Observa los pasos para analizar un sintagma nominal.**

CÓMO ANALIZAR UN SINTAGMA NOMINAL

Vamos a analizar el sintagma nominal *una amiga genial*. Fíjate en los pasos para realizar este análisis:

Paso 1

Localiza el núcleo del sintagma. Para que sea un sintagma nominal, debe tratarse de un nombre o de un pronombre.

una	*amiga*	*genial*
?	Nom/N	?

Paso 2

Identifica si el núcleo va acompañado de un modificador. Recuerda que los modificadores son los determinantes que preceden al núcleo.

una	*amiga*	*genial*
Det/Mod	Nom/N	?

Paso 3

Indica si el núcleo va acompañado de otros sintagmas que lo complementan.

una	*amiga*	*genial*
Det/Mod	Nom/N	SAdj/CN

- Ahora analiza estos sintagmas nominales siguiendo el modelo anterior.

  a. el equipo de investigación
  b. dos proyectos innovadores
  c. trabajo en grupo
  d. la piscina municipal nueva
  e. vuestra fabulosa idea
  f. vistas panorámicas

2 El sintagma adjetival

Nos complementamos

8 **Observa este cartel y responde a las preguntas.**

a. ¿Qué sintagmas nominales aparecen en este cartel?
b. ¿Cuáles de esos sintagmas incluyen complementos?
c. ¿De qué clase son las palabras que funcionan como complementos del nombre en los sintagmas nominales del cartel?

Los **sintagmas adjetivales** (SAdj) son grupos de palabras cuyo núcleo es un adjetivo. Al igual que en los sintagmas nominales, el núcleo del sintagma adjetival puede aparecer solo o acompañado de otras palabras.

muy implicada en el equipo

muy	implicada	en el equipo
Modificador (Mod): adverbio	**Núcleo (N):** adjetivo	**Complemento del adjetivo (CAdj):** sintagma preposicional

9 **¿Cuáles de estos sintagmas son adjetivales?**

una partida de cartas — increíble — bastante grande — el miedo a las arañas — ilusionada con la propuesta — aquella explicación — capaz de todo

10 **Observa los pasos para analizar un sintagma adjetival.**

CÓMO ANALIZAR UN SINTAGMA ADJETIVAL

Vamos a analizar el sintagma adjetival *muy felices por la noticia*. Fíjate en los pasos para realizar este análisis:

Paso 1

Localiza el núcleo del sintagma. Para que sea un sintagma adjetival, debe tratarse de un adjetivo.

muy	*felices*	*por la noticia*
?	Adj/N	?

Paso 2

Identifica si el adjetivo va precedido por un modificador. Recuerda que los modificadores son los adverbios que aparecen delante del núcleo.

muy	*felices*	*por la noticia*
Adv/Mod	Adj/N	?

Paso 3

Indica si el núcleo va acompañado de un sintagma preposicional.

muy	*felices*	*por la noticia*
Adv/Mod	Adj/N	SPrep/CAdj

- Ahora localiza los sintagmas adjetivales en estas oraciones y analízalos.
  - **a.** El viernes por la tarde estábamos más contentos.
  - **b.** Carmen es muy aficionada al flamenco.
  - **c.** Hicimos unos análisis bastante complicados.
  - **d.** Nadie parecía asustado por las consecuencias.

11 **PLANTEAMOS JUNTOS la formación de sintagmas adjetivales. Por equipos, pensad en sintagmas adjetivales que cumplan estos esquemas. Escribe una oración con cada uno.**

a. modificador + núcleo
b. núcleo
c. núcleo + complemento del adjetivo
d. modificador + núcleo + complemento del adjetivo

¿Qué te aporta el trabajo en equipo?

¿Una simple pregunta o una pregunta simple?

12 **Observa las imágenes. ¿De cuál podrías decir que es *una piedra preciosa* y de cuál que es *una preciosa piedra*? ¿Qué diferencia hay entre esos dos sintagmas?**

a 

b 

En algunos casos, los adjetivos pueden tener significados distintos dependiendo de su posición dentro del sintagma nominal. Podemos distinguir los siguientes tipos de adjetivos:

- **Calificativos:** indican una cualidad del nombre al que modifican. Pueden ser especificativos o explicativos.

Las preguntas interesantes ocuparon toda la sesión.

El adjetivo es **especificativo** porque va pospuesto al nombre y restringe su denotación: no se está hablando de todas las preguntas, sino solo de aquellas que fueron interesantes.

Las interesantes preguntas ocuparon toda la sesión.

El adjetivo es **explicativo** porque va delante del nombre y no restringe su denotación, sino que explica algo sobre este: las preguntas son las mismas que si el adjetivo no estuviera.

- **Relacionales:** indican una clase a la que pertenece el nombre al que modifican (*un edificio municipal*) o una relación entre el nombre al que modifican y el nombre del que proceden (*la gastronomía italiana*). No admiten grado y suelen ir detrás del nombre.
- **Numerales:** pueden ser **ordinales**, si indican orden (*el primer encuentro*), **fraccionarios**, si indican las partes de una unidad (*la quinta parte*), y **multiplicativos**, cuando indican las partes por las que se multiplica una unidad (*un enchufe triple*).
- **Posesivos:** indican pertenencia o relación y aparecen siempre detrás del nombre (*un hermano suyo*; *cosas mías*).

13 **Localiza los adjetivos y señala a qué clase pertenece cada uno.**

la oculta razón	un queso manchego	una estudiante inteligente
un amigo mío	la civilización romana	la tercera razón

14 **Busca las palabras que indican número en las siguientes oraciones y explica si se trata de adjetivos, determinantes o pronombres. Puedes consultar el anexo si lo necesitas.**

a. Pedro llegó a la meta en segundo lugar.
b. Han venido tres amigos a visitarte.
c. Hemos comprado cuatro.
d. El quinto hijo fue el más alto.
e. Los coches estaban aparcados en doble fila.

Recuerda que los numerales cardinales son los que indican cantidades exactas, y solo pueden ser determinantes o pronombres.

15 **Completa el texto añadiendo un adjetivo en cada hueco. Después, indica qué tipo de adjetivo es cada uno.**

> En las ••• películas donde salía un viaje ••• a un tiempo pasado todo parecía muy fácil. Nunca saldría que llevaba más de una semana sin ducharse ni lavarse el pelo •••, que se moría por comer patatas •••, o arroz •••, pasta •••, pizza, una ••• hamburguesa o un ••• tomate.
>
> ELIA BARCELÓ: *El efecto Frankenstein*, Edebé

3 El sintagma preposicional

Tendiendo puentes

16 **CONTRASTAMOS JUNTOS nuestras respuestas. Completa estos sintagmas para que tengan sentido añadiendo una palabra en el hueco.**

un viaje ••• Andalucía	un helado ••• leche

- ¿Es la única palabra posible? Piensa otras opciones y coméntalas con tus compañeros.

Las palabras *a*, *en*, *de* y *con* son **preposiciones** y funcionan como núcleo del **sintagma preposicional (SPrep)**. A diferencia de otros sintagmas, el sintagma preposicional necesita obligatoriamente un **complemento**, que llamamos **término** o **complemento de la preposición** (CPrep).

17 **Las preposiciones conforman una clase cerrada de palabras. Esto quiere decir que no se suelen producir incorporaciones a esta clase de palabras, como sí sucede con otras categorías gramaticales. Recuerda que las preposiciones son las siguientes:**

Preposiciones — *A, ante, bajo, con, contra, de, desde, durante, en, entre, hacia, hasta, mediante, para, por, según, sin, sobre, tras, versus* y *vía*. *Cabe* y *so* son preposiciones en desuso.

- Ahora lee este texto y localiza las preposiciones que aparecen.

> Sobre las tinieblas del Abismo Profundo, de un borde a otro colgaba una monstruosa telaraña. Y en los pegajosos hilos de aquella red, gruesos como maromas, se retorcía un gran dragón blanco de la suerte, sacudiendo la cola y las garras y enredándose, sin embargo, cada vez más desesperadamente.
>
> Los dragones de la suerte son de los animales más raros de Fantasía. [...] Nadan por los aires del cielo lo mismo que los peces en el agua. Desde tierra parecen relámpagos lentos. Y lo más maravilloso en ellos es su canto. Su voz es como el repicar de una gran campana y, cuando hablan en voz baja, es como si se oyera el sonido de esa campana en la distancia. Quien escucha alguna vez su canto, no lo olvida en la vida y sigue hablando de él a sus nietos.
>
> MICHAEL ENDE: *La historia interminable*, Alfaguara

18 **Aprendo a pensar. Fíjate en el ejemplo y determina los pasos necesarios para analizar un sintagma preposicional. Después, analiza los sintagmas preposicionales propuestos.**

Ejemplo:

en *el* *borde*

Det/Mod — Nom/N

Prep/N — SN/CPrep

SPrep

a. hacia el norte

b. por carreteras secundarias

c. para su hermana pequeña

d. a nosotros

¿Qué paso te cuesta más y cuál menos?

NUESTRO RETO Sintagmas solidarios

Ayudamos con los grupos de palabras

Ahora que casi todo se hace de forma digital, las personas que están menos familiarizadas con la tecnología tienen problemas en tareas cotidianas como, por ejemplo, comprar una tarjeta para viajar en transporte público. Con lo que ya sabías y con lo que acabas de aprender, ¡tú puedes ayudarlas!

Paso 1

Para empezar, formad equipos y repasad las clases de sintagmas que habéis aprendido. Para ello, podéis hacer un **mapa mental** en el que plasméis las características de los sintagmas nominales, preposicionales y adjetivales.

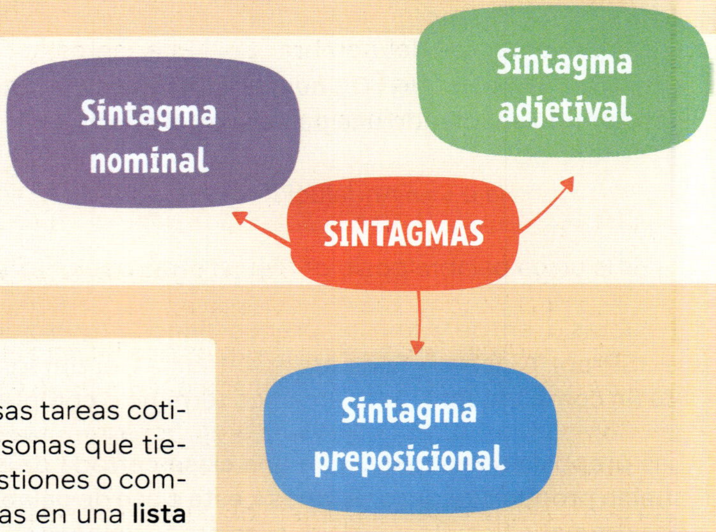

Paso 2

A continuación, comentad entre vosotros cuáles son esas tareas cotidianas que se pueden volver complicadas para las personas que tienen dificultades con la tecnología. ¿Qué solicitudes, gestiones o compras básicas se hacen a través de internet? Formuladlas en una **lista con sintagmas nominales**, como en este ejemplo:

- tarjeta de transporte
- cita médica
- transferencia bancaria

Paso 3

Cuando tengáis la lista completa, pensad de qué forma podríais ayudar a las personas que no pueden o no saben usar la tecnología para que tengan acceso a estos servicios básicos. Por ejemplo:

Una aplicación que fuera muy fácil de usar y que englobara en un único sitio todos estos servicios.

Personas que enseñaran a usar la tecnología y a las que pudieran recurrir si se encuentran con un problema.

Valorad esas posibles soluciones u otras que se os ocurran y haced una **lista de adjetivos con las ventajas y los inconvenientes** que tiene cada opción. Una vez que tengáis la lista, elegid la alternativa que os convenza más.

Paso 4

Por último, tendréis que explicar al resto de los equipos en qué consiste la **solución** que habéis elegido para ayudar a las personas que tienen dificultades con la tecnología. Para ello, necesitaréis los sintagmas nominales de la primera lista y los adjetivos de la segunda, pero también tendréis que añadir sintagmas preposicionales que aporten más precisión y detalles.

¿Cómo te ha ido el reto? Entra y haz tu valoración

EN RESUMEN

El sintagma nominal

Los sintagmas son grupos de palabras que tienen un comportamiento sintáctico unitario; pueden moverse dentro de un sintagma mayor y sust tuirse por otro elemento.

Los sintagmas siempre constan de una palabra que funciona como núcleo dentro del conjunto. El núcleo es el que determina la clase semántica de todo el conjunto.

El **núcleo** del sintagma nominal (**SN**) es un **nombre** (*una casa roja*) o un **pronombre** (*ella*). Además del núcleo, el SN puede llevar:

- **Modificadores** (**Mod**). Son determinantes y preceden al nombre: *una casa roja*.
- **Complementos del nombre** (**CN**). Pueden estar formados por un sintagma adjetival (*una casa roja*, *una bonita casa*), por un sintagma preposicional (*un queso de Galicia*) o por otro sintagma nominal (*tu hermano Felipe*).

El sintagma adjetival

Los sintagmas adjetivales (**SAdj**) son grupos de palabras cuyo **núcleo** es un **adjetivo**. El núcleo del sintagma adjetival puede aparecer solo o acompañado de otras palabras:

- **Modificadores** (**Mod**): son adverbios que indican el grado o la intensidad de la cualidad que expresa el adjetivo, suelen aparecer delante de él (*bastante feliz*, *muy implicada*).
- **Complementos del adjetivo** (**CAdj**): son sintagmas preposicionales y aparecen detrás del núcleo (*implicada en el equipo*; *feliz por los resultados*).

Según su significado, los adjetivos pueden clasificarse de la siguiente manera:

- **Calificativos**: son aquellos que indican una cualidad o propiedad del nombre al que modifican. A su vez, los adjetivos calificativos pueden ser:
  - **Especificativos**, cuando restringen la denotación del nombre (*la niña rubia*).
  - **Explicativos,** cuando no la restringen (*un desafortunado error*).
- **Relacionales:** indican una clase a la que pertenece el nombre al que modifican (*un edificio municipal*) o una relación entre el nombre al que modifican y el nombre del que proceden (*la gastronomía italiana*). No admiten grados y suelen ir detrás del nombre.
- **Numerales:** pueden ser **ordinales**, si indican orden (*el primer encuentro*), **fraccionarios**, si indican las partes de una unidad (*la quinta parte*) y **multiplicativos**, cuando indican las partes por las que se multiplica una unidad (*un enchufe triple*).
- **Posesivos:** indican pertenencia o relación y aparecen siempre detrás del nombre (*un hermano suyo*).

El sintagma preposicional

Los sintagmas cuyo **núcleo** es una **preposición** son sintagmas preposicionales (**SPrep**): *en mi opinión*, *de cristal*.

Las preposiciones son: *a, ante, bajo, con, contra, de, desde, durante, en, entre, hacia, hasta, mediante, para, por, según, sin, sobre, tras, versus* y *vía*. También son preposiciones *cabe* y *so*, aunque están en desuso.

A diferencia de otros sintagmas, el sintagma preposicional necesita obligatoriamente un **complemento**, que llamamos **término** o **complemento de la preposición** (**CPrep**): *en mi opinión*; *de cristal*.

PRACTICAMOS

1 **Identifica los sintagmas nominales en las siguientes oraciones.**

a. Se ha iniciado la búsqueda de la mochila robada.
b. Mi hermana está harta de los mosquitos.
c. Va a contarte un cuento precioso.
d. Fue un día desapacible.

2 **Señala las preposiciones de estos sintagmas.**

a su hermana | hacia Roma | en el jardín | durante un año | mediante carta | tras el baúl

3 **Localiza los adjetivos que hay en estos enunciados e indica de qué clase son.**

a. Cansada de esta situación.
b. Aquel primer invierno.
c. Una ración doble.
d. El cuaderno azul.
e. La cocina francesa.
f. Un primo mío.

4 **Construye una oración con cada uno de estos sintagmas.**

en mi casa de la playa | fantástico | el perro del vecino | la tercera puerta | afroamericana | hacia la izquierda

5 **Explica de qué tipo son los sintagmas marcados en cada una de estas oraciones.**

a. Anabel no quiere estar hoy en casa.
b. Javier no supera sus miedos infantiles.
c. Ha comprado una casa bastante grande.
d. Lo que ocurrió fue increíble.

6 **Completa la siguiente oración usando tres sintagmas preposicionales diferentes.**

Isabel vendrá ●●●.

7 **Identifica los sintagmas nominales que se pueden sustituir por *eso*.**

a. Lucía compra verduras en el mercado a menudo.
b. Quiero mandar una felicitación de cumpleaños a mi abuela.
c. Visitaron los monumentos más importantes.
d. Han traído fruta recién recolectada del huerto de Pedro.

8 **Indica los sintagmas nominales, adjetivales y preposicionales que hay en el siguiente trabalenguas. Después, di otro trabalenguas que tenga estas tres clases de sintagmas.**

Tres tristes tigres comían trigo en un trigal.

9 **Analiza los sintagmas nominales que aparecen a continuación. Fíjate en el ejemplo.**

Ejemplo:

un	abrigo	azul
Det/Mod	Nom/N	SAdj/CN

a. nuestra cámara fotográfica
b. doce huevos
c. aquellos maravillosos años
d. visita turística

10 **Encuentra las palabras que indican número en las siguientes oraciones y señala si son determinantes, pronombres o adjetivos.**

a. Han recibido ocho.
b. El segundo libro es su favorito de la saga.
c. Hemos resuelto el acertijo en el tercer intento.
d. Te lo he dicho ya cuatro veces.

11 **Lee el siguiente texto y resuelve las cuestiones planteadas.**

El componedor de cuentos

Los que echaban a perder un cuento bueno o escribían uno malo lo enviaban al componedor de cuentos. Este era un viejecito calvo, de ojos vivos, que usaba unos anteojos pasados de moda, montados casi en la punta de la nariz, y estaba detrás de un mostrador bajito, lleno de polvosos libros de cuentos de todas las edades y de todos los países.

Su tienda tenía una sola puerta hacia la calle y él estaba siempre muy ocupado. De sus grandes libros sacaba inagotablemente palabras muy bellas y aun frases enteras, o bien cabos de aventuras o hechos prodigiosos que anotaba en un papel blanco y, luego, con paciencia y cuidado, iba engarzando esos materiales en el cuento roto. Cuando terminaba la compostura se leía el cuento tan bien que parecía otro.

MARIANO SILVA Y ACEBES: *Por favor, sea breve*, Páginas de Espuma

a. Encuentra tres sintagmas nominales con un sintagma adjetival como complemento del nombre.
b. Explica en qué se diferencian los adjetivos calificativos especificativos de los adjetivos calificativos explicativos. Utiliza en tu explicación un ejemplo de cada uno que aparezca en el texto.
c. Localiza tres sintagmas preposicionales en el texto y escribe tres oraciones con ellos.

12 **Crea una oración donde haya al menos un sintagma nominal, un sintagma adjetival y un sintagma preposicional.**

13 **Analiza los sintagmas señalados en cada una de estas oraciones. Pide ayuda a tu compañero si la necesitas.**

a. Ayer por la tarde hallaron la moto perdida.
b. Mi hermano es bastante alto.
c. La mochila de Lidia está bajo la mesa.
d. En esa casa ya no vive nadie.
e. Estamos muy contentos con el resultado.

Mis competencias | Autoevaluación

3.3 Leer para cuidarnos

¡EMPEZAMOS!

Leemos para aprender, leemos para informarnos, leemos para disfrutar y también porque lo necesitamos, como cuando leemos un cartel con indicaciones para llegar a algún sitio. ¿Por qué crees que en este vídeo se dice que leer nos protege?

Ministerio de Cultura y Deporte

- ¿Quién ha hecho este vídeo? ¿Cuál piensas que es la intención del emisor al difundir un vídeo así?
- Fíjate en el lema de la campaña y en la imagen que lo acompaña. ¿Qué relación hay entre ellos? Explica el mensaje que transmiten.
- ¿Cómo crees que puede ayudar la lectura a una persona? Pon algún ejemplo.
- Ahora, en vez de pensar en una sola persona, piensa en todas. ¿Qué crees que puede aportar la lectura para mejorar la sociedad?
- Escucha el vídeo con atención. ¿Qué clase de palabras predominan? ¿Para qué sirven esas palabras?

POR DÓNDE VAMOS

SINTAGMAS

- Sintagma nominal
- Sintagma adjetival
- Sintagma preposicional
- **Sintagma verbal**
- **Sintagma adverbial**

¡VAMOS A APRENDER!

1. Pedir ayuda a los compañeros antes que al profesor.
2. Identificar el núcleo del sintagma verbal y conocer sus características.
3. Identificar el núcleo del sintagma adverbial y conocer sus características.
4. Analizar sintácticamente diferentes sintagmas.

NUESTRO RETO

Inventa y conjuga

Crea ese verbo que te falta para explicar mejor lo que haces o lo que te pasa. ¡Aunque no esté en el diccionario, funcionará como cualquier otro!

¡Vamos allá!

1 El sintagma verbal

El protagonista de la función

1 **Observa esta escena de una representación teatral y responde a las preguntas.**

a. ¿Cuántos personajes hay en esta escena? ¿Crees que se podría prescindir de alguno de ellos? ¿Por qué?

b. Al igual que en el teatro hay protagonistas y secundarios, ¿cuáles dirías que son los elementos necesarios en una oración?

c. Fíjate en el texto que pronuncia el actor: ¿se refiere a un tiempo pasado, presente o futuro? ¿Qué palabras tendrías que cambiar para referirte a otro tiempo?

Las palabras *vienen*, *es* o *cese* son **verbos**. El verbo es el **núcleo** del **sintagma verbal** (**SV**) y se caracteriza por admitir morfemas de persona, número, tiempo, aspecto y modo:

- La **persona** puede ser primera, segunda o tercera. El **número** puede ser singular o plural.
- El **tiempo** puede ser pasado, presente o futuro.
- El **aspecto** puede ser perfectivo (si la acción está terminada) o imperfectivo (si no lo está).
- El **modo** puede ser indicativo (expresa declaraciones: *Pienso, luego existo*), subjuntivo (expresa posibilidades o deseos: *Ojalá existieran los unicornios*) o imperativo (transmite órdenes: *¡Piensa en ello!*).

Cuando los verbos no tienen flexión decimos que son **formas no personales**. Las formas no personales son el infinitivo (*cantar*), el gerundio (*bailando*) y el participio (*vivido*).

2 **Lee el texto y clasifica los verbos destacados en formas personales o no personales.**

dramatico.mcu.es

Un príncipe Hamlet de la butaca al escenario

El peruano teatro La Plaza es un proyecto de creación e investigación teatral impulsado por Chela de Ferrari que desde su fundación en 2003 propone un teatro en diálogo con la realidad social y con su comunidad. De entre la diversidad de proyectos y temas que tratan, la creadora peruana cuenta que llevaba años deseando representar un Hamlet, pero no terminaba de encontrar al actor protagonista. Hasta que, de forma providencial, apareció Jaime Cruz, uno de los ocho actores que encarna al príncipe de Dinamarca en este montaje. Jaime había trabajado durante más de tres años como acomodador del propio teatro La Plaza y le confesó que soñaba con subir al escenario como actor.

3 **Lee esta conversación y contesta a las preguntas.**

¿Qué sabías ya sobre las formas verbales?

a. ¿Cuáles son el número y la persona de las formas personales de la conversación anterior?
b. Indica verbos que aparezcan en presente, en pasado y en futuro de indicativo.
c. Busca un verbo que esté en imperativo y otro que esté en subjuntivo. ¿Por qué crees que se han utilizado esos modos?

4 **Clasifica estos verbos en la tabla según su conjugación y escribe la primera persona del singular del presente de indicativo de cada uno.**

cantar	tener	querer	reír	batir	jugar
aplaudir	educar	coser	aprender	sentir	pensar

1.ª conjugación	2.ª conjugación	3.ª conjugación
amar: amo	temer: temo	partir: parto
•••	•••	•••

Recuerda que los verbos se pueden clasificar según su conjugación: primera (infinitivo terminado en *-ar*), segunda (en *-er*) y tercera (en *-ir*).

- Fíjate cómo cambia el infinitivo cuando lo flexionamos en primera persona del singular del presente de indicativo y compáralo con el resto de los verbos que has escrito debajo. ¿Qué verbos cambian igual que el modelo? ¿Cuáles son diferentes?

Los verbos que se conjugan igual que los modelos de su conjugación (*amar*, *temer* y *partir*) son verbos **regulares** y los que muestran algún cambio en la raíz o las desinencias son **irregulares**.

5 **Explica si las siguientes formas verbales son regulares o irregulares. Puedes consultar el anexo de conjugación verbal para ver los modelos.**

tuvisteis | habla | vivió | conduje | sorbas

6 **Identifica el verbo en cada una de estas oraciones. ¿Cuál es su infinitivo? ¿En qué se diferencian las dos formas verbales?**

María vio la película. | María ha visto la película.

- Pon ejemplos de otras formas verbales que sean como las de estas dos oraciones.

Dependiendo de su forma, los tiempos verbales se clasifican en:

- **Simples**, cuando constituyen una sola palabra: *caminaba*.
- **Compuestos**, cuando están formados por el verbo *haber* y el participio del verbo en cuestión: *había caminado*.

7 **En las siguientes oraciones, sustituye la forma simple del verbo por una compuesta. Después, explica cómo ha afectado al significado de la oración el cambio en la forma verbal.**

a. Julia vive lejos de la biblioteca.

b. Sus amigas compraban esa colección de libros.

c. Pablo saldrá a las seis de su clase de baile.

d. Todos irían al espectáculo de magia.

8 **Forma otras oraciones que empiecen con las palabras indicadas y di qué tiempo verbal has usado en la nueva oración. Fíjate en el ejemplo. Puedes consultar el anexo de conjugación verbal para recordar los tiempos verbales.**

Ejemplo: *Juan sabe francés.* ⟶ *Ojalá Juan supiera francés* (pretérito imperfecto de subjuntivo).

a. Pedro cantará en el coro. ⟶ Ayer ●●●.

b. Alberto sonríe siempre. ⟶ Espero que ●●●.

c. Lorena ha venido a mi casa. ⟶ Ojalá ●●●.

d. Elisa me ha visto. ⟶ Me dijeron que ●●●.

9 **Intenta decir estas oraciones en primera persona. ¿Tienen sentido? ¿Por qué crees que sucede eso?**

a. Ayer llovió a mares.

b. En esa mesa había tres personas.

c. En Navidad ocurrió algo muy extraño.

¿Qué ha despertado hoy tu curiosidad?

Algunos verbos no pueden conjugarse en todos los tiempos y personas. Esta clase de verbos se llaman **verbos defectivos**. Por ejemplo, *haber*, *ocurrir*, *suceder* y los verbos que aluden a fenómenos atmosféricos (*llover*, *nevar*, *anochecer*, *atardecer*, etc.) son verbos defectivos.

10 **Lee este texto y fíjate en los verbos. ¿Cuáles son defectivos?**

—Hay niebla —nos dijo el jefe, que se había subido a una de las columnas de piedra que coronaban el abrigo de la cueva—. Debemos decidir entre todos si merece la pena salir hoy o no a cazar.

—La niebla se aclarará —dijo otra cazadora, Garrubia, que era la mejor de todas para mirar a distancia, porque los ojos no le veían bien de cerca y sí más lejos que nadie—. No huele a lluvia, eso es que no lloverá.

H. M. ZUBIETA: *Rayo, la de los mil nombres*, SM

- Indica la persona, el número, el tiempo, el aspecto y el modo de las formas verbales defectivas que aparecen en el texto.

11 **Explica lo que ocurre en estas imágenes e incluye alguna oración con verbos defectivos. ¿Qué tiempos y qué personas has empleado?**

a

b

Vamos sumando

12 **Compara estas dos oraciones. ¿Qué diferencia hay entre las formas verbales que emplean? ¿Y en su significado?**

¿Vas a participar en el concurso de fotografía?

¿Participarás en el concurso de fotografía?

Algunas veces, las formas verbales están compuestas por dos verbos que funcionan como uno solo: uno de ellos aporta información de número, persona, tiempo, aspecto y modo y el otro aparece en una forma no personal. Llamamos a estos verbos **perífrasis verbales**.

vas a participar

Verbo auxiliar en forma personal: aporta información de número, persona, tiempo, aspecto y modo, además de otros significados como posibilidad, obligación, frecuencia, intención, etc.

Conector: une los dos verbos. En algunas perífrasis no hay.

Verbo auxiliado en forma no personal: aporta el significado léxico.

13 **Lee los siguientes sintagmas verbales e indica cuáles son perífrasis verbales y cuáles son formas compuestas. ¿Cómo las has diferenciado?**

a. vamos a pensar
b. habíamos olvidado
c. tienes que ir
d. podemos llegar
e. hubierais dicho
f. debes escuchar
g. están actuando
h. he sorprendido

14 **CONTRASTAMOS JUNTOS qué perífrasis verbales se emplean en este fragmento de una película. ¿Se podría decir lo mismo con otras palabras?**

La sociedad literaria y el pastel de piel de patata

15 **Escribe un texto breve en el que recomiendes a un amigo la lectura de un libro que te guste. Emplea al menos tres de estas perífrasis verbales.**

ir a + infinitivo | *estar* + gerundio | *poder* + infinitivo | *tener que* + infinitivo

16 **Sustituye la forma simple de las siguientes oraciones por una perífrasis. No debes utilizar la misma perífrasis más de una vez.**

Ejemplo: *Los niños sonreían a su maestra.* → *Los niños seguían sonriendo a su maestra.*

a. Mañana iré al cine.
b. Los jueves voy a la academia de inglés.
c. Llueve mucho.

Alrededor del verbo

17 **Fíjate en este sintagma verbal. ¿Cuál es su núcleo? ¿Qué otros sintagmas lo acompañan?**

envió un mensaje a sus amigos

Como has visto, el **núcleo** del **sintagma verbal** (**SV**) es un verbo en forma simple (*envió*), forma compuesta (*ha enviado*) o perífrasis verbal (*debió enviar*). El núcleo puede aparecer solo o acompañado de otros sintagmas que son **complementos** del sintagma verbal.

fuimos | a una exposición

Núcleo (**N**): verbo | **Complemento**: SPrep

18 **ENTRENAMOS JUNTOS el análisis del sintagma verbal. Señalad cuál es el núcleo de cada sintagma verbal e indicad qué clase de sintagmas funcionan como complementos. Podéis hacer las primeras oraciones por equipos y el resto de forma individual.**

a. ¿Participarás en el concurso de pintura rápida?
b. Sigo buscando entradas para ese musical.
c. Han colocado un puesto de información en el centro de la ciudad.
d. Pareces más joven en las fotos.

Recuerda que los sintagmas pueden sustituirse por otro elemento y pueden moverse dentro de un sintagma mayor

2 El sintagma adverbial

Cómo, cuándo y dónde

19 **Busca en esta conversación las palabras que aportan información sobre cuándo, cómo o dónde ocurre lo que se dice.**

Ayer, *aquí* y *fácilmente* son **adverbios**, una clase de palabras invariables que expresan distintos significados, como tiempo, lugar, manera o grado, entre otros. Los adverbios son el núcleo del **sintagma adverbial** (**SAdv**). Pueden aparecer modificados por otros adverbios que los preceden y también pueden llevar complementos, que van detrás.

Modificador (**Mod**): adverbio → bastante | antes | del amanecer ← **Complemento del adverbio** (**CAdv**): sintagma preposicional

Núcleo (**N**): adverbio

20 Fíjate en estas palabras. ¿Cuáles podrían ser núcleos de un sintagma adverbial? Si lo necesitas puedes consultar el diccionario.

a. despacio
b. simpáticas
c. entre
d. porque
e. ahora
f. reflexiona
g. idea
h. tranquilamente
i. lejos

21 Explica el significado de las palabras destacadas en estas oraciones. ¿Crees que mantienen el sentido si se separan o se modifican?

a. Pedro estudia de vez en cuando.
b. Hemos tenido que iniciar la expedición a ciegas.
c. Tu familia llegará de un momento a otro.
d. Tuvieron que darle la medicina a la fuerza.

Las **locuciones adverbiales** son conjuntos de palabras que se comportan de manera unitaria (como una sola palabra) y que equivalen a adverbios. Por tanto, también pueden ser el núcleo de un sintagma adverbial. Las locuciones adverbiales forman un conjunto que no puede ser modificado: por ejemplo, la locución *a gusto* no podemos convertirla en algo como **a buen gusto*.

22 Inventa un diálogo en el que utilices al menos cuatro de estas locuciones adverbiales.

de día — a duras penas — al instante — por fortuna — de un brinco
a secas — de todo corazón — por completo — a la ligera — en secreto

23 Observa los pasos para analizar un sintagma adverbial.

CÓMO ANALIZAR UN SINTAGMA ADVERBIAL

Vamos a analizar el sintagma adverbial *muy cerca de nosotros*. Fíjate en los pasos para realizar este análisis:

Paso 1

Localiza el núcleo del sintagma. Para que sea un sintagma adverbial, debe tratarse de un adverbio o una locución adverbial. Recuerda que el núcleo del sintagma es la palabra que aporta el tipo semántico del conjunto. Si el núcleo indica lugar, el conjunto indicará lugar. En *muy cerca de nosotros*, el núcleo es *cerca* porque es el elemento que indica lugar, como el conjunto.

muy	*cerca*	*de nosotros*
?	Adv/N	?

Paso 2

Identifica si el sintagma va encabezado por un modificador. No siempre hay modificador, pero si lo hay, será un adverbio y estará antes del núcleo.

muy	*cerca*	*de nosotros*
Adv/Mod	Adv/N	?

Paso 3

Señala si el núcleo va acompañado de un complemento. No siempre hay complemento del adverbio, pero si lo hay, será un sintagma preposicional y estará después del núcleo.

muy	*cerca*	*de nosotros*
Adv/Mod	Adv/N	SPrep/CAdv

- Ahora localiza los sintagmas adverbiales en estas oraciones y analízalos.

a. Nos sentamos bastante lejos del escenario.
b. Has hecho el examen realmente bien.
c. Ayer el ordenador funcionaba muy despacio.
d. Respondió brevemente a todas las preguntas.

24 **Lee el siguiente correo electrónico y señala los adverbios que aparecen.**

De: María Gómez
Asunto: Visita al museo

Estimados estudiantes:

Recordad que mañana iremos al Museo Regional. El autobús sale a las 9:00, ¡no lleguéis tarde!

Quiero aprovechar para agradeceros efusivamente el haber trabajado tan bien en mi clase. Es un auténtico lujo contar con un grupo tan implicado como este.

Un saludo,

María

- Como ya has visto, los adverbios pueden ser modificadores de un adjetivo o de otro adverbio, y también pueden ser complementos del verbo en los sintagmas verbales. Explica cuál es el caso de cada adverbio del texto anterior.

NUESTRO RETO — Inventa y conjuga

Creamos un verbo nuevo

Una vez que conoces las reglas básicas de una lengua, puedes usarla de mil maneras. Incluso puedes inventar palabras nuevas que funcionen como cualquier otra. Pero ¿las entenderán los demás? ¡Estás a punto de comprobarlo!

Paso 1 Antes de comenzar, repasad todo lo que habéis aprendido sobre los verbos: cuáles son sus conjugaciones, cómo expresan la persona, el número, el tiempo, el modo y el aspecto, cómo saber si son regulares o irregulares, etc.

Paso 2 Inventa un verbo, asígnale un significado y conjúgalo en todas las formas verbales como si fuera un verbo regular.

Si lo necesitas puedes consultar el anexo de conjugación verbal para recordar las formas de los distintos tiempos.

Después, añade otros sintagmas al sintagma verbal para construir oraciones en las que emplees el verbo que has inventado. Fíjate en el ejemplo de la derecha.

Librotear: hablar de libros que se han leído para compartir la experiencia de la lectura.

Yo libroteo, tú libroteas, él librotea, nosotras libroteamos, etc.

En nuestra biblioteca hay un club de lectura en el que libroteamos todos los martes.

Paso 3 Por turnos, leed vuestras oraciones al resto de los compañeros de clase. ¿Sois capaces de descifrar el significado de los verbos inventados?

Para terminar, reflexionad y comentad juntos: ¿por qué habéis podido conjugar verbos nuevos que no habíais escuchado nunca?

¿Cómo te ha ido el reto? Entra y haz tu valoración

EN RESUMEN

El sintagma verbal

El **núcleo** del sintagma verbal (**SV**) es un **verbo** en forma simple (*envió*), forma compuesta (*ha enviado*) o perífrasis verbal (*debió enviar*). El núcleo puede aparecer solo o acompañado de otros sintagmas que son **complementos del verbo** en el sintagma verbal.

Los verbos son una clase de palabras que se caracterizan por admitir morfemas de persona, número, tiempo, aspecto y modo.

- La **persona** puede ser primera (*como, comemos*), segunda (*comes, coméis*) o tercera (*come, comen*). El **número** puede ser singular (*como, comes, come*) o plural (*comemos, coméis, comen*).
- El **tiempo** puede ser pasado (*silbé*), presente (*silbo*) o futuro (*silbaré*).
- El **aspecto** puede ser perfectivo (si la acción está terminada) o imperfectivo (si no lo está). *Mientras hablábamos* (imperfectivo), *se me cayó* (perfectivo) *el teléfono*.
- El **modo** puede ser indicativo, si presenta la situación de manera objetiva o real (*Leen mucho*), subjuntivo, si expresa posibilidades o deseos (*Tal vez lean mucho*) o imperativo, si transmite órdenes (*¡Leed mucho!*).

Cuando los verbos no tienen flexión de persona, número, tiempo, aspecto y modo, decimos que son **formas no personales**. Las formas no personales son el infinitivo (*cantar*), el gerundio (*bailando*) y el participio (*vivido*).

Los verbos que se conjugan igual que los modelos de su conjugación (*amar, temer* y *partir*) son verbos **regulares**. Los verbos que muestran algún cambio en la raíz o las desinencias son verbos **irregulares**.

Además, dependiendo de su **forma**, los tiempos verbales se clasifican en:

- **Simples**, cuando constituyen una sola palabra: *caminaba*.
- **Compuestos**, cuando están formados por el verbo *haber* y el participio del verbo en cuestión: *había caminado*.

Los **verbos defectivos** son aquellos que no pueden conjugarse en todos los tiempos y personas. Por ejemplo, *haber, ocurrir, suceder* y los verbos que aluden a fenómenos atmosféricos (*llover, nevar, granizar, anochecer, atardecer*, etc.).

Las **perífrasis verbales** están formadas por dos verbos que funcionan como uno solo: *debes venir*. El primer verbo de la perífrasis (*debes venir*) aporta información de persona, número, tiempo, aspecto y modo, mientras que el segundo verbo de la perífrasis aparece en una forma no personal (*debes venir*). En algunos casos puede haber una preposición o una conjunción que funcionan como conector entre los dos verbos: *tienes que venir*.

El sintagma adverbial

Los **adverbios** son una clase de palabras invariables que expresan distintos significados, como tiempo, lugar, manera o grado, entre otros. Los adverbios son el núcleo del **sintagma adverbial** (**SAdv**). Pueden aparecer modificados por otros adverbios que los preceden (*muy cerca*) y también pueden llevar complementos, que van detrás (*antes de mañana*).

Las **locuciones adverbiales** son conjuntos de palabras que equivalen a adverbios. Estos grupos de palabras forman un conjunto: por ejemplo, la locución *a gusto* no podemos convertirla en algo como **a buen gusto*.

Algunos ejemplos de locuciones adverbiales son *al instante, por completo, de vez en cuando* o *a duras penas*.

PRACTICAMOS

1 **Observa esta imagen y cuenta lo que ves. ¿Qué verbos has empleado?**

2 **Indica cuál es el infinitivo de las siguientes formas verbales. ¿A qué conjugación pertenecen? ¿Cuáles son verbos irregulares?**

traje	compramos	dedujiste	anduvieron
sueltes	huelen	vendían	debatiste

3 **Lee el siguiente texto y localiza los verbos que aparecen. ¿En qué persona, número, tiempo y modo están?**

> Levanté y sopesé, no por mucho rato, aquel paquete resistente y flexible. Saqué diez hojas y guardé el resto en la mesilla de noche; encontré la estilográfica en el cajón, junto al álbum de fotos: está llena, tinta no me faltará, ¿por dónde empiezo?
>
> GÜNTER GRASS: *El tambor de hojalata*, Alfaguara

- Cambia alguno de los verbos del texto por estas perífrasis verbales. ¿Cómo altera el significado?

  empezar a + infinitivo   *ir a* + infinitivo   *tener que* + infinitivo

4 **Identifica si los siguientes sintagmas son verbales o adverbiales.**

saldremos · después · hubiera preferido · lentamente · gustaba · a lo mejor

- Escribe un texto breve en el que emplees todos los sintagmas anteriores.

5 **Elimina los sintagmas adverbiales de las siguientes oraciones. ¿Tienen sentido las oraciones sin ellos? ¿Qué información se ha perdido al quitarlos?**

a. Llamó rápidamente a su madre.
b. La casa está bastante lejos del centro de la ciudad.
c. Me has entendido perfectamente.
d. Estudia muy poco en la biblioteca.

6 Piensa en el significado de los siguientes adverbios y locuciones adverbiales. Después, clasifícalos en la tabla.

ayer · a voces · al lado · con mucho gusto · lejos · por todo lo alto · nunca · de noche · en el quinto pino · temprano

Tiempo	Lugar	Modo
●●●	●●●	●●●

7 Lee con detenimiento las siguientes oraciones y sustituye las palabras marcadas por otro adverbio o locución adverbial que signifique lo mismo.

a. El médico lo llamará enseguida.
b. Por suerte, la rueda del coche no se ha pinchado.
c. Se levantaron de un brinco.
d. Las tortugas terrestres se mueven muy despacio.
e. El examen me ha salido estupendamente.
f. Acto seguido cogió su abrigo y se marchó.

8 Lee el siguiente texto y contesta a las preguntas que se plantean a continuación.

> Al principio no había pensado en serio que estuviera obligada a dar una respuesta, pero la carta era tan explícita que no había modo de sortearla. Mientras tanto, en la tormenta de las dudas, se sorprendió pensando en Florentino Ariza con más frecuencia y más interés de los que quería permitirse, y hasta se preguntaba atribulada por qué no estaba en el parquecito a la hora de siempre, sin recordar que era ella quien le había pedido no volver mientras pensaba la respuesta.
>
> GABRIEL GARCÍA MÁRQUEZ: *El amor en los tiempos del cólera*, Debolsillo

a. Clasifica todas las formas verbales que encuentres en personales y no personales.
b. ¿Qué persona y número predominan en las formas personales? ¿Qué tiempo, aspecto y modo aparecen con más frecuencia?
c. Rescribe el texto para que sea una narración en primera persona en presente de indicativo. ¿Tiene sentido? ¿Puedes cambiarlo a otra persona u otro tiempo sin que el resultado sea extraño?

9 Señala el núcleo de cada sintagma verbal y sus complementos en las siguientes oraciones. Fíjate en el ejemplo.

Ejemplo: *¿Vendrás* (V/N) *al cumpleaños de Javier?* (SPrep/Complemento)

a. Estoy esperando la carta del banco.
b. Han traído galletas para los alumnos.
c. Quedamos delante de la biblioteca.

- ¿Alguno de los núcleos es una perífrasis verbal? ¿Alguno de los complementos es un sintagma adverbial? Indícalo.

Mis competencias · Autoevaluación

3.4 Aciertos y errores

¡EMPEZAMOS!

Las expediciones espaciales son muy complejas y no siempre dan los resultados que se esperan. Pero, si se aprende del fallo de una misión, se puede empezar a construir el éxito de la siguiente.

El País

- Después de ver el vídeo, observa las fotos de la derecha. ¿Cuáles de esas misiones se mencionan en el vídeo? ¿Cuál es la más conocida? ¿A qué crees que se debe?
- ¿Crees que esa misión tan famosa hubiera sido igual sin las anteriores? ¿Por qué?
- Por parejas, comentad un error del que hayáis aprendido algo y un éxito del que os sintáis orgullosos.
- Si tuvieras que felicitar a alguien por un éxito, ¿cómo lo dirías con una sola palabra? ¿Y con una oración?

Apolo 8, el primer vuelo tripulado que orbitó la Luna

Apolo 11, el primer paseo humano por la Luna

Apolo 17, el último alunizaje de un astronauta

¡VAMOS A APRENDER!

1. Ayudar dando pistas.
2. Diferenciar enunciados de oraciones.
3. Identificar el sujeto y el predicado de una oración.
4. Distinguir las oraciones copulativas de las predicativas.
5. Reconocer el atributo y el complemento predicativo.
6. Comprobar el avance del pensamiento sobre las oraciones.

NUESTRO RETO

Aprender de la Historia

Viaja en el tiempo y evita el hundimiento del barco más famoso de su época. ¿Cómo? Un informe bien escrito revelará los fallos que hay que resolver antes de zarpar.

1 El enunciado y la oración

¡A toda máquina!

1 **Observa esta escena y contesta a las preguntas.**

a. ¿En qué intervenciones hay un sintagma verbal? ¿En cuáles no hay verbo?

b. Rescribe las intervenciones sin verbo para que tengan uno. ¿Cambia el significado del mensaje que se comunica?

¡Cuidado! o *Nos has salvado* son **enunciados**. Estas palabras o secuencias de palabras tienen sentido completo en el discurso, cuentan con una entonación independiente y están delimitadas por pausas. El enunciado es la unidad mínima del discurso con capacidad comunicativa.

2 **CONTRASTAMOS JUNTOS si las siguientes palabras pueden funcionar como enunciados en un discurso.**

barco | ¡Vamos! | ¡Adiós! | desde | ¡Oh!

Algunos enunciados están formados por una clase de palabras invariables, como *¡Oh!* o *¡Adiós!* Estas palabras son **interjecciones** y se suelen emplear para expresar sentimientos, dar indicaciones, saludar o despedirse.

3 **Escribe un diálogo en el que incluyas estas interjecciones.**

¡Uf! | ¡Bravo! | ¡Ay! | ¡Vaya! | ¡Hola!

Cuestión de concordancia

4 **Une los siguientes grupos de palabras para formar grupos mayores con sentido.**

Alonso	he llegado tarde
Yo	son mis abuelas
Pilar y Teresa	reconocisteis el error
Tú y yo	pidió disculpas
Vosotras	haremos la comida
Tú	tenías razón

Algunos enunciados, como *Alonso pidió disculpas*, son **oraciones**. Las oraciones están formadas por un sintagma nominal que es el sujeto (*Alonso pidió disculpas*) y un sintagma verbal que es el predicado (*Alonso* ***pidió disculpas***).

5 **Indica cuáles de los siguientes grupos de palabras son oraciones.**

a. Bastante preocupado.
b. Los niños conducían la bici por la ciudad.
c. El hermano del primo de Andrea.
d. Ellos no saben todo eso.
e. Rocío nadaba.
f. Rápidamente.

6 **Localiza los verbos en las siguientes oraciones y cambia su número de singular a plural, o viceversa. ¿Qué sintagma nominal tienes que modificar también para mantener la concordancia? Fíjate en el ejemplo.**

Ejemplo: *Mi hermana estudia chino.* → *Mis hermanas estudian chino.*

Si se cambia el número del verbo *estudia*, hay que cambiar el número del sintagma nominal *Mi hermana* para mantener la concordancia.

a. Él ha aprendido rápido.
b. Algunos niños no han hecho los deberes.
c. Su amiga celebró una fiesta.
d. ¿Vosotras vendréis a la excursión?

El **sujeto** concuerda en número y persona con el verbo de la oración. Esta función la desempeña un sintagma nominal que está formado por un pronombre o un nombre, con o sin modificadores y complementos: ***Ella*** *estudia chino*; ***Elisa*** *estudia chino*; ***Mi hermana mayor*** *estudia chino*.

7 **Escribe oraciones con los siguientes sujetos.**

a. Algunos compañeros
b. Nosotras
c. Él y yo
d. Todos
e. Tú

¿Hay alguna otra respuesta o solución?

8 **Observa las imágenes y escribe una oración sobre cada una.**

a

b

c

- ¿Cuál es el sujeto de las oraciones que has escrito? ¿En qué número y persona concuerda con el verbo?

9 **Identifica los sujetos de estas oraciones y sustitúyelos por pronombres personales.**

a. María y yo no nos hemos visto desde el año pasado.

b. Aquellos muchachos se acercaban demasiado.

c. Pablo no lo ha hecho.

d. Estas chicas son mis vecinas.

e. ¿Al final vais a venir Iván y tú?

Un sujeto muy discreto

10 **Compara estas dos oraciones. ¿Qué diferencia hay entre ellas? ¿Cuál piensas que es el sujeto de cada una?**

¿Tú escribiste un mensaje a Leo?	¿Escribiste un mensaje a Leo?

Hay oraciones en las que el sujeto no aparece explícito, pero se puede interpretar a partir de las desinencias verbales. Este sujeto es un **sujeto tácito**. Por ejemplo, en una oración como *Escribiste un mensaje* sabemos que el sujeto tácito es la segunda persona del singular, porque el número y la persona del verbo *escribiste* nos lo indican.

11 **Localiza el sujeto en las siguientes oraciones. Indica el número y la persona en los sujetos que sean tácitos.**

a. Han venido tus amigas.

b. ¿Nunca has estado allí?

c. Siempre dice la verdad.

d. Me gustan todas las frutas.

12 **El sujeto tácito nos permite evitar repeticiones innecesarias. Observa en este texto el efecto que produce la repetición del sujeto y rescríbelo recurriendo al sujeto tácito.**

> Elena terminó su trabajo de Historia bastante rápido. Pero, después, Elena lo leyó con atención y Elena vio algunos errores, que Elena corrigió. Elena le pasó el trabajo a una compañera. Elena le pidió que le diera su opinión. La compañera de Elena marcó algunos puntos que se podían mejorar. Elena se lo agradeció, Elena revisó su trabajo por última vez y Elena lo entregó.

- ¿Qué pasaría si elimináramos en todas las oraciones del texto el sujeto explícito? ¿Qué información perderíamos?

El verbo manda

13 **Tacha el sujeto de esta oración. El grupo de palabras que queda ¿qué tipo de sintagma es? ¿Cuál es su núcleo? ¿Por qué sabes que es el núcleo?**

El informe detectó errores en la construcción del barco

El **predicado** de una oración es un **sintagma verbal** que expresa una acción, un proceso, un estado o una propiedad que se atribuye al sujeto. El **núcleo** del predicado es siempre un **verbo**.

El barco chocó con un iceberg. — El sintagma verbal *chocó con un iceberg* funciona como predicado en esta oración.

Su núcleo es la forma verbal *chocó*.

14 **Ordena las palabras para formar oraciones. ¿Hay más de una opción correcta?**

a. en / llegaré / tren/ mañana / el
b. es / asignatura / esa / favorita / mi
c. me / el / Alba / con / ayuda / trabajo
d. la / vecinos / todos / acudieron / los / reunión / a

¿En qué tareas sientes que te implicas más?

15 **Escribe oraciones donde el núcleo del predicado sea una forma personal de estos verbos.**

decidir | mejorar | aprender | analizar | entender

16 **Señala el predicado de las siguientes oraciones. ¿Cuál es su núcleo?**

a. Juan lo hace mal algunas veces.
b. Los lunes tengo más sueño.
c. Tú y yo tenemos puntos de vista diferentes.
d. Me encanta el chocolate negro.

17 **Observa los pasos para analizar la estructura de una oración.**

CÓMO ANALIZAR LA ESTRUCTURA DE UNA ORACIÓN

Vamos a analizar la estructura de la oración *El equipo ha corregido su trabajo*. Fíjate en estos pasos:

Paso 1

Busca el verbo de la oración. Recuerda que puede ser una forma simple, una forma compuesta o una perífrasis verbal. Este verbo es el núcleo del predicado.

El equipo ha corregido su trabajo.
(ha corregido: V/N)

Paso 2

Ahora localiza el sujeto. Para ello, cambia el número del verbo. ¿Qué otras palabras tienes que cambiar para mantener la concordancia? Esas palabras son el sintagma nominal que funciona como sujeto. El resto formará parte del sintagma verbal que funciona como predicado.

El equipo ha corregido su trabajo. → *Los equipos han corregido su trabajo.*

El equipo ha corregido su trabajo.
(ha corregido: V/N; El equipo: SN/Suj; ha corregido su trabajo: SV/Pred)

Recuerda que, si el sujeto de la oración es tácito, no aparecerá explícito, pero podrás deducirlo a partir de la información del verbo y del contexto, si lo hay.

Paso 3

Señala el núcleo del sujeto. Recuerda que, al ser un sintagma nominal, puede ser un nombre o un pronombre.

El equipo ha corregido su trabajo.
(equipo: Nom/N; ha corregido: V/N; El equipo: SN/Suj; ha corregido su trabajo: SV/Pred)

Paso 4

Indica si el núcleo del sujeto va precedido de un modificador (determinante) o acompañado de un complemento del nombre (sintagma adjetival, preposicional o nominal).

El equipo ha corregido su trabajo.
(El: Det/Mod; equipo: Nom/N; ha corregido: V/N; El equipo: SN/Suj; ha corregido su trabajo: SV/Pred)

- Ahora analiza la estructura de estas oraciones siguiendo el modelo anterior.

a. Cada día aprendemos de nuestros fallos.
b. El primer ensayo clínico dio error.
c. La prueba fue un gran éxito.

2 Oraciones copulativas y predicativas

De pleno

18 **Observa la escena y responde a las preguntas.**

a. Escribe una oración con sujeto y predicado para explicar qué hace la chica. ¿Qué palabra de la oración expresa una acción?

b. En la oración *La bicicleta está rota*, ¿cuál es el sujeto? ¿Qué palabra del predicado aporta la información principal sobre el sujeto?

Atendiendo al núcleo de su predicado, las oraciones pueden clasificarse en:

- **Oraciones copulativas**, cuando el núcleo del predicado es una forma verbal de *ser*, *estar* o *parecer*. Estos verbos copulativos no tienen contenido léxico, solo aportan información gramatical, como el número, la persona o el tiempo, y conectan el sujeto con otros grupos de palabras que expresan una propiedad sobre él.
- **Oraciones predicativas**, cuando el núcleo del predicado es un verbo con contenido léxico pleno que expresa acciones o procesos (*correr*, *beber*, *salir*, *gustar*...).

19 **Indica si estas oraciones son copulativas o predicativas.**

a. He anotado mis comentarios en el margen.

b. El informe de seguridad está incompleto.

c. Hicimos un curso de prevención de riesgos.

d. Ayer fue un buen día.

20 **CREAMOS JUNTOS una descripción de esta imagen. ¿Qué tipo de oraciones habéis usado principalmente, copulativas o predicativas? ¿Por qué creéis que es así?**

Lo es, lo está y lo parece

21 **Identifica el predicado de estas oraciones copulativas y fíjate en las palabras del predicado que no son el verbo. ¿Qué ocurre si las eliminas? ¿Tendrían sentido las oraciones?**

Tus padres son muy simpáticos. | Lucía estaba encantada.

En la oración *Tus padres son muy simpáticos*, el sintagma adjetival *muy simpáticos* funciona como **atributo** (**Atrib**). Los atributos complementan a los verbos copulativos y aportan la información léxica fundamental del predicado.

El atributo puede estar formado por un sintagma nominal (*Ellos son **mis padres***), un sintagma adjetival (*Ellos son **muy simpáticos***), un sintagma preposicional (*Ellos están **en pijama***) o un sintagma adverbial (*Ellos son **así***).

22 **Escribe oraciones copulativas combinando los siguientes sujetos y atributos.**

Ejemplo: *las estanterías; sólidas* → *Las estanterías parecen sólidas.*

algunos de tus amigos	Pedro	alguien	vosotras
bastante cansados	con su familia	muy bien	contentas

23 **Una forma de identificar el atributo en las oraciones copulativas es sustituirlo por *lo*. Observa cómo se hace en el ejemplo y, después, aplícalo en las siguientes oraciones.**

Ejemplo: *Las estanterías parecen sólidas.* → *Las estanterías lo parecen.*

a. Estas escaleras son bastante estrechas.
b. La clase estaba emocionada por el premio.
c. En tu familia todos sois muy altos.
d. Héctor y Javi parecen buenos compañeros.

Terminamos alegres

24 **Lee esta oración y contesta a las preguntas.**

Las jugadoras vuelven contentas del torneo.

a. ¿Cuál es el verbo de esta oración? ¿Es copulativo o predicativo?
b. ¿Cuál es el sujeto de la oración? Si cambias el número del sujeto, ¿qué ocurre con el sintagma adjetival *contentas*?

En *Las jugadoras vuelven contentas del torneo*, el sintagma adjetival *contentas* está dentro del sintagma verbal, pero no expresa la manera en que transcurre la acción del verbo predicativo *volver*, sino que atribuye un estado al sujeto de la oración, *Las jugadoras*. En esta oración, *contentas* realiza la función de **complemento predicativo** (**CPvo**).

El complemento predicativo puede estar desempeñado por un sintagma adjetival, un sintagma nominal o un sintagma preposicional.

El complemento predicativo solo puede acompañar a verbos predicativos, nunca a copulativos.

Ellos llegaron cansados.
(Ellos: Suj)

Considero a mi madre mi referente.
(a mi madre: CD)

El complemento predicativo puede ser un sintagma adjetival, un sintagma nominal o un sintagma preposicional.

25 **Observa los complementos predicativos destacados en estas oraciones e indica en cada caso si son sintagmas adjetivales, nominales o preposicionales.**

a. La proclamaron la ganadora.

b. Los estudiantes volvieron felices de la excursión.

c. No me gustan las botellas de plástico. Las prefiero de cristal.

26 **Analiza la estructura de las siguientes oraciones y señala si tienen atributo o complemento predicativo.**

a. Las vistas desde la colina son magníficas.

b. Los viajeros llegaron alegres.

c. Esta comida está muy buena.

27 **Aprendo a pensar. Reflexiona sobre lo que has aprendido acerca de las oraciones. ¿Qué sabías antes? ¿Qué nuevos conocimientos has adquirido?**

NUESTRO RETO Aprender de la Historia

Los fallos del *Titanic*

Estamos en 1912 y la compañía naviera White Star Line os ha contratado para elaborar un informe sobre su nuevo transatlántico, el RMS Titanic, antes de que haga su primer viaje. Sus dueños están muy orgullosos del barco, pero ¿es tan seguro como dicen? En vuestro informe tendréis que buscar los fallos y proponer medidas para solucionarlos.

Paso 1

Antes de comenzar, formad equipos e investigad en profundidad sobre el *Titanic*. La ventaja de ser viajeros temporales es que podéis aprender de la Historia, así que tomad buena nota de los datos disponibles para poder hacer el informe:

- ¿Qué carencias tenía la construcción del barco?
- ¿Qué medidas se podrían haber tomado para evitar el accidente?

Paso 2

Con los datos recopilados, escribid oraciones con un número máximo de ocho palabras en las que expliquéis los problemas que tiene el barco. Recordad que para formar oraciones necesitáis un sujeto (explícito o tácito) y un predicado.

Los trabajadores han tenido poco tiempo.

Los botes salvavidas son insuficientes.

Paso 3

Ahora reflexionad sobre las oraciones que habéis utilizado. Fijaos primero en los sujetos. ¿Alguna tiene sujeto tácito? ¿En qué casos lo habéis empleado? Si no lo habéis empleado, ¿por qué? En las oraciones que tienen sujeto explícito, ¿podríais eliminarlo sin que se perciera información importante?

Después, prestad atención a los predicados de vuestras oraciones. ¿Habéis escrito más oraciones predicativas o copulativas? ¿Por qué creéis que es así?

¿Cómo te ha ido el reto? Entra y haz tu valoración

EN RESUMEN

El enunciado y la oración

El **enunciado** es la unidad mínima del discurso con capacidad comunicativa. Son palabras o secuencias de palabras que tienen sentido completo en el discurso, cuentan con una entonación independiente y están delimitadas por pausas (*¡Adiós!; Nos vemos mañana*).

Algunos enunciados están formados por **interjecciones** (*¡Hola!; ¡Oh!*), una clase de palabras invariables que sirven para expresar sentimientos, saludar, despedirse, etc.

Otros enunciados son **oraciones** (*Ellas han visto la película*). Las oraciones están formadas por un sujeto (*Ellas*) y un predicado (*han visto la película*). No todas las oraciones son enunciados ni todos los enunciados son oraciones.

El **sujeto** de una oración es el sintagma nominal al que se atribuye lo expresado por el predicado. Concuerda en número y persona con el verbo de la oración.

El sujeto puede no aparecer explícito y recibe entonces el nombre de **sujeto tácito**. En este caso es recuperable a partir de las desinencias verbales. Por ejemplo, en una oración como *Han visto la película* sabemos que el sujeto está en tercera persona del plural.

El **predicado** de una oración es un sintagma verbal que expresa una acción, un proceso, un estado o una propiedad que se atribuye a la entidad que designa el sujeto. El núcleo del predicado es siempre un verbo: en el predicado *han visto la película*, la forma verbal *han visto* es su núcleo.

Oraciones copulativas y predicativas

Atendiendo al núcleo de su predicado, las oraciones pueden clasificarse en:

- **Oraciones predicativas**: el núcleo del predicado es un verbo con contenido léxico pleno que expresa acciones o procesos (*correr, beber, salir, gustar*...). El verbo puede aparecer acompañado de otros sintagmas dentro del predicado, que son los complementos.
- **Oraciones copulativas**: el núcleo del predicado es una forma verbal de *ser*, *estar* o *parecer*. Estos verbos copulativos no tienen contenido léxico, solo aportan información gramatical, como el número, la persona o el tiempo, y conectan el sujeto con otros grupos de palabras que expresan una propiedad o un estado sobre este.

El elemento que aporta la información léxica del predicado en las oraciones copulativas es el sintagma que aparece con el verbo y recibe el nombre de **atributo** (**Atrib**): *Ella es buena.*

El **complemento predicativo** (**CPvo**) es la función que realiza un sintagma nominal o preposicional, dentro del sintagma verbal, que atribuye una propiedad o estado al sujeto (*Él llegó contento*) o al complemento directo (*Considero a Juan un buen amigo*).

PRACTICAMOS

1. **Indica cuáles de estos grupos de palabras son oraciones.**
   a. La panadería de la tía de Elisa.
   b. Hemos venido aquí en coche.
   c. Bastante cerca.
   d. Me encantan los aparatos antiguos.
   e. Muy equivocado.

2. **Las siguientes oraciones tienen sujetos tácitos. Indica el número y la persona de cada uno de ellos.**
   a. Ayer comieron pronto.
   b. Compramos mucha verdura en el mercado.
   c. Está cansado de la ruta de senderismo.
   d. ¿Has estado en París en verano?

3. **Señala el predicado de las siguientes oraciones e indica cuál es su núcleo. Pide ayuda a tus compañeros si la necesitas.**
   a. Nosotras vivimos en el mismo barrio.
   b. Me encanta el nuevo color para esta colección.
   c. Javier no lee libros de terror.
   d. Buscan un destino diferente de vacaciones.

4. **Explica lo que ves en esta imagen con oraciones que tengan un sujeto con las características que se indican a continuación.**

   a. Un nombre propio.
   b. Un nombre común en plural.
   c. Un pronombre demostrativo de media distancia.
   d. Un sujeto tácito.

5. **Compara estas dos oraciones. ¿En cuál de ellas el sintagma adjetival *satisfechos* funciona como atributo y en cuál como complemento predicativo? Explica por qué.**

Los participantes salieron satisfechos del taller.

Estamos satisfechos con los resultados.

6 **Escribe todas las oraciones copulativas que puedas uniendo los distintos sujetos y atributos.**

ellas	Manuel	nadie	vosotros
estupefactos	entusiasmadas	enfadado	ilusionado

7 **Completa las oraciones con el sintagma indicado. ¿Qué función tiene ese sintagma?**

a. Aquellas botas son ●●● (sintagma preposicional).

b. Esta cama parece ●●● (sintagma adjetival).

c. No seas ●●● (sintagma nominal).

d. La biblioteca está ●●● (sintagma adverbial).

8 **Lee el siguiente texto y responde a las preguntas.**

> Así pues, vayamos de viaje: a los confines de la tierra y al otro lado de la calle, tan lejos como haga falta para distanciarnos de lo familiar y de la rutina. Sean buenos o malos, temibles o maravillosos, necesitamos lugares rebeldes que desafíen las expectativas. Si no podemos encontrarlos, los crearemos. [...]
>
> Nuestro destino es el territorio inexplorado, esos lugares que suelen figurar en muy pocos mapas y a veces en ninguno. Son lugares al mismo tiempo extraordinarios y reales. Este es un libro de islas flotantes, de ciudades muertas y de reinos escondidos. Empezaremos con territorio en estado bruto, explorando lugares perdidos que se han encontrado o desvelado por accidente, antes de dirigirnos a otros diseñados de forma más consciente. No será un recorrido fácil, dado que casi todos los lugares que encontraremos son paradójicos y difíciles de definir, pero sí que nos permitirá hallar un mundo abundante en sorpresas.
>
> ALASTAIR BONNETT: *Fuera del mapa*, Blackie Books

a. Copia los verbos copulativos que aparecen en el texto. Indica a qué tiempo corresponden, su número y su persona.

b. Fíjate en el ejemplo y, después, analiza la estructura de la siguiente oración del texto.

Ejemplo:

Nuestro	*destino*	*es*	*el*	*territorio*	*inexplorado.*
			Det/Mod	Nom/N	Adj/CN
Det/Mod	Nom/N	V/N	SN/Atrib		
SN/Suj		SV/Pred			

Este es un libro de islas flotantes.

c. Elige tres sintagmas nominales del texto y escribe con ellos tres oraciones nuevas en las que esos sintagmas funcionen como sujetos.

9 **Escribe oraciones con los siguientes requisitos.**

a. Un verbo predicativo que funcione como núcleo del predicado.

b. Un sintagma adjetival que funcione como complemento predicativo.

c. Un sintagma adjetival que funcione como atributo.

d. Un sintagma nominal que funcione como atributo.

Mis competencias | Autoevaluación

3.5 Entre dos mundos

¡EMPEZAMOS!

¿Has oído alguna vez la palabra CODA? Son las siglas en inglés que se emplean para denominar a los hijos oyentes de padres con sordera. Este colectivo vive entre dos mundos: nacen en un entorno donde predomina la cultura sorda y su lengua materna es la lengua de signos, pero pueden oír y aprenden a hablar, convirtiéndose muchas veces en los intérpretes que conectan a su familia con el mundo de los oyentes.

La familia Bélier

- ¿Por qué piensas que la protagonista de esta película dice "no he tenido la suerte de ser sorda"? ¿Crees que este sentimiento puede ser habitual entre los CODA?
- Los Bélier son ganaderos, producen queso y viven en el campo. ¿Cuáles piensas que pueden ser los motivos por los que no les gusta que su hija quiera irse a París a una academia de canto?
- Esta conversación entre madre e hija podría ocurrir en otros contextos. ¿Qué crees que es más habitual, que los padres quieran que sus hijos sean como ellos o que prefieran que lleven una vida distinta? ¿Por qué? Pon algún ejemplo.
- ¿Qué título le pondrías a esta escena de la película? El título que has pensado ¿es una oración? Explica por qué.

POR DÓNDE VAMOS

EL PREDICADO

- Verbos copulativos y predicativos
- El atributo
- El complemento predicativo
- **Los complementos del verbo**

¡VAMOS A APRENDER!

1. Llegar a acuerdos.
2. Diferenciar las oraciones transitivas e intransitivas.
3. Identificar la voz activa y la voz pasiva.
4. Reconocer y analizar los complementos del verbo.

NUESTRO RETO

Palabras acogedoras

¿Cómo podemos ponérselo un poco más fácil a las personas que viven entre dos mundos? Comprender su realidad es el primer paso: descubre más en este reto.

Los complementos del verbo

¿Obligatorios u opcionales?

1 **Encuentra los verbos que hay en este cartel.**

MEDIDAS PARA TENER UN CENTRO ACCESIBLE

1. Eliminamos las barreras físicas mediante puertas accesibles, rampas, ascensores, etc.
2. Señalizamos bien los espacios.
3. Combinamos información verbal y visual en las señales.
4. Tenemos horarios visibles y claros.
5. Avisamos con antelación de cualquier cambio.
6. Mantenemos los materiales bien ordenados.
7. Controlamos el nivel de ruido y de estímulos visuales.

Y, así, todos podemos participar en todas las actividades.

- Ahora, fíjate en las palabras destacadas. Si las eliminas, ¿en qué casos la oración seguiría teniendo sentido? ¿En cuáles parecería incompleta?

Como ya sabes, el predicado de las oraciones con verbo predicativo está compuesto por un núcleo al que acompañan otros sintagmas, que llamamos **complementos**. Algunos de estos complementos son obligatorios para que la oración pueda entenderse: son los **complementos argumentales**. Otros complementos son opcionales: son los **complementos adjuntos**.

Garantizamos la accesibilidad en nuestro centro.

la accesibilidad: complemento argumental — en nuestro centro: complemento adjunto

En este ejemplo vemos que el verbo *garantizar* exige un complemento: si decimos solo *Garantizamos* o *Garantizamos en nuestro centro*, la oración está incompleta, necesitamos saber qué es lo que se garantiza, que en este caso es la accesibilidad. Sin embargo, si eliminamos *en nuestro centro*, la oración sigue estando bien formada (*Garantizamos la accesibilidad*), aunque dé menos información sobre las circunstancias.

2 **Fíjate en los complementos destacados en cada oración e indica, en cada caso, si es un complemento argumental o adjunto.**

a. Lloverá toda la semana.
b. La puerta se cerró de golpe.
c. Hasan celebró su cumpleaños.
d. La entrenadora ha enviado un mensaje de ánimo.

3 **Localiza el verbo de estas oraciones e identifica el sujeto y el predicado. ¿Cuáles de los complementos que acompañan al verbo en el predicado son argumentales y cuáles son adjuntos?**

a. Alina llama a sus abuelas cada domingo.
b. El Ayuntamiento organiza un concierto en nuestro barrio.
c. Mei sabe tres idiomas.
d. Ha nevado poco este invierno.

Estamos en directo

4 **¿Qué grupos de palabras acompañan a los verbos en esta conversación? ¿Te parecen necesarios para completar el significado del verbo?**

- ¿A qué grupo de palabras sustituye el pronombre *las* en la conversación anterior?

En la oración *¿Has probado las arepas?*, el sintagma *las arepas* funciona como **complemento directo** (CD). Este es un complemento argumental del verbo que expresa el ser u objeto sobre el que recae directamente la acción expresada por el verbo. Para identificar el complemento directo, podemos sustituirlo por los pronombres *lo*, *la*, *los*, *las*.

El CD suele ser un sintagma nominal. → *¿Has probado las arepas?* → *¿Las has probado?*

Cuando el CD se refiere a una persona o un ser animado va precedido de *a*. → *Felicita a la cocinera.* → *Felicítala.*

5 **Localiza el complemento directo en las siguientes oraciones y rescribe la oración sustituyéndolo por *lo*, *la*, *los* o *las*.**

Ejemplo: *Dylan devolvió el cómic a la biblioteca.* → *Dylan lo devolvió a la biblioteca.*

a. ¿Has llamado a tus primas?

b. En el festival cantaremos villancicos típicos de nuestro país.

c. Todos terminamos el trabajo a tiempo.

6 **Explica si los sintagmas destacados son complementos directos o no.**

a. Alan hablaba de sus vacaciones.

b. Los asistentes aplaudieron efusivamente.

c. Samir recibió una buena noticia.

d. Finalmente le dieron el premio a Naima.

¿Cómo podrías demostrar que tu respuesta es correcta?

Las oraciones en las que el verbo exige la presencia de un complemento directo se llaman **oraciones transitivas**. Las oraciones predicativas que no llevan ni pueden recuperar un complemento directo se denominan **oraciones intransitivas**.

7 **Escribe una oración con una forma personal de cada uno de los siguientes verbos e incluye un complemento directo en los casos en que se pueda. Después, indica si la oración es transitiva o intransitiva.**

comer | huir | sonreír | estornudar | ordenar | ver

Proponles un plan

8 **Observa este par de oraciones y responde a las preguntas.**

Tatiana ha avisado a sus amigos. | Tatiana ha escrito a sus amigos.

a. ¿Cuál es el predicado de estas oraciones? Identifica el núcleo y el complemento del verbo. ¿En cuál hay un complemento directo?

b. ¿En cuál de los dos casos podrías añadir el sintagma *un mensaje* entre el verbo y el complemento del verbo que aparece en la oración? Haz la prueba.

En la oración *Tatiana ha escrito un mensaje a sus amigos*, el sintagma nominal *un mensaje* es lo escrito y funciona como complemento directo. El sintagma preposicional *a sus amigos* expresa las personas a las que se destina el resultado de esa acción y desempeña la función de **complemento indirecto** (**CI**).

Envió un mensaje a sus amigos.

Les envió un mensaje.

Se lo envió.

El CI es un sintagma preposicional encabezado por *a* o un sintagma nominal formado por uno de estos pronombres: *me*, *te*, *le*, *se*, *nos*, *os*, *les*.

Si tanto el CD como el CI aparecen como pronombres en la oración, el CI es *se*.

9 **Indica qué sintagmas funcionan como complementos indirectos en estas oraciones.**

a. Los monitores leyeron las instrucciones a los participantes.

b. Sus padres le han comprado entradas para el concierto.

c. Se la devolvimos ayer.

d. Solo lo contó a sus amigas más cercanas.

10 ENTRENAMOS JUNTOS **el análisis de oraciones. Identificad los predicados de las siguientes oraciones y señalad la función de sus elementos. Fijaos en el ejemplo.**

Ejemplo:

Nahuel	nos	dio	su	opinión.
			Det/Mod	Nom/N
	SN/CI	V/N	SN/CD	
	SV/Pred			

a. Los nietos prepararon una sorpresa a su abuela.

b. Alison me ha recomendado este libro.

c. Ibrahim recitó un poema árabe a sus compañeros.

¿Te ha costado llegar a acuerdos en el equipo?

11 **Observa los siguientes ejemplos. ¿En cuál de ellos el sintagma *a Juan* es el complemento directo y en cuál es el complemento indirecto? Para descubrirlo, piensa que, en este caso, el complemento directo debe ser lo escrito o lo visto por Vane.**

Vane escribió a Juan. | Vane vio a Juan.

- Escribe una oración con otro verbo en la que *a Juan* aparezca como complemento directo.

12 **Algunos verbos se construyen con un pronombre como complemento indirecto y un sintagma nominal como sujeto, pero sin complemento directo. Compruébalo en las siguientes oraciones. ¿Cuál es el complemento indirecto de cada una? ¿Y su sujeto?**

a. Les gusta mucho la comida japonesa.

b. ¿No te desagradan los ruidos?

c. Ese estilo de música me encanta.

d. Nos apasionan los mismos temas.

Hablamos de todo

13 ¿Qué sintagmas preposicionales aparecen en esta conversación?

Recuerda que las preposiciones son *a*, *ante*, *bajo*, *con*, *contra*, *de*, *desde*, *durante*, *en*, *entre*, *hacia*, *hasta*, *mediante*, *para*, *por*, *según*, *sin*, *sobre*, *tras*, *versus* y *vía*.

- ¿Cuáles de esos sintagmas preposicionales son complementos argumentales? Recuerda que los adjuntos pueden eliminarse fácilmente de la oración, mientras que los argumentales no.

En la oración *Trata sobre Egipto*, el sintagma preposicional *sobre Egipto* es un complemento argumental porque está exigido por el verbo. Este sintagma funciona como **complemento de régimen** (**CRég**).

Renunció *a* *su viaje.* → *Renunció a eso.*
a = Prep/N; su viaje = SN/CPrep; a su viaje = SPrep/CRég

A diferencia del CD y el CI, en el CRég solo se puede sustituir por un pronombre el CPrep. La preposición siempre se mantiene.

14 **Indica qué sintagmas funcionan como complementos de régimen en estas oraciones.**

a. ¿Has pensado en la próxima excursión?
b. Sus amigos siempre confían en ella.
c. Milena soñaba con su antigua casa cada noche.
d. Ahmed nos habló del proyecto de voluntariado.

15 **Añade a cada uno de estos verbos uno o varios de los sintagmas siguientes para formar oraciones con sentido.**

contaron | ayudaron | advirtieron | convirtieron

a sus compañeros | su experiencia | del peligro | en una película

- Ahora señala si hay complemento directo, complemento indirecto o complemento de régimen en las oraciones que has formado.

Dadas las circunstancias

16 **Lee esta oración y responde a las preguntas.**

El público escucha atentamente el cuentacuentos los viernes en la biblioteca.

a. ¿Qué sintagma nos indica cuándo ocurre la acción?
b. ¿Qué sintagma nos indica dónde ocurre?
c. ¿Qué sintagma nos da información sobre cómo escucha el público?
d. ¿Cómo quedaría la oración sin todos los sintagmas anteriores? ¿Crees que esos sintagmas son necesarios para completar el significado del verbo?

Además de los elementos obligatorios, los verbos pueden ir acompañados de otros sintagmas que son opcionales. Los más frecuentes son los **complementos circunstanciales** (**CC**), que pueden añadir información de tiempo, lugar, manera, cantidad, compañía u otros significados.

Las vi en la feria con nuestras vecinas ayer.

en la feria: SPrep/CCLugar — con nuestras vecinas: SPrep/CCCompañía — ayer: SAdv/CCTiempo

17 **Identifica los complementos circunstanciales de las siguientes oraciones.**

a. Las cigüeñas construyen su nido cada año en la torre del castillo.
b. Las plantas crecen rápidamente en este patio.
c. Salma estudia con Thiago por las tardes.
d. He comido mucho hoy.

18 **TRABAJAMOS POR TURNOS. Añadid complementos circunstanciales a estas oraciones que aporten alguna información presente en las imágenes. Hacedlo por turnos, añadiendo cada uno un complemento. ¿Cuántos lográis decir?**

a 

Eva vio una película.

b 

Nosotros viajamos.

19 **Lee el siguiente texto y responde a las preguntas.**

> Mi abuelo mola, mola mucho, mola un pegote. Hace tres años se vino del pueblo y mi madre cerró la terraza con aluminio visto y puso un sofá cama para que durmiéramos mi abuelo y yo. Todas las noches le saco la cama. Es un rollo mortal sacarle la cama, pero me aguanto muy contento porque luego siempre me da veinticinco pesetas en una moneda para mi cerdo —no es un cerdo de verdad, es una hucha— y me estoy haciendo inmensamente rico.
>
> Elvira Lindo: *Manolito Gafotas*, Alfaguara

a. Fíjate en los sintagmas destacados en verde en el texto. ¿Cuál indica un significado de manera? ¿Y de cantidad?
b. Los sintagmas destacados en verde ¿son complementos argumentales o complementos adjuntos? ¿Por qué?
c. Copia la oración destacada en azul y añádele dos complementos circunstanciales.
d. Fíjate en el modelo y analiza la estructura de la siguiente oración: *Manolito duerme en la terraza con su abuelo.*

Ejemplo:

Manolito	*quiere*	*mucho*	*a*	*su abuelo.*
			Prep/N	SN/CPrep
Nom/N	V/N	SAdv/CC	SPrep/CD	
SN/Suj	SV/Pred			

Por activa y por pasiva

20 Observa esta escena y completa la oración para contestar a cada pregunta.

a. ¿Qué hace el jardinero? El jardinero ●●●.
b. ¿Qué le ha sucedido al rosal? El rosal ●●●.
c. ¿Qué hace la jardinera? La jardinera ●●●.
d. ¿Qué le ha sucedido al árbol? El árbol ●●●.

En las oraciones en **voz activa**, como *El jardinero riega el rosal*, el sujeto puede ser un agente, es decir, un participante que desempeña la acción expresada por el verbo en voz activa, con el que concuerda en persona y en número.

Por el contrario, en las oraciones en **voz pasiva**, como *El rosal es regado por el jardinero*, el sujeto es un participante que recibe la acción del verbo. Este sujeto paciente también concuerda con el verbo de la oración, que está compuesto por una forma personal del verbo *ser* más un participio.

VOZ ACTIVA

El jurado del festival premió a Xin Li.

- *El jurado del festival*: Sujeto agente
- *premió*: verbo en forma activa
- *a Xin Li*: complemento directo

VOZ PASIVA

Xin Li fue premiado por el jurado del festival.

- *Xin Li*: Sujeto paciente
- *fue premiado*: verbo en forma pasiva
- *por el jurado del festival*: complemento agente

Las oraciones pasivas pueden incluir un **complemento agente** (CAg), que es un sintagma preposicional que comienza con la preposición *por*. Este complemento agente se convierte en el sujeto de la oración cuando esta se expresa en voz activa.

21 Indica si los siguientes titulares están en voz activa o pasiva.

Noticias más leídas	Últimas noticias	Vídeos

1. Los vecinos han colaborado en el diseño de la nueva plaza.
2. La cúpula ha sido diseñada por un prestigioso estudio de arquitectura.
3. Ha aumentado el número de familias en riesgo de pobreza.
4. El presunto autor del robo fue detenido inmediatamente.

22 Rescribe en voz activa las siguientes oraciones pasivas. Indica cómo ha cambiado el número del verbo según cambia el sujeto.

a. Esa sonata fue compuesta por Mozart.
b. Todos los estudiantes fueron mencionados por la profesora.

23 En las oraciones en voz activa que pueden transformarse en pasivas, el complemento directo se convierte en el sujeto. Fíjate en el ejemplo y pon en pasiva las siguientes oraciones activas para identificar cuál es su complemento directo.

Ejemplo: *Un rayo partió el árbol.* (el árbol = CD) → *El árbol fue partido por un rayo.* (El árbol = Suj)

a. La funcionaria entregó los cuestionarios a los solicitantes de asilo.

b. Tramitarán el expediente rápidamente.

NUESTRO RETO Palabras acogedoras

Verbos que ayudan

Imaginad que tenéis una nueva compañera, Yana, una chica refugiada con problemas de movilidad causados por la guerra. ¿Qué obstáculos lingüísticos y físicos se encontraría en clase? ¿Cómo podríais ayudarla?

Paso 1

Pensad en las tareas cotidianas, las necesidades comunicativas y las experiencias vitales a las que se enfrentaría vuestra nueva compañera de clase y construid oraciones que creáis que describirían adecuadamente su día a día.

Cada miembro del equipo tendrá que escribir al menos tres oraciones con distintos verbos y con un máximo de ocho palabras por oración. Podéis emplear alguno de los siguientes verbos u otros que se os ocurran. Poneos de acuerdo con vuestros compañeros para repartir los verbos, de manera que no os repitáis.

subir, entender, acostumbrarse, leer, saber, salir, aislarse, conocer, hacer, recordar, comprender, dialogar, acudir, preguntar, enfrentarse, mejorar, servir, orientarse, relajarse, desplazarse, renunciar, costar, jugar, hablar, viajar, volver, acercar

Paso 2

Poned en común las oraciones que habéis escrito y, entre todos, clasificadlas. ¿Cuáles son transitivas? ¿Cuáles son intransitivas?

Oración transitiva	Oración intransitiva
Yana ha aprendido sus primeras palabras en español.	A Yana le gusta el menú del comedor.

Paso 3

Convertid las oraciones transitivas en oraciones pasivas. ¿Cuáles crees que usarías? Argumenta en cada caso cuáles te suenan más natura es en este contexto y por qué crees que es así.

¿Cómo te ha ido el reto? Entra y haz tu valoración

EN RESUMEN

Los complementos del verbo

El predicado de las oraciones con verbo predicativo está compuesto por un núcleo al que acompañan otros sintagmas, que llamamos **complementos**.

Algunos de estos complementos son obligatorios para que la oración pueda entenderse: son los **complementos argumentales** (*He perdido las llaves*). Otros complementos son opcionales: son los **complementos adjuntos** (*Ayer perdí las llaves*).

- El **complemento directo** (CD). Es un complemento argumental del verbo que designa el ser u objeto sobre el que recae directamente la acción expresada por el verbo (*Busco piso*). Suele ser un sintagma nominal, aunque cuando se refiere a un ser animado suele llevar delante la preposición *a* (*Busco a mi hermana*). Para identificar el complemento directo, podemos sustituirlo por los pronombres *lo, la, los, las* (*La busco*).
- El **complemento indirecto** (CI). Designa las personas a las que se destina una acción y es un sintagma preposicional que comienza por la preposición *a* o bien un pronombre personal (*me, te, le, se, nos, os, les*): *Envió un mensaje a sus amigos*, *Les envió un mensaje*, *Se lo envió*.
- El **complemento de régimen** (CRég). Es un complemento argumental desempeñado siempre por un sintagma preposicional cuya preposición está exigida por el verbo: *La miniserie consta de dos episodios*. A diferencia del complemento directo y del indirecto, en el complemento de régimen solo se puede sustituir por un pronombre el complemento preposicional; la preposición siempre se mantiene: *Consta de dos*.
- Los **complementos circunstanciales** (CC). Son complementos adjuntos que añaden información de tiempo, lugar, manera, cantidad, compañía u otros matices. Pueden estar desempeñados por sintagmas nominales, preposicionales y adverbiales: *Nos veremos esta tarde*, *Nos veremos en la feria*, *Nos veremos mañana*.
- El **complemento agente** (CAg). Es un complemento de las oraciones pasivas que indica quién realiza la acción que designa el verbo (*Fue premiado por el jurado*). Es un sintagma preposicional encabezado con la preposición *por*. Este complemento agente se convierte en el sujeto de la oración en voz activa.

Las oraciones en las que el verbo exige la presencia de un complemento directo se llaman **oraciones transitivas** (*Tengo un libro*).

Cuando el verbo de la oración es predicativo y no exige un complemento directo, las oraciones se denominan **oraciones intransitivas** (*Mañana hablamos*).

Al pasar una oración transitiva a la **voz pasiva**, el complemento directo de la oración activa se convierte en el sujeto paciente de la oración pasiva:

El jardinero	*riega*	*el rosal.*
Suj		CD

El rosal	*es regado*	*por el jardinero.*
Suj		CAg

En las oraciones en **voz activa**, como *El jardinero riega el rosal*, el sujeto suele ser un agente, es decir, un participante que desempeña la acción expresada por la forma verbal activa, con la que concuerda en persona y en número.

Por el contrario, en las oraciones en **voz pasiva**, como *El rosal es regado por el jardinero*, el sujeto es un participante que recibe la acción del verbo.

Este sujeto paciente también concuerda con el verbo de la oración, que está compuesto por una forma personal del verbo *ser* más un participio.

PRACTICAMOS

1 **Identifica el predicado de las siguientes oraciones e indica cuál es su núcleo.**

a. La asociación ha organizado un cuentacuentos el domingo.
b. Ha estado lloviendo toda la semana.
c. David compra la fruta siempre en la misma frutería.
d. Mi madre llama a mis abuelos cada noche.

2 **Indica si los complementos destacados son todos argumentales o todos adjuntos.**

> Siempre llegábamos antes que los demás lexicógrafos y, durante ese rato, tenía a mi padre y las palabras solo para mí. Me sentaba en su regazo a la mesa de clasificación y lo ayudaba a catalogar las fichas. Siempre que nos encontrábamos con una palabra que yo no conocía, él leía la cita que la acompañaba y me guiaba para que averiguase su significado. Si le formulaba las preguntas correctas, papá intentaba dar con el libro del que procedía la cita y me leía un poco más. Era como una búsqueda del tesoro, y a veces descubría oro.
>
> PIP WILLIAMS: *El diccionario de las palabras olvidadas*, Maeva

3 **Escribe una oración para cada imagen con un máximo de ocho palabras. Después, indica si se trata de oraciones transitivas o intransitivas.**

a

b

c

4 **Lee las siguientes oraciones y señala si los complementos destacados son directos o indirectos. Después, explica por qué.**

a. Ana ha corregido los errores de su redacción.
b. Javier ha visitado a su abuela.
c. Nieves envió un paquete lleno de libros.
d. Se lo he traído a ella.

5 **Compara estas dos oraciones. ¿En cuál el sintagma *a su compañera* funciona como complemento directo y en cuál como complemento indirecto? Justifica tu respuesta.**

Explicó la actividad a su compañera.

Escuchó a su compañera.

6 **Completa las siguientes oraciones añadiendo un complemento directo con la estructura que se indica en cada caso. Después, sustitúyelo por un pronombre.**

a. ¡Avisa ••• (SPrep: Prep+Nom) enseguida!
b. Observamos ••• (SN: Det+Nom+Adj) con atención.
c. ¿Habéis llevado ••• (SN: Det+Adj+Nom)?

7 **Escribe una oración que contenga un complemento de régimen con cada uno de los siguientes verbos.**

convertirse	acusar	sorprenderse	olvidarse
depender	arrepentirse	confiar	enfadarse

8 **Señala los complementos circunstanciales de estas oraciones.**

a. Los tomates crecen muy bien aquí.
b. Ana va a clase de alemán con Alberto.
c. Me han invitado a la barbacoa en casa de Marco.
d. Necesitamos encontrar una casa rápidamente.

9 **Inventa una oración sobre esta imagen en la que haya tres complementos circunstanciales diferentes.**

10 **Señala el complemento agente de las siguientes oraciones.**

a. Han sido felicitados por el entrenador por el buen partido.
b. El árbol ha sido talado por precaución por el servicio de jardinería.

11 **Rescribe en voz pasiva las siguientes oraciones en voz activa. Después, indica qué complementos contiene cada oración.**

a. Wagner compuso la ópera *El anillo del nibelungo*.
b. Las familias de los alumnos han organizado una fiesta.
c. La policía detuvo al ladrón de la joyería ayer.
d. El autor menciona a sus amigos en los agradecimientos de su libro.

12 **Fíjate en el ejemplo y analiza las siguientes oraciones. Pide ayuda a tus compañeros si la necesitas.**

Ejemplo:

Iván	*prepara*	*las*	*verduras*	*así.*
		Det/Mod	Nom/N	Adv/N
Nom/N	V/N	SN/CD		SAdv/CC
SN/Suj	SV/Pred			

a. ¿Les has dicho eso?
b. Hemos hablado del examen toda la tarde.
c. Los programas del concierto han sido entregados por los acomodadores.

3.6 Para entendernos

¡EMPEZAMOS!

El origen de muchos problemas es un simple malentendido. ¿Somos responsables solo de lo que queremos decir, o también de lo que los demás entienden a partir de nuestras palabras?

Entre lo que pienso,
lo que quiero decir,
lo que creo decir,
lo que digo,
lo que quieres oír,
lo que crees oír,
lo que oyes,
lo que quieres entender,
lo que crees entender
y lo que entiendes,
hay diez posibilidades de que tengamos dificultades para comunicarnos.
Pero intentémoslo de todos modos.

BERNARD WERBER

- ¿Cuáles son las diez posibilidades para no entenderse, según el texto?
- En parejas, comentad algún problema de comunicación que hayáis tenido. ¿A cuál de las diez opciones mencionadas en el texto crees que se debió el malentendido? ¿O fue una combinación de varias?
- ¿Cuál de las imágenes de la derecha crees que plasma mejor lo que trata de transmitir este texto? ¿Por qué?
- ¿Alguna vez has recreado en tu cabeza una conversación antes de que ocurra o has vuelto a repasar una conversación ya pasada? ¿Con qué finalidad?
- ¿Por qué crees que se nos ocurren réplicas perfectas antes o después de una conversación, pero luego no somos capaces de decirlas cuando corresponde o no suenan tan bien una vez dichas?

¡VAMOS A APRENDER!

1. Cumplir las tareas asignadas.
2. Reflexionar sobre el uso de enunciados y oraciones.
3. Emplear distintas modalidades oracionales.
4. Comprender qué son los actos de habla indirectos y transferir el aprendizaje a otros ámbitos.
5. Relacionar la elección del sujeto con la intención comunicativa.
6. Reconocer oraciones impersonales y pasivas.

NUESTRO RETO

Cambia tu mundo

Las palabras pueden crear problemas, pero también pueden ayudar a resolverlos. Para este reto necesitarás un poco de creatividad y muchas ganas de encontrar soluciones.

1 Enunciados y modalidades oracionales

La intención cuenta

1 **En esta escena de *Enola Holmes*, la protagonista se encuentra con sus hermanos mayores después de mucho tiempo sin verse y, aunque hablan la misma lengua, no se entienden bien. Observa el fragmento y responde a las preguntas.**

Enola Holmes

a. Explica cuál es el malentendido que se produce en el carruaje. ¿Qué dice Mycroft? ¿Cómo lo interpreta Enola? ¿Crees que esa era la intención con la que él lo decía?

b. Dentro de la casa, cuando Mycroft pregunta *¿Qué es esto?*, ¿qué contesta Enola? ¿Crees que esa era la respuesta que su hermano esperaba? ¿Por qué?

2 **Una misma información puede expresarse de maneras distintas. Une las expresiones de cada columna que tienen un significado similar. ¿En qué situación usarías cada una?**

a. Me despido de todos vosotros.
b. Deseo que alguien cierre, que hace frío.
c. Ten cuidado, que está en rojo.
d. ¿Os podéis callar?
e. Pásame la pelota, estoy libre.

f. ¡Aquí, aquí!
g. ¡Hasta pronto, amigos!
h. ¡Esa puerta!
i. ¡Silencio!
j. ¡Ojo!

Cuando hablamos una lengua hacemos dos tareas diferentes. Primero estructuramos la realidad de una manera concreta con las palabras en nuestro pensamiento. Después comunicamos a los demás aquello que pensamos, siempre con una intención comunicativa.

La gramática estudia la forma que tenemos los hablantes de estructurar la realidad a través de las oraciones. La pragmática se centra en la **forma de comunicar**, y aquí no solo entran oraciones, sino también cualquier unidad de la lengua con sentido completo y una intención comunicativa.

Expresiones como *¡Esa puerta!* no son oraciones, porque no tienen un verbo, pero sí son **enunciados**, porque tienen sentido completo e intención comunicativa. Sin embargo, *me digas la verdad* es una oración (tiene sujeto, *tú*, y verbo, *digas*), pero no es un enunciado, porque no usamos una oración con esa forma para comunicarnos. *¡Dime la verdad!* sí es tanto un enunciado como una oración.

3 **Indica cuáles de los siguientes enunciados son también oraciones.**

a. Se suspenden las clases del viernes

b. ESTRENO MUNDIAL EL PRÓXIMO 3 DE JUNIO

c. Las mejores ofertas de la temporada

d. ¡PRUÉBALO!

4 **Las interjecciones forman enunciados, porque pueden emplearse de manera aislada. Escribe la interjección que usarías en cada una de estas situaciones.**

Ejemplo: *Entras en una casa y hace mucho calor.* → *¡Uf!*

a. Habéis quedado, es tarde y nadie parece darse cuenta.
b. Estás en un probador y empiezan a correr la cortina sin que hayas terminado.
c. Alguien te cuenta algo que le ha sucedido que te parece poco creíble.

Esa es la actitud

5 **Lee este diálogo y responde a las preguntas.**

a. Los puntos suspensivos indican que el enunciado no está completo. ¿Qué crees que querría hacer el chico en la parte que falta: preguntar, ordenar o afirmar algo?

b. ¿Qué expresa la chica: una duda, un deseo o una orden?

Según su intención comunicativa, las oraciones pueden ser:

- **Declarativas o enunciativas:** el emisor quiere informar al destinatario de una situación. Las oraciones declarativas pueden ser verdaderas o falsas y afirmativas o negativas. *Llegaremos a las diez. / No llegaremos a las diez.*
- **Dubitativas:** el emisor habla de una situación posible, sobre la que tiene dudas. *Quizá los robots hablen con nosotros el día de mañana.*
- **Desiderativas:** el emisor expresa una situación deseable, que no es ni verdadera ni falsa. *Ojalá inventen la cura contra el cáncer.*
- **Interrogativas:** el emisor quiere que el destinatario le proporcione información que no tiene. *¿Quién quiere ir al concierto?*
- **Exhortativas o imperativas:** el emisor quiere que el destinatario haga o crea algo. Se pueden construir en imperativo, con *no* + subjuntivo, con perífrasis verbales, etc. *Confía en ti mismo.*
- **Exclamativas:** el emisor expresa las emociones o los juicios subjetivos que le suscita una determinada situación. Se escriben entre signos de exclamación. *¡Menudo susto me has dado!*

6 **Lee estos fragmentos extraídos de *Harry Potter y la cámara secreta*. ¿Qué intención comunicativa tienen las oraciones destacadas? Indica qué elemento te ha dado la clave para saberlo.**

a —Se ve que no ha conocido a muchos magos educados —dijo Harry.

b —Ya —dijo Malfoy, con una sonrisa de complicidad—. Espero que mi padre le vote a usted.

c —Hermione, déjame copiar tu trabajo —le pidió Ron desesperado, mirando el reloj.

d Tal vez el monstruo, fuera lo que fuera, se disponía a hibernar durante otros cincuenta años.

e —¿Sabe usted quién es Dumbledore?

f —"¡Atrapa la *snitch* o muere en el intento!". ¡Qué idiotez decir eso!

J. K. ROWLING: *Harry Potter y la cámara secreta*, Salamandra

7 **Imagina que tu vecina se ha olvidado las llaves dentro de su casa y no puede entrar. En esta situación, ¿qué podrías decir tú? Escribe una oración para cada una de las intenciones propuestas.**

Intención comunicativa	Oración
Dar una información relevante sobre la situación.	*No tengo copia de las llaves de tu casa.*
Pedir información indispensable para solucionar el problema.	●●●
Mostrar tus dudas acerca de si va a poder realizar los planes que tenía esa tarde.	●●●
Manifestar tu deseo para que solucione su problema cuanto antes.	●●●
Expresar tu asombro cuando te cuenta la circunstancia en la que se olvidó las llaves.	●●●
Ordenar educadamente alguna acción que creas que debe hacer para solucionar el problema.	●●●

8 **Las oraciones interrogativas pueden ser totales o parciales. Fíjate en qué se diferencian.**

¿Vendrás al concierto?
¿Iremos en autobús?

Las oraciones que expresan opciones que, generalmente, se pueden contestar con *sí* o *no* son **interrogativas totales**.

¿Quién quiere ir al concierto?
¿Cómo llegaremos hasta allí?

Las oraciones que se construyen con elementos interrogativos (*qué*, *cuándo*, *cuál*, *dónde*, etc.) y preguntan por una información variable son **interrogativas parciales**.

- **NOS REPARTIMOS EL TRABAJO.** Imaginad que entrevistáis a una persona conocida que suele hablar poco. Cada miembro del equipo modificará una de las siguientes preguntas para que no se puedan contestar solo con un *sí* o un *no*. Observa el ejemplo.

  Ejemplo: *¿Tu familia ha sido importante para tu carrera?* → *¿Quiénes han sido las personas más importantes en tu carrera?*

  a. ¿Te gusta que la gente te reconozca por la calle?

  b. ¿En tu siguiente proyecto trabajarás con el mismo equipo?

  c. ¿Veremos un nuevo trabajo tuyo este otoño?

  d. ¿Crees que el motivo de tu éxito es tu cercanía a los problemas reales de la gente?

9 **Es domingo, son las ocho de la tarde, y uno de tus familiares dice en voz alta lo siguiente: "Pues hay alguien que no ha hecho los deberes todavía". Aunque es una oración declarativa, ¿crees que la intención comunicativa es la de informar sobre algo?**

Cuando el tipo de oración no se corresponde con la intención comunicativa estamos ante **actos de habla indirectos**. Normalmente se usan cuando es más importante mantener una interacción educada con los demás (*¿Podría dejarme pasar?*) que comunicar mensajes claros (*¡Apártate, que estás taponando la salida!*).

10 **Rescribe estas oraciones cambiando su modalidad oracional para lograr el mismo objetivo comunicativo pero de una forma más amable.**

Ejemplo: *No tienes ni idea de lo que dices.* → *¿Estás seguro de lo que dices?*

Camarero, tráenos la carta.

Lo estás haciendo mal.

11 **Aprendo a pensar.** **¿Para qué utilizarías un acto de habla indirecto? En parejas, proponed distintos contextos (en casa, en clase, con los amigos, etc.) donde usaríais un acto de habla indirecto. Explicad qué diríais y por qué lo haríais.**

2 Sujeto e intención comunicativa

Más o menos implicados

12 **Compara estas dos oraciones e indica cuál es la modalidad de cada una. ¿Se podrían emplear las dos en la misma situación?**

Mi móvil ha desaparecido.	Yo no encuentro mi móvil.

- ¿Cuál es el sujeto de cada oración? ¿En cuál de ellas el sujeto asume la responsabilidad de lo ocurrido? ¿En cuál parece que ha pasado algo sin que nadie haya intervenido?

La intención comunicativa del hablante no solo se manifiesta en la modalidad de las oraciones. El mismo mensaje puede tener matices distintos en función del papel que desempeñe el sujeto en la acción expresada por el verbo.

13 **El equipo del instituto Clara Campoamor ha ganado un partido de baloncesto y los redactores del periódico del centro están debatiendo qué titular elegir. Lee las tres opciones e identifica cuál es el sujeto de cada una. ¿Qué matiz de significado aporta la elección del sujeto en cada caso?**

a. El Campoamor gana su primer encuentro en la liga júnior.
b. Un triple de Alba da la victoria al Campoamor.
c. La nueva entrenadora lleva al Campoamor a su primera victoria.

14 **Compara las siguientes oraciones. ¿Se diferencian en algo sus sujetos? ¿Y sus predicados? ¿En cuál de las dos quien habla es un estudiante? Explica cómo lo has sabido.**

Los estudiantes fuimos a la biblioteca.	Los estudiantes fueron a la biblioteca.

15 **Imagina que habías quedado con unos amigos a las cinco de la tarde y llegas a las seis. Escribe una narración para explicar que el retraso ha sido involuntario. Para ello, cuenta las diversas causas del retraso con verbos que no te impliquen en la acción.**

Agentes ¿secretos?

16 **Observa la escena y responde a las preguntas.**

a. ¿La respuesta da la información que se ha pedido en la pregunta?
b. ¿Por qué crees que la chica da esa respuesta?
c. Escribe otra respuesta en la que se diga quién ha lanzado la pelota.

Las oraciones en voz pasiva, como *La pelota fue lanzada*, tienen un **sujeto paciente**. Este sujeto (*La pelota*) concuerda con el verbo (*fue lanzada*), pero no lleva a cabo la acción expresada por él, sino que la recibe o la padece.

En las oraciones en voz pasiva, la entidad que realiza la acción desaparece o pasa a un segundo plano como **complemento agente** (*La pelota fue lanzada* ***por esa chica***). Si la oración se transforma en activa, el complemento agente se convierte en **sujeto agente** (***Esa chica*** *lanzó la pelota*).

17 **Identifica quién es el agente en estas oraciones. ¿Es el sujeto, un complemento o no se menciona?**

Los usuarios elogiaron el invento por sus prestaciones

El invento fue elogiado por sus prestaciones

El invento fue elogiado por los usuarios

18 **Lee los siguientes enunciados y escoge, en cada pareja, el más adecuado a la situación en la que se emplea.**

a. Profesora, ¡una paloma ha sido avistada por mí desde la ventana de la clase!
Las dos primeras ballenas de la temporada han sido avistadas, según informa la agencia.

b. La cuantía de la multa será fijada por la legislación correspondiente.
Mi paga será fijada por mis padres.

- A partir de los ejemplos anteriores, ¿en qué tipos de textos dirías que se suele usar más la voz pasiva?

conversaciones | novelas | periódicos | leyes | canciones

19 **Escribe una oración en voz pasiva para cada una de estas imágenes. Después, indica cuál es el sujeto y, si tiene, el complemento agente de cada una de las oraciones.**

a

b

c
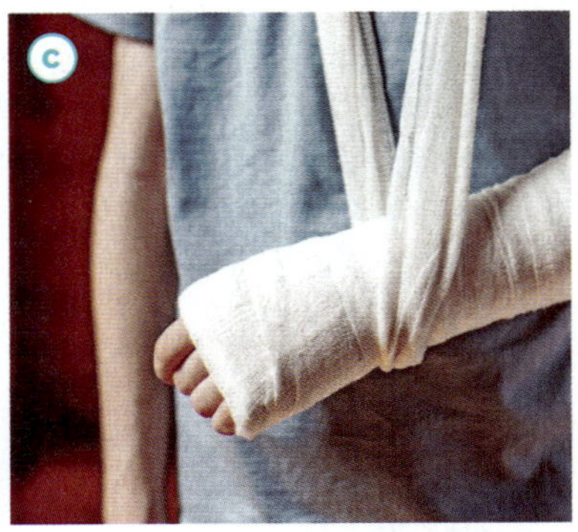

20 **Transforma las oraciones que están en voz pasiva a voz activa.**

a. Pompeya fue arrasada por la erupción del Vesubio.

b. El acto ha sido inaugurado por el presidente de la fundación.

c. Las familias han sido convocadas a una reunión.

d. La escultura será colocada en un pedestal.

Si en la oración pasiva no hay complemento agente, al transformarla en oración activa tendrá sujeto tácito.

21 **Las siguientes oraciones describen el mismo suceso. ¿Qué diferencias observas en su estructura? ¿Y en su significado?**

a **La compañía ha cortado el suministro eléctrico.**

b Se ha cortado el suministro eléctrico.

c El suministro eléctrico ha sido cortado.

Como ya has visto, se pueden construir oraciones pasivas con una forma conjugada del verbo *ser* y un participio. Pero también se pueden construir oraciones pasivas manteniendo el verbo en su forma activa y añadiendo *se*: *Se ha solucionado el problema*. Este tipo de **pasivas con *se*** son muy frecuentes y casi nunca aparecen con complemento agente.

Ella ha solucionado el problema.	Oración activa
El problema ha sido solucionado. *Se ha solucionado el problema.*	Oración pasiva

22 **CONTRASTAMOS JUNTOS las respuestas. Las construcciones con *se* sirven, en muchas ocasiones, para despersonalizar. Fíjate en estos ejemplos y relaciónalos con la intención que motiva el uso de *se*.**

- ¡Ups! Se ha roto.
- No se admite publicidad.
- Se busca compañera de piso.
- Se descubre una nueva galaxia.
- ¿Estos frutos se comen?

- Para no dar una orden directa, por cortesía.
- Para no asumir la responsabilidad.
- Para referirse a la gente en general.
- Para centrarse en informar sobre el hecho.
- Para que más personas se den por aludidas o se sientan involucradas.

- Comenta tu elección con tus compañeros. ¿Habéis coincidido? Buscad otros ejemplos de oraciones con *se* para cada una de las estrategias.

Se dice por ahí

23 **Fíjate en las siguientes oraciones. ¿En cuál de ellas el sintagma *este otoño* funciona como sujeto? ¿Cuál es el sujeto en las otras oraciones?**

a. He ido a Londres este otoño.

b. Este otoño ha llovido más de lo habitual.

c. Este otoño ha sido muy lluvioso.

Como ya sabes, el sujeto concuerda en número y persona con el verbo de la oración. Hay oraciones, como *He ido a Londres este otoño*, en las que el sujeto no aparece explícito, pero se puede interpretar por las desinencias verbales (*Yo he ido a Londres este otoño*). Este tipo de sujeto es el **sujeto tácito**.

En oraciones como *Este otoño ha llovido poco*, el verbo aparece en tercera persona del singular, pero no se puede identificar el referente a partir del contexto: no es el otoño el que llueve y no hay una entidad identificable que pueda ser el sujeto explícito de la acción de *llover*. Cuando esto sucede, a la oración se la denomina **impersonal**.

En invierno anochece pronto. *Hoy hay lentejas para comer.* *Se avisará a las familias.*	Las oraciones impersonales siempre están en **3.ª persona**. Pueden construirse con **verbos meteorológicos** (*llover*, *anochecer*, etc.); con algunas formas de los **verbos *haber* *hacer*, *estar* y *oler*,** o con ***se***.

24 **Añade un sujeto explícito en estas oraciones con sujeto tácito.**

a. Sonia no puede venir, ¿••• vendrás a cenar mañana?

b. Li Yun todavía no habla español, por lo que ••• tiene problemas para seguir la clase de lengua.

c. ¿Cuándo os iréis ••• de vacaciones?

d. Ese no puede ser el sujeto de la oración, porque ••• debe concordar en número y persona.

25 **Las siguientes oraciones tienen sujeto tácito y en todas ellas el verbo está en tercera persona del singular. A partir de tu conocimiento del mundo y del contexto, determina cuál de estos sintagmas tiene sentido que sea el sujeto explícito de cada oración.**

la enfermera | la oración pasiva | mi ordenador | el gato de los vecinos

a. Maúlla siempre por las tardes.
b. Me puso la vacuna en el brazo izquierdo.
c. Tiene sujeto paciente y, a veces, complemento agente.
d. No funciona bien desde la última actualización.

26 **Lee con atención las siguientes oraciones. ¿En cuáles crees que el hablante se refiere a un sujeto identificable para quien conozca el contexto? ¿Cuáles son impersonales?**

a. Mañana nevará en la sierra.
b. Me ha dejado boquiabierta con su mensaje.
c. ¡El lunes estarán aquí por fin!
d. Se está divinamente a la sombra en verano.
e. Solo se tarda dos minutos en llegar.

27 **Compara las dos oraciones. ¿En cuál queda claro que el hablante está dando su opinión? ¿En cuál parece que habla de un hecho comúnmente aceptado? ¿Cómo se marca esa diferencia en la oración?**

Yo creo que esta es la mejor solución.

Se cree que esta es la mejor solución.

NUESTRO RETO Cambia tu mundo

Un problema con solución

Mira a tu alrededor, seguro que en tu día a día hay algo que no funciona bien o que crees que se puede mejorar. ¿Buscamos soluciones?

Paso 1 Repasa lo que has aprendido en esta situación de aprendizaje sobre modalidades oracionales, tipos de sujetos e intención comunicativa. Puedes elaborar un mapa mental para organizar y recordar mejor toda la información.

Paso 2 Escribe dos o tres oraciones para describir un problema cotidiano y otras dos o tres oraciones con propuestas para solucionarlo. ¿De qué modalidad es cada oración? ¿Podrías lograr el mismo objetivo comunicativo usando otra modalidad oracional?

Paso 3 Fíjate en los sujetos de las oraciones que has escrito: ¿son explícitos o tácitos, agentes o pacientes? ¿Hay alguna oración impersonal? Después de identificarlos, intenta expresar la misma información con otro tipo de sujeto. ¿Cómo afecta ese cambio al significado?

EN RESUMEN

Enunciados y modalidades oracionales

La **gramática** es la disciplina que se encarga de estudiar cómo el hablante estructura la realidad en su pensamiento. Su unidad principal es la oración. La **pragmática** es la disciplina que se encarga de estudiar cómo los hablantes se comunican entre sí. Para ello se centra en los **enunciados**, que son cualquier unidad de la lengua con sentido completo y una intención comunicativa. Hay enunciados que no son oraciones porque no tienen predicado (*¡Esa puerta!*) y oraciones que no son enunciados porque no tienen sentido (*me digas la verdad*).

Según su intención comunicativa, las oraciones pueden ser:

- **Declarativas o enunciativas:** el emisor quiere informar al destinatario de una situación. Pueden ser verdaderas o falsas y afirmativas o negativas. *Salimos ahora. / No salimos.*
- **Dubitativas:** el emisor habla de una situación posible, sobre la que tiene dudas. *Quizá vayamos en autobús.*
- **Desiderativas:** el emisor expresa una situación deseable, que no es ni verdadera ni falsa. *Ojalá lleguemos pronto.*
- **Interrogativas:** el emisor quiere que el destinatario le proporcione información que no tiene. *¿Quién más viene?*
- **Exhortativas o imperativas:** el emisor quiere que el destinatario haga o crea algo. Se construyen en imperativo, con *no* + subjuntivo, con perífrasis verbales, etc. *Ven aquí.*
- **Exclamativas:** el emisor expresa las emociones o los juicios subjetivos que le suscita una determinada situación. Se escriben entre exclamaciones. *¡Qué alegría me has dado!*

Cuando el tipo de oración no se corresponde con la intención comunicativa, estamos ante **actos de habla indirectos**.

Sujeto e intención comunicativa

La intención comunicativa del hablante no solo se manifiesta en la modalidad de las oraciones, sino también en cuáles son el sujeto y el predicado. El mismo mensaje puede tener matices distintos en función del verbo y del papel que desempeñe el sujeto en esa acción.

Las oraciones en voz **pasiva**, como *El problema ha sido solucionado*, tienen un sujeto paciente. Este sujeto (*El problema*) concuerda con el verbo (*ha sido solucionado*), pero no lleva a cabo la acción expresada por él, sino que la recibe o la padece.

En las oraciones en voz pasiva, la entidad que realiza la acción desaparece o pasa a un segundo plano como **complemento agente** (*El problema ha sido solucionado por el equipo*). Si la oración se transforma en activa, el complemento agente se convierte en **sujeto agente** (*El equipo ha solucionado el problema*).

También se pueden construir oraciones pasivas manteniendo el verbo en su forma activa y añadiendo ***se***: *Se ha solucionado el problema*. Este tipo de pasivas son muy frecuentes y casi nunca aparecen con complemento agente.

Las oraciones en las que el sujeto no aparece explícito pero se puede interpretar por las desinencias verbales, tienen **sujeto tácito** (*Hemos solucionado el problema*: sujeto tácito en primera persona del plural).

En las **oraciones impersonales** no se puede identificar el referente a partir del contexto y el sujeto que determina la concordancia del verbo, siempre en tercera persona, no se refiere a una entidad identificable. Las oraciones impersonales pueden construirse con verbos meteorológicos (*Ayer llovió*), con algunas formas de los verbos *haber*, *hacer*, *estar* y *oler* (*Hay mucho tráfico*), o con se (*Se avisa a la grúa*).

PRACTICAMOS

1 **Señala si los siguientes textos son solo enunciados, solo oraciones o enunciados y oraciones.**

a. ¡Qué velada!
b. Vayáis allí.
c. Prohibido.
d. Ayer fue un día fantástico.
e. ¡Adiós!

2 **Lee el siguiente texto y responde a las preguntas.**

En su ochenta cumpleaños fuimos juntas hasta un café cercano. Ejecutó el ritual acostumbrado: se arregló con esmero, se puso unos zapatos de tacón, se colocó la peluca, se maquilló los labios...

—¿Cómo me queda?

—Muy bien...

—¿Me la bajo un poco para cubrir más la frente...?

—No, así está bien...

—Nadie diría que es una peluca...

—No, nadie lo diría...

—¿Y qué tal estoy?

—Estupenda...

Estuvimos sentadas en la terraza del café hasta que una llovizna de verano nos espantó y nos metimos dentro.

—¡Precisamente hoy tenía que llover! En mi octogésimo cumpleaños.

—Parará enseguida —dije yo.

—Lo que me faltaba, mojarme cuando cumplo los ochenta... —seguía refunfuñando ella.

DUBRAVKA UGREŠIĆ: *Baba Yagá puso un huevo*, Impedimenta

a. ¿Cuál es el sujeto de la primera oración de este texto? ¿Cómo lo has sabido?
b. ¿Qué intervenciones del diálogo son enunciados pero no son oraciones?
c. Si te fijas, esos enunciados podrían convertirse en oraciones repitiendo los verbos que se dan en la pregunta. ¿Por qué crees que no lo hacen así?
d. Localiza en el texto tres oraciones que expresen distintas intenciones comunicativas. ¿Cuál es la modalidad oracional de cada una? ¿Cómo las has distinguido?

3 **Completa estas oraciones con un verbo e indica cuál es su modalidad oracional.**

a. Ojalá ●●● pronto de excursión.
b. Quizá el próximo año ●●● en la misma clase.
c. ¡●●● ahora mismo!
d. El Ayuntamiento ●●● farolas nuevas en el parque.
e. ¿●●● a la fiesta de fin de curso?

- ¿Crees que en alguna de las oraciones anteriores la modalidad podría ser distinta si emplearas otra forma verbal? Explica por qué.

4 **Indica cuáles de las siguientes oraciones están en voz activa y cuáles en pasiva.**

a. Los bomberos han rescatado a los habitantes de la casa en llamas.

b. Encontraron un tesoro visigodo en la excavación.

c. El tejado ha sido reparado recientemente.

d. Las familias prepararán los adornos para la fiesta.

e. Los libros fueron colocados en orden alfabético.

- Ahora, transforma las oraciones activas en pasivas, y viceversa.

5 **Completa estas oraciones para que estén en voz pasiva. Después, señala cuál es el sujeto paciente y cuál es el complemento agente, si lo hay.**

a. Todos los trabajos finales ••• por los profesores.

b. La receta ••• por la mejor pastelera del país.

c. El premio al cantante revelación de este año ••• al principio de la gala.

d. Las cartas ••• por otras formas de comunicación.

6 **Observa esta imagen y piensa qué noticia podría ilustrar. Después, escribe tres titulares diferentes para esa noticia. Utiliza, en uno, una oración activa; en otro, una oración pasiva con complemento agente, y en otro, una oración pasiva con *se*.**

- ¿Cuál de los tres titulares que has escrito elegirías para la noticia? ¿Por qué?

7 **Indica si las siguientes oraciones son impersonales o si el sujeto se puede recuperar a partir del contexto.**

a. Siempre volvemos a esta hora.

b. Se está muy bien en la playa por la tarde.

c. Se esfuerza demasiado por agradar a los demás.

d. Ha llovido durante toda la noche.

8 **Compara estas parejas de oraciones. ¿En cuáles de ellas el sujeto se responsabiliza de la acción? ¿Qué estrategia se usa en las otras oraciones para despersonalizar?**

He roto un vaso.	Lo considero un error.
Se ha roto un vaso.	Se considera un error.

- Explica en qué situación podrías emplear cada una.

Mis competencias · Autoevaluación

LABORATORIO ORTOGRÁFICO

1 Reglas generales de acentuación

Acentuación de agudas, llanas y esdrújulas

Las reglas generales de acentuación son las siguientes:

- Las **palabras agudas** son aquellas cuya sílaba tónica está en último lugar. Llevan tilde cuando terminan en vocal, *-n* o *-s*: *saltar*, *ratón*.
- Las **palabras llanas** son las que tienen la sílaba tónica en penúltimo lugar. Llevan tilde cuando terminan en consonante distinta de *-n* o *-s*: *alegre*, *póster*.
- Las **palabras esdrújulas** son aquellas cuya sílaba tónica está en antepenúltimo lugar y las **palabras sobresdrújulas** tienen la sílaba tónica en una sílaba anterior a la antepenúltima. Estas palabras siempre llevan tilde: *plástico*, *llévatelo*.

1 Escribe el nombre de estas imágenes y clasifícalas en palabras agudas, llanas o esdrújulas.

a 
b 
c 
d 
e 

2 Fíjate en las siguientes palabras y escribe por qué llevan o no tilde.

examen · estrés · fábula · hotel

resumen · régimen · bambú · mecánicamente

- Transforma las palabras al plural. ¿Cambia su sílaba tónica y su acentuación?

Acentuación de diptongos e hiatos

Las palabras que contienen diptongos o hiatos siguen las siguientes reglas de acentuación:

¿Diptongo o hiato?

cerrada + cerrada (*i, u*) (*i, u*)	DIPTONGO (*acuífero, ruina*)	Siguen las reglas generales de acentuación. Si lleva tilde, recae sobre la segunda vocal.
cerrada + abierta (*i, u*) (*a, e, o*) / abierta + cerrada (*a, e, o*) (*i, u*)	DIPTONGO (*náufrago, diario*)	Siguen las reglas generales de acentuación. Si lleva tilde, recae sobre la vocal abierta.
	HIATO (*maíz, sabía*)	Siempre lleva tilde en la vocal cerrada.
abierta + abierta (*a, e, o*) (*a, e, o*)	HIATO (*oasis, faraón*)	Sigue las reglas generales de acentuación.

3 En cada grupo de palabras hay una intrusa. Localízala y explica por qué lo es.

hoy	mío	rubíes
queso	guion	muela
cuento	teatro	pueblo
maíz	travesía	laurel

4 Clasifica las palabras que representan estas imágenes según contengan diptongo o hiato y explica si llevan tilde y en qué vocal.

5 Busca palabras con diptongo o hiato en estos refranes y explica por qué llevan o no tilde.

Estación perezosa nunca fue viciosa.

De mayo al frío, señal de un buen estío.

6 Treinta personas han escrito sus palabras favoritas del español y estas han sido las que más se han repetido. Descubre cuál ha sido la palabra ganadora según los resultados de las votaciones. ¿Cuántos votos han tenido las otras palabras?

compasión | recuerdo | leer | lealtad | alegría

- Palabra aguda que contiene un hiato formado por dos vocales distintas: 2 votos.
- Palabra aguda que contiene un diptongo formado por una vocal cerrada y una abierta: 4 votos.
- Palabra aguda que contiene un hiato formado por dos vocales iguales: 5 votos.
- Palabra llana que contiene un diptongo formado por una vocal cerrada y una abierta: 9 votos.
- Palabra llana que contiene un hiato formado por una vocal cerrada y una abierta: 9 votos.

7 Bingo de palabras. Completa las casillas con ejemplos de cada tipo en el menor tiempo posible. ¡El primero que acabe debe cantar bingo!

Aguda con tilde e hiato •••	**Sobresdrújula** •••	**Llana sin tilde** •••
Llana con tilde •••	**Aguda sin tilde** •••	**Esdrújula con diptongo** •••

- Entre toda la clase, comprobad que la persona ganadora ha rellenado bien el cartón.

8 **A la caza del error.** Anota los usos incorrectos de acentuación que veas e indica dónde los has encontrado. Después, compártelo con tus compañeros.

2 La tilde diacrítica

Monosílabos

La **tilde diacrítica** es el acento ortográfico que se usa al margen de las reglas generales de acentuación para distinguir palabras con la misma forma, pero de categorías gramaticales diferentes y con distinto significado.

Los siguientes pares de monosílabos tienen dos formas, una de ellas con tilde diacrítica:

él – pronombre personal *Él quiere ir al cine.*	**el** – determinante artículo *Me dejé el cuaderno en casa.*
tú – pronombre personal *Iremos tú y yo en autobús.*	**tu** – determinante posesivo *Mañana te devuelvo tu libro.*
mí – pronombre personal *No te rías de mí.*	**mi** – determinante posesivo *Me vuelvo a mi casa.*
sí – adverbio *Sabes que sí quiero ir.*	**si** – conjunción *Si puedo me gustaría ir.*
té – nombre *Todas las mañanas me tomo un té.*	**te** – pronombre *¿Te quieres venir a cenar?*
más – adverbio de cantidad *Irene es más alta que Loreto.*	**mas** – conjunción *Tengo hambre, mas no comeré por ahora.*
sé – forma verbal de saber *¡Ya sé lo que quiero hacer!*	**se** – pronombre personal *Gonzalo se cortó el pelo.*
dé – forma verbal de *dar* *Pídele que te dé fresco el pescado.*	**de** – preposición *¿De dónde eres?*

1 **Completa las oraciones con el monosílabo correcto.**

a. ¿Quieres que ●●● (*té/te*) prepare un ●●● (*té/te*)?

b. ●●● (*Sé/Se*) me ha roto ●●● (*él/el*) bolso, ¿puedo guardar ●●● (*mí/mi*) monedero en ●●● (*tú/tu*) mochila?

c. No ●●● (*sé/se*) ●●● (*sí/si*) el examen me saldrá bien.

d. A ●●● (*mí/mi*) también me gustaría ir a París. ¿●●● (*Tú/Tu*) qué opinas?

e. Necesito que me ●●● (*dé/de*) ●●● (*mí/mi*) libro, lleva con ●●● (*él/el*) ●●● (*más/mas*) de tres meses y me lo quiero volver a leer.

f. ●●● (*Sí/Si*) me gustaría ir a ver la exposición ●●● (*dé/de*) Marta. Dicen que está siento todo un éxito y que la van a extender ●●● (*más/mas*) días.

2 **Completa las oraciones con palabras monosílabas siguiendo las pistas de la tabla.**

a. Espero que ★ ♥ cuenta ■ que se le ha enfriado ⬇ ◆.

b. Yo ♥ que tienes ● posibilidades ■ ganar que ★.

c. ¿A ti ★ han preguntado ⬇ opinión? A ★, ●.

d. ¿No tendrás ★ ⬇ móvil?

- ♥: verbo
- ■: preposición
- ◆: nombre
- ★: pronombre
- ●: adverbio
- ⬇: determinante

3 **Escribe una oración utilizando cada una de las siguientes parejas de monosílabos.**

a. de-dé

b. tu-tú

c. el-él

Interrogativos y exclamativos

Las palabras *qué, quién/es, cómo, cuál/es, cuánto/a/os/as, cuándo, dónde* y *adónde* llevan tilde diacrítica siempre que tienen un valor interrogativo o exclamativo. *¿**Cómo** has conseguido las entradas? / ¡**Cómo** nada Ana! / ¿**Cuánto** ha costado el regalo? / ¡**Cuánta** gente hay en el parque!*

Los interrogativos y exclamativos también llevan tilde diacrítica en oraciones interrogativas o exclamativas indirectas. *Dime **qué** quieres cenar; Enséñame **cómo** montar en bicicleta.*

4 **Escribe un diálogo para cada viñeta empleando interrogativos y exclamativos.**

a

b

c

5 **Completa los huecos de esta canción con la palabra adecuada. Fíjate en si tienes que usar interrogativos o exclamativos indirectos para poner la tilde diacrítica.**

¿●●● (*Cómo/Como*) salir a la luz del día?,
●●● (*cuándo/cuando*) no tengo tu compañía.
¿●●● (*Cómo/Como*) seguir mi propio camino?,
si este dolor me hace sentir vivo.

Y no sé ●●● (*cuánto/cuanto*), no sé ●●● (*cuánto/cuanto*) voy a soportarlo.
Y no sé ●●● (*dónde/donde*), no sé ●●● (*dónde/donde*), voy a dar sin ti.
Y no sé ●●● (*cómo/como*), no sé ●●● (*cómo/como*), lograré olvidarte.
No sabes ●●● (*cuánto/cuanto*) me duele este adiós.

J. Isaza, J. Villamil, M. Rengifo, P. Malaver: "Cuánto me duele", en *Sobre el amor y sus efectos secundarios*, Universal Music Spain, S. L.

6 **Continúa las oraciones usando interrogativas o exclamativas indirectas.**

a. En el control de pasaportes me preguntaron...
b. Quisiera saber...
c. Los científicos intentan averiguar...
d. No te imaginas...
e. Todavía no nos han dicho...

7 **Explica las diferencias entre estos pares de oraciones. ¿Cómo cambia el sentido de la oración por el uso de las tildes?**

a
Si voy, nos vemos.
Sí voy, nos vemos.

b
¿Quieres que te dé estos?
¿Qué té de estos quieres?

8 **A la caza del error.** **Anota los usos incorrectos de la acentuación de monosílabos e interrogativos y exclamativos que veas e indica dónde los has encontrado. Después, compártelo con tus compañeros.**

3 Palabras con *ll*/*y*/*h*

¿Con *ll* o con *y*?

Se escriben con *ll*:

- Las palabras que terminan en ***-alle***, ***-elle***, ***-ello***, ***-illa***, ***-ullo***, ***-illo***: *calle*, *fuelle*, *bello*, *silla*, *barullo*, *membrillo*.
- Las formas verbales cuyo infinitivo acaba en ***-ellar***, ***-illar***, ***-ullar***: *estrellar*, *pillar*, *aullar*.

1 Combina estas sílabas para formar palabras con *ll*.

TE LLE DES | LLO OR GU | LLO RRI CA CHAS

CA LLO BE | PA EM NA LLA DI | TA DE LLE

2 Forma verbos terminados en *-ellar*, *-illar* y *-ullar* derivados de las siguientes palabras.

destello
aúllo
ovillo
sello
rastrillo

-ellar
-illar
-ullar

Se escriben con *y*:

- Las palabras que contienen la sílaba ***-yec-***: *proyecto*.
- Las palabras acabadas en **diptongo o triptongo terminado en -*y***, así como sus plurales: *rey* → *reyes*.
  Si las palabras acabadas en diptongo en *-y* son **extranjerismos** adaptados al castellano, **pierden la *-y* al formar su plural**: *curry* (inglés) → *curri* (castellano) → *curris*.
- Las formas verbales que contienen el fonema /*y*/, pero **no contienen ni *y* ni *ll* en su infinitivo**: *caer* → *cayeron*.
- El gerundio del verbo *ir*: ***yendo***.

3 Forma todas las palabras posibles que contengan *-yec-*.

RIA TAR PRO TRA YEC

AB TO OB CION IN

4 Forma el plural o el singular de estas palabras.

buey leyes jersey paipáis

5 Clasifica en tu cuaderno las siguientes palabras según sean formas verbales o no. Después indica, en las que lo sean, qué norma ortográfica de *y* o *ll* siguen.

vayáis huya calla huella hulla pilla yendo valla maúlla sella cayó manilla grulla

Palabras con *h*

Se escriben con *h:*

- Las palabras que comienzan por **histo-**, **horm-**, **hum-** y **herm-** y sus derivados: *historia*, *húmedo*, *hermano*. Excepto *ermita*.
- Las palabras formadas con los prefijos ***hecto-*** ("cien"), ***hepta-*** ("siete"), ***hexa-*** ("seis"), ***hemi-*** ("mitad") e ***hiper-*** ("muy grande o con exceso"): *hexágono*, *hipersensible*.
- Las palabras que empiezan por ***hie-***, ***hia-***, ***hue-*** y ***hui-*** y sus derivados: *hierro*, *hiato*, *hueso*, *huida*. Excepto los que empiezan por *o*-: *huevo* → *oval*.
- Las formas de los verbos ***haber***, ***hacer***, ***hallar***, ***hablar* y *habitar***: *hay*, *hazlo*, *hallasteis*, *hablemos*, *habitan*.
- Se escriben con **h intercalada** las palabras que derivan de una palabra que se escribe con *h* inicial: *inhumano* (*humano*).

6 **Forma seis palabras que se escriban con *h* uniendo las partes que hay en cada ficha.**

herm-	-mercado
hum-	-litro
horm-	-or
hiper-	-iga
histo-	-oso
hecto-	-rieta

7 **Escribe tres palabras que empiecen con *hie-*, *hue-* y *hui-*, como las de los ejemplos.**

hie- → hierro   hue- → huerto   hui- → huiré

8 **Completa estas oraciones con la forma adecuada de los verbos.**

a. ••• (*hallar*) restos arqueológicos en las excavaciones.
b. Los dinosaurios ••• (*habitar*) todo el planeta.
c. Paula ••• (*hablar*) con el entrenador sobre su progreso.
d. Los profesores ••• (*hacer*) los exámenes orales el próximo curso.
e. "Sigue ••• (*haber*) personas que no han participado en el juego", dijo Ana.

9 **Forma todas las palabras derivadas que puedas añadiendo los prefijos *des-*, *in-* y *re-* a las siguientes.**

habitar   hilar   hacer

- ¿Qué significado adquiere cada palabra con los prefijos que has añadido?

10 **Esta máquina fabrica palabras de la misma familia léxica que empiezan por *hue-*, como la del ejemplo. ¿De qué palabra vienen? Busca las palabras en el diccionario si lo necesitas.**

óseo   onubense   orfandad
oquedad   orfelinato   osario
osamenta   **oscense**   orfanato

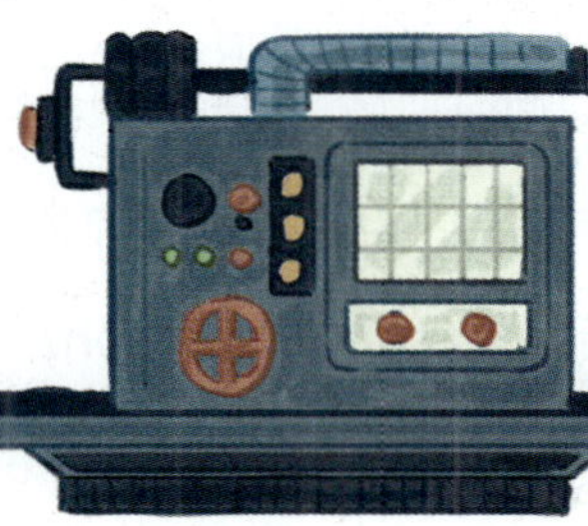

Huesca

11 **A la caza del error.** **Anota los usos incorrectos de *y*, *ll* y *h* que veas e indica dónde los has encontrado. Después, compártelo con tus compañeros.**

4 Palabras con *x* / *s*

¿Con *x* o con *s*?

Se escriben con *x*:

- Las palabras que empiezan por ***expla-***, ***expli-***, ***explo-***, ***expre-***, ***expri-*** y ***expro-***: *explayar*, *explicación*, *explorar*, *expresión*, *exprimir*, *expropiar*.
- Los prefijos ***xeno-*** ("extraño" o "extranjero"), ***extra-*** ("fuera de" o "sumamente"), ***exo-*** ("fuera"), ***hexa-*** ("seis"), ***ex-*** ("fuera", "más allá", "que ha dejado de ser"), ***maxi-*** ("muy grande" o "muy largo"): *hexágono*, *xenófilo*, *extrafino*, *exotismo*, *expresidente*, *maximizar*.
- Se escribe ***ex-*** delante de *h* o vocal: *exalumna*. Excepto en algunas palabras como *esófago*, *esencia* y *esotérico*.

1 **Une las piezas de puzle y forma palabras que contengan *expla-*, *expli-*, *explo-*, *expre-*, *expri-* o *expro-*.**

expla · expli · explo · expre · expri · expro

citar · nada · pia · so · midor · rar

2 **Ordena las sílabas y forma palabras con x. No te olvides de poner las tildes.**

a) XI · FO · NO · LO

b) XO · TI · E · CO

c) TRA · OR · DI · EX · NA · RIO

d) EX · SI · TO · QUI

e) E · HE · XA · DRO

f) MO · XI · MA

3 **Escribe todas las palabras que se te ocurran que comiencen por las siguientes sílabas. Si lo necesitas, busca en el diccionario.**

xeno- · ex- · expre- · explo-

Se escriben con *s*:

- Las palabras que terminan en ***-sión***: *comprensión*. Excepto las palabras *anexión*, *conexión*, *crucifixión*, *flexión* y *reflexión*.
- Las palabras que tienen el sonido */s/* delante de **b**, **f**, **g**, **k**, **m** y **q**: *esgrima*. Excepto *exquisito*.

4 **Transforma estos verbos en palabras que acaben en *-sión*.**

compadecer · presionar · poseer · divertir

ver · discutir · omitir · dimitir

5 Escribe el nombre de estas imágenes. ¡No olvides poner la s!

a

b

c

d

6 Completa el crucigrama con palabras con s.

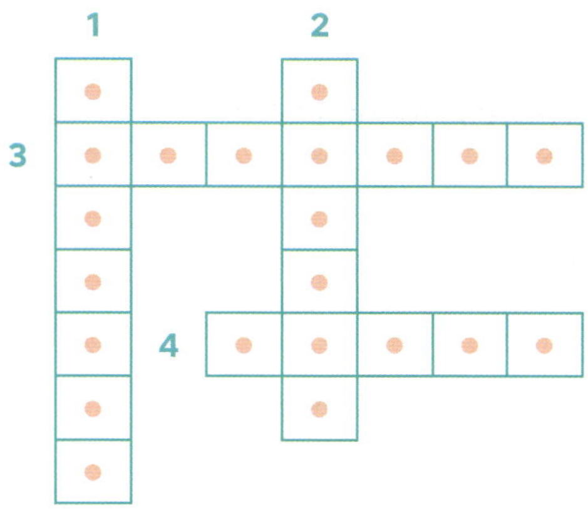

Vertical:

1. Cabalgata que se hace para celebrar o conmemorar algo.

2. Terreno poblado de árboles, arbustos y matas.

Horizontal:

3. Texto publicitario breve, ingenioso y fácil de recordar.

4. Planta que crece en lugares húmedos y que suele cubrir rocas o cortezas de árboles.

7 Lee con atención las palabras de esta lista. Sepáralas y agrúpalas según la regla que siguen.

EXTRATERRESTREFATISBOHEXPLÍCITOLEXPRESONEXPROPIACIÓNS
FANTASMAPEXPRIMIDORHDESGUACEBEXTENSIÓNRIMPRESIÓNVCONEXIÓNF
BUSQUEVRESFRIADOGHEXASÍLABOLABISMOTEXPRESIÓNAFÓSFOROL
MAXILOFACIALIQUIOSCO

8 Completa con -s- o -x- los huecos que faltan en estos enunciados.

a. Varios países de Europa tienen acuerdos de e•tradición.

b. Hemos tenido que aplazar la e•cursión por el mal tiempo.

c. Marta se preparó el examen final de Filosofía haciendo un e•quema con la información más importante.

d. Tuvo que comprarse otros zapatos porque se le de•gastaron los que ya tenía.

e. Paula estaba e•hausta después del congreso de científicos.

f. Antonio se toma todas las mañanas un café e•preso.

g. Al notar la repercu•ión de sus palabras, di•minuyó su tono de voz.

9 Observa las siguientes parejas de palabras y explica en qué se diferencia su significado si llevan s o x. Si lo necesitas, consulta el diccionario.

a estirpe / extirpe

b espiar / expiar

c contesto / contexto

10 **A la caza del error.** Anota los usos incorrectos de x y s que veas e indica dónde los has encontrado. Después, compártelo con tus compañeros.

5 El punto. La coma. Los dos puntos. El punto y coma

Signos de puntuación

Se utilizan distintos tipos de **punto** (.) para:

- Separar enunciados dentro de un mismo párrafo: **punto y seguido**.
- Separar párrafos de un texto que desarrollan contenidos distintos, normalmente dentro del mismo tema: **punto y aparte**.
- Marcar el final de un texto: **punto final**.

1 Indica los distintos tipos de punto que aparecen en este texto.

> El mensaje a Textil ha sido el último de la jornada de hoy. Aunque se supone que Renée debería haber acabado de trabajar hace quince minutos, la reparación de algunas fibras de la envoltura de babor es crucial, y más ahora que solo quedan dos días para el abordaje a Scorpius, así que la mensajera ha hecho una excepción.
>
> Renée se apoya en el ventanal de una de las galerías de la segunda planta. Apenas hay nubes en el cielo. Puede deslumbrar un sinfín de tonos marrones, verdes y azules a varios kilómetros por debajo de Casiopea. Hoy vuelan muy alto.
>
> RAÚL CARONTE: *La memoria de las nubes*, Siren Books

Se usa la **coma** (,) para:

- Separar los elementos de una enumeración si no van unidos por las conjunciones *y*, *o*, *ni*. *Para la receta necesito garbanzos, tomate, pepino y pimiento.*
- Introducir una explicación. *Pablo, mi hermano, está viviendo en Zaragoza.*
- Separar el vocativo, que es el nombre de la persona a la que nos dirigimos. *Marta, mañana nos vemos en el cine.*
- Aislar expresiones como *es decir*, *por ejemplo*, *en fin*, *por último* y *además*. *Podemos jugar a otra cosa, por ejemplo, al parchís.*
- Indicar que se ha omitido el verbo. *Pablo y Juana juegan al fútbol; nosotros, no.*

2 Rescribe las oraciones con las comas que faltan.

a. Tengo que meter en la mochila el cuaderno la agenda el estuche y los libros.
b. Julia saca al perro cuando llegues a casa.
c. Les doy las gracias en fin por ayudarme tanto en este proyecto.
d. Javier es murciano y Amaia pamplonesa.
e. Mañana hemos quedado a comer con Juan Daniela y su familia.

3 ¿Dónde debes colocar las comas en esta oración si solo dos personas son miembros de un grupo de música?

Marcos mi hermano y yo tenemos un grupo de música.

- ¿Cómo tendrías que rescribir la oración para que ahora fueran tres los miembros del grupo de música?

4 Lee estos dos enunciados. ¿En qué oración el hablante se dirige a Sergio? ¿Quién es el más creativo de la clase en cada oración? Explica por qué.

a) Sergio es el más creativo de la clase.

b) Sergio, es el más creativo de la clase.

Se usan los **dos puntos** (:) :

- En encabezamientos de cartas, instancias, discursos, etc. *Estimados compañeros: Nos hemos reunido hoy aquí para celebrar el aniversario de nuestra promoción.*
- Al reproducir textualmente lo que ha dicho una persona. *Bárbara dijo: "Este año voy a hacer una fiesta en mi cumpleaños".*
- Delante de una enumeración. *La bandera de Extremadura tiene forjas de tres colores: blanco, verde y negro.*
- Delante de una oración que es una aclaración, causa o consecuencia de otra anterior. *Tiene que trabajar el lunes: no podrá ir a la excursión.*

5 **Indica el uso de los dos puntos en cada oración.**

a. Se quedó dormido: perdió el autobús.
b. Queridos amigos: Os escribo para saludaros.
c. El alcalde prometió: "Se construirán más kilómetros de carril bici".
d. Durante las vacaciones podemos dedicar más tiempo a las cosas que nos gustan: pasear, leer, hacer excursiones por el campo...
e. Al fin encontraron el origen de su malestar: había cogido una infección.

Se usa el **punto y coma** (;) para:

- Unir oraciones que guardan relación de significado, pero que están construidas de forma independiente. *Cogió el teléfono cuando sonó; no era su hermano.*
- Separar oraciones de otras que empiezan por expresiones como *sin embargo*, *no obstante*, *por el contrario*, etc. *El color con el que has pintado la pared no me gusta mucho; no obstante, reconozco que queda bastante bien.*
- Para separar elementos dentro de una enumeración en la que ya hay comas. *Paco compró unas gafas; Cristina, una mochila; Carina, unos zapatos nuevos.*

6 **Añade en estas oraciones coma y punto y coma donde sea necesario.**

a. Marta pidió macarrones ● Ángel ● crema de calabacín ● Mario ● tortilla de patatas.
b. Aquí llueve mucho en invierno ● en cambio ● en verano no cae ni una gota.
c. Esta exposición ya la he visto ● sin embargo ● no me importa ir otra vez contigo.
d. El concierto se suspendió ● devolvieron el dinero a todo el mundo.
e. No te vayas ● todavía no he terminado de contarte todo.
f. He viajado a muchos países: Lisboa ● Portugal ● Mánchester ● Reino Unido ● Múnich ● Alemania ● Seúl ● Corea ● Reikiavik ● Islandia.

7 **Escribe una oración con cada una de estas expresiones.**

no obstante | en cambio | por el contrario

8 **Basándote en las notas del cuaderno, escribe un correo electrónico usando los signos de puntuación necesarios.**

Voy a escribir a Luis. Siento que no haya podido venir, lo he echado de menos. Le contaré las ciudades en las que hemos estado y los museos y monumentos que hemos visitado. También le hablaré de las personas que hemos conocido y le contaré lo que nos pasó en el aeropuerto de Venecia, se partirá de risa.

9 **A la caza del error.** Anota los usos incorrectos de puntuación que veas e indica dónde los has encontrado. Después, compártelo con tus compañeros.

6 Las comillas. Los puntos suspensivos. La raya. Los paréntesis. Los corchetes

Más signos de puntuación

Se utilizan las **comillas** (" ") para:

- Reproducir citas textuales. *Marcos dijo "Si salimos a las 9 de casa, llegaremos por la mañana".*
- Indicar una palabra con un sentido especial o irónico. *En Zaragoza hace "fresquito" en verano.*
- Destacar una palabra o una expresión de otra lengua. *Le gusta escuchar música un poco "random".*
- Señalar que una palabra se emplea con uso metalingüístico. *La palabra "arroz" es aguda.*
- Presentar títulos o apodos. *Juan, "el rubio", se ha comprado un móvil nuevo.*

1 **Escribe una oración para cada uno de los usos de las comillas.**

Los **puntos suspensivos** (...) se usan para:

- Indicar una enumeración incompleta. *En la mochila llevaba bolis, pañuelos, monedas...*
- Expresar suspense, misterio o sorpresa. *Oí un sonido extraño... ¡era un conejo!*
- Señalar la interrupción voluntaria de un discurso. *Los vimos ahí y... Bueno, ya sabéis cómo fue.*

2 **Explica la función de los puntos suspensivos en los siguientes enunciados.**

a. En verano puedes hacer lo que quieras: ir a la piscina, leer, salir con tus amigos...

b. Si yo te contara todo lo que me ha ocurrido este finde...

c. Nos pasaron cosas muy raras estas vacaciones. Nos cancelaron el vuelo, llegamos dos días más tarde, perdí mi maleta..., bueno ya sabes, fue todo un poco caótico.

La **raya** (—) se utiliza cuando queremos:

- Señalar las diferentes intervenciones de un diálogo.
- Separar las palabras del narrador de las del personaje que interviene.
- Delimitar los incisos.

3 **Señala qué uso de la raya se hace en este diálogo.**

> —¿Qué ruta habéis seguido? —preguntó el entrevistador
> —Hemos hecho el tour por Europa —pasamos por España, Italia y Portugal— y la semana que viene viajamos a América del Sur.
> —¡Disfrutad mucho del resto de la gira!

Los **paréntesis** (...) se emplean con el fin de:

- Interrumpir el enunciado para introducir incisos, comentarios o un dato aclaratorio.
- Introducir acotaciones en una obra teatral.

4 **Lee este cartel y explica por qué se usan los paréntesis en cada caso.**

> CENTRO DE BAILE DYNAMITE
> C/Puerto de Tarna, 6 (Oviedo)
>
> NUEVAS OFERTAS
> (Solo lunes, miércoles y viernes)
> 2 clases a la semana: 20 €
> 3 clases a la semana: 25 €
> ¡Con bailarines profesionales!
>
> OFERTA ESPECIAL
> (Solo para socios)

5 Completa los huecos que faltan con paréntesis. Después, explica qué uso tienen.

●●● *Isabel en la biblioteca hojeando libros mientras busca un texto. Entra Inés* ●●● .

INÉS: ¿Has encontrado un texto que nos sirva?

ISABEL: ●●● *Desesperada* ●●●. No encuentro nada.

INÉS: ¿Por qué no te lo inventas?

ISABEL: El teatro me da mucho respeto. Una vez tuve que inventar un texto teatral para clase ●●● no me quedó muy bien ●●●. Desde entonces, prefiero escribir narraciones.

INÉS: Bueno, ¡pero no pasa nada! La práctica hace al experto ●●● y sabes que peor no te va a quedar ●●●. ¡Ya verás como este te queda mejor!

ISABEL: ●●● *Alegre y con confianza* ●●●. Pues igual tienes razón, venga, voy a intentarlo.

Los **corchetes** ([ ]) se utilizan para:

- Aislar comentarios o aclaraciones dentro de un texto ajeno. *Luis contó que sabía hablar en italiano [en realidad, solo sabía decir hola y adiós].*
- Indicar la omisión de un fragmento en un texto; en este caso, encierran puntos suspensivos ([...]). *Se despertó por la noche y oyó un ruido extraño [...]. Cuando llegó al salón se dio cuenta de que era su padre roncando.*

6 Elimina la información que no es fundamental en este texto añadiendo corchetes.

¿Alguna vez te has preguntado por qué tu perro se apoya todo el rato encima de ti? Seguro que, muchas veces, cuando estás sentado en el sofá o en la cama, tu perro suele apoyar su cabeza sobre ti para que lo acaricies. Esto ocurre porque tu perro se siente cómodo a tu lado y así le ofreces calor y seguridad, les recuerda a cuando eran cachorros y solían dormir, junto a su camada, uno encima de otro, protegiéndose del frío. Tu perro se siente seguro y protegido a tu lado, y por eso actúa de esa manera.

7 Lee este texto y explica por qué se usan comillas, paréntesis y corchetes.

https://www.elmundo.es/ciencia/2016/01/27/56a8e19c46163ff0768b4591.html

La máquina vuelve a ganar al hombre

Desarrollar una computadora capaz de vencer a un profesional del GO era uno de los mayores retos para los expertos en Inteligencia Artificial. [...]

Ahora han logrado que un sistema de Inteligencia Artificial gane al GO. Uno de los mejores jugadores profesionales, el chino Fan Hui (tres veces campeón de Europa) perdió de forma abrumadora (5-0) ante el programa AlphaGo, desarrollado por Google DeepMind. En otra partida informal entre Fan Hui y AlphaGo, el resultado fue 3-2, también a favor de la máquina. "Combinamos las mejores técnicas de aprendizaje de máquinas [machine learning] con sistemas de neurociencia para construir potentes algoritmos para el aprendizaje", explica la compañía Google DeepMind en su web. [...] Para dotar al sistema de redes neuronales, entrenan al programa, que aprende directamente de expertos humanos y refuerza el aprendizaje jugando consigo mismo. Su porcentaje de victorias frente a otros programas capaces de jugar al GO es del 99,8 %, según los datos recogidos en este estudio.

Teresa Guerrero

8 **A la caza del error.** Anota los usos incorrectos de puntuación que veas e indica dónde los has encontrado. Después, compártelo con tus compañeros.

DETERMINANTES Y PRONOMBRES

CONJUGACIÓN VERBAL

DETERMINANTES Y PRONOMBRES

Los determinantes

Artículos		
Determinantes	*el, la, los, las*	*el cielo, las piedras*
Indeterminados	*un, una, unos, unas*	*un vaso, unas hojas*

Demostrativos		
De cercanía	*este, esta, estos, estas*	*este reloj, estas historias*
De distancia media	*ese, esa, esos, esas*	*esa manta, esos abrigos*
De lejanía	*aquel, aquella, aquellos, aquellas*	*aquel paraíso, aquellos focos*

Posesivos			
Un poseedor	1.ª persona	*mi, mis*	*mi cama, mis amigos*
	2.ª persona	*tu, tus*	*tu colegio, tus pendientes*
	3.ª persona	*su, sus*	*su victoria, sus trofeos*
Varios poseedores	1.ª persona	*nuestro, nuestra, nuestros, nuestras*	*nuestro peluche, nuestras cartas*
	2.ª persona	*vuestro, vuestra, vuestros, vuestras*	*vuestra aula, vuestros hermanos*
	3.ª persona	*su, sus*	*su amabilidad, sus familiares*
*Recuerda que existen otros posesivos que no son determinantes, sino adjetivos. Son los siguientes: *mío*, *míos*, *tuyo*, *tuyos*, *suyo*, *suyos*, *nuestro*, *nuestros*, *vuestro*, *vuestros*, *suyo*, *suyos* (*la amiga mía*, *el coche suyo*, *los profesores nuestros*).			

Números cardinales	
dos, siete, catorce, dieciocho, veinte, treinta y dos, cien, etc.	*siete cuentos, dieciocho años, veinte caramelos*

Cuantificadores imprecisos	
poco, poca, pocos, pocas, muchos, muchas, algunos, algunas, cualquier, demasiado, demasiada, demasiados, demasiadas, ningún, ninguna, ningunos, ningunas, etc.	*poco trabajo, muchas entrevistas, algunos zapatos, cualquier momento, demasiada gente*

Interrogativos y exclamativos	
qué, cuál, cuáles, cuánto, cuánta, cuántos, cuántas	*qué calor, cuánta imaginación, cuál libro, cuántos gatos*

Los pronombres

Pronombres personales			
Singular	1.ª persona	*yo, mí, me, conmigo*	*Yo viajaré a México; Ven conmigo a la cena.*
	2.ª persona	*tú, usted, ti, te, contigo*	*¿Tú vendrás?, Te lo daré mañana.*
	3.ª persona	*él, ella, ello, sí, consigo, le, la, lo, se*	*Ella está aquí; No lo necesito.*
Plural	1.ª persona	*nosotros, nosotras, nos*	*Nosotros no estamos invitados; ¿Nos llamarán pronto?*
	2.ª persona	*vosotros, vosotras, ustedes, os*	*¡Vosotras sois las campeonas!; Os lo dije ayer.*
	3.ª persona	*ellos, ellas, sí, consigo, les, las, los, se*	*Hablaban consigo mismos; Les ofrezco mi casa.*

Demostrativos		
De cercanía	*este, esto, esta, estos, estas*	*Esto está sucio; ¿Son estas las que quieres?*
De distancia media	*ese, eso, esa, esos, esas*	*Mi preferido es ese; Tráeme esas.*
De lejanía	*aquel, aquello, aquella, aquellos, aquellas*	*Aquella es más grande; Los míos son aquellos.*

Números cardinales	
uno, cinco, ocho, quince, veintiuno, cuarenta y cinco, setenta, etc.	*Coge cinco de aquella estantería; Coloca quince en la mesa.*

Cuantificadores imprecisos	
nadie, poco, poca, pocos, pocas, muchos, muchas, algo, alguno, alguna, algunos, algunas, cualquier, demasiado, demasiada, demasiados, demasiadas, ninguno, ninguna, ningunos, ningunas, etc.	*Échame poco en este vaso; Dame algo; Conozco a muchos de mi equipo de balonmano; No tengo ninguna.*

Interrogativos y exclamativos	
qué, cuál, cuáles, cuánto, cuánta, cuántos, cuántas, quién, quiénes	*¡Qué dices!; ¿Cuáles has utilizado?; ¿Quiénes vinieron al concierto?*

CONJUGACIÓN VERBAL

Verbos regulares: *amar* (1.ª conjugación)

Indicativo				
Presente	**Pretérito imperfecto**	**Pretérito perfecto simple**	**Futuro simple**	**Condicional simple**
amo amas ama amamos amáis aman	amaba amabas amaba amábamos amabais amaban	amé amaste amó amamos amasteis amaron	amaré amarás amará amaremos amaréis amarán	amaría amarías amaría amaríamos amaríais amarían
Pretérito perfecto compuesto	**Pretérito pluscuamperfecto**	**Pretérito anterior**	**Futuro compuesto**	**Condicional compuesto**
he amado has amado ha amado hemos amado habéis amado han amado	había amado habías amado había amado habíamos amado habíais amado habían amado	hube amado hubiste amado hubo amado hubimos amado hubisteis amado hubieron amado	habré amado habrás amado habrá amado habremos amado habréis amado habrán amado	habría amado habrías amado habría amado habríamos amado habríais amado habrían amado

Subjuntivo		
Presente	**Pretérito imperfecto**	**Futuro simple**
ame ames ame amemos améis amen	amara o amase amaras o amases amara o amase amáramos o amásemos amarais o amaseis amaran o amasen	amare amares amare amáremos amareis amaren
Pretérito perfecto compuesto	**Pretérito pluscuamperfecto**	**Futuro compuesto**
haya amado hayas amado haya amado hayamos amado hayáis amado hayan amado	hubiera o hubiese amado hubieras o hubieses amado hubiera o hubiese amado hubiéramos o hubiésemos amado hubierais o hubieseis amado hubieran o hubiesen amado	hubiere amado hubieres amado hubiere amado hubiéremos amado hubiereis amado hubieren amado

Imperativo
ama, amad

Formas no personales		
Infinitivo	**Participio**	**Gerundio**
amar, haber amado	amado	amando, habiendo amado

Verbos regulares: *temer* (2.ª conjugación)

Indicativo				
Presente	**Pretérito imperfecto**	**Pretérito perfecto simple**	**Futuro simple**	**Condicional simple**
temo temes teme tememos teméis temen	temía temías temía temíamos temíais temían	temí temiste temió temimos temisteis temieron	temeré temerás temerá temeremos temeréis temerán	temería temerías temería temeríamos temeríais temerían
Pretérito perfecto compuesto	**Pretérito pluscuamperfecto**	**Pretérito anterior**	**Futuro compuesto**	**Condicional compuesto**
he temido has temido ha temido hemos temido habéis temido han temido	había temido habías temido había temido habíamos temido habíais temido habían temido	hube temido hubiste temido hubo temido hubimos temido hubisteis temido hubieron temido	habré temido habrás temido habrá temido habremos temido habréis temido habrán temido	habría temido habrías temido habría temido habríamos temido habríais temido habrían temido

Subjuntivo		
Presente	**Pretérito imperfecto**	**Futuro simple**
tema temas tema temamos temáis teman	temiera o temiese temieras o temieses temiera o temiese temiéramos o temiésemos temierais o temieseis temieran o temiesen	temiere temieres temiere temiéremos temiereis temieren
Pretérito perfecto compuesto	**Pretérito pluscuamperfecto**	**Futuro compuesto**
haya temido hayas temido haya temido hayamos temido hayáis temido hayan temido	hubiera o hubiese temido hubieras o hubieses temido hubiera o hubiese temido hubiéramos o hubiésemos temido hubierais o hubieseis temido hubieran o hubiesen temido	hubiere temido hubieres temido hubiere temido hubiéremos temido hubiereis temido hubieren temido

Imperativo
teme, temed

Formas no personales		
Infinitivo	**Participio**	**Gerundio**
temer, haber temido	temido	temiendo, habiendo temido

CONJUGACIÓN VERBAL

Verbos regulares: *partir* (3.ª conjugación)

Indicativo				
Presente	**Pretérito imperfecto**	**Pretérito perfecto simple**	**Futuro simple**	**Condicional simple**
parto partes parte partimos partís parten	partía partías partía partíamos partíais partían	partí partiste partió partimos partisteis partieron	partiré partirás partirá partiremos partiréis partirán	partiría partirías partiría partiríamos partiríais partirían
Pretérito perfecto compuesto	**Pretérito pluscuamperfecto**	**Pretérito anterior**	**Futuro compuesto**	**Condicional compuesto**
he partido has partido ha partido hemos partido habéis partido han partido	había partido habías partido había partido habíamos partido habíais partido habían partido	hube partido hubiste partido hubo partido hubimos partido hubisteis partido hubieron partido	habré partido habrás partido habrá partido habremos partido habréis partido habrán partido	habría partido habrías partido habría partido habríamos partido habríais partido habrían partido

Subjuntivo		
Presente	**Pretérito imperfecto**	**Futuro simple**
parta partas parta partamos partáis partan	partiera o partiese partieras o partieses partiera o partiese partiéramos o partiésemos partierais o partieseis partieran o partiesen	partiere partieres partiere partiéremos partiereis partieren
Pretérito perfecto compuesto	**Pretérito pluscuamperfecto**	**Futuro compuesto**
haya partido hayas partido haya partido hayamos partido hayáis partido hayan partido	hubiera o hubiese partido hubieras o hubieses partido hubiera o hubiese partido hubiéramos o hubiésemos partido hubierais o hubieseis partido hubieran o hubiesen partido	hubiere partido hubieres partido hubiere partido hubiéremos partido hubiereis partido hubieren partido

Imperativo
parte, partid

Formas no personales		
Infinitivo	**Participio**	**Gerundio**
partir, haber partido	partido	partiendo, habiendo partido

Verbos irregulares: *acertar* (1.ª conjugación)

Indicativo				
Presente	**Pretérito imperfecto**	**Pretérito perfecto simple**	**Futuro simple**	**Condicional simple**
acierto	acertaba	acerté	acertaré	acertaría
aciertas	acertabas	acertaste	acertarás	acertarías
acierta	acertaba	acertó	acertará	acertaría
acertamos	acertábamos	acertamos	acertaremos	acertaríamos
acertáis	acertabais	acertasteis	acertaréis	acertaríais
aciertan	acertaban	acertaron	acertarán	acertarían
Pretérito perfecto compuesto	**Pretérito pluscuamperfecto**	**Pretérito anterior**	**Futuro compuesto**	**Condicional compuesto**
he acertado	había acertado	hube acertado	habré acertado	habría acertado
has acertado	habías acertado	hubiste acertado	habrás acertado	habrías acertado
ha acertado	había acertado	hubo acertado	habrá acertado	habría acertado
hemos acertado	habíamos acertado	hubimos acertado	habremos acertado	habríamos acertado
habéis acertado	habíais acertado	hubisteis acertado	habréis acertado	habríais acertado
han acertado	habían acertado	hubieron acertado	habrán acertado	habrían acertado

Subjuntivo		
Presente	**Pretérito imperfecto**	**Futuro simple**
acierte	acertara o acertase	acertare
aciertes	acertaras o acertases	acertares
acierte	acertara o acertase	acertare
acertemos	acertáramos o acertásemos	acertáremos
acertéis	acertarais o acertaseis	acertareis
acierten	acertaran o acertasen	acertaren
Pretérito perfecto compuesto	**Pretérito pluscuamperfecto**	**Futuro compuesto**
haya acertado	hubiera o hubiese acertado	hubiere acertado
hayas acertado	hubieras o hubieses acertado	hubieres acertado
haya acertado	hubiera o hubiese acertado	hubiere acertado
hayamos acertado	hubiéramos o hubiésemos acertado	hubiéremos acertado
hayáis acertado	hubierais o hubieseis acertado	hubiereis acertado
hayan acertado	hubieran o hubiesen acertado	hubieren acertado

Imperativo
acierta, acertad

Formas no personales		
Infinitivo	**Participio**	**Gerundio**
acertar, haber acertado	acertado	acertando, habiendo acertado

CONJUGACIÓN VERBAL

Verbos irregulares: *agradecer* (2.ª conjugación)

Indicativo				
Presente	**Pretérito imperfecto**	**Pretérito perfecto simple**	**Futuro simple**	**Condicional simple**
agradezco agradeces agradece agradecemos agradecéis agradecen	agradecía agradecías agradecía agradecíamos agradecíais agradecían	agradecí agradeciste agradeció agradecimos agradecisteis agradecieron	agradeceré agradecerás agradecerá agradeceremos agradeceréis agradecerán	agradecería agradecerías agradecería agradeceríamos agradeceríais agradecerían
Pretérito perfecto compuesto	**Pretérito pluscuamperfecto**	**Pretérito anterior**	**Futuro compuesto**	**Condicional compuesto**
he agradecido has agradecido ha agradecido hemos agradecido habéis agradecido han agradecido	había agradecido habías agradecido había agradecido habíamos agradecido habíais agradecido habían agradecido	hube agradecido hubiste agradecido hubo agradecido hubimos agradecido hubisteis agradecido hubieron agradecido	habré agradecido habrás agradecido habrá agradecido habremos agradecido habréis agradecido habrán agradecido	habría agradecido habrías agradecido habría agradecido habríamos agradecido habríais agradecido habrían agradecido

Subjuntivo		
Presente	**Pretérito imperfecto**	**Futuro simple**
agradezca agradezcas agradezca agradezcamos agradezcáis agradezcan	agradeciera o agradeciese agradecieras o agradecieses agradeciera o agradeciese agradeciéramos o agradeciésemos agradecierais o agradecieseis agradecieran o agradeciesen	agradeciere agradecieres agradeciere agradeciéremos agradeciereis agradecieren
Pretérito perfecto compuesto	**Pretérito pluscuamperfecto**	**Futuro compuesto**
haya agradecido hayas agradecido haya agradecido hayamos agradecido hayáis agradecido hayan agradecido	hubiera o hubiese agradecido hubieras o hubieses agradecido hubiera o hubiese agradecido hubiéramos o hubiésemos agradecido hubierais o hubieseis agradecido hubieran o hubiesen agradecido	hubiere agradecido hubieres agradecido hubiere agradecido hubiéremos agradecido hubiereis agradecido hubieren agradecido

Imperativo
agradece, agradeced

Formas no personales		
Infinitivo	**Participio**	**Gerundio**
agradecer, haber agradecido	agradecido	agradeciendo, habiendo agradecido

Verbos irregulares: *pedir* (3.ª conjugación)

Indicativo				
Presente	**Pretérito imperfecto**	**Pretérito perfecto simple**	**Futuro simple**	**Condicional simple**
pido pides pide pedimos pedís piden	pedía pedías pedía pedíamos pedíais pedían	pedí pediste pidió pedimos pedisteis pidieron	pediré pedirás pedirá pediremos pediréis pedirán	ped ría ped rías ped ría ped ríamos ped ríais ped rían
Pretérito perfecto compuesto	**Pretérito pluscuamperfecto**	**Pretérito anterior**	**Futuro compuesto**	**Condicional compuesto**
he pedido has pedido ha pedido hemos pedido habéis pedido han pedido	había pedido habías pedido había pedido habíamos pedido habíais pedido habían pedido	hube pedido hubiste pedido hubo pedido hubimos pedido hubisteis pedido hubieron pedido	habré pedido habrás pedido habrá pedido habremos pedido habréis pedido habrán pedido	hab ía pedido hab ías pedido hab ía pedido hab íamos pedido hab íais pedido hab ían pedido

Subjuntivo		
Presente	**Pretérito imperfecto**	**Futuro simple**
pida pidas pida pidamos pidáis pidan	pidiera o pidiese pidieras o pidieses pidiera o pidiese pidiéramos o pidiésemos pidierais o pidieseis pidieran o pidiesen	pidiere pidieres pidiere pidiéremos pidiereis pidieren
Pretérito perfecto compuesto	**Pretérito pluscuamperfecto**	**Futuro compuesto**
haya pedido hayas pedido haya pedido hayamos pedido hayáis pedido hayan pedido	hubiera o hubiese pedido hubieras o hubieses pedido hubiera o hubiese pedido hubiéramos o hubiésemos pedido hubierais o hubieseis pedido hubieran o hubiesen pedido	hubiere pedido hubieres pedido hubiere pedido hubiéremos pedido hubiereis pedido hubieren pedido

Imperativo
pide, pedid

Formas no personales		
Infinitivo	**Participio**	**Gerundio**
pedir, haber pedido	pedido	pidiendo, habiendo pedido

Bloque 4 EDUCACIÓN LITERARIA

Lecturas recomendadas

Adolescer 2055. Una obra de teatro que habla de lo que fuimos, de lo que somos y de lo que seremos si no hacemos nada por evitarlo.

De todo corazón. Un acercamiento a los grandes poemas de amor de la literatura española e hispanoamericana de los siglos XIX y XX.

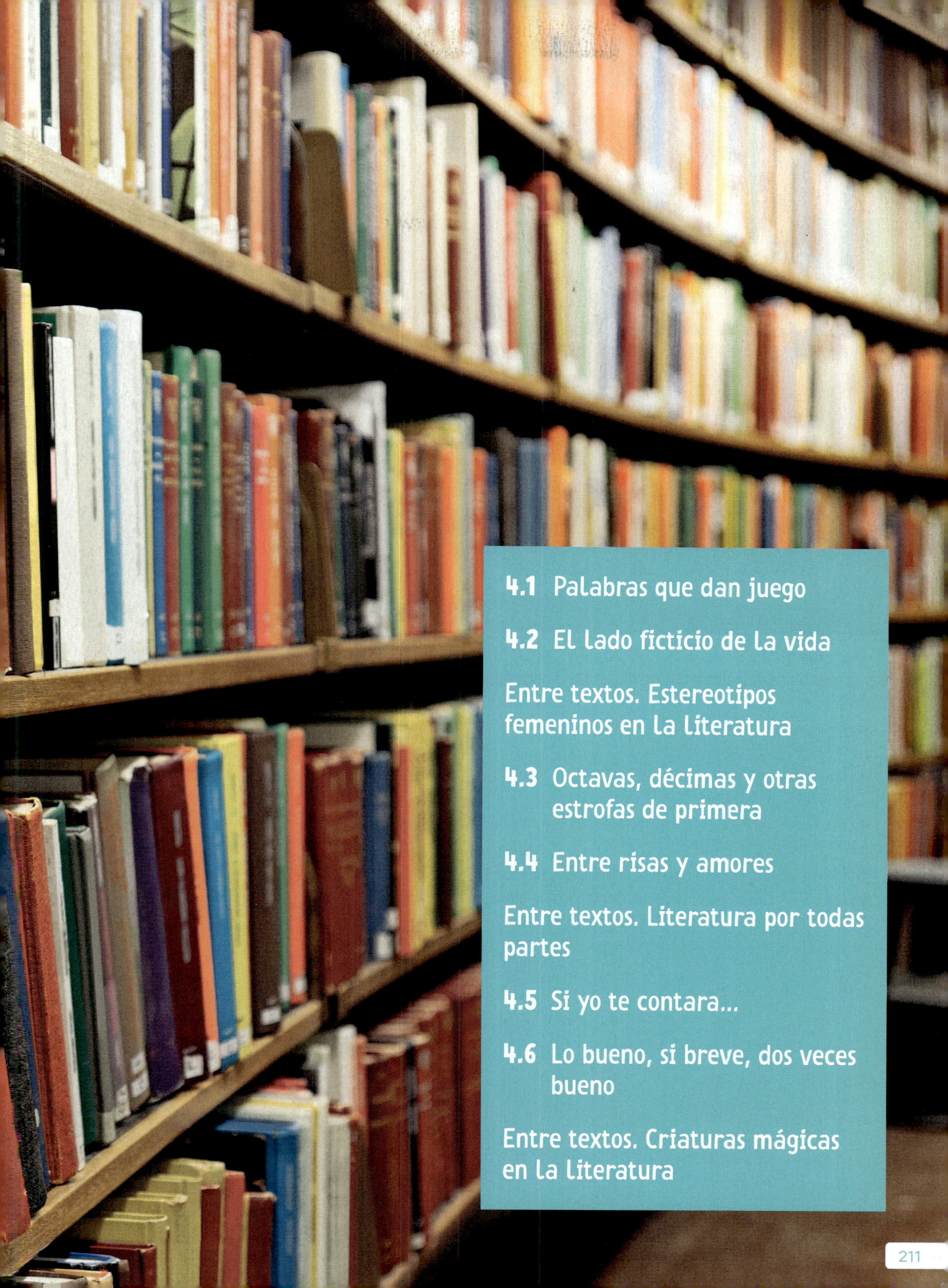

4.1 Palabras que dan juego

¡EMPEZAMOS!

Vivimos en la era de la comunicación y esto hace que estemos rodeados de mensajes que buscan atrapar nuestra atención. La manera que la publicidad tiene para lograrlo es despertar nuestro lado más poético. Observa cómo lo hace una marca de coches.

Kia España

- Juan Gómez-Jurado es un autor de novela negra. ¿Qué explica acerca de su profesión en el vídeo?
- ¿Con qué compara escribir delante de una pared? ¿Qué necesita hacer para inspirarse?
- ¿Qué vinculación puede existir entre el modo en el que se inspira este escritor y la presentación de nuevos modelos de coches?
- ¿Qué imágenes del vídeo están relacionadas con la movilidad y los coches?
- ¿Con qué sentimientos o sensaciones nos conecta este vídeo: libertad, grandeza, autenticidad, creatividad, etc.? Di al menos tres palabras.

¡VAMOS A APRENDER!

1. Implicarnos en las puestas en común de clase.
2. Entender qué es la literatura.
3. Comprender la función de las figuras retóricas.
4. Diferenciar recursos literarios según el elemento que alteren.
5. Descubrir figuras literarias en textos cotidianos.

NUESTRO RETO

¡Te lo compro!

¿Te has fijado en la cantidad de juegos de palabras que se utilizan en publicidad? Piénsalo, porque vas a crear anuncios con una mezcla de ingenio, palabras y recursos literarios para conseguir impactar a tus compañeros.

La literatura y sus recursos

Más allá de las palabras

1 Lee estos textos y señala cuál de ellos crees que es literario. ¿Tienen la misma finalidad?

libro:

1. Conjunto de muchas hojas de papel u otro material semejante que, encuadernadas, forman un volumen.

2. Obra científica, literaria o de cualquier otra índole con extensión suficiente para formar volumen, que puede aparecer impresa o en otro soporte.

www.dle.rae.es

L

Libro
hermoso,
libro,
mínimo bosque,
hoja
tras hoja,
huele
tu papel
a elemento.

PABLO NERUDA: *Odas elementales*, Losada

La **literatura** consiste en emplear las palabras de manera diferente a la habitual en la comunicación cotidiana, para emocionar y crear sensaciones, con la finalidad de ser transmitida tanto de forma oral como escrita.

2 Observa esta escena de *El castillo ambulante* y responde a las preguntas.

a. Por las imágenes que has visto, ¿dirías que la película cuenta una historia real o fantástica?

b. ¿Qué detalles de las imágenes te hacen pensar así?

c. La película está inspirada en un libro. ¿Conoces otras obras literarias que hayan dado el salto del papel a las pantallas de cine?

El significado cuenta

3 En la literatura y en el cine pueden suceder cosas que jamás ocurrirían en el mundo real. En el cine se consigue con recursos visuales, mientras que en la literatura se puede jugar con el sonido, el orden o el significado de las palabras. ¿Qué hecho peculiar sucede en este texto?

—Creo que anoche perdimos el tiempo correteando por las marismas —se lamentó Sophie, y Michael asintió con tristerza. Estaba claro que se sentía como un idiota—. Fue culpa mía. Abrí la puerta.

—¿Qué había fuera? —preguntó Michael con gran interés.

Pero Howl bajó a toda prisa en este momento.

—Por lo visto, no tengo ese libro —dijo. Ahora parecía molesto—. Michael, ¿de verdad te he oído decir que salisteis e intentasteis atrapar una estrella fugaz?

—Sí, pero estaba muerta de miedo y se ahogó al caerse en una charca —musitó Michael.

DIANA WYNNE JONES: *El castillo ambulante*, Nocturna

¿Te has fijado en que en el texto las estrellas se asustan, se caen y se ahogan? Hay trucos literarios que juegan a alterar el significado de las palabras para crear nuevas realidades. Se llaman **recursos semánticos** y estos son algunos de ellos:

> Hoy la tierra y los cielos me sonríen;
> hoy llega al fondo de mi alma el sol.
>
> GUSTAVO ADOLFO BÉCQUER: *Rimas y leyendas*, SM

La **personificación** es la atribución de acciones y capacidades propias de las personas a objetos o a animales.

> Es hielo abrasador, es fuego helado,
> es herida que duele y no se siente.
>
> FRANCISCO DE QUEVEDO: *Obras completas*, Biblioteca ibérica

La unión de dos palabras con significados opuestos, que dan lugar a un significado nuevo y sugerente se llama **oxímoron**.

4 Los recursos literarios no solo se emplean en la literatura, sino que también son frecuentes en el lenguaje cotidiano, los refranes, la publicidad, etc. Observa estos ejemplos y piensa en otros que puedas encontrar en tu día a día.

Ejemplo → *La primavera la sangre altera; la suerte me sonríe; el amor llamó a su puerta.*

5 **PLANTEAMOS JUNTOS.** ¿Podemos considerar que hay oxímoron en las palabras y expresiones *agridulce*, *claroscuro*, *calma tensa* o *tragicomedia*? Debatidlo juntos en grupo.

6 ¿Qué tienen de particular las expresiones destacadas en este diálogo? ¿A ti te suenan bien o te resultan extrañas?

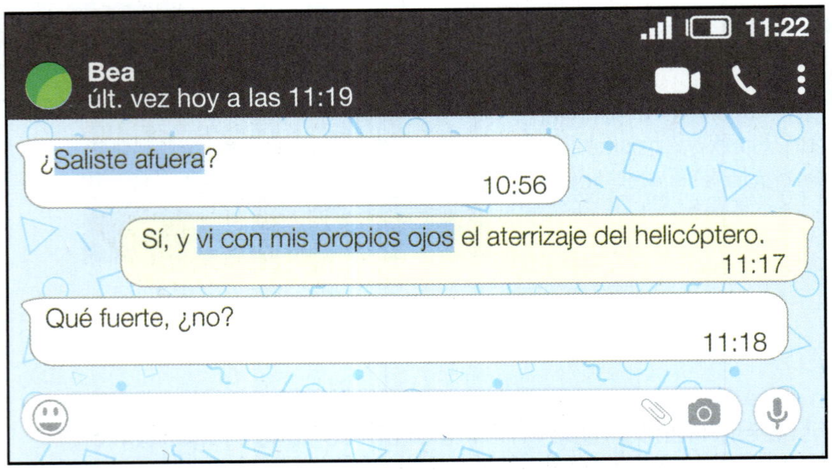

¿Podrías aportar más precisión a tu respuesta?

El verbo *salir* ya contiene la idea de hacerlo hacia fuera, y en el significado del verbo *ver* está implícito nuestro órgano de la visión, los ojos. Utilizar la lengua de un modo diferente al habitual logra efectos inesperados. Para ello, podemos emplear figuras como estas:

Un **pleonasmo** es la unión de dos palabras o expresiones que significan lo mismo, y que dan una sensación de redundancia.

> Lo que veo con mis ojos
> no lo quiero para nadie.
>
> CONCHA MÉNDEZ: *Entre sombras y sueños*, Renacimiento

Un **epíteto** es un adjetivo que aporta información redundante y no indispensable, pero que enriquece la expresión.

> Pues esta noche tendrán
> mis mejillas roja sangre.
>
> FEDERICO GARCÍA LORCA: *Bodas de sangre*, SM

Indica si estos enunciados contienen pleonasmos o epítetos.

Descubrí huellas de perro en la blanca nieve.	Ayer probé el ceviche peruano por primera vez en mi vida.
Aquel hombre me gritó enfadado que me callara la boca.	Me encanta el protagonista principal de esta novela de misterio.
En verano encontré muy revuelto el salado mar.	El pequeño de la familia García tiene dos años de edad.

- A continuación transforma las oraciones para que no contengan ninguna figura literaria. ¿Qué diferencias encuentras en su expresividad y en su intención?

Sin ton ni son

8 **La literatura nace del intento de mirar la realidad de un modo distinto al habitual y de plasmarlo en palabras. ¿Tienen algún significado las onomatopeyas *snirrfff*, *ptchof* y *ñac* en las viñetas? ¿Para qué se han utilizado?**

Podemos aumentar la fuerza expresiva de los mensajes y los textos literarios a través del uso de **recursos literarios fónicos** que jueguen con los sonidos. Estos son algunos de ellos:

La **onomatopeya** consiste en la imitación de sonidos producidos por animales, acciones u objetos.

> En el pinar, el cuco cantaba sin cesar,
> y el eco desde el valle repite su cantar:
> cucú (cucú), cucú (cucú), currucucú.

El uso de palabras que se parecen en su sonido o en su forma se denomina **paronomasia**.

> Tres tristes tigres
> triscan trigo en un trigal.

La **políptoton** consiste en el uso de una misma palabra en diferentes formas, cambiando sus afijos flexivos.

> ¿Cómo quieres que te quiera
> si el que quiero que me quiera
> no me quiere
> como quiero que me quiera?

9 ¿Sabías que los perros en Inglaterra ladran diciendo "¡woof, woof!"? Cada lengua emplea sus propias onomatopeyas, porque no todos los sonidos son iguales en todas las lenguas. ¿Qué onomatopeyas utilizarías para referirte a estos sonidos?

a

b

c

d

10 Con el tiempo, algunas onomatopeyas han dado lugar a palabras de nuestro vocabulario. Averigua con ayuda de un diccionario de qué onomatopeya proceden estos términos.

bárbaro | chinchín | murmurar | siseo | tictac

Ejemplo → La palabra *bárbaro* procede de la imitación que los romanos hacían de la forma de hablar de las personas de los pueblos ajenos al Imperio romano.

11 Crea un políptoton para cada una de estas palabras, añadiéndoles afijos flexivos.

vela | canto | pelo

12 Invéntate un juego de palabras que contenga una paronomasia. Ayúdate cambiando las vocales en alguna palabra que se te ocurra. Luego, compartidlas en clase.

Ejemplo → *En este piso se pasa de los posos.*

Yo lo coloco, ¿y tú?

13 ¿Conoces la solución de esta adivinanza? ¿Dónde está el truco que permite resolverla?

Blanca por dentro, verde por fuera.
Si quieres que te lo diga, espera.

En la adivinanza, *espera* cambia su significado si leemos *es pera*. Jugar con la estructura y el orden de las palabras del enunciado también es emplear **recursos literarios, sintácticos** en este caso. Algunos de ellos son los siguientes:

Y tahúres muy desnudos
con dados ganan condados.
LUIS DE GÓNGORA

El **calambur** consiste en interpretar una secuencia de palabras de dos maneras diferentes, agrupando las sílabas de dos formas distintas.

Ni añoranza; que a ti
de este rosal
nada las Musas dan.
SAFO

El **encabalgamiento** en poesía consiste en la separación de una oración en dos versos consecutivos.

14 Cambia la agrupación de las sílabas en estas expresiones para jugar con el calambur. ¿Cómo se altera el significado?

a. Entre el clavel blanco y la rosa roja, su majestad escoja.
b. Mi vecino estaba riendo.
c. Entreno en coche de carreras.

15 **CONTRASTAMOS JUNTOS.** ¿Qué sensación aporta un encabalgamiento en el ritmo de un poema en verso? ¿Puede existir esta figura literaria en un texto en prosa? Justificadlo.

16 En cada uno de estos fragmentos literarios aparece al menos una figura retórica. ¿Cuál identificas en cada caso?

a) Estamos hechos trozos
estamos hechos trizas.

GLORIA FUERTES:
Obras incompletas, Cátedra

b) Forma el tictac de un reloj accesorio
la tela de la vida, cual siniestro pespunte.

LEOPOLDO LUGONES:
Lunario sentimental, Cátedra

c) Y mi voz que madura
y mi voz quemadura.

XAVIER VILLAURRUTIA:
Nostalgia de la muerte, Signos

d) La heroica ciudad dormía la siesta.

LEOPOLDO ALAS, *CLARÍN*:
La Regenta, SM

e) Hombres
sobre hombros
de otros hombres.

LEÓN FELIPE:
Obras completas, Losada

f) Pues esta noche tendrán
mis mejillas roja sangre.

FEDERICO GARCÍA LORCA:
Bodas de sangre, SM

g) Nos ofrendan, vez a vez,
como dos buenas hermanas
terribles placeres y horrendas dulzuras.

CHARLES BAUDELAIRE:
Las flores del mal, Edaf

h) Temprano madrugó la madrugada.

MIGUEL HERNÁNDEZ:
Obra completa I, Espasa

NUESTRO RETO ¡Te lo compro!

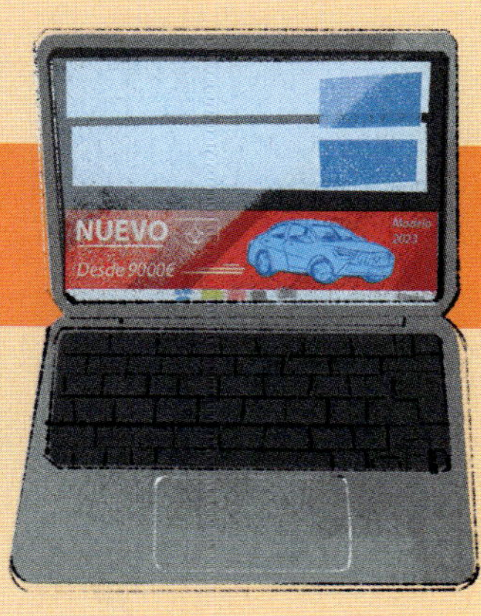

Creamos eslóganes

¿Alguna vez te has encontrado repitiendo o cantando el eslogan de un anuncio? ¡Eso es lo que tienes que conseguir que hagan tus compañeros con los que inventéis vosotros! Crearéis eslóganes que contengan figuras literarias y luego elegiréis el que más os convenza. ¡Afilad vuestro ingenio!

Paso 1

Para empezar, haced una lluvia de ideas y, entre todos, elegid objetos, lugares o productos para los que os gustaría crear un eslogan. Un compañero los escribirá en la pizarra.

Después, uno de vosotros preparará nueve papelitos y escribirá en cada uno de ellos el nombre de los recursos literarios que habéis estudiado en esta situación de aprendizaje.

Paso 2

Ahora formad grupos. Cada equipo cogerá uno de los papelitos de recursos literarios. Cuando el profesor dé la señal, el equipo creará un eslogan para el primer producto de la lista que habéis escrito en la pizarra utilizando la figura literaria que os haya tocado.

Una playa paradisiaca

Un zumo que aporta energía

Un móvil irrompible

Una gorra que no despeine

Paso 3

Cuando hayáis terminado todos, un participante de cada grupo leerá su eslogan y los demás equipos descubrirán qué recurso se ha empleado. Si un equipo se equivoca o no sabe qué decir, quedará eliminado en ese turno. Al final, todos los equipos que no hayan sido eliminados votarán para decidir a qué grupo le dicen "¡Te lo compro!".

El grupo ganador del turno será el que haya recibido mayor número de votos.

¿Cómo te ha ido el reto? Entra y haz tu valoración

EN RESUMEN

Los recursos literarios

Las **figuras retóricas** o **recursos literarios** son los trucos que emplea el autor de un texto literario, tanto en verso como en prosa, para aumentar la expresividad del texto. Según el elemento que se altere, pueden ser semánticos (significado), fónicos (sonido) o sintácticos (orden).

SIGNIFICADO DE LAS PALABRAS	**Personificación**	Atribución de acciones y capacidades humanas a objetos o a animales.	*La naturaleza es sabia.*
	Oxímoron	Unión de dos palabras con significados opuestos que origina un significado nuevo.	*Quedamos en la realidad virtual.*
	Pleonasmo	Unión de dos expresiones que significan lo mismo, para aportar valor expresivo.	*La conocí ayer por primera vez.*
	Epíteto	Empleo de adjetivos que contienen información redundante, pero que enriquecen la expresión.	*Nos dieron un regalo gratis.*
SONIDOS	**Onomatopeya**	Imitación de sonidos producidos por animales, acciones u objetos.	*Se oyó el quiquiriquí del gallo.*
	Paronomasia	Colocación cercana de palabras cuyos sonidos y forma se parecen.	*La reja roja tiene una raja.*
	Políptoton	Empleo de una misma palabra en diferentes formas, cambiando sus morfemas flexivos.	*Espero que esperes lo esperable.*
ORDEN DE LAS PALABRAS	**Calambur**	Agrupación variable de las sílabas de una secuencia que da lugar a dos posibles interpretaciones.	*¡Ave, César de Roma! A veces arde Roma.*
	Encabalgamiento	División de una oración en dos versos consecutivos.	*Viajamos cuando leemos un libro. Ojalá ya despeguemos.*

Mis competencias **Autoevaluación**

- Aliteración → Repetición de un sonido o grupos de sonidos relacionados con el significado del poema

COMENTARIO DE TEXTO

Descifra los textos

1 Lee el siguiente texto y responde a las preguntas.

EL OFICIO DE JUGLAR

Siempre se había menospreciado el oficio de juglar. Se decía que el juglar lo era por rebeldía o necesidad. Antes de conocer a Mattius, a Michel no podía pasarle por la cabeza la idea de que hubiera juglares por vocación. [...]

—Esto es sorprendente —le dijo Michel a Martín—. Alguien debería ponerlo todo por escrito. El maestro se sintió ofendido.

—¿Por escrito? ¿Por qué? ¿No te fías de nuestra memoria?

—No, no quería decir eso. Pero debería conservarse para... para cuando vosotros ya no estéis. Puede que otros no tengan tan buena memoria.

—No es buena idea. Un cantar está para ser cantado. Si lo escribes, la gente que lo lea en un futuro no conocerá la música, los gestos, la actuación... Un cantar no es solo la letra. Poner por escrito algo que circula por el aire es como encerrar un pájaro silvestre en una jaula.

Michel no estaba de acuerdo.

—Pero alguien tuvo que escribir el cantar antes de que los juglares lo recitaran. ¿Quién fue el primero?

—Eso no importa. La gente quiere escuchar el poema, no saber quién lo escribió. Y ten por seguro que un juglar solo conserva un manuscrito hasta que se lo ha aprendido de memoria.

—Pero sería más fiel al original si permaneciera escrito.

—¿Fiel? Los cantares son como gotas de agua. Cambian según la forma del recipiente. No importa el recipiente; el cantar seguirá siendo en esencia el mismo, aunque cada juglar lo recite de manera diferente. Ninguna de las versiones es la verdadera, y todas lo son.

Esto dejó muy confundido a Michel.

LAURA GALLEGO: *Finis mundi*, SM

- **a.** Escribe cuál es el tema de este texto en una línea. Explica en otra por qué lo crees.
- **b.** Divide el texto en dos partes. Para hacerlo, puedes fijarte en los cambios de actitud de los personajes o en los diferentes tipos de textos presentes en el fragmento.
- **c.** Martín no quiere ni oír hablar de dejar por escrito los cantares. Encuentra en el texto dos argumentos que dé a favor de la oralidad.
- **d.** Según Martín, ¿qué características definen el texto oral?
- **e.** Michel se siente confuso cuando Martín le dice que ninguna de las versiones del cantar es verdadera pero que todas lo son. ¿Qué pretende transmitirle con esta paradoja?
- **f.** ¿Has encontrado figuras retóricas en el texto? ¿Crees que se trata de un texto literario? Justifica tus respuestas.
- **g.** ¿Y tú qué opinas? Hoy día estamos acostumbrados a los textos orales que se transmiten a través de las plataformas digitales como YouTube y Twitch. ¿Crees que comparten alguna característica con los cantares tal y como los entiende Martín?

4.2 El lado ficticio de la vida

¡EMPEZAMOS!

¿Alguna vez te ha resultado familiar la voz de un personaje al ver una película? ¿Al leer un libro, y luego ver su adaptación al cine, te ha parecido extraño si un personaje no se adecuaba a la imagen que te habías formado de él? Algunos personajes de la literatura calan tanto en nosotros que los hacemos nuestros. Observa esta imagen de Gandalf en la adaptación al cine de la saga de *El señor de los anillos* y después responde a las preguntas.

El señor de los anillos: Las dos torres

- ¿Qué impresión te causa esta figura? ¿Te recuerda a otros seres o personajes de la literatura o del cine?
- Aunque no conozcas a Gandalf ni lo que hace, ¿qué voz le pondrías observando su imagen: aguda o grave? ¿Cuál consideras que le daría mayor credibilidad?
- ¿Crees que hay tipos de personajes que se repiten en la literatura y en el cine? ¿Cuáles puedes nombrar?

¡VAMOS A APRENDER!

1. Mantener el nivel de ruido.
2. Identificar los prototipos tradicionales en la historia de la literatura.
3. Explicar la evolución de algunos personajes a partir de los arquetipos tradicionales.
4. Reconocer algunos de los grandes temas de la literatura universal.

NUESTRO RETO

Personajes inolvidables

¿Cuál es tu personaje preferido de la literatura o del cine? ¿Qué sabes sobre su personalidad, su vida, sus sentimientos o sus propósitos? Es lo que vas a averiguar en este reto porque... ¡tendrás que darle vida!

¡Vamos allá!

1 Personajes de la literatura

Superando los prototipos

1 En la literatura siempre ha habido personajes que cumplen una función determinada en la trama. Piensa en personajes de libros, series o películas que conozcas. ¿Cuál de estos roles desempeñan en la historia? ¿Cómo los has reconocido?

Héroe
Personaje que se enfrenta a enemigos y peligros por una causa noble.

Galán
Joven enamorado que quiere ser correspondido por su amada.

Dama
Joven enamorada que protagoniza una trama amorosa y su enredo.

Gracioso
Amigo y consejero del protagonista, cuyas intervenciones suelen ser cómicas.

Mentor
Sabio que saca a la luz las virtudes del héroe en momentos de debilidad.

2 A medida que la sociedad avanzaba, muchos autores fueron actualizando los prototipos, favoreciendo así su evolución a lo largo de la historia de la literatura. ¿Qué encuentras de innovador en estos personajes literarios con respecto al prototipo tradicional?

a

Supergirl, de DC Comics

b

Jules David: *El Quijote de la juventud. Librería Española de Garnier Hermanos,* París

- ¿Cuál crees que es el objetivo del autor en cada caso?

3 ¿Conoces otros personajes de los que se dé una visión humorística o una obra en la que se haga una parodia de un prototipo?

Ejemplo → La bruja novata; Tadeo Jones; Capitán Calzoncillos.

4 ¿Piensas que todos los héroes deben tener poderes para que sean considerados héroes? ¿O conoces alguno que, sin tener habilidades sobrehumanas, se haya convertido en uno?

- ¿Creéis que existen héroes y heroínas a vuestro alrededor? ¿Qué situaciones podrían convertiros a vosotros en uno de ellos?

5 En *La historia interminable*, de Michael Ende, el protagonista se introduce en la historia y forma parte de ella como un personaje más. ¿Alguna vez te has sentido así?

- ¿Conoces más libros o novelas en las que, como lector, puedas participar en la historia?

2 Grandes temas de la literatura

¿Te unes a la aventura?

6 Observa este vídeo del comienzo de la saga de *Las crónicas de Narnia* de C. S. Lewis. ¿Qué crees que va a ocurrir tras esta escena?

Las crónicas de Narnia: El león, la bruja y el armario

- ¿Consideras que podemos definir a Lucy como una heroína? ¿Por qué?

7 Desde los antiguos héroes de mitos y leyendas hasta los actuales, la imaginación humana ha creado personajes que, en un momento de su vida, comienzan un viaje de aventura. Lee los fragmentos e indica qué fase del viaje del héroe representa cada uno.

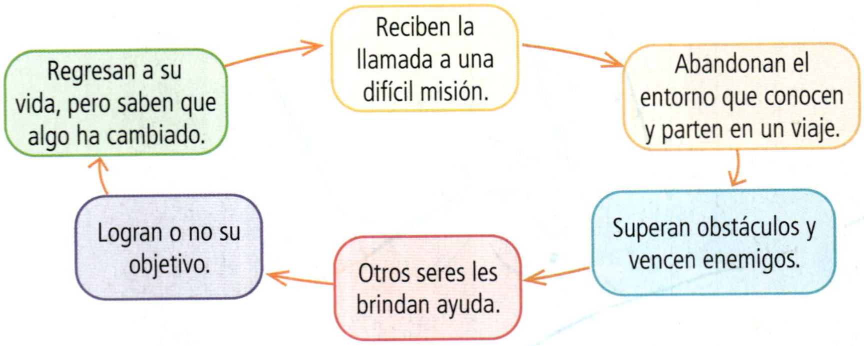

¿Qué conocimientos tenías ya sobre este tema?

a (El mago) Anorak lleva su característica túnica negra, con el emblema de su avatar: una gran letra A escrita a mano bordada en cada manga.

—Antes de morir —anuncia Anorak, con un tono de voz mucho más grave—, creé mi propio "huevo de Pascua" y lo oculté en algún lugar de mi videojuego más conocido, OASIS. La primera persona que lo encuentre heredará toda mi fortuna. [...]

—Así que sin más dilación... —anuncia Anorak—. ¡Que empiece la búsqueda del huevo de Pascua de Halliday!

ERNEST CLINE: *Ready player one*, Nova

b Aquella mujer no era humana. Era una criatura horripilante con alas de murciélago, zarpas y la boca llena de colmillos amarillentos, y quería hacerme trizas...

Y de pronto las cosas se tornaron aún más extrañas: el señor Brunner, que un minuto antes estaba fuera del museo, apareció en la galería y me lanzó un bolígrafo.

—¡Agárralo, Percy!— gritó.

La señora Dodds se abalanzó sobre mí.

Con un gemido, la esquivé y sentí sus garras rasgar el aire junto a mi oreja. Atrapé el bolígrafo al vuelo y en ese momento se convirtió en una espada.

RICK RIORDAN: *Percy Jackson y el ladrón del rayo*, Salamandra

8 **PLANTEAMOS JUNTOS.** En algunos viajes y aventuras hay seres que acompañan al protagonista y le dan consejos para completar su misión. ¿Sabéis quiénes son los personajes que aparecen a continuación? Investigad qué papel tienen en las obras a las que pertenecen.

Gandalf (*El señor de los anillos*)	Sancho Panza (*El Quijote*)	Tina Goldstein (*Animales fantásticos*)

9 Hay ocasiones en las que los héroes emplean objetos especiales o mágicos que los ayudan a alcanzar su objetivo. Asocia cada elemento con el héroe que lo utiliza.

Varita mágica	Thor
Martillo Mjolnir	Rey Arturo
Espada Excalibur	Aladino
Lámpara maravillosa	Hermione

10 Observa este episodio de la *Odisea* de Homero en el que Ulises engaña al terrible cíclope Polifemo. ¿Qué capacidades pone en juego para lograrlo y cómo se muestra?

ingenio — venganza — creatividad — codicia — astucia

- ¿Conoces otros ejemplos en los que los protagonistas se valgan de su ingenio para superar los obstáculos? ¿Cuáles?

11 Piensa en una situación en la que seas elegido para una tarea difícil, y que para conseguirlo debas superar peligrosos obstáculos. Escribe un breve relato sobre tu propio viaje heroico teniendo en cuenta las fases y estas ideas.

- ¿Cómo comenzaría tu viaje?
- ¿Con la ayuda de quién contarías? ¿Cómo te ayudaría?
- ¿Habría personas que se opusieran a tu objetivo?
- ¿Lograrías culminar tu misión? ¿Cómo?

¿Cómo has resuelto esta tarea?

Esto es amor, quien lo probó lo sabe

12 **El amor es uno de los grandes temas de la literatura y de las artes, como muestra el enorme número de obras que hablan de él. Lee este fragmento y responde a las preguntas.**

JULIETA: ¿Cómo has llegado hasta aquí y por qué?
Las tapias de este huerto son muy altas
y, siendo quien eres, el lugar será tu muerte
si alguno de los míos te descubre.

ROMEO: Con las alas del amor salté la tapia,
pues para el amor no hay barrera de piedra,
y, como el amor lo que puede siempre intenta,
los tuyos nada pueden contra mí.

JULIETA: Si te ven, te matarán.

ROMEO: ¡Ah! Más peligro hay en tus ojos
que en veinte espadas suyas. Mírame con dulzura
y quedo a salvo de su hostilidad.

WILLIAM SHAKESPEARE: *Romeo y Julieta*, Espasa

a. ¿Quiénes son los personajes? ¿Sábes en qué consiste su historia de amor y cómo termina?

b. Investiga el motivo que vuelve imposible su amor, y que hace que Julieta tema la situación que se muestra en el fragmento.

c. ¿Qué es lo más extremo que has visto hacer por amor a un personaje de ficción? Escribe ejemplos de libros o historias románticas que conozcas.

13 **En las historias de amor es frecuente que dos rivales se enfrenten entre ellos para lograr que la persona que ambos aman los corresponda, por lo que uno de los dos debe despertar su ingenio para conseguirlo. Observa esta escena de *Cyrano* y responde a las preguntas.**

a. ¿Qué propone Cyrano de Bergerac a Christian para conquistar a Roxane?

b. ¿Cuál de los dos está realmente enamorado de Roxane? ¿De quién parece estar enamorada ella?

c. ¿Cómo imaginas que acabará la historia?

14 **Además del amor romántico, en la literatura hay otras manifestaciones amorosas, como el amor entre hermanos o la amistad. ¿Qué sentimiento exalta Sofía a través de los recuerdos en esta carta a Mariana? ¿Cuándo crees que se conocieron?**

Luego te contaré ese cuento del traje rojo si viene al caso, aunque de repente son tantas las historias que se me agolpan pidiendo turno para salir a flote que no sé por dónde voy a empezar. De momento me limito a disfrutar de tu carta y sumergirme en sus "¿te acuerdas?", como si me dejara besar por el sol después de un largo invierno.

No nos damos cuenta, Mariana, de lo maravilloso que es poderle preguntar a alguien: ¿Te acuerdas?, y notar que sí, que se acuerda.

CARMEN MARTÍN GAITE: *Nubosidad variable*, Anagrama

- ¿Conoces otras formas de amor que inspiren obras literarias, películas o series?

Ejemplo → La fraternidad en Elsa y Anna en *Frozen*; la amistad en *Buzz Lightyear*; la familia en *Ana de las Tejas Verdes*.

En polvo, en sombra, en nada

15 La literatura trata temas importantes para el ser humano. ¿Por qué el poeta del texto no quiere que el marinero reciba sepultura en tierra firme?

Marineros,
¿por qué le dais a la tierra lo que no es suyo
y se lo quitáis al mar?

¿Por qué le habéis enterrado, marineros,
por qué le habéis enterrado,
si murió como el mejor capitán,
y su alma —viento, espuma y cabrilleo—
está ahí, entre la noche y el mar...?

LEÓN FELIPE: *Nueva antología rota*, Akal

- Desde siempre la muerte se ha considerado un tema universal. ¿Por qué crees que es así? ¿Qué obras conoces que traten sobre este tema?

16 La muerte en la literatura no solo se manifiesta en forma de lamento, sino que muchos personajes se empeñan en la búsqueda de algo que la impida o la retrase. ¿Qué buscan los protagonistas de estos textos? ¿Qué consecuencias crees que tiene?

a

El más grande entre los relatos de la búsqueda del elixir [...] es el de Gilgamesh, un rey legendario de la ciudad sumeria de Uruk, quien emprendió camino para hacerse con los berros de la inmortalidad, la planta "que no se marchitaba nunca". [...] La planta crecía en el fondo del mar cósmico.

Ursanapi llevó de nuevo al héroe a través de las aguas. Gilgamesh ató piedras a sus pies y se zambulló. Bajó de manera vertiginosa, superando el límite de su resistencia, mientras el barquero lo esperaba en la barca. Y cuando llegó al fondo del mar insondable, Gilgamesh arrancó la planta, aunque le costó la mutilación de la mano, y después cortó las ligaduras que lo ataban a las piedras y salió de nuevo a la superficie.

JOSEPH CAMPBELL: *El héroe de las mil caras*, Atalanta

b

De repente, como en un relámpago, pasó por su cabeza lo que él había dicho en el estudio de Basil Hallward el día en que había terminado el cuadro. Sí, lo recordaba perfectamente. Había expresado un deseo insensato: que él permaneciese joven y el retrato envejeciera; que su belleza no sufriese tacha alguna y la cara del cuadro sobrellevase el peso de sus pasiones y sus pecados; que a la imagen pintada pudieran surcarla las arrugas del sufrimiento y de la meditación mientras él conservaba toda la delicada lozanía y el encanto de su adolescencia, apenas consciente de sí misma. ¿Podía haber sido escuchado su deseo? Cosas así eran imposibles. Parecía monstruoso pensar siquiera en ellas. Y sin embargo, allí estaba el cuadro, delante de él, con aquel toque de crueldad en la boca.

OSCAR WILDE: *El retrato de Dorian Gray*, Austral

17 En la literatura encontramos diferentes elementos que conceden la inmortalidad. ¿De cuáles has oído hablar? Investiga en qué consiste cada uno.

Piedra filosofal | Fuente de la eterna juventud | Santo grial

18 ¿Has oído hablar del País de Nunca Jamás y de lo que ocurre allí? ¿En qué conocida obra literaria aparece este lugar fantástico? ¿Crees que es una forma de tratar la inmortalidad en la literatura?

NUESTRO RETO Personajes inolvidables

Me sumerjo en un personaje

Hay personajes que se nos fijan en la memoria. ¿Será porque nos recuerdan en algo a nosotros o porque representan lo que deseamos ser? Hoy vas a indagar en tu personaje preferido para convertirte en él por unos minutos.

Paso 1 Piensa en un personaje que te guste, puede ser de un cómic, una película, una serie, etc. Te ayudará que tus compañeros lo conozcan porque al final tendrán que adivinar en quién has pensado.
Reflexiona sobre tu personaje y recoge la información en una ficha que responda a estas cuestiones.

- ¿Qué rasgos configuran su personalidad? ¿Es noble, justo, impulsivo, sereno, reflexivo, gracioso, etc.?
- ¿A qué se dedica? ¿Cuál es su objetivo en la vida?
- ¿Cómo reacciona ante los obstáculos? ¿Es paciente, colérico, flexible, etc.?
- ¿Lleva algún objeto o adorno que lo represente?
- ¿Cómo es su voz? ¿Y su forma de hablar? ¿Cómo se ríe?

Paso 2 Elige un texto cualquiera, desde un poema hasta un prospecto farmacéutico, y ensaya cómo lo leería tu personaje. Puedes grabarte en vídeo para guiarte y pensar nuevas ideas. ¡Pero no te juzgues, no vas a hacer un *casting*!

Paso 3 Por turnos, imitad a vuestros personajes delante del resto de la clase para ver si adivinan quiénes sois. ¡Os fijaréis en detalles en los que seguramente nunca habíais pensado!

¿Cómo te ha ido el reto? Entra y haz tu valoración

EN RESUMEN

Los personajes

Existen infinitas combinaciones de personajes y protagonistas en las obras literarias. Sin embargo, con el tiempo se han definido unos patrones de los que muchos autores parten a la hora de crear una trama. Estos **prototipos** no son estáticos, sino que han evolucionado a lo largo de la literatura conforme avanzaba la sociedad. Algunos son:

Héroe	Galán	Dama	Gracioso	Mentor
Personaje que se enfrenta a enemigos y peligros por una causa noble.	Joven enamorado que quiere ser correspondido por su amada.	Joven enamorada que protagoniza una trama amorosa y su enredo.	Amigo y consejero del protagonista, con intervenciones cómicas.	Sabio que saca a la luz las virtudes del héroe en momentos de debilidad.

Los temas de la literatura

Los autores utilizan la literatura para reflexionar acerca de las cuestiones que al ser humano le resultan relevantes, por eso algunos de los **temas** más frecuentes en la literatura son:

- Aventura
- Amor
- Muerte e inmortalidad

Mis competencias | Autoevaluación

COMENTARIO DE TEXTO

Descifra los textos

1 Lee el siguiente texto y responde a las preguntas.

LA MAÑANA DE NAVIDAD

Jo fue la primera que se levantó aquel amanecer grisáceo de Navidad [...], metió la mano debajo de la almohada y sacó un librito con las tapas de color carmesí. Lo conocía muy bien porque era esa bella historia antigua que hablaba de la mejor vida de la historia, y comprendió que era la guía ideal para una peregrina que iba a empezar un largo viaje. Despertó a Meg con un "feliz Navidad" y la apremió para que mirara debajo de la almohada. Encontró un libro encuadernado en verde, cosa que, a sus ojos, aumentaba el valor de ese único regalo. En ese momento se despertaron Beth y Amy, que buscaron también debajo de la almohada y encontraron un librito, uno de color gris perla y el otro azul. Se sentaron las cuatro a mirarlos y a hablar de ellos mientras la luz rosada iba creciendo por el este a medida que avanzaba la mañana.

A pesar de sus pequeñas vanidades, la forma de ser de Margaret, dulce y bondadosa, influía inconscientemente en sus hermanas, especialmente en Jo, que la quería con ternura y la obedecía, porque cuando daba un consejo lo hacía con dulzura.

—Chicas —dijo Meg con seriedad, mirando por encima de la cabeza de Jo a la habitación de al lado, donde estaban las otras hermanas, todavía con el gorro de dormir puesto—, mamá quiere que leamos y amemos este libro y que tengamos en cuenta lo que dice. Debemos empezar enseguida. Antes lo seguíamos siempre, pero, desde que papá se fue y las complicaciones de la guerra nos han trastocado la vida, hemos descuidado muchas cosas. Hacedlo como queráis. Yo voy a dejar mi libro aquí en la mesa y leeré un poco todas las mañanas nada más levantarme, porque sé que me conviene y que me ayudará a sobrellevar el día.

Entonces abrió el libro y empezó a leer. Jo la rodeó con el brazo y, mejilla con mejilla, se inclinó también sobre las páginas con una expresión de tranquilidad que pocas veces se veía en su inquieto rostro.

LOUISA MAY ALCOTT: *Mujercitas*, Alma

a. Escribe en una línea cuál es el tema de este texto.

b. Divide el texto en dos partes y explica qué sucede en cada una de ellas. Para hacerlo, fíjate en cómo evoluciona la actitud de las hermanas a lo largo del texto.

c. La autora describe el carácter de Margaret, a la que todas las hermanas llaman Meg. ¿Cómo podrías describir a su hermana Jo a partir de su comportamiento en el fragmento?

d. Utiliza dos adjetivos que definan la relación entre las hermanas. Justifica tu respuesta con secuencias del texto.

e. Con el regalo que deja a sus hijas, la madre espera algo más que entretenerlas. ¿Cuál crees que es su intención al dedicarle un libro a cada una? Justifica tu respuesta con citas que aparezcan en el fragmento.

f. ¿Y tú qué opinas? ¿Qué efecto crees que busca la autora al ambientar esta escena en el día de Navidad, un momento del año que se suele asociar a la familia y a la nostalgia? Ten en cuenta el difícil momento en el que se encuentran las hermanas.

Entre textos Estereotipos femeninos en la literatura

Al son de los tiempos

En ocasiones, los personajes literarios comparten algunos rasgos físicos y de carácter. Se dice entonces que siguen un mismo estereotipo, es decir, que representan en la literatura la imagen o la idea de una figura de la sociedad de una época determinada.

1 **Piensa en personajes femeninos que hayas visto en libros, series o películas. ¿Qué papel desempeñan? ¿Cómo son caracterizadas? ¿Qué elementos tienen en común?**

Ejemplo → Wonder Woman y la Bruja Escarlata son heroínas.

La mujer ideal

A lo largo de la historia y de los distintos movimientos artísticos, los autores han representado en sus obras el canon de belleza de una época determinada. En el Renacimiento, todos esos rasgos estéticos presentaban a las mujeres como un símbolo de perfección, belleza y pureza, representando la imagen que buscaban de la mujer ideal.

2 **¿Qué rasgos físicos del canon renacentista puedes identificar en estos ejemplos?**

a

RAFAEL SANZIOI: *Dama con unicornio.* Galería Borghese, Roma

b

En tanto que de rosa y azucena
se muestra la color en vuestro gesto,
y que vuestro mirar ardiente, honesto,
con clara luz la tempestad serena;

y en tanto que el cabello, que en la vena
del oro se escogió, con vuelo presto
por el hermoso cuello blanco, enhiesto,
el viento mueve, esparce y desordena:

coged de vuestra alegre primavera
el dulce fruto, antes que el tiempo airado
cubra de nieve la hermosa cumbre.

Marchitará la rosa el viento helado,
todo lo mudará la edad ligera
por no hacer mudanza en su costumbre.

GARCILASO DE LA VEGA: "Soneto XXIII", en *Poesía castellana*, Akal

3 **En la obra de Cervantes, don Quijote ha leído tantos libros de caballerías que pierde el juicio y se cree que es un caballero. Por eso, intentando seguir las tramas de las novelas que tanto lee, busca a su mujer ideal y transforma la imagen de Aldonza Lorenzo convirtiéndola en Dulcinea en su cabeza. ¿Por qué crees que la idealiza de esta manera?**

—Mira hasta dónde se extiende su malicia y la ojeriza que me tienen, pues me han querido privar del contento que pudiera darme ver en su ser a mi señora. [...] No se contentaron esos traidores de haber vuelto y transformado a mi Dulcinea, sino que la transformaron y volvieron en una figura tan baja y tan fea como la de aquella aldeana, y justamente le quitaron lo que es tan suyo de las principales señoras, que es el buen olor, por andar siempre entre ámbares y entre flores. Porque te hago yo saber, Sancho, que cuando llegué a subir a Dulcinea sobre su hacanea, según tú dices, que a mí me pareció borrica, me dio un olor de ajos crudos que me encalabrinó y atosigó el alma.

MIGUEL DE CERVANTES: *Don Quijote de la Mancha*, Alfaguara

La mujer lectora

A partir del siglo XVIII, las mujeres empezaron a tener un papel más importante en la sociedad. No querían ser vistas o representadas como un ideal, sino que querían tener una función más importante y deseaban acceder a la misma educación y profesiones que tenían los hombres. Escritoras como Jane Austen, Charlotte Brontë o Louisa May Alcott empezaron a introducir en sus obras el tópico de la mujer lectora: personajes femeninos que se refugian en la lectura para escapar de una realidad que no les representa.

4 **Lee este fragmento. ¿Por qué el libro que le regalan a Calpurnia la ayuda a olvidarse del evento al que tiene que ir?**

> Mamá me hizo un vestido nuevo para la gran cita, de color blanco con encaje y varias capas de unas enaguas tiesas que picaban. No era un corsé, pero decididamente contaba como otra forma de tortura. [...] No podía protestar mucho porque todas sabíamos que aquello era mi castigo por haberme hecho un estropicio; además, no quedaba otra. [...]
>
> Lo único que lo hizo soportable fue que el abuelito se apiadó de mi estado lastimoso y me trajo uno de sus libros, *Flora y fauna fascinantes de las Antípodas*. El dibujo del canguro mostraba a una cría asomando de la bolsa. (Pregunta para el cuaderno: ¿Por qué las personas no tienen bolsas? Sería una buena forma de guardar al bebé a mano. Traté de imaginarme a mamá con J. B. en una bolsa. Respuesta: (No cabríamos debajo de su corsé). Me entraron unas ganas locas de ver un canguro. Y un ornitorrinco, un mamífero de aspecto estrafalario, entre... oh, no sé, una nutria y un pato. Puesto que había tenido la suerte de ver un hipopótamo en un circo ambulante en Austin, a lo mejor mis deseos no eran tan descabellados. Evalué mis posibilidades y abrigué cierto resquicio de esperanza en mi corazón ahí sentada al sol, apestando como una cerilla gigante.
>
> JACQUELINE KELLY: *La evolución de Calpurnia Tate*, Roca

- ¿Conoces otros personajes que usen otros medios para escapar de su realidad?

La mujer en la actualidad

Los estereotipos literarios, al igual que la sociedad, han ido evolucionando. Hoy día, la imagen de la mujer ha cambiado. Los personajes femeninos, así como los masculinos, ya no siguen un concepto marcado de belleza. Ahora todo el mundo puede convertirse en el protagonista de la historia y la trama.

5 **En la actualidad, ¿cómo son las protagonistas de las novelas, series o películas que conoces? ¿Siguen un mismo estereotipo? Justifica tu respuesta con ejemplos.**

6 **Observa este fragmento de la película *Red* y contesta a las preguntas.**

a. ¿Cómo son caracterizados los personajes? ¿Crees que representan a la sociedad actual?

b. ¿Piensas que Mei quiere escapar un poco de su realidad? ¿Qué recurso usa?

7 **¿Por qué consideras que ahora las protagonistas de libros y películas son personas normales y no personas idealizadas? ¿Te sientes más identificado con estos personajes?**

4.3 Octavas, décimas y otras estrofas de primera

¡EMPEZAMOS!

¿Recuerdas cuando de pequeño ponías música al abecedario o a las tablas de multiplicar para aprenderlos mejor? En la Edad Media, los juglares contaban las noticias del reino recitando cantares de gesta. Y para que les fuera más fácil memorizarlos, utilizaban recursos como repeticiones, ritmos y rimas. Hoy día, esto ha evolucionado y dado lugar al rap y los raperos. Observa el vídeo y responde a las preguntas.

BOMBA ESTÉREO: "Soy yo", en *Amanecer*, Sony Music Latin

- ¿De qué trata este fragmento de la canción?
- ¿Crees que el ritmo de la canción está en la música o también en la letra?
- ¿Encuentras palabras o expresiones que rimen entre sí? Pon ejemplos.
- Si vieras la letra de esta canción, ¿estaría escrita en versos y estrofas? Averígualo.
- Para ti, ¿qué tienen en común la poesía y la música?

¡VAMOS A APRENDER!

1. Ayudar dando pistas.
2. Medir versos y reconocer su rima.
3. Secuenciar los pasos para realizar el esquema métrico de un poema.
4. Clasificar estrofas según su esquema métrico.

NUESTRO RETO

Operación Lira

Para las próximas Jornadas Europeas de Cooperación, tu clase compondrá un poema usando liras encadenadas. A través de ellas contaréis cómo toda la clase se unió en un momento concreto para lograr un objetivo común.

¡Vamos allá!

1 El verso y la métrica

No todo es contar sílabas

1 En su origen, la poesía occidental estaba acompañada de la música de una lira (de ahí la palabra *lírica*), y por eso a día de hoy la poesía y la música siguen muy relacionadas. Escucha la canción *Para la libertad*, de Joan Manuel Serrat, mientras lees el poema original de Miguel Hernández y responde a las preguntas.

Para la libertad, siento más corazones
que arenas en mi pecho dan espuma a mis venas;
y entro en los hospitales, y entro en los algodones,
como en las azucenas.

Porque donde unas cuencas vacías amanezcan,
ella pondrá dos piedras de futura mirada,
y hará que nuevos brazos y nuevas piernas crezcan
en la carne talada.

Retoñarán aladas de savia sin otoño,
reliquias de mi cuerpo que pierdo en cada herida;
porque soy como el árbol talado que retoño:
aún tengo la vida.

MIGUEL HERNÁNDEZ: *Antología poética*, Edaf

a. ¿Qué crees que tienen en común el poema y la canción de Joan Manuel Serrat ("Para la libertad", en *Miguel Hernández*, Edicsa)?

b. ¿Qué palabras dan ritmo a la canción? ¿Ocurre lo mismo en el poema?

c. ¿Encuentras algún patrón de rima? ¿Es el mismo en todas las estrofas?

2 Averigua la medida de estos versos contando las sílabas. Fíjate en el ejemplo de la primera estrofa y luego mide tú los versos de la siguiente.

Si una palabra termina en vocal y la siguiente empieza por vocal o *h*-, la **sinalefa** hace que se cuente una sola sílaba.

¡Gra-na-dos-en-cie-lo a-zul! 7+1
¡Ca-lle-de-los-ma-ri-ne-ros; 8
qué-ver-des-es-tán-tus-ár-bo-les, 9–1
qué alegre tienes el cielo! [...]. 8

La mujer canta a la puerta:
"¡Vida de los marineros;
el hombre siempre en el mar,
y el corazón en el viento!".

JUAN RAMÓN JIMÉNEZ: *Antología*, www.cervantesvirtual.com

Si la última palabra del verso es **aguda**, se suma una sílaba.

Si la última palabra del verso es **esdrújula**, se resta una sílaba.

3 Cuenta las sílabas de este poema y escribe el número al final de cada verso. ¿Cuáles son de arte mayor y cuáles de arte menor?

Duerme, marinero, duerme.
Mi voz es hilo que envuelve.
Qué pechos blancos te esperan
entre la espuma rugiente.
Cante mi boca de sal
nanas de muerte,
que no hay sueño más profundo,
ni mejor suerte.

BEATRIZ GIMÉNEZ DE ORY: *Un hilo me liga a vos*, SM

4 En ocasiones, los autores fuerzan la medida de un verso con ayuda de recursos métricos. Observa las indicaciones de los dos primeros versos y contesta a las preguntas.

¡En el lumbroso y fértil Orïente,
adonde más el cielo'stá templado,
vive una sosegada y dulce gente,
la cual en solo amar pone'l cuidado.

Esta jamás padece otro accidente,
si no es aquel que amores han causado.
Aquí *governa*, y siempre *governó*,
aquella reina que'n la mar nació.

JUAN BOSCÁN: *Octava rima*,
www.cervantesvirtual.com

La **diéresis** (¨) es la marca que separa las dos vocales de un diptongo en dos sílabas distintas.

El **apóstrofo** (') se utiliza para suprimir la escritura de la segunda vocal de una sinalefa.

a. Cuenta las sílabas de este poema teniendo en cuenta los nuevos recursos. ¿Son versos de arte mayor o de arte menor?

b. ¿Qué otros ejemplos de diéresis o de apóstrofos has encontrado en el texto? Escríbelos.

c. ¿Crees que existen la diéresis o el apóstrofo en textos no poéticos? ¿Y en textos orales en los que participas en tu día a día? Pon ejemplos.

d. ¿Empleas el apóstrofo por escrito en los mensajes instantáneos que mandas a tu familia o a tus amigos?

5 Indica qué sonidos se repiten al final de los versos de este poema. ¿Coinciden consonantes y vocales o solo las vocales?

Si tú fueras capaz de ser querido
fueras capaz de olvido; y ya era gloria
al menos la potencia de haber sido.

Mas tan lejos estás de esa victoria,
que aqueste no acordarme no es olvido
sino una negación de la memoria.

SOR JUANA INÉS DE LA CRUZ:
Obra selecta, Biblioteca Ayacucho

Explica si te ha gustado o no la actividad y por qué.

6 Busca la rima a partir de la última sílaba acentuada del verso y márcala con una letra del alfabeto, repitiéndola en aquellos versos que rimen igual. Recuerda que debe ser minúscula si el verso es de arte menor y mayúscula si es de arte mayor.

He vuelto a ver los álamos dorados, •••
álamos del camino en la ribera •••
del Duero, entre San Polo y San Saturio, •••
tras las murallas viejas •••
de Soria —barbacana •••
hacia Aragón, en castellana tierra. •••

ANTONIO MACHADO: *Antología*, Salvat

El **esquema métrico** de un poema es la representación del número de sílabas de cada verso y las rimas que se establecen entre ellos:

- La **medida de un verso** es el número de sílabas que tiene. Si un verso tiene ocho sílabas o menos es de arte menor, y si tiene nueve o más, es de arte mayor.
- La **rima** es la repetición de sonidos a partir de la última sílaba tónica del verso. Es consonante si se repiten vocales y consonantes, y asonante si solo se repiten las vocales.

7 Completa los enunciados con información obtenida a partir de este esquema métrico.

7a	11B	7a	11B	11C	11C

a. Es un poema de ●●● versos.
b. Mezcla versos de ●●● y ●●● sílabas.
c. Tiene ●●● versos de arte mayor y ●●● versos de arte menor.
d. Los versos riman dos a dos con ●●● rimas diferentes (●●● versos riman en a, ●●● en B y ●●● en C).

8 **CONTRASTAMOS JUNTOS.** Visualmente, ¿cuál de estas formas crees que tendrá un poema con el esquema métrico 8a 8b 4c 8a 8b 4c?

2 Las estrofas

La lira y otras coplas

Hay estrofas que se consideran clásicas porque se han empleado con mucha frecuencia a lo largo de la historia de la literatura, desde que algunos autores de la lírica española introdujeron estos esquemas métricos hasta la actualidad. Estas son algunas de ellas:

CINCO VERSOS

Si de mi baja lira 7a
tanto pudiese el son que en un momento 11B
aplacase la ira 7a
del animoso viento 7b
y la furia del mar y el movimiento. 11B

GARCILASO DE LA VEGA

La **lira** es una estrofa de cinco versos que mezcla versos de arte mayor y menor según el esquema 7a 11B 7a 7b 11B.

La **quintilla** está formada por cinco versos octosílabos que se combinan a gusto del autor, con tal de que no haya tres versos con la misma rima seguidos ni de que los dos últimos versos rimen entre sí.

Acuérdate que tú fuiste 8a
el que fijó tu destino, 8b
que ser inmortal pediste, 8a
y arrojarte al torbellino 8b
de las edades quisiste. 8a

JOSÉ DE ESPRONCEDA

9 Analiza la métrica y la rima de los poemas y averigua cuál es una lira y cuál una quintilla.

a

Sé que, corriendo, Lucía,
tras criminales antojos,
has escrito el otro día
una carta que decía:
"Al espejo de mis ojos".

RAMÓN DE CAMPOAMOR: *Doloras*, www.cervantesvirtual.com

b

El aire que suspiras
es quien mueve las cuerdas, no mi mano.
Y esta mi dulce lira
tu encanto canta en vano,
pues ella es luz de vela, y tú... el verano.

BEATRIZ GIMÉNEZ DE ORY: *Un hilo me liga a vos*, SM

10 **PLANTEAMOS JUNTOS.** Componed una quintilla utilizando estas cinco palabras al final de los versos. A continuación, recitadla para vuestros compañeros.

mirando | andando | pensando | camino | destino

SEIS VERSOS

Nuestras vidas son los ríos 8a
que van a dar en la mar 8b
que es el morir: 4c
allí van los señoríos 8a
derechos a se acabar 8b
y consumir. 4c

JORGE MANRIQUE

La **copla de pie quebrado** es una estrofa de seis versos que alterna versos octosílabos y tetrasílabos, según el esquema 8a 8b 4c 8a 8b 4c.

11 La copla de pie quebrado también se conoce como *copla manriqueña*. ¿A qué crees que se debe este nombre?

12 Versiona esta copla de Jorge Manrique y crea un poema añadiendo tus propias palabras. Ten en cuenta sus características de medida y de rima.

Nuestras vidas son ●●●
que van ●●●
que es ●●●
allí van ●●●
●●●
●●●.

¿Con qué tipo de actividades disfrutas y aprendes?

OCHO VERSOS

Chile, fértil provincia y señalada 11A
en la región antártica famosa, 11B
de remotas naciones respetada 11A
por fuerte, principal y poderosa; 11B
la gente que produce es tan granada, 11A
tan soberbia, gallarda y belicosa, 11B
que no ha sido por rey jamás regida 11C
ni a *estranjero* dominio sometida. 11C

ALONSO DE ERCILLA

La **octava real** está formada por ocho versos endecasílabos que riman en consonante según el esquema métrico 11A 11B 11A 11B 11A 11C 11C.

13 Indica qué versos deberían aparecer en cada hueco para que el poema cumpla el esquema métrico de la octava real.

El firmamento duplicado en flores
●●●
ni mustias envejecen con calores,
ni caducan con nieves rigurosas;
●●●
con respeto anda el aire entre las rosas:
que solo toca en ellas, manso, el viento
●●●.

FRANCISCO DE QUEVEDO:
Obras completas, Biblioteca Ibérica

a. *lo que basta a robarlas el aliento*

b. *se ve en constelaciones olorosas*

c. *naturaleza admira en las labores*

DIEZ VERSOS

Sueña el rey que es rey, y vive 8a
con este engaño mandando, 8b
disponiendo y gobernando; 8b
y este aplauso, que recibe 8a
prestado, en el viento escribe 8a
y en cenizas le convierte 8c
la muerte (¡desdicha fuerte!); 8c
¡que hay quien intente reinar 8d
viendo que ha de despertar 8d
en el sueño de la muerte! 8c

PEDRO CALDERÓN DE LA BARCA

La **décima** combina diez versos octosílabos que mantienen entre sí rima consonante, según el esquema 8a 8b 8b 8a 8a 8c 8c 8d 8d 8c.

14 **Aprendo a pensar.** Continúa un flujograma como este para averiguar a qué tipo de estrofa pertenecen estos poemas. Puedes hacerte preguntas como las siguientes: ¿es de arte mayor?, ¿tiene cinco versos?, ¿tiene más de cinco versos?, etc.

a

Estos reyes poderosos
que vemos por escrituras
ya pasadas
con casos tristes, llorosos,
fueron sus buenas venturas
trastornadas.

JORGE MANRIQUE: *Poesías completas*, Espasa

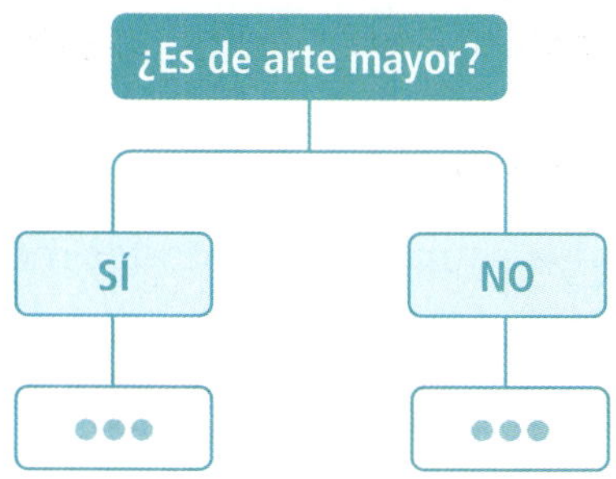

b

Siempre la brevedad es una cosa
con gran razón de todos alabada
y vemos que una plática es gustosa
cuanto más breve y menos afectada;
y aunque sea la prolija provechosa,
nos importuna, cansa y nos enfada,
que el manjar más sabroso y sazonado
os deja, cuando es mucho, empalagado.

ALONSO DE ERCILLA: *La Araucana*, Cátedra

c

¿Qué mirarán los ojos
que vieron de tu rostro la hermosura,
que no les sea enojos?
Quien oyó tu dulzura,
¿qué no tendrá por sordo y desventura?

FRAY LUIS DE LEÓN: *Poesía*, Penguin clásicos

d

Apurar cielos pretendo,
ya que me tratáis así,
qué delito cometí
contra vosotros naciendo;
aunque si nací, ya entiendo
qué delito he cometido;
bastante causa ha tenido
vuestra justicia y rigor,
pues el delito mayor
del hombre es haber nacido.

PEDRO CALDERÓN DE LA BARCA: *La vida es sueño*, Cátedra

e

Y los siglos girarán
en perpetuo movimiento,
las naciones morirán,
y se escuchará tu acento
en los siglos que vendrán.

JOSÉ DE ESPRONCEDA: *El diablo mundo*, Castalia

15 Comprueba lo que has aprendido realizando un esquema donde integres las estrofas que estudiaste el curso pasado con las que has aprendido este año.

NUESTRO RETO Operación lira

Creamos liras encadenadas

Hoy tu clase participará en las Jornadas Europeas de Cooperación con un poema formado por liras encadenadas. En ellas contaréis un momento en el que toda la clase se unió para lograr un objetivo, por ejemplo, esa vez que comprasteis unas zapatillas de tacos a ese compañero fanático del fútbol.

Paso 1 Haced una lluvia de ideas para elegir qué anécdota queréis contar. Después, poneos de acuerdo en qué rimas utilizaréis en vuestras composiciones. Por ejemplo, para los versos que rimen en A se empleará la rima *-ada*, y *-oso* para la rima en B.

Paso 2 Luego, formad equipos de 3 o 4 personas. Cada grupo se encargará de una de las partes del relato: el planteamiento para contextualizar, el nudo con tantas acciones como tenga la historia y el desenlace con el resultado de vuestra cooperación.

Paso 3 En equipo, componed un par de liras que respeten el esquema métrico establecido.

Paso 4 Tras componer las estrofas, entre todos montaréis el poema y lo revisaréis.

¿Cómo te ha ido el reto? Entra y haz tu valoración

EN RESUMEN

El verso y la métrica

Los versos son de **arte menor** si tienen 8 sílabas o menos y de **arte mayor** si tienen 9 o más. Para dar con la medida de un verso, cuenta las sílabas siguiendo estas normas:

- Se añade una sílaba si la última palabra es aguda y se quita una sílaba si es esdrújula.
- Se crea una **sinalefa** si una palabra acaba en vocal y la siguiente empieza en vocal o *h-*.
- A veces se emplea la **diéresis**, que separa las vocales de un diptongo en dos sílabas diferentes; o el **apóstrofo**, que suprime la escritura de la segunda vocal de una sinalefa.

Las estrofas

	Versos	Arte	Rima	Esquema métrico
Lira	5	Mayor y menor	Asonante o consonante	7a 11B 7a 7b 11B
Quintilla		Menor	Consonante	Tres versos con rimas diferentes seguidos de otros dos con distinta rima entre ellos.
Copla de pie quebrado	6	Menor	Asonante o consonante	11A 11B 11A 11B 11A 11C 11C
Octava real	8	Mayor	Consonante	8a 8b 4c 8a 8b 4c
Décima	10	Menor	Consonante	8a 8b 8b 8a 8a 8c 8c 8d 8d 8c

Mis competencias **Autoevaluación**

COMENTARIO DE TEXTO

Descifra los textos

1 **Lee el siguiente texto y responde a las preguntas.**

CUENTAN DE UN SABIO QUE UN DÍA

Cuentan de un sabio que un día
tan pobre y mísero estaba,
que solo se sustentaba
de unas hierbas que cogía.
¿Habrá otro, entre sí decía,
más pobre y triste que yo?;
y cuando el rostro volvió
halló la respuesta, viendo
que otro sabio iba cogiendo
las hierbas que él arrojó.

PEDRO CALDERÓN DE LA BARCA:
Obras completas, Biblioteca Ibérica

mísero: pobre.
entre sí: para sí mismo.

a. Mide los versos del poema e identifica la rima y la estrofa.

b. Divide el texto en dos partes e indica qué sucede en cada una de ellas. Ten en cuenta los cambios entre el narrador omnisciente y la voz interior del protagonista.

c. Explica en una línea el tema del texto. Para lograrlo, ten en cuenta la pregunta que se hace el sabio a sí mismo.

d. ¿Qué efecto crees que busca el autor al colocar seguidos "pobre" y "mísero", dos adjetivos con un significado prácticamente idéntico?

e. En este poema, el sabio no resume sus conclusiones en forma de moraleja ni las expresa de ninguna otra manera. ¿Por qué piensas que el autor deja la historia así? ¿Qué efecto genera este final en el lector?

f. ¿Y tú qué opinas? El protagonista de esta historia es un sabio, aunque no se dan detalles sobre su especialidad o sus conocimientos. ¿Hay algún elemento en el texto que demuestre que es una persona con al menos algún tipo de sensibilidad especial? ¿Qué crees tú que convierte en sabio a este hombre desgraciado?

4.4 Entre risas y amores

¡EMPEZAMOS!

En la actualidad, cada vez que se emite un programa o un evento deportivo, al día siguiente internet está plagado de memes y publicaciones sobre ello, algunos más graciosos que otros. Lo mismo pasaba en el siglo XIX o incluso antes, pues los medios de comunicación, como la prensa, publicaban caricaturas o sátiras para criticar situaciones, personas o noticias. Observa la imagen y responde a las preguntas.

EL PRINCIPIO Y EL FIN DE UN VIAJE EN UN TREN DE GRAN VELOCIDAD.

FRANCISCO ORTEGO (DIB. / LIT.): "El principio y el fin de un viaje en un tren de gran velocidad", *El Cascabel*, 3 de julio de 1866. Biblioteca del Museo Nacional del Romanticismo, Madrid

- Esta viñeta muestra cómo empieza y cómo termina un viaje en lo que en el siglo XIX era un tren de gran velocidad. ¿Qué pretende criticar?
- ¿Consideras que la crítica que hace se puede aplicar a los trenes de alta velocidad de la actualidad?
- ¿Te parece que este tipo de viñetas pueden ser las precursoras de los memes?
- ¿Crees que las sátiras humorísticas se crean solo con imágenes, o también con palabras? Piensa, por ejemplo, en comentarios y mensajes en redes sociales.

¡VAMOS A APRENDER!

1. Prestar ayuda cuando alguien la necesita.
2. Reconocer textos pertenecientes al género lírico.
3. Identificar el sentimiento que predomina en un poema.
4. Comparar subgéneros líricos a partir del tono del poema.

NUESTRO RETO

Errores que dan risa

¿Alguna vez has llamado a un amigo por el nombre de otro? ¿O has llegado al sitio del plan pero el día equivocado? Estos despistes molestan en el momento, pero con el tiempo los recuerdas con gracia. Hoy harás una sátira sobre ti y te echarás unas risas.

¡Vamos allá!

1 El género lírico

Al son de la lira

1 Observad esta versión de *El pájaro de fuego* de Stravinski creada por Disney y contestad.

Fantasía 2000

a. ¿Creéis que las imágenes tienen relación con la música?

b. Investigad la trama de la obra musical de Igor Stravinski. ¿Opináis que es el relato que el compositor quería transmitir?

c. ¿Qué sentimientos despiertan en vosotros estas imágenes y la historia que narran?

2 La poesía da expresión a los sentimientos y emociones valiéndose del ritmo, la musicalidad de las palabras y los recursos literarios. ¿Qué sensación te producen estos poemas? ¿Crees que influye el hecho de que estén escritos en verso?

a

En mi quinta hay cien árboles bellos,
ciruelos redondos,
limoneros rectos
y naranjos de brotes lustrosos.

En las primaveras,
todos ellos se cubren de flores
en torno a la higuera.

Y la pobre parece tan triste
con sus gajos torcidos que nunca
de apretados capullos se viste...

Por eso,
cada vez que yo paso a su lado,
digo, procurando
hacer dulce y alegre mi acento:
"Es la higuera el más bello
de los árboles todos del huerto".

JUANA DE IBARBOUROU:
Obras escogidas, Editorial Andrés Bello

b

Amor es ponerse de almohada
para el cansancio de cada día;
es ponerse de sol vivo
en el ansia de la semilla ciega
que perdió el rumbo de la luz,
aprisionada por su tierra,
vencida por su misma tierra...

Amor es desenredar marañas
de caminos en la tiniebla:
¡Amor es ser camino y ser escala!
Amor es este amar lo que nos duele,
lo que nos sangra bien adentro... [...]

Amor es amar desde la raíz negra.
Amor es perdonar;
y lo que es más que perdonar,
es comprender...

DULCE MARÍA LOYNAZ:
Obra lírica, Aguilar

3 El recitado muchas veces acompaña al poema de un autor para transmitir un sentimiento concreto. ¿Cuál de las dos opciones de recitado que escucharás en el audio va más acorde al poema que aparece a continuación? Explica tu respuesta.

La tristeza no puede
entrar por estas puertas.
Por las ventanas
entra el aire del mundo,
las rojas rosas nuevas,
las banderas bordadas
del pueblo y sus victorias.
No puedes.

PABLO NERUDA: *Antología poética*, RAE/ASALE

2 Los subgéneros líricos

Un zasca tras otro

4 Observa este vídeo. Después, comentad juntos las preguntas que se proponen.

Telediario / RTVE

a. ¿Conocíais a estos grupos musicales que cantan en el carnaval de Cádiz, llamados "chirigotas"?

b. ¿Qué tipo de canciones interpretan estos artistas?

c. ¿Cuál creéis que es la finalidad de estos números musicales?

Seguro que conoces películas, canciones u obras de teatro en las que algo o alguien es criticado de forma humorística. En literatura, la **sátira** es una composición, ya sea en prosa o en verso, en la que se hace una crítica de costumbres o vicios de individuos o de grupos sociales, utilizando el humor y la ironía. Tradicionalmente ha tenido un objetivo moralizador, de advertencia y enseñanza; pero con el tiempo se ha convertido en una obra de finalidad burlesca y lúdica.

5 Una de las sátiras más comunes de la literatura es la que critica el poder que el dinero ejerce sobre las personas. ¿Qué poderes tiene el dinero según este fragmento poético?

En la tierra, en estos tiempos,
el más alto rey es el dinero.
Al dinero admiran
y acatan los reyes.
El dinero lleva a la guerra
y, si la quiere, no le falta la paz. [...]
El dinero hace ladrones
incluso a los más nobles. [...]
Si el dinero habla,
el pobre se calla, es bien sabido. [...]
El dinero destruye el corazón
de los sabios y ciega sus ojos.

CARMINA BURANA: *Cantos de goliardo y poemas de amor*, Galaxia Gutenberg

6 ¿A qué grupos o situaciones dedicaríais vosotros una sátira? Componed por equipos un poema satírico siguiendo estos pasos.

Paso 1 Pensad en una situación desagradable que hayáis vivido recientemente.

Paso 2 Enumerad los elementos negativos de la situación que querríais denunciar, así como la actitud que tomaron las personas implicadas. Tened en cuenta que se trata de denunciar una situación injusta, no de reírse de nadie.

Paso 3 Componed versos con esos rasgos y, si podéis, intentad que tengan ocho sílabas.

Paso 4 Rimad las palabras finales de cada verso que habéis compuesto procurando que terminen con los mismos sonidos. ¡Habréis creado un poema satírico!

¿Qué has aprendido sobre ti hoy?

7 **La sátira puede aparecer también como un ataque personal a un rival, algo relativamente habitual en la literatura, en la que hallamos ácidas pullas entre escritores. Lee este soneto que Francisco de Quevedo dedica a Luis de Góngora metiéndose con él por su nariz.**

Érase un hombre a una nariz pegado,
érase una nariz superlativa,
érase una alquitara medio viva,
érase un peje espada mal barbado;

era un reloj de sol mal encarado,
érase un elefante bocarriba,
érase una nariz sayón y escriba,
era Ovidio Nasón mal narigado.

Érase un espolón de una galera,
érase una pirámide de Egito,
las doce tribus de narices era;

érase un naricísimo infinito,
frisón archinariz, caratulera,
sabañón garrafal, morado y frito.

FRANCISCO DE QUEVEDO: *Antología poética*, Club Internacional del Libro

alquitara: alambique, instrumento para destilar.
peje espada: pez espada.
sayón: verdugo; hombre de aspecto feroz.
espolón: punta en la que remata una nave.
galera: tipo de embarcación de vela y remo.
frisón: caballo de Frisia; grande y corpulento.
caratulera: relativa a las caretas.
sabañón: hinchazón de la pie por el frío.

a. Según el autor, ¿qué característica posee la nariz de Góngora? Investiga si el aspecto real de Góngora era tan exagerado como dice Quevedo.
b. Fíjate en el principio de cada verso. ¿Qué recurso literario utiliza? ¿Qué efecto produce?
c. ¿Cuál de las metáforas utilizadas te parece más sorprendente y humorística?
d. La ironía es una figura literaria que consiste en hacer entender al receptor que se piensa lo contrario de lo que se dice. ¿Hay ironía en el poema? Justifícalo con ejemplos.
e. Quevedo escribió esta sátira contra una persona que se dedicaba profesionalmente a lo mismo que él. ¿Cómo crees que se lo tomó? Investiga si Góngora le respondió.

8 **A lo largo de la historia han sido muy frecuentes las sátiras de corte moralizador, en las que se denunciaban los vicios y malos hábitos de la sociedad. Lee esta traducción de un poema provenzal del siglo XII y responde a las preguntas.**

Os diré en mi latín
lo que veo y lo que vi.
No creo que el mundo dure mucho,
según dice la Escritura,
pues ahora el hijo traiciona al padre,
y el padre al hijo también.

Desviada de su camino,
la Juventud se encamina a su decadencia,
y la Liberalidad, que era su hermana,
va huyendo con cautela,
pues doña Constancia, la engañadora,
nunca disfrutó de Júbilo ni de Juventud.

MARTÍN DE RIQUER: *Los trovadores*, Ariel

a. Ten en cuenta que estos poemas los solía recitar un trovador, ¿a quién crees que se dirige en este caso?
b. ¿De qué se acusa a padres y a hijos?
c. ¿Qué finalidad persigue el autor?
d. ¿Qué se consigue al convertir en personajes a la Juventud, la Liberalidad, la Constancia y el Júbilo?
e. De estos personajes, ¿quiénes son los que tienen un comportamiento reprochable? ¿Y los ejemplares?

liberalidad: generosidad.
cautela: precaución.

9 En las *danzas de la muerte* del siglo XIV es la propia Muerte la que se burla de los diferentes grupos sociales, como los clérigos, los nobles, los mercaderes, etc., recordándoles el inevitable final de la vida, que llega a todos por igual. Lee estos versos y responde a las preguntas.

> Rey fuerte, tirano, que siempre robasteis
> todo vuestro reino y henchisteis el arca;
> de hacer justicia muy poco curasteis
> según es notorio por vuestra comarca.
>
> ANÓNIMO: *Danza general de la muerte*, La guillotina

henchir: llenar.
curar: procurar.

a. ¿Cuál crees que era la finalidad del poema en su época?

b. ¿Piensas que este tipo de poemas ofrecen una visión de la sociedad del siglo XIV?

c. ¿Conoces sátiras contra grupos sociales o profesiones? ¿Su intención es humorística?

Son de amores

10 ¿A qué momento de una relación amorosa crees que está dedicado este fragmento de la canción *Saturno*, de Pablo Alborán? ¿Qué tono impregna la canción?

> Vuelves en cada sueño que tengo, caigo de nuevo en tu red.
> Sé que tarda un tiempo curarme de ti de una vez.
> Tuve tantos momentos felices que olvido lo triste que fue
> darte de mi alma, lo que tú echaste a perder.
>
> PABLO ALBORÁN: "Saturno", en *Prometo*, BMG Rights Management, Warner Chappell Music

¿Ves algo de manera diferente ahora?

- **CREAMOS JUNTOS** una lista de reproducción con canciones que traten este sentimiento con un tono parecido.

El dolor y la queja por un amor terminado o no correspondido han estado siempre presentes en la poesía. Uno de los subgéneros clásicos en los que este es el tema central es la **égloga**, un poema en el que dos pastores dialogan y expresan sus quejas de amor en un escenario natural y bucólico.

11 Lee el comienzo de esta égloga del siglo XV de Garcilaso de la Vega. ¿En qué escenario se sitúan los dos pastores del poema? ¿Qué te transmite a ti ese paraje?

> El dulce lamentar de dos pastores,
> Salicio juntamente y Nemoroso,
> he de cantar, sus quejas imitando;
> cuyas ovejas al cantar sabroso
> estaban muy atentas, los amores,
> de pacer olvidadas, escuchando. [...]
>
> Saliendo de las ondas encendido,
> rayaba de los montes el altura
> el sol, cuando Salicio, recostado
> al pie d'una alta haya, en la verdura
> por donde una agua clara con sonido
> atravesaba el fresco y verde prado.
>
> GARCILASO DE LA VEGA: *Cancionero. Poesías castellanas completas*, Bruguera

- ¿Por qué crees que los autores ponen los lamentos de su vida amorosa en boca de pastores y los sitúan en un paraje tan bucólico?

12 En vez de pastores, ¿quiénes son los protagonistas de esta égloga moderna? ¿Qué entorno sustituye a la naturaleza bucólica de las églogas clásicas?

Lamentaban dos dulces rascacielos
la morena razón de su desgracia,
bajo el sol del invierno. Mi ciudad
escuchaba en su voz la ineficacia
de un amor que vencido por los celos
otorga duelo y quita libertad.
Tú, lector de esta Edad, [...]
escucha el lamentar desconsolado,
el trágico cuidado,
de estos dos edificios.

LUIS GARCÍA MONTERO:
Poesía urbana, Renacimiento

13 **PLANTEAMOS JUNTOS** una historia de temática amorosa en la que el protagonista pueda haber pronunciado estas palabras. Para ello, inspiraos leyendo estos fragmentos y luego cread a partir de ellos un relato romántico, desde su inicio hasta su trágico final.

a

La verde margen del ameno río,
tal vez buscando alivio, visitaba;
y a la distante causa de sus males,
desesperado enviaba quejas tales:

"No huye tanto, pastora, el corderillo
del tigre atroz, como de mí te alejas,
ni teme tanto al buitre el pajarillo,
ni tanto al voraz lobo las ovejas".

ANDRÉS BELLO:
Égloga, www.cervantesvirtual.com

b

Tengo miedo esta tarde —en el despacho
de aquellas tardes nuestras, de esos días—.
Belisa, el mundo marcha hacia el desastre.
Empezaré a marcar desde el teléfono
un número cualquiera: "Ven, Belisa".
Lloro, Belisa, entre el Haber y el Debe.
Lloro en el ático que tú conoces.
Belisa, ¡el mundo marcha hacia el desastre!

VICENT ANDRÉS ESTELLÉS:
El primer libro de las églogas, Denes
(traducción de Antonio Moreno)

c

Cuando yo vi mis luces eclipsarse,
cuando yo vi mi sol oscurecerse,
mis verdes esmeraldas enlutarse
y mis puras estrellas esconderse,
no puede mi desdicha ponderarse,
ni mi grave dolor encarecerse,
ni puede aquí sin lágrimas decirse
cómo se fue mi sol al despedirse.

LOPE DE VEGA:
Obras escogidas, Aguilar

d

¿Dó están agora aquellos claros ojos
que llevaban tras sí, como colgada,
mi ánima doquier que ellos se volvían?
¿Dó está la blanca mano delicada,
llena de vencimientos y despojos
que de mí mis sentidos le ofrecían? [...]
Aquesto todo agora ya se encierra,
por desventura mía,
en la fría, desierta y dura tierra.

GARCILASO DE LA VEGA:
Égloga, Biblioteca Virtual Universal

la verde margen: el verde margen.
enlutarse: en este contexto, perder su color característico.
dó: dónde.
agora: ahora.
doquier: a cualquier sitio.
vencimientos: inclinaciones.
aquesto: esto.

NUESTRO RETO Errores que dan risa

Componemos una sátira

Una fecha mal anotada, llamar a alguien por un nombre que suena parecido, un mensaje escrito al destinatario equivocado, etc. son pequeños despistes que, a veces, tienen consecuencias desagradables. Hay muchos tipos de errores con solo una cosa en común: de nada sirve aferrarse a lo que ya ha pasado y una de las mejores formas de remediarlos es... a base de risas.

Paso 1 En primer lugar, formad pequeños equipos porque vais a crear unas pocas estrofas satíricas a partir de los pequeños fallos que todos cometemos en algún momento de nuestro día a día. Reflexionad y seleccionad posibles temas o anécdotas sobre los que vaya a tratar la sátira.

Paso 2 Después, pensad en los recursos poéticos que la van a hacer divertida, como el empleo de ironías, hipérboles, paronimias, personificaciones, etc. Un ejemplo es exagerar el cargo de la persona que recibió el correo equivocado, es decir, que en vez de que le llegara a un profesor se le enviara al director, o incluso al ministro. En equipo, intentad ponedle imaginación, pero tened en cuenta que en ocasiones la realidad supera a la ficción...

Paso 3 Antes de componer la sátira, tendréis que pensar en su forma. Piensa en palabras que rimen con los elementos de los despistes que vais a satirizar. Por ejemplo, *día* y *se lía*, *nombre* y *asombre*, *destinatario* y *reglamentario*, o *correo* y *cotilleo*. ¡Hay muchas combinaciones posibles!

Paso 4 Componed la sátira y escribidla en vuestro cuaderno. Hacedla todos juntos para que todos aportéis ideas y rimas. Cuando la tengáis lista, turnaos para recitarla en voz alta empleando el tono apropiado para este tipo de composición.

¿Cómo te ha ido el reto? Entra y haz tu valoración

EN RESUMEN

El género lírico y sus subgéneros

Mediante el **género lírico o poético** se expresan sentimientos a través de las palabras. Según la intención y el tono del poema se distinguen varios subgéneros líricos, y junto a la oda y la elegía encontramos otros como los siguientes:

- La **sátira**, que es una composición, que puede ser en prosa o en verso, en la que se denuncian costumbres o se critican aspectos o vicios de personas o de grupos sociales. El tono que se emplea es humorístico, irónico y burlesco.
- La **égloga**, que consiste en un poema en el que dos pastores se quejan por sus amores en un escenario natural. Suelen leerse en un tono melancólico y doloroso debido a la pérdida de la enamorada.

Mis competencias **Autoevaluación**

COMENTARIO DE TEXTO

Descifra los textos

1 Lee el siguiente poema y responde a las preguntas.

ROMANCE SATÍRICO

Pues me hacéis casamentero,
Ángela de Mondragón,
escuchad de vuestro esposo
las grandezas y el valor;

Él es un médico honrado,
por la gracia del Señor,
que tiene muy buenas letras
en el cambio y el bolsón.

Quien os lo pintó cobarde
no lo conoce, y mintió,
que ha muerto más hombres vivos
que mató el Cid Campeador. [...]

Si a alguno cura, y no muere,
piensa que resucitó,
y por milagro le ofrece
la mortaja y el cordón. [...]

No se le ha muerto ninguno
de los que cura hasta hoy,
porque antes que se mueran
los mata sin confesión. [...]

Piensan que es la muerte algunos;
otros, viendo su rigor,
le llaman el día del juicio,
pues es total perdición.

No come por engordar,
ni por el dulce sabor,
sino por matar la hambre,
que es matar su inclinación.

Por matar mata las luces,
y si no le alumbra el sol,
como murciégalo vive
a la sombra de un rincón.

FRANCISCO DE QUEVEDO: *Antología poética*, www.cervantesvirtual.com

casamentero: persona que empareja a la gente.
ha muerto: ha matado.
rigor: compromiso con algo, seriedad.
el día del juicio: el fin del mundo.

a. Mide el poema e identifica la rima y la estrofa.

b. Divide el texto en dos partes. Para ayudarte, fíjate en si todas las estrofas describen al doctor.

c. Quevedo afirma con ironía que el doctor tiene "muy buenas letras en el cambio". Decir que alguien "tiene letras" significa que ha estudiado, pero como las letras de este doctor son de cambio, se intuye que ha conseguido su título de médico comprándolo a cambio de dinero. Encuentra dos ejemplos más de ironía y explícalos.

d. En vista de lo dicho sobre la ironía, ¿qué tres características definen en realidad al doctor? Justifica tu respuesta con ejemplos del poema.

e. Explica en una línea el tema del texto. Ten en cuenta tus respuestas anteriores.

f. ¿Y tú qué opinas? ¿Hay alguna virtud que se desprenda de la descripción que hace Quevedo del doctor? ¿Qué interés puede tener Ángela de Mondragón en un personaje tan siniestro?

Entre textos Literatura por todas partes

Expandiendo Libros

¿Alguna vez te has parado a pensar en la cantidad de referencias literarias que usamos en nuestro día a día? Cuando pensamos en adaptaciones de libros siempre nos vienen a la mente series o películas, pero ¿sabías que muchas de las expresiones que usamos o las canciones que escuchamos se han inspirado en una obra o en un personaje literario?

1 **Observa las siguientes expresiones, lee la información sobre los libros de los que vienen y explica el significado que le damos en la realidad.**

a Si quieres, hago de celestina y te presento a alguno de mis amigos.

En la *Celestina*, Calisto se enamora de Melibea y pide ayuda a Celestina para poder conquistarla.

b Los tiros directos a puerta son el talón de Aquiles de este equipo.

La *Ilíada* cuenta el mito de la guerra de Troya. Aquiles es un gran guerrero al que nadie puede vencer, hasta que Paris traspasa con una flecha su punto débil, el talón.

c Perdón por llegar tarde, ha sido una odisea llegar hasta aquí.

La *Odisea* narra las aventuras y dificultades que sufre Ulises durante diez años para regresar a su casa, en Ítaca, después de la guerra de Troya.

2 **A veces utilizamos expresiones relacionadas con personajes literarios para describir a una persona. Por ejemplo, decimos que alguien es "una bella durmiente" cuando duerme mucho. Escoge uno de estos personajes de cuentos populares e inspírate en él para inventar una expresión con la que puedas describir a una persona. Después, explica la relación que has visto entre el cuento y la realidad a la hora de crearlo.**

a

b

c

3 **Muchos músicos se inspiran en personajes literarios para crear su nombre artístico. Por ejemplo, Hamlet es un grupo de música que usa el nombre del protagonista y de la obra de William Shakespeare. El grupo escogió este nombre cuando uno de los miembros llegó al ensayo con un ejemplar de la obra. Localiza los libros o personajes en los que se inspiraron estos grupos.**

El sueño de Morfeo | Auryn | Platero y tú | Vetusta Morla

- Si tuvieras que formar un grupo de música, ¿qué nombre basado en una obra o personaje literario eligirías?

4 Los grupos de música no solo se inspiran en la literatura para escoger su nombre, sino que muchas veces también hacen referencia a libros, tramas o personajes en las letras de sus canciones. Por equipos, leed los siguientes fragmentos. ¿Qué referencias a obras o personajes literarios reconocéis?

a

Recuerda bien tus cabañas, construías,
querías ser un espía, y tu madre te decía:
"No está bien, que inventes mil fantasías
y que vivas en tu mundo de baldosas amarillas".

DANIEL M., DAVID O., IVÁN G., JOSÉ M. RUIZ: "Aquellos años locos", en *A contracorriente*, BMG Music Spain

b

Si Peter Pan viniera a buscarme una noche azul,
que me sorprenda a oscuras.
Por favor, que no dé la luz,
no vaya a descubrir que suelo mentir
cuando juro ser aún ese niño.

Quién le va a contar que la gran ciudad
no dejó ninguno ninguno, ni uno vivo.

ISMAEL SERRANO: "Si Peter Pan viniera", en *La traición de Wendy*, Universal Music Spain, S. L.

c

Alicia, sortilegio de Babia
en el fondo del espejo.
Alicia ni supone ni piensa,
con la luna por cerebro.

Alicia en su pensamiento,
tirando del hilo de su enredo.
Alicia, en el laberinto
sin minotauro, me llama:
¡Teseo!

ENRIQUE BUNBURY: "Alicia (Expulsada en el País de las Maravillas)" en *Radical Sonora*, EMI Odeon

- ¿Conoces otras canciones que también se inspiren en elementos o textos literarios?

5 ¿Alguna vez has visto un cartel publicitario y te ha recordado a un cuento o a un personaje que conoces? En ocasiones, en la publicidad se emplean referencias literarias para dar más importancia o valor al producto que se está intentando vender. Observa este anuncio publicitario en el que se utilizan unos versos de un poema de Antonio Machado y contesta a las preguntas.

a. ¿Qué producto crees que intenta vender?

b. ¿Cómo se relaciona en el cartel el poema de Antonio Machado con el producto?

c. ¿Crees que funciona para captar la atención del comprador?

d. ¿Conoces otros ejemplos de anuncios o carteles publicitarios que se basen en una obra literaria?

6 Ahora crea tu propio anuncio inspirado y acompañado de un texto literario, como un poema, un fragmento de una novela, o incluso un personaje literario.

Ejemplo → Rapunzel podría protagonizar un anuncio de champú y explicar los beneficios que tiene ese producto para conseguir un cabello fuerte y largo.

4.5 Si yo te contara...

¡EMPEZAMOS!

Normalmente, cuando te cuentan una anécdota, ¿te la imaginas como si fuera una película o un capítulo de una serie? El cine y la televisión son especialistas en narrar historias, porque presentan rápidamente a los personajes y sitúan sus acciones en un momento y en un lugar concretos. Con la literatura pasa igual, salvo que en vez de mostrarlos con imágenes y sonidos, lo hace con palabras, para que tu imaginación logre el resto. Observa esta escena y responde a las preguntas.

Wall-E

- ¿Qué ocurre en la escena? ¿Cómo lo sabes si no se dice nada?
- ¿Qué crees que dirían los personajes si pudieran hablar?
- ¿Cómo te imaginas sus voces? ¿Tendrían algún acento particular o alguna característica especial? Justifica tu respuesta.
- ¿Has pensado alguna vez cómo hace el cine para contar cosas sin decir nada? ¿Qué elementos ayudan a conseguirlo: la luz, la música, el ambiente, etc.?

¡VAMOS A APRENDER!

1. Cumplir las tareas asignadas.
2. Reconocer elementos del género narrativo en los textos.
3. Diferenciar subgéneros narrativos breves según sus características.
4. Clasificar visualmente novelas según su trama.

NUESTRO RETO

La evolución de un microrrelato

A partir de un microrrelato, vas a desarrollar una historia llena de sorpresas y aventuras. Esos detalles que no aparecen en un microrrelato son los que permitirán que eches a volar tu imaginación. ¿Qué relato captará más la atención de tus compañeros?

¡Vamos allá!

1 El género narrativo

Cuentan los que lo vieron

1 Observa esta escena de *La princesa prometida* y responde a las preguntas.

a. ¿Qué crees que está empezando a hacer el abuelo en este fragmento de la película?

b. ¿Cómo se llama el oficio de aquellas personas que se dedican a relatar cuentos a otros?

c. ¿Alguna vez te han contado o te han leído un cuento? ¿En qué situación?

En la **literatura**, las historias que relatan lo que les sucede a unos personajes, ya sean reales o imaginarios, en un tiempo y un espacio determinados, pertenecen al **género narrativo**.

2 Observa los elementos de la narración y encuéntralos todos en este fragmento literario.

ACCIÓN	ESPACIO	TIEMPO	NARRADOR	PERSONAJES
Hechos que suceden en la historia.	Lugar en el que ocurren los hechos.	Momento en el que sucede la acción.	Voz que cuenta la historia.	Seres que protagonizan los hechos.

Érase una vez, en una ciudad casi normal, una familia casi normal que tenía un niño que se llamaba... Bueno, su nombre era corriente y no hace falta decirlo, aunque empieza por M [...].

Como hacía buen tiempo, el abuelo de M, a las once, le bajaba al parque.

Mientras el abuelo leía el periódico, M jugaba. Se tiraba un par de veces por el tobogán, se columpiaba un minuto en el columpio, trepaba un rato por las cuerdas...

Pero M se aburría pronto. No le entretenían los toboganes, los columpios, las rampas ni las cuerdas. Por eso, pasado un rato, M iba donde estaba su abuelo leyendo el periódico y le decía, por ejemplo:

—Abuelo, cómprame un helado.

RICARDO GÓMEZ: *Cuentos crudos*, SM

3 Ordena las acciones para que cumplan la estructura de planteamiento, nudo y desenlace.

A Ambos iniciaron el vuelo, escapando de su prisión. Sin embargo, Ícaro, deslumbrado por la belleza del Sol, desobedeció a su padre y voló demasiado alto con la intención de tocarlo. Entonces, el calor del sol derritió la cera e Ícaro se precipitó al vacío.

B Ícaro era hijo de Dédalo, un sabio griego que ideó un laberinto en el que el rey Minos encerró a un minotauro que asediaba su ciudad. Una vez construido, el rey encerró en una torre a Dédalo y a su hijo para que así nadie lograra averiguar nunca cómo salir del laberinto.

C Dédalo quería escaparse, pero como no podía hacerlo ni por tierra ni por mar, finalmente se las ingenió para hacerlo por el aire. Fabricó dos grandes pares de alas con cera y plumas de pájaro. Y antes de escapar, Dédalo advirtió a Ícaro de que no volara ni demasiado alto ni demasiado rápido, pues eso estropearía el invento.

2 Los subgéneros narrativos

En pocas palabras

4 Lee este cuento y responde a las siguientes preguntas.

Un hombre vino muy temprano a presentarse en casa del profeta Salomón, con el rostro pálido y los labios descoloridos.

Salomón le preguntó:

—¿Por qué estás en ese estado?

Y el hombre le respondió.

—Azrael, el ángel de la muerte, me ha dirigido una mirada impresionante, llena de cólera. ¡Manda al viento, por favor te lo suplico, que me lleve a la India para poner a salvo mi cuerpo y mi alma!

Salomón mandó, pues, al viento que hiciera lo que pedía el hombre. Y, al día siguiente, el profeta preguntó a Azrael:

—¿Por qué has echado una mirada tan inquietante a ese hombre, que es un fiel? Le has causado tanto miedo que ha abandonado su patria [...].

—Ha interpretado mal mi mirada. No lo miré con cólera, sino con asombro. Dios, en efecto, me había ordenado que fuese a tomar su vida en la India y me dije:

—¿Cómo podría, a menos que tuviese alas, trasladarse hasta la India?

MIGUEL DÍEZ y PAZ DÍEZ TABOADA: *La memoria de los cuentos*, Espasa

a. ¿Cuántos personajes aparecen en el cuento? ¿Hay descripciones detalladas sobre ellos?
b. ¿Se aportan muchos datos acerca del momento y de los lugares de la acción? ¿Cuáles?

Los **cuentos populares** son narraciones breves sobre sucesos imaginarios y con pocas descripciones sobre los personajes. A lo largo de los siglos han circulado de forma oral, por lo que son anónimos y pueden existir diferentes versiones de un mismo relato, pero a partir del siglo XIX fueron recopilados en colecciones como las de los hermanos Grimm o Hans Christian Andersen.

5 Resumid un cuento que todos conozcáis y ponedlo en común. ¿Coinciden las versiones?

6 Los cuentos populares, como herencia de su transmisión oral, suelen utilizar fórmulas de comienzo y de finalización como estas. Pensad otras fórmulas parecidas y compartidlas. ¿Por qué pensáis que pueden ser importantes?

Érase una vez...

Colorín colorado, este cuento se ha acabado.

7 Leed ahora este otro relato. ¿Consideráis que puede tratarse de un cuento popular o se trata de un tipo diferente de historia?

No nos decimos ni una palabra pero sé que mi sombra se alegra tanto como yo cuando, por casualidad, nos encontramos en el parque. En esas tardes la veo siempre delante de mí, vestida de negro. Si camino, camina; si me detengo, se detiene. Yo también la imito. Si me parece que ha entrelazado las manos por la espalda, hago lo mismo. Supongo que a veces ladea la cabeza, me mira por encima del hombro y se sonríe con ternura al verme tan excesivo en dimensiones, tan coloreado y pictórico. Mientras paseamos por el parque la voy mimando, cuidando. Cuando calculo que ha de estar cansada doy unos pasos muy medidos —más allá, más acá, según— hasta que consigo llevarla a donde le conviene. Entonces me contorsiono en medio de la luz y busco una postura incómoda para que mi sombra, cómodamente, pueda sentarse en un banco.

ENRIQUE ANDERSON IMBERT: "La sombra", en *Cuentos en miniatura. Antología*, Equinoccio

Los **cuentos literarios** son relatos creados por autores conocidos en los que se busca suscitar la sorpresa en los lectores mediante la narración de sucesos extraños o con finales inesperados.

8 **Aprendo a pensar.** Haz una lluvia de ideas con tus compañeros, ¿cómo continuaríais este cuento cada uno de vosotros?

> La joven escritora había trabajado duro en su primer libro durante años y finalmente lo había publicado. Con ansias, revisaba cada día las reseñas en línea, hasta que encontró una que la dejó perpleja: "La autora es un fraude, robó mi historia y la vendió como suya". Horrorizada, recordó aquella tarde en la cafetería en la que, sin saberlo, había escuchado a una extraña contando su vida.
>
> CRISTINA FERNÁNDEZ

9 **PLANTEAMOS JUNTOS** si se puede considerar que esta breve secuencia es un cuento. Aportad razones para apoyar vuestra opinión.

> Nico baila tan emocionado con sus botas de agua que no ve que la habitación se ha convertido en un enorme charco que ya le llega hasta la cintura.
>
> VICENTA DEL POZO

¿Te ha costado llegar a acuerdos en el equipo?

Los **microrrelatos** son narraciones muy breves, reducidas a una única acción y sin descripciones sobre personajes ni detalles sobre el tiempo o el lugar. Sin embargo, cuentan generalmente con casi todos los elementos de una narración: acción, espacio, tiempo, narrador y personajes.

10 Encuentra los elementos de la narración que están presentes en estos microrrelatos.

a

> Cuando Blancanieves estaba a punto de morder la manzana, una urraca se la arrebató. De un plumazo, cambió toda la historia.
>
> DELIA RODRÍGUEZ

b

> Una mañana de primavera, el inquilino abrió la puerta de su habitación y se encontró, de golpe, en la cocina. "¡La casa encoge!", se quejó a la dueña. "Y el universo se expande", respondió ella.
>
> DELIA RODRÍGUEZ

11 No siempre se necesitan palabras para contar una historia. ¿Crees que estas viñetas relatan una acción y la enmarcan en un tiempo y un espacio determinados?

- Conviértete en autor y transforma la historia de las viñetas en un microrrelato.

12 Lee esta pequeña historia escrita en verso. ¿Por qué crees que las cuatro últimas líneas están en cursiva?

A un panal de rica miel
dos mil moscas acudieron,
que por golosas murieron,
presas las patas en él.
Otra dentro de un pastel
enterró su golosina.
Así, si bien se examina,
los humanos corazones
perecen en las prisiones
del vicio que los domina.

Félix María de Samaniego: *Fábulas*, Anaya

Desde la Antigüedad, los autores han compuesto **fábulas**, es decir, relatos usualmente escritos en verso y muchas veces protagonizados por animales, que al final transmiten una enseñanza útil para la vida llamada "moraleja".

13 Piensa en las fábulas tradicionales que te contaban cuando eras pequeño para enseñarte algo, como *La liebre y la tortuga*. ¿Recuerdas alguna moraleja o lección que haya sido especialmente útil? Pregunta a tus compañeros por sus fábulas favoritas y lo que lograron aprender con ellas.

¿Qué has aportado por tu parte y qué has recibido?

Con pelos y señales

14 Lee este fragmento de una narración y responde a las preguntas.

El viento azotaba sin piedad las ramas de los árboles, y su terrible rugido envolvía implacablemente a la granja, que soportaba las sacudidas con heroísmo, dejando escapar solo algún crujido ocasional en las embestidas más fuertes. El cielo estaba totalmente despejado, pero no había luna, y ello hacía que la noche fuera especialmente oscura.

Los habitantes de la casa dormían tranquilos. Había habido otras noches como aquella en su inhóspita tierra, y sabían que el techo no se desplomaría sobre sus cabezas. Sin embargo, los animales sí estaban inquietos. Su instinto les decía que aquella no era una noche como las demás.

Tenían razón.

Justo cuando las paredes de la casa volvían a gemir quejándose de la fuerza del viento, un repentino grito rasgó los sonidos de la noche.

Laura Gallego: *Crónicas de la Torre I. El Valle de los Lobos*, SM

a. Este fragmento forma parte de una narración más extensa. ¿A qué parte del relato crees que corresponde: planteamiento, nudo o desenlace?
b. ¿Qué datos hay que te permitan deducirlo?
c. ¿En qué detalles se detiene el pasaje?

La **novela** es una narración de hechos imaginarios ocurridos a unos personajes en una época y un lugar determinados. Se diferencia del cuento y del microrrelato por su extensión, ya que suelen concatenarse varias acciones y el narrador ofrece más detalles sobre el tiempo, los escenarios y lo que piensan, hacen y dicen los personajes.

Actualmente hay novelas que combinan la narración en palabras con ilustraciones dispuestas en viñetas. Se llaman **novelas gráficas**, y además de originales, muchos títulos clásicos de la literatura han sido versionados en este formato.

15 **Aprendo a pensar.** Cread un mapa mental para clasificar las novelas según su tema, como, por ejemplo, romántica, negra, histórica, de terror, de aventuras, etc. Complétalo con títulos y autores que conozcas, incluso de películas y series.

16 **CONTRASTAMOS JUNTOS.** ¿Has leído un libro o una saga que haya sido adaptado al cine o a la televisión? ¿Han introducido novedades o descartado algo que considerabas importante? ¿Crees que esos cambios mejoran o empeoran lo que se contaba en el libro? ¿Por qué?

Ejemplo → Harry Potter, Percy Jackson.

NUESTRO RETO La evolución de un microrrelato

Transformamos un microrrelato

Los microrrelatos son narraciones muy breves que dejan muchos detalles a la imaginación de la persona que los lee. Hoy vas a imaginarte un relato más extenso y completo a partir del siguiente microrrelato y, para ello, vas a desarrollar algunos de sus misteriosos detalles. ¿Qué historia enganchará más a tus compañeros?

> En aquella mañana de invierno los termómetros marcaban unos frescos 40 °C y los habitantes de Niveria se abrigaban al atardecer para realizar las actividades nocturnas sin saber que aquella sería la última vez que verían el sol.
>
> ELENA RODRÍGUEZ

Paso 1

Imagina el mundo en el que transcurre el microrrelato, es decir, el espacio y el tiempo de Niveria. Puedes ayudarte de preguntas como estas:

- ¿Cómo es Niveria?
- ¿Qué tiene de particular ese lugar?
- ¿Quiénes son sus habitantes?

Paso 2

Planifica tu relato. Ahora te toca imaginar qué va a pasar en Niveria que provoque que no vuelva a salir el sol. Te toca pensar en una acción misteriosa o sorprendente que llegue a causar ese efecto. ¿Ha participado algún ser malvado, criatura feroz, magia o hechicería de una tribu ancestral?

Una vez ideado el origen de la acción principal, te toca imaginar cómo se resolverá y qué aventuras deben vivir para conseguirlo. ¿Será necesario que alguien vaya en busca de un tótem sagrado? ¿Bastará con una demostración de amor verdadero? ¿La clave estará en el interior de una de las protagonistas?

Paso 3

Crea unos personajes a los que les sucedan las diferentes acciones que has ideado. Desarrolla sus características, tanto físicas como de carácter y personalidad. Decide qué papel van a tener en la historia (protagonista, antagonista, secundario, etc.) y cómo lo desempeñarán. ¿Conseguirán salvar a todos los habitantes o serán la causa de la mayor catástrofe que ha tenido lugar en la historia de Niveria?

Paso 4

Redacta tu historia. Empieza copiando el microrrelato inicial y, a partir de ahí, escribe tu propio cuento literario. Recuerda ir creando una acción coherente donde se reconozcan el planteamiento, nudo y desenlace de la historia. Puedes ayudarte de una plantilla como esta. Si quieres, puedes transformarlo en una fábula añadiendo una moraleja al final.

Título del relato	
Planteamiento	Presenta el lugar, el tiempo y los personajes de la historia.
Nudo	Desarrolla un conflicto y cuenta los hechos que tienen lugar para resolverlo.
Desenlace	Resuelve el conflicto y aporta una enseñanza para que el lector la aplique a su propia vida.

Compartimos

Compartid vuestro trabajo con vuestros compañeros. ¿Cuál os ha parecido más interesante? También podéis recopilar todos los cuentos y crear una antología de vuestros relatos.

¿Cómo te ha ido el reto? Entra y haz tu valoración

EN RESUMEN

El género narrativo y sus subgéneros

El **género narrativo** está constituido por aquellas obras literarias que relatan hechos imaginarios. Según su intención o extensión, se conocen varios subgéneros:

- **Cuento:** relato imaginario de breve extensión, con pocas descripciones acerca de los espacios y el tiempo, y con personajes definidos por un rasgo muy marcado de personalidad.
- **Cuento popular:** cuento anónimo, de origen tradicional, que antes de ser puesto por escrito se ha transmitido oralmente a lo largo de las generaciones.
- **Cuento literario:** cuento de autor conocido, de transmisión mayoritariamente escrita, que busca sorprender al lector con sucesos extraños o finales inesperados.
- **Microrrelato o microcuento:** relato de breve extensión, en el que los elementos de la narración se reducen al mínimo.
- **Fábula:** relato imaginario, normalmente escrito en verso, y que con frecuencia está protagonizado por animales, que intenta transmitir una enseñanza.
- **Novela:** narración escrita, de mayor extensión que el cuento, y con información detallada sobre los espacios y el tiempo y con personajes de psicología más compleja.

Mis competencias **Autoevaluación**

COMENTARIO DE TEXTO

Descifra los textos

1 Lee el siguiente texto y responde a las preguntas.

LA BANDA DE LUNARES

Al repasar mis notas sobre los setenta y tantos casos en los que, durante los ocho últimos años, he estudiado los métodos de mi amigo Sherlock Holmes, he encontrado muchos trágicos, algunos cómicos, un buen número de ellos que eran simplemente extraños, pero ninguno vulgar; porque, trabajando como él trabajaba, más por amor a su arte que por afán de riquezas, se negaba a intervenir en ninguna investigación que no tendiera a lo insólito e incluso a lo fantástico. Sin embargo, entre todos estos casos tan variados, no recuerdo ninguno que presentara características más extraordinarias que el que afectó a una conocida familia de Surrey, los Roylott de Stoke Moran. Los acontecimientos en cuestión tuvieron lugar en los primeros tiempos de mi asociación con Holmes, cuando ambos compartíamos un apartamento de solteros en Baker Street [...].

Una mañana de principios de abril de 1883 me desperté y vi a Sherlock Holmes completamente vestido, de pie junto a mi cama. Por lo general se levantaba tarde, y en vista de que el reloj de la repisa solo marcaba las siete y cuarto, le miré parpadeando con una cierta sorpresa, y tal vez algo de resentimiento, porque yo era persona de hábitos muy regulares.

—Lamento despertarle, Watson —dijo—, pero esta mañana nos ha tocado a todos. A la señora Hudson la han despertado, ella se desquitó conmigo, y yo con usted.

—¿Qué es lo que pasa? ¿Un incendio?

—No, un cliente. Parece que ha llegado una señorita en estado de gran excitación, que insiste en verme. Está aguardando en la sala de estar. Ahora bien, cuando las jovencitas vagan por la metrópoli a estas horas de la mañana, despertando a la gente dormida y sacándola de la cama, hay que suponer que tienen que comunicar algo muy apremiante. Si resultara ser un caso interesante, estoy seguro de que le gustaría seguirlo desde el principio. En cualquier caso, me pareció que debía llamarle y darle la oportunidad.

ARTHUR CONAN DOYLE: *Las aventuras de Sherlock Holmes*, Anaya

insólito: raro.
repisa: estantería.
resentimiento: disgusto.
desquitarse: vengarse.
apremiante: urgente.

a. Explica en una línea cuál es el tema del fragmento.

b. Fíjate en el narrador para dividir el texto en dos partes. Explica qué sucede en cada una.

c. ¿Qué cualidades debe tener un caso para interesar a Holmes? ¿Y para que no le interese?

d. En el texto se dice que Holmes trabaja "por amor a su arte" y no "por afán de riquezas". ¿Qué significan estas expresiones? ¿Cuál se supone que es el arte de Sherlock Holmes? Busca en las intervenciones de Holmes alguna pista de que trabaja "por amor al arte".

e. Watson es el narrador habitual de las aventuras de Sherlock Holmes. Suele hacerlo de historias ya pasadas, conociendo su desarrollo y su final; otras veces de historias presentes, descubriendo el caso a la vez que Holmes. Identifica en el texto estos dos estilos de narración.

f. ¿Y tú qué opinas? En cada caso, Watson toma notas de las investigaciones que realizan juntos. ¿Qué crees que analiza? ¿Para qué pueden servir esas notas durante el caso? ¿Para qué las utiliza después? ¿Crees que narraría igual la historia si no las hubiera tomado? Explícalo.

4.6 Lo bueno, si breve, dos veces bueno

¡EMPEZAMOS!

En su discurso por haber recibido el Premio Princesa de Asturias de las Letras en 2022, el dramaturgo Juan Mayorga comparó el abecedario con el teatro. Mientras que con un puñado de letras se crean infinitas palabras que pueden, o bien darnos mucha felicidad, o bien hacernos mucho daño; así también lo hace el teatro, pues "el escenario es un espacio infinito en el que cabe el mundo. Cabemos todos". Observa un fragmento de una de sus obras.

El mago de Juan Mayorga / CDN

- ¿En qué lugar se desarrolla esta escena? ¿Qué elementos del escenario te ayudan a saberlo?
- ¿Qué le ha ocurrido a la protagonista? ¿Con quién habla?
- ¿Cuál dirías que es el objetivo de esta obra: hacer pensar o divertir? ¿Por qué?
- ¿Por qué se dice que cada función de una obra de teatro es única?

¡VAMOS A APRENDER!

1. Respetar el turno de palabra.
2. Identificar los elementos del texto teatral.
3. Reconocer las partes de un teatro.
4. Comparar textos de diferentes subgéneros teatrales.

NUESTRO RETO

Calendario de entremeses

En este reto te convertirás en dramaturgo y en director de una compañía teatral. Tu obra será única e irrepetible, porque construirás la trama a partir del día de tu cumpleaños.

¡Vamos allá!

1 El género teatral

Con muchas tablas

1 Observa esta imagen de un teatro y contesta a las preguntas.

a. ¿Alguna vez has ido al teatro? ¿Qué fuiste a ver?

b. ¿Dónde estabas sentado? ¿Se veía y se oía bien?

c. ¿Para qué tipo de espectáculos crees que está pensado el teatro de la imagen?

2 Las obras dramáticas de la cultura occidental no siempre han tenido lugar en teatros como los que conocemos a día de hoy. Observa cómo han evolucionado desde que eran una estructura al aire libre hasta los edificios actuales.

En el siglo V a.C., el **teatro griego** se valía de pendientes de colinas para construir gradas que optimizaban la percepción acústica del público. Más adelante, el **teatro romano** añadió un espacio columnado que servía de decorado.

A partir del siglo XVI se extendió el uso de **corrales de comedias** en las casas, que eran patios interiores en los que se elevaba un escenario frente al que el público se distribuía según género y clase social, la mayoría de pie.

En época medieval se interpretaban escenas de temática religiosa en los templos, pero la falta de espacio obligó a trasladar las representaciones a **tablados portátiles** de madera sobre caballetes en las plazas de la iglesia.

Desde el siglo XIX hasta la actualidad, la proliferación del teatro de masas y las necesidades escénicas favorecieron la evolución hacia un **teatro moderno** en el que destacan la versatilidad y las innovaciones tecnológicas.

- **NOS REPARTIMOS EL TRABAJO.** Señalad estas partes en los distintos teatros. ¿Todos los elementos están presentes? ¿A qué se debieron las innovaciones en cada tipo de teatro?

escenario | decorado | patio de butacas | palcos

3 La acción en los textos teatrales no la relata el narrador, sino que se desarrolla a través de los diálogos entre los personajes. Lee este fragmento teatral atendiendo a sus características y responde a las preguntas.

(Comienza a declinar a luz. MARTÍN *llega del campo. Al verlas juntas se detienen un momento. Luego se dirige a* TELVA*).*

MARTÍN: ¿Tienes por ahí alguna venda?

TELVA: ¿Para qué?

MARTÍN: Tengo dislocada esta muñeca desde ayer. Hay que sujetarla.

TELVA: A ti te hablan, Adela. *(*ADELA *rasga una tira y se acerca a él).*

ADELA: ¿Por qué no lo dijiste ayer mismo?

MARTÍN: No me di cuenta. Debió de ser al descargar el carro.

TELVA: ¿Ayer? ¡Qué raro! No recuerdo que haya salido el carro en todo el día.

MARTÍN: *(Áspero).* Pues sería al podar el nogal, o al uncir los bueyes. ¿Tengo que acordarme de cómo fue?

TELVA: Eso, allá tú. Tuya es la mano.

ALEJANDRO CASONA: *La dama del alba*, Cátedra

Las **acotaciones** son instrucciones en cursiva del autor para el director o los actores.

Los **diálogos** son las palabras que intercambian los personajes, indicadas con su nombre delante.

a. ¿Cuántos personajes intervienen en este fragmento? ¿Cómo se indican en el texto?
b. ¿Dónde crees que se desarrolla la acción? Arguméntalo con pasajes del texto.
c. Encuentra todas las acotaciones. ¿Qué tipo de información aportan sobre la escena?
d. ¿A quién va dirigida cada acotación?

4 En ocasiones, los actores se dirigen exclusivamente al público y no a los otros personajes en los llamados "apartes". ¿En qué momento crees que termina el aparte en esta escena?

POLONIO: ¿Y se puede saber qué leéis, mi señor?

HAMLET: Palabras, palabras, palabras.

POLONIO: *(Aparte).* No parece dispuesto a hablar más. Mejor será que prepare su encuentro con Ofelia, para demostrar al rey y la reina su desatino... Alteza, os pido permiso para retirarme.

HAMLET: No podías pedirme nada mejor, salvo mi vida.

POLONIO: Que os vaya bien, mi señor.

WILLIAM SHAKESPEARE: *Hamlet*, SM

- ¿Qué efecto tendría en la acción cambiar o eliminar un aparte de una obra?

5 Entre el público y el escenario existe un muro imaginario tradicionalmente denominado "la cuarta pared", que separa el mundo ficticio de la obra del mundo real del espectador. Muchas películas y series se inspiran en el teatro para romper la cuarta pared y apelar al espectador. En los siguientes ejemplos, ¿funciona como un recurso trágico o cómico?

a

Modern family

b

She Hulk: Abogada Hulka

- **PLANTEAMOS JUNTOS.** ¿Creéis que el origen de este recurso es el aparte teatral? ¿Por qué?

2 Los subgéneros teatrales

Entre acto y acto, pipas

6 La primera fotografía reproduce el momento del intermedio de la final de la Super Bowl, uno de los mayores eventos deportivos del año en Estados Unidos. Ahora imagina que vives el siglo XVII y que, en lugar de en un partido de fútbol americano, estás en un corral de comedias como el de la imagen. ¿Cómo te figuras que era el intermedio de la función?

a

b

7 La representación en un corral de comedias duraba horas, ya que antes de empezar, entre los actos y al final de la obra principal se ofrecían otros entretenimientos para divertir al público, como canciones, bailes o piezas teatrales muy cortas. Observa esta escena de la obra *Las aceitunas* de Lope de Rueda y responde a las preguntas.

a. ¿Cuál es el hilo conductor que se ve en la representación?
b. ¿Cómo podríamos caracterizar a los tres personajes que aparecen?
c. ¿Dirías que la escena pertenece a una obra seria? ¿Qué finalidad crees que tiene?
d. ¿En qué se basa la comicidad de la pieza? ¿Conoces alguna historia con una trama similar?

Grupo de teatro El Cajigal

Un **paso** es una pieza teatral breve y cómica, protagonizada por personajes populares, que se representaba en los entreactos de comedias largas. Tiene una trama sencilla en la que, con frecuencia, un pícaro engaña a una persona ingenua, tradicionalmente llamado "bobo".

8 La comicidad de los pasos muchas veces se basa en los juegos de palabras o en la forma de hablar de los personajes. ¿Cuál es el elemento gracioso en este pasaje?

LICENCIADO: ¿Qué le parece, señor bachiller Brazuelos, deste nuevo convidado?

BACHILLER: Muy bien, señor.

LICENCIADO: A mí, no, señor, sino muy mal.

BACHILLER: ¿Por qué, señor?

LICENCIADO: Porque yo, para convidalle, ni tengo blanca, ni bocado de pan, ni cosa, ofrézcola a Dios, que de comer sea, y por tanto querría suplicar a vuesa merced me hiciera merced de me hacer merced, pues estas mercedes se juntan con esotras mercedes que vuesa merced suele hacer, me hiciese merced de prestarme dos reales.

LOPE DE RUEDA: *Pasos*, Ebro

¿Qué ha despertado hoy tu curiosidad?

deste: de este.
convidalle: convidarlo, invitarlo.
vuesa merced: usted.
merced: favor.
esotras: esas otras.
reales: monedas antiguas.

9 Observa este fragmento de *El retablo de las maravillas* y responde a las preguntas.

Teatro de siempre / RTVE

a. ¿Qué clases sociales aparecen representadas en este entremés de Miguel de Cervantes?

b. ¿Qué insinúa el personaje de Chanfalla sobre el retablo?

c. Más adelante, muchos personajes fingen ver las maravillas del retablo cuando no las ven. ¿Por qué crees que lo hacen?

El **entremés** es una pieza teatral corta y jocosa, representada al comienzo, intermedios o final de la obra principal. También está protagonizada por personajes cotidianos (generalmente más numerosos que en los pasos), y su intención es satirizar y criticar los defectos humanos o algún aspecto de la sociedad.

10 ¿Qué comportamiento del personaje de Roldán se satiriza en este fragmento del entremés *Los habladores*, de Miguel de Cervantes?

SARMIENTO: ¡Váyase con el diablo, que me lleva sin juicio! ¿No echa de ver que me dice bernardinas?

ROLDÁN: ¿Bernardinas dijo vuesa merced?, y dijo muy bien, porque es lucido nombre; y una mujer que se llamase Bernardina estaba obligada a ser monja de San Bernardo; porque si se llamase Francisca, no podía ser; que las Franciscas tienen cuatro efes; la F es una de las letras del A, B, C. Las letras del A, B, C son veinte y tres: la K sirve en castellano cuando somos niños, porque entonces decimos la caca, que se compone de dos veces esta letra K [...].

SARMIENTO: ¡Téngase, que me ha muerto, y pienso que algún demonio tiene revestido en esa lengua!

ROLDÁN: ¡Dice vuesa merced muy bien!, porque quien tiene lengua, a Roma va. Yo he estado en Roma y en la Mancha, en Transilvania y en la Puebla de Montalván. Montalván era un castillo, de donde fue señor Reynaldos. Reynaldos era uno de los doce pares de Francia, y de los que comían con el emperador Carlomagno en la mesa redonda. En Valladolid hay una placetilla que llaman el Ochavo; un ochavo es la mitad de un cuarto...

MIGUEL DE CERVANTES: *Entremeses*, Ebro

¿Qué has comprendido hoy en el texto?

bernardinas: mentiras.
algún demonio tiene revestido: está decidido a hacer algo malo.

11 Observa la escena de *Los milagros del jornal* y responde a las preguntas.

Teatro breve / RTVE

a. ¿Qué ocurre en este fragmento del texto de Carlos Arniches?

b. ¿Qué rasgos de los personajes te resultan llamativos?

c. ¿Qué semejanzas y diferencias apreciáis con respecto al paso y al entremés?

Como el paso y el entremés, el **sainete** es una pieza cómica breve, representada en los entreactos de obras largas, de tono y personajes populares, a los que se caracteriza por una jerga peculiar. El sainete, de ambiente costumbrista, representa y ridiculiza ciertos hábitos y vicios sociales y en ocasiones alterna los diálogos con pasajes cantados.

12 A pesar de tener su origen en el Siglo de Oro, el sainete no es exclusivo de este tiempo. ¿Qué características del sainete encuentras en esta obra teatral del siglo XVIII?

MEDIODIENTE: Pero ¿qué salva
de armonía bestial el aire llena?

SABASTIÁN: Esto es, señor, sin duda, que Manolo,
aquel de quien han sido las *probezas*
en *Madril* tan notorias, aquel joven
que, *aluno* de las mañas y la escuela
del *ensine* Zambullo, dio al maestro
tanto que hacer, en el mesón se apea
dempués de concluir las diez campañas
en que la África vio; pues su soberbia,
no cabiendo del mundo en la una parte
repartió entre las dos su corpulencia.

RAMÓN DE LA CRUZ: *Manolo*, www.cervantesvirtual.com

probezas: proezas, hazañas.

ensine: insigne, famoso.

13 La finalidad del paso, el entremés y el sainete era hacer reír al público. Aparte de ellos y de la comedia, ¿se te ocurren más espectáculos en los que se persiga el mismo objetivo?

Ejemplo → Monólogos cómicos, teatro de improvisación, etc.

14 Además del paso, el entremés y el sainete, existen otros subgéneros con características muy concretas. Investiga y relaciona cada uno con su definición.

a. Monólogo
b. Auto sacramental
c. Zarzuela
d. Ópera

1. Obra dramática musical cuyo texto se canta, total o parcialmente, acompañado de una orquesta.
2. Obra dramática y musical de origen español en la que alternativamente se habla y se canta.
3. Obra teatral en la que un único actor reflexiona, ya sea con tono trágico o cómico, ante el público.
4. Pieza de teatro de carácter religioso con intención moralizadora.

NUESTRO RETO Calendario de entremeses

Componemos entremeses únicos

En los títulos de muchos entremeses se nombra al personaje principal y aquello que lo caracteriza, como *El zapatero sordo* o *El rufián viudo*. Hoy tú serás el dramaturgo, ¿y qué mejor forma de seleccionar la trama que por el día de tu cumpleaños?

Paso 1

Para empezar, completad juntos un cartel como este, añadiendo un personaje típico de los géneros breves para cada mes del año y un adjetivo para cada día del mes. Todos debéis tener el mismo cartel para que haya más combinaciones posibles.

¿CÓMO SE LLAMARÍA TU **ENTREMÉS** SEGÚN EL DÍA EN QUE NACISTE?

El **mes** de tu **cumpleaños**	El **día** de tu **cumpleaños**	
1. La joven	1. Agradecido/a	5. Valiente
2. El estudiante	2. Descuidado/a	6. Vengativo/a
3. El rey	3. Infeliz	7. •••
4. •••	4. Honrado/a	8. •••

Paso 2

Ahora, de manera individual, determina cuál sería el título de tu entremés según el día de tu cumpleaños y piensa una breve trama a partir de él.

Por ejemplo, si tu cumpleaños es el 2 de febrero, el entremés se llamará *El estudiante descuidado*, y tratará sobre un alumno que pierde las llaves de su casa y se ve obligado a esperar a que un vecino le abra la puerta del edificio.

Paso 3

Crea los diálogos de tu pieza siguiendo la trama que has ideado. Involucra a tres o cuatro personajes en la acción, teniendo en cuenta que su personalidad y sus reacciones a los sucesos deben ser cómicos. Recuerda escribir acotaciones para los actores con directrices que indiquen cómo deben actuar y hablar en la escena.

Paso 4

Reparte los papeles entre tus compañeros y haz que lo ensayen varias veces antes de representarlo para toda la clase. Ayuda a tus actores como si fueras el director de escena.

Cuando te toque ser actor o actriz, intenta que tus movimientos y manera de expresarte y gesticular sean característicos del personaje. Ten en cuenta que vas a participar en varios entremeses. Asegúrate de ponerle tantas ganas a los de tus compañeros como al tuyo. Preparados... ¡Acción!

¿Cómo te ha ido el reto? Entra y haz tu valoración

EN RESUMEN

El género teatral

El **género teatral** agrupa los textos literarios creados para representarse ante un público.

- El **texto teatral** carece de narrador, por lo que las indicaciones del autor a la compañía teatral se hacen a través de las acotaciones insertas en el diálogo.
- El **espacio teatral** ha evolucionado a lo largo de la Historia, pasando de teatros al aire libre a espacios cerrados y versátiles para todo tipo de representaciones.

Los subgéneros teatrales

En el Siglo de Oro, las representaciones teatrales de los corrales de comedias duraban horas e intercalaban **piezas cómicas breves entre los actos de una obra larga**. Algunos de estos subgéneros son los siguientes:

Subgéneros	Peculiaridades
Paso	Personajes populares, trama sencilla en la que un pícaro engaña a una persona ingenua.
Entremés	Personajes populares y de clase alta, intención de satirizar defectos humanos.
Sainete	Personajes y tono populares (se imita su forma de hablar), ambiente costumbrista, intención de ridiculizar vicios sociales.

Mis competencias **Autoevaluación**

COMENTARIO DE TEXTO

Descifra los textos

1 Lee el siguiente poema y responde a las preguntas.

CUATRO CORAZONES CON FRENO Y MARCHA ATRÁS

CORUJEDO: Yo venía a ver al señor Cifuentes para proponerle un negocio, me he encontrado abierta la puerta de la escalera y he entrado. Ya había venido esta mañana, pero me ha sucedido una cosa que no la va usted a creer.

EMILIANO: ¿El qué?

CORUJEDO: Que estuve aquí cerca de media hora sin que nadie me hiciera caso.

EMILIANO: ¿Es posible?

CORUJEDO: En vista de ello he vuelto esta tarde. Soy agente de seguros de vida.

EMILIANO: ¿Y eso qué es? [...].

CORUJEDO: Pues consiste en que el asegurado pague una pequeña cantidad mensual a la Sociedad que le asegura, y la Sociedad, cuando el asegurado se muere, le da una serie de miles a la viuda o a la familia.

EMILIANO: Lo que discurren en este siglo... Pero oiga usted, y la gente, ¿cómo recibe esa proposición?

CORUJEDO: Al principio me oyen amablemente, pero cuando se enteran de que para cobrar tienen que morirse se indignan y me atizan.

EMILIANO: ¡Claro!...

CORUJEDO: La gente está muy atrasada, pero algún día el seguro de vida será una cosa corriente. Tenemos la suerte de vivir en una época, amigo mío, que nos reserva grandes sorpresas... Me han dicho que en el extranjero han inventado un artilugio que se llama teléfono y que sirve para hablar desde una población con otra.

EMILIANO: ¡Lo que tendrán que gritar!...

CORUJEDO: Y que hay países donde han empezado a usar un chisme que le dicen telégrafo, y que consiste en mandar cartas por la electricidad.

EMILIANO: *(Dando un salto).* ¡¡No!!

ENRIQUE JARDIEL PONCELA: *Cuatro corazones con freno y marcha atrás,* Austral

lo que discurren en este siglo: lo que avanza la ciencia actual.

- **a.** Divide el texto en dos partes. Para ello, fíjate en los cambios en el tema de conversación.
- **b.** Explica en una línea el tema del texto.
- **c.** La obra se ambienta varias décadas antes del período en el que fue escrita, y se habla de productos que ya eran comunes cuando fue representada como si fueran de ciencia ficción. ¿Qué efecto busca el autor al hablar como lo hace del teléfono o el telégrafo?
- **d.** Corujedo defiende las virtudes del progreso, pero para referirse a los adelantos utiliza términos como "chisme" o "artilugio". ¿Qué efecto se consigue con esto?
- **e.** En casi todas sus intervenciones, Emiliano responde con exclamaciones y sorpresa a las explicaciones de Corujedo. ¿Qué nos dice todo esto sobre el carácter del personaje?
- **f.** ¿Y tú qué opinas? Este fragmento no pertenece a un sainete, sino a una obra más extensa, pero ¿crees que tienen algún elemento en común? Señálalo y explícalo.

Entre textos Criaturas mágicas en la literatura

Seres fantásticos y dónde encontrarlos

Si alguna vez has leído literatura fantástica habrás visto que está poblada de seres mágicos, como elfos, duendes, dragones... Estos seres tienen un origen más real de lo que parece, ya que los autores se han basado en aquello que conocen para crear y moldear a estas criaturas.

1 **Al igual que suele ocurrir con otros animales mitológicos, el unicornio y la sirena están formados por dos partes de seres reales. ¿Qué animales componen estos seres fantásticos? Investiga si siempre se han representado así.**

2 **¿Conoces algún otro animal fantástico formado por la unión de varias partes de animales?**

3 **Cuando piensas en sirenas, ¿cómo te las imaginas? ¿Qué papel tienen en las historias que se te vienen a la cabeza?**

4 **Uno de los primeros autores en incluir este personaje en sus relatos fue Homero. Lee este fragmento y responde a las preguntas.**

> De primero te encontrarás con las sirenas que hechizan
> a los hombres, cualquiera que sea el que salga a su encuentro.
> El que por imprudencia se acerca y escucha sus voces,
> ya no vuelve a ver nunca a su esposa ni a sus pequeñuelos
> rodeándole alegres en cuanto regresa a la casa,
> pues con cantos sonoros le encantan así las sirenas
> en su prado, y en torno blanquea en un rimero de huesos
> de la gente que pudre, y sus pieles se van consumiendo.
>
> HOMERO: *Odisea*, Penguin

a. ¿Cómo describe Homero a las sirenas?

b. ¿Por qué "cantan" las sirenas? ¿Qué crees que intentan hacer?

c. ¿Son seres buenos, que ayudan a los marineros, o seres vengativos?

Según la cultura y la época de los autores literarios, las historias y personajes de sus obras han evolucionado. Gracias a eso, seres como los minotauros y los cíclopes siguen formando parte de nuestro imaginario colectivo y fantástico.

5 **El cuento de Hans Cristian Andersen en el que se basa la película de Disney *La sirenita* narra la historia de una sirena que suele salir a la superficie a contemplar lo que hacen los humanos. Observa el fragmento de la película y responde a las preguntas.**

a. ¿Cómo se representa la sirena?

b. ¿Qué expresa con su canto? Fíjate también en los objetos que la rodean.

c. ¿Qué diferencias encuentras entre el canto de la sirena de la película y el canto de las sirenas a las que se refiere Homero?

6 **Cuando a alguien le gusta mucho estar en el agua solemos decir que "es una sirena". ¿Por qué le llamamos así y no con el nombre de un pez, como "dorada" o "merluza"? ¿Crees que es apropiada esta metáfora?**

7 **¿Conoces otros usos que se den al término "sirena" en la actualidad? ¿Sabes por qué se está relaciono con esta criatura?**

Se dice que los unicornios son animales inmortales y con poderes mágicos. Sin embargo, su significado y su forma ha variado con el tiempo. El físico griego Ctesias fue la primera persona en describirlo, y lo hizo como un asno procedente de la India que era de color blanco, cabeza roja, ojos azules y un gran cuerno en la frente. No obstante, con el tiempo otros autores le han añadido rasgos como una cola de jabalí, el cuerpo de color negro o pies de elefante.

8 **Observa estas imágenes. ¿Qué diferencias encuentras entre ellas? ¿Qué representación se acerca más a la idea que tienes tú del unicornio?**

a

ANÓNIMO: *Bestiario de Rochester*. Biblioteca Británica, Londres

b

ANDRÉ THEVET: *Cosmografía universal*. Biblioteca Británica, Londres

c

LUCA LONGHI: *La dama y el unicornio*. Castillo de Sant'Angelo, Roma

9 **Lee con atención este fragmento de *Memorias de Idhún* y responde a las preguntas.**

> Sintió que la vida se escapaba rápidamente de su cuerpo, pero también percibió que Kimara seguía peleando por cada gota de energía, por cada segundo de existencia, con valentía, con tesón. El unicornio sonrió e inclinó la cabeza sobre ella. La rozó con suavidad, deslizando su cuerno espiralado sobre la piel de ella. La energía fluyó a través del unicornio, a través de su cuerpo, pura, limpia y vivaz como un arroyo de las altas montañas, llenando a Kimara por dentro, expulsando el veneno del shek y curando las heridas de la joven. Victoria cerró los ojos, aún sonriendo. Era hermoso, era una experiencia maravillosa la que estaban compartiendo las dos, y supo que en aquel momento se había creado un vínculo entre ambas que nada podría romper.
>
> LAURA GALLEGO: *Memorias de Idhún II. Tríada*, SM

a. ¿Qué poderes curativos tiene el unicornio en este pasaje?

b. Teniendo en cuenta que el unicornio simboliza la pureza, ¿por qué crees que tradicionalmente se ha dicho que solo se le pueden acercar jóvenes doncellas como la del texto?

c. ¿Conoces otros animales que sean beneficiosos para la salud humana? Piensa, por ejemplo, en las abejas y las sustancias que fabrican y sus usos medicinales, o busca información sobre la terapia asistida con animales.

10 **En la película *Onward* se narra la historia de un mundo ficticio donde toda la magia se ha desvanecido. Observa el fragmento y responde a las preguntas.**

a. ¿Cómo le ha afectado al unicornio la desaparición de la magia? ¿A qué animal no fantástico te recuerda?

b. ¿Te parece una reinterpretación exaltadora o burlesca del personaje?

c. Si el unicornio fuera un animal real, ¿qué papel crees que tendría en nuestro mundo?

11 **Crea tu propio animal fantástico uniendo partes de distintos animales y atribúyele algunas características mágicas. Invéntate una historia donde sea el compañero del protagonista.**

RECURSOS LITERARIOS

CÓMPUTO SILÁBICO

ESTROFAS

RECURSOS LITERARIOS

Los **recursos literarios** son los procedimientos lingüísticos o estilísticos que se apartan del modo común de hablar y que se emplean para dar expresividad a la lengua.

Los recursos semánticos

Juegan con el significado de las palabras para transformar la lengua cotidiana en literaria.

Hipérbole	Exageración con fines expresivos.	Érase un hombre a una nariz pegado, érase una nariz superlativa. FRANCISCO DE QUEVEDO
Metáfora	Identificación de dos conceptos que tienen alguna semejanza.	Todas las casas son ojos que resplandecen y acechan. MIGUEL HERNÁNDEZ
Símil o comparación	Relación de dos conceptos con un aspecto común.	Cuando contemplo tu cuerpo extendido como un río que nunca acaba de pasar. VICENTE ALEIXANDRE
Personificación	Atribución de acciones y capacidades humanas a objetos o a animales.	Estrellas hay que saben mi cuidado y se han regalado con mi pena. FRANCISCO DE LA TORRE
Oxímoron	Unión de dos palabras de significados opuestos que origina un significado nuevo.	Es hielo abrasador, es fuego helado. FRANCISCO DE QUEVEDO
Pleonasmo	Unión de dos palabras que significan lo mismo para aportar valor expresivo.	Cuando, Señor, nos besas con tu beso. MIGUEL DE UNAMUNO
Epíteto	Empleo de adjetivos que contienen información redundante, pero que enriquecen la expresión.	Las espinosas zarzas y puntuosas carboneras. MIGUEL DE CERVANTES

Los recursos gramaticales

Juegan con la colocación y el orden de las palabras para marcar el ritmo y añadir musicalidad.

Anáfora	Repetición de una o más palabras al principio de uno o más versos.	¿Qué es la vida? Un frenesí. ¿Qué es la vida? Una ilusión. CALDERÓN DE LA BARCA
Hipérbaton	Alteración del orden habitual de las palabras de una oración.	A Dafne ya los brazos le crecían. GARCILASO DE LA VEGA
Enumeración	Lista de elementos de la misma categoría gramatical unidos por comas o conjunciones.	¿De qué sirve sembrar locos amores, si viene un desengaño que se lleva árboles, ramas, hojas, fruto y flores? LOPE DE VEGA
Calambur	Agrupación variable de las sílabas de una secuencia que da lugar a dos posibles interpretaciones.	Y tahúres muy desnudos con dados ganan condados. LUIS DE GÓNGORA
Encabalgamiento	Desajuste entre el final del verso y el final de la estructura sintáctica.	Una tarde parda y fría de invierno. Los colegiales estudian. Monotonía de la lluvia en los cristales. ANTONIO MACHADO

Los recursos fónicos

Juegan con los sonidos de las palabras para marcar el ritmo o para imitar la realidad.

Aliteración	Repetición de un sonido para transmitir una sensación.	Bajo el ala aleve del leve abanico. RUBÉN DARÍO
Onomatopeya	Imitación de sonidos producidos por animales, acciones u objetos.	Un susurro de abejas que sonaba. GARCILASO DE LA VEGA
Paronomasia	Colocación cercana de palabras cuyos sonidos y forma se parecen.	Poco va de juego a fuego. TIRSO DE MOLINA
Políptoton	Empleo de una misma palabra en diferentes formas, cambiando sus morfemas flexivos.	Pienso que mi pensamiento no piensa que pienso yo. FRANCISCO LÓPEZ DE VILLALOBOS

CÓMPUTO SILÁBICO

El número de sílabas

En función del número de sílabas, los versos se clasifican en dos grupos:

- De **arte menor**. Son los versos que cuentan con ocho sílabas o menos. Si nos referimos a la rima de los versos de arte menor, utilizamos letras minúsculas.
- De **arte mayor**. Son los versos que tienen más de ocho sílabas. Cuando señalamos la rima de los versos de arte mayor, empleamos letras mayúsculas.

Hay que tener en cuenta algunas reglas a la hora de contar el número de sílabas de un verso:

Sinalefa	Si una palabra acaba en vocal y la siguiente comienza también por vocal o *h-*, las dos se unen y se cuentan como una sola sílaba.	*me e-vo-cáis-to-das-las-co-sas* 8 sílabas
Compensación silábica	Si la última palabra es aguda, se cuenta una sílaba más.	*co-mo a-be-jas-en-a-bril* 7 + 1 = 8 sílabas
	Si la última palabra es llana, se mantiene el número de sílabas.	*vie-jas-mos-cas-per-ti-nen-tes* 8 sílabas
	Si la última palabra es esdrújula, se cuenta una sílaba menos.	*qué-ver-des-es-tán-tus-ár-bo-les* 9 – 1 = 8 sílabas

La rima

La rima es la repetición de sonidos a partir de la última vocal acentuada. Existen dos tipos:

Rima consonante	
Se repiten tanto vocales como consonantes.	
Por el cinco de enero,	a
cada enero ponía	b
mi calzado cabrero	a
a la ventana fría.	b
MIGUEL HERNÁNDEZ	

Rima asonante	
Solo se repiten las vocales.	
La luna vino a la fragua	–
con su polisón de nardos.	a
El niño la mira mira.	–
El niño la está mirando.	a
FEDERICO GARCÍA LORCA	

ESTROFAS

Una **estrofa** es un grupo de varios versos, generalmente dispuestos según un esquema fijo de rima y medida.

Forma estrófica	N.º de versos	Clase de rima	Esquema métrico	Ejemplo
Pareado	2	Consonante o asonante	AA / aa / Aa / aA	La primavera ha venido. Nadie sabe cómo ha sido. ANTONIO MACHADO
Terceto	3	Consonante	ABA (generalmente, versos endecasílabos)	Coged de vuestra alegre primavera el dulce fruto, antes que el tiempo airado cubra de nieve la hermosa cumbre. GARCILASO DE LA VEGA
Cuarteto	4	Consonante	ABBA (versos de arte mayor, generalmente endecasílabos)	¡Dime qué dices, mar, qué dices, dime! Pero no me lo digas; tus cantares son, con el coro de tus varios mares, una voz sola que cantando gime. MIGUEL DE UNAMUNO
Serventesio			ABAB (versos de arte mayor, generalmente endecasílabos)	Era un aire suave, de pausados giros; el hada Harmonía ritmaba sus vuelos; e iban frases vagas y tenues suspiros entre los sollozos de los violonchelos. RUBÉN DARÍO
Redondilla			abba (versos de arte menor, generalmente octosílabos)	¿Qué humor puede ser más raro que el que, falto de consejo, él mismo empaña el espejo, y siente que no esté claro? SOR JUANA INÉS DE LA CRUZ
Cuarteta			abab (versos de arte menor, generalmente octosílabos)	Y todo el coro infantil va cantando la lección: "mil veces ciento, cien mil; mil veces mil, un millón". ANTONIO MACHADO
Lira	5	Consonante o asonante	7a, 11B, 7a, 7b, 11B	Buscando mis amores iré por esos montes y riberas, ni cogeré las flores, ni temeré las fieras y pasaré los fuertes y fronteras. SAN JUAN DE LA CRUZ
Quintilla		Consonante	Tres versos seguidos con distinta rima entre ellos y los dos últimos también con diferente rima entre ellos.	Suprime lo al hecho extraño; que apostaron me es notorio a quién haría en un año, con más fortuna, más daño, Luis Mejía y Juan Tenorio. JOSÉ ZORRILLA

Forma estrófica	N.º de versos	Clase de rima	Esquema métrico	Ejemplo
Copla de pie quebrado	6	Consonante o asonante	8a, 8b, 4c, 8a, 8b, 4c	¿Qué se hicieron las damas, sus tocados, sus vestidos, sus olores? ¿Qué se hicieron las llamas de los fuegos encendidos de amadores?. JORGE MANRIQUE
Octava real	8	Consonante	ABABABCC (versos endecasílabos)	Cerca de Tajo, en soledad amena, de verdes sauces hay una espesura, toda de hiedra revestida y llena, que por el tronco va hasta el altura, y así la teje arriba y encadena, que el sol no halla paso a la verdura; el agua baña el prado con sonido alegrando la vista y el oído. GARCILASO DE LA VEGA
Décima	10	Consonante	abbaaccddc (versos octosílabos)	Sueña el rico en su riqueza, que más cuidados le ofrece; sueña el pobre que padece su miseria y su pobreza; sueña el que a medrar empieza, sueña el que afana y pretende; sueña el que agravia y ofende; y en el mundo, en conclusión, todos sueñan lo que son aunque ninguno lo entiende. PEDRO CALDERÓN DE LA BARCA
Soneto	14	Consonante	ABBA ABBA CDC DCD (versos endecasílabos)	Un soneto me manda hacer Violante, que en mi vida me he visto en tal aprieto; catorce versos dicen que es soneto, burla burlando van los tres delante. Yo pensé que no hallara consonante y estoy a la mitad de otro cuarteto, mas si me veo en el primer terceto, no hay cosa en los cuartetos que me espante. Por el primer terceto voy entrando, y parece que entré con pie derecho, pues fin con este verso le voy dando. Ya estoy en el segundo, y aun sospecho que voy los trece versos acabando; contad si son catorce, y está hecho. LOPE DE VEGA

El libro de **Lengua castellana y Literatura** de 2.º de Secundaria forma parte del Proyecto Editorial de Educación Secundaria de SM.

Autoría
Isabel Pérez, Silvia Gumiel, Bárbara Marqueta, Xosé Álvarez, Ricardo Boyano, Pilar Pérez Esteve, Elisa Tormo Guevara, Lourdes Ventura, Esther Echevarría, Ruth Prada, José Manuel Heras, Almudena Zurdo, Ana Galán, Lidia Pelayo

Edición
María Garrido, Delia Rodríguez, Inés Solano, Sonia Sierra, Isabel García, Paula Coello

Asesoría lingüística
Leonardo Gómez Torrego

Revisión pedagógica
José Manuel Heras

Corrección
Juana Jurado

Ilustración
Esther Diana García; Marina Vidal Martínez; Omar Andres Penagos Pinedo; Anxures

Fotografía
123RF ; Agencia EFE / youtube ; Album ; Archivo SM ; ASEMIEL - ANIMPA / Unión Europea ; Ayuntamiento de Aspe / CSIC / Gobierno de España Ayuntamiento de Morón de la Frontera ; Bomba Estéreo - Soy Yo / youtube ; Centro Dramático Nacional ; Coproducción Reino Unido-Estados Unidos / Working Title Films / Metro-Goldwyn-Mayer (MGM) / Mestiere Cinema ; culturaydeporte.gob.es / Ministerio de cultura y deporte / Gobierno de España ; Diputación de Granada ; Diputación de Granada / youtube ; Disney plus ; EFE ; El Futuro Es Apasionante de Vodafone / youtube ; El País / youtube ; elconfidencial.com ; Filmin ; Getty Images ; gobierno aragón ; Google Maps® ; HBO ; Informativo Amazige / Play Melilla ; Informe semanal / RTVE Play ; Internet Segura for Kids / INCIBE ; Internet Segura for Kids / INCIBE / Gobierno de España / youtube ; iStock ; Jerico, Mars Films, France 2 Cinema / Filmin ; Jorge Drexler / TEDxRiodelaPlata / TEDx Talks / youtube ; Jules David ; La sexta® ; Las aceitunas - Grupo de teatro El Cajgal / youtube ; Legendary Pictures, PCMA Productions, Netflix, Warner Bros ; Lo imposible / Apaches Entertainment, Telecinco Cinema. Productor: Belén Atienza, Sandra Hermida / Netflix ; MEMOLAproject / youtube ; Ministerio de Cultura y Deporte / Gobierno de España ; Modern Family - Disney plus ; Museo del Romanticismo / Ministerio de cultura y deporte ; NASA ; noticias 24h / RTVE Play ; ona_carbonell / Instagram ; ONCE / youtube ; Para todos la 2 / Curso Espanol / youtube ; Photodisc ; Phovoir ; Policía nacional ; Prime Video ; RTVE ; Saca la lengua / RTVE Play ; saul_craviotto / Instagram ; segoviaeducaenverde.com ; She-Hulk / Disney plus ; Shutterstock ; Studio Ghibli / Hayao Miyazaki ; Telediario - RTVE ; Telediario 1 / RTVE Play ; Thinkstock ; Tiengos / youtube ; Turismo de Galicia / youtube ; Walt Disney Pictures / Walden Media ; YT Space For Experience / youtube ; © 2022 Kia España ; "Old Hardcover Book" (https://skfb.ly/6ZFNs) by Suricacto tiene una licencia Creative Commons Attribution (http://creativecommons.org/licenses/by/4.0/)

Iconografía
Blanca Díaz / Diego Fernández / Fidel Puerta

Diseño de cubierta e interiores
Estudio SM

Maquetación
Oscar Morales, I més Servicios Editoriales

Responsable de desarrollo
Alicia González

Responsable de producto
Beatriz Heras

Gerencia de desarrollo
Aránzazu Tauroni

Gerencia de Arte
Mario Dequel

Gerencia de Producto
Charo Zazo

Gerencia de Producción
Antonio de Pedro

Dirección editorial
Jorge Lite

Todas las actividades contenidas en este libro han de ser realizadas en un cuaderno aparte, nunca en el propio libro. Los espacios incluidos son meramente indicativos y su finalidad es puramente didáctica.

Gestión de las direcciones electrónicas

Debido a la naturaleza dinámica de internet, SM no puede responsabilizarse de los cambios o las modificaciones en las direcciones y los contenidos de los sitios web a los que remite en este libro. Con el objeto de garantizar la adecuación de las direcciones electrónicas de esta publicación, SM emplea un sistema de gestión que redirecciona las URL que con fines educativos aparecen en la misma hacia diversas páginas web; entre otras de uso frecuente: http://es.wikipedia.org, www.youtube.es. SM declina cualquier responsabilidad por los contenidos o la información que pudieran albergar, sin perjuicio de adoptar de forma inmediata las medidas necesarias para evitar el acceso desde las URL de esta publicación a dichas páginas web en cuanto tenga constancia de que pudieran alojar contenidos ilícitos o inapropiados. Para garantizar este sistema de control es recomendable que el profesorado compruebe con antelación las direcciones relacionadas y que comunique a la editorial cualquier incidencia a través del correo electrónico ediciones@grupo-sm.com.

ISBN: 978-84-9856-185-2
ISBN Castilla y León: 978-84-9856-187-6
ISBN Comunidad de Madrid: 978-84-9856-464-8
ISBN Galicia: 978-84-9856-188-3
ISBN Valencia: 978-84-9856-189-0
ISBN Canarias: 978-84-1910-349-9

LONDON
Camden Market
Regent's Park
Outer Circle
Albany Street
Hampstead Road
Park Road
Maida Vale
SHERLOCK HOLMES
Sherlock Holmes Museum
Madame Tussaud's
Marylebone Road
Gloucester Place
Baker Street
Westway A40
Edgeware Road
Wigmore Street
Oxford Street
Oxford Circus
Bond Street
Regent Street
Marble Arch
Notting Hill Carnival
NOTTING HILL
Bayswater Road
Hyde Park
Piccadilly
Green Park
The Serpentine
Rotten Row
Kensington Road
Buckingham Palace
Brompton Road
Sloane Street
National History Museum
Heathrow Airport
Cromwell Road
Victoria Station
Brompton Road
Fulham Road
King's Road
Wimbledon
Chelsea Embankment

Dictionary

In dieser alphabetischen Liste ist das Vokabular von *Orange Line 1, 2* und *3* enthalten. Namen werden in einer gesonderten Liste am Ende des Vokabulars aufgelistet.
Das Zeichen ° bei einem Eintrag weist darauf hin, dass das Wort zum rezeptiven Wortschatz zählt.
Die mit * gekennzeichneten Verben sind unregelmäßig.
Wendungen, die aus mehreren Wörtern bestehen, werden meist unter mehreren Stichwörtern aufgeführt.
So ist z. B. *at home* unter *at* und *home* zu finden.
Die Fundstellen verweisen auf das erstmalige Vorkommen der Wörter, z. B.
about [ə'baʊt] über **I U3**, 40 kommt zum ersten Mal vor in Band I, Unit 3, Seite 40
dirty ['dɜ:ti] schmutzig **II U1**, 10 kommt zum ersten Mal vor in Band II, Unit 1, Seite 10.
U = Unit, LU = Link-up, FA = Fakultativer Anhang (nur Namen)

A

a, an [ə; ən] ein/eine **I U1**, 10
a bit [ə 'bɪt] ein bisschen **I U2**, 35
a few [ə 'fju:] einige, ein paar **II U4**, 52
a lot [ə 'lɒt] viel **II U1**, 15
a lot of [ə 'lɒt‿əv] viel/viele, eine Menge **I U2**, 30
a week [ə 'wi:k] pro Woche, in der Woche **II U4**, 52
about [ə'baʊt] über **I U3**, 40; ungefähr, circa, etwa **III U1**, 11
out and about ['aʊt‿nd‿ə'baʊt] unterwegs °**I U4**, 54
to jump about [ˌdʒʌmp‿ə'baʊt] herumspringen **III U4**, 58
What about …? [wɒt‿ə'baʊt] Was ist mit …? Wie wäre es mit …? **I U2**, 30
What's the film about? [wɒts ðə 'fɪlm‿əˌbaʊt] Wovon handelt der Film? °**II U3**, 43
above [ə'bʌv] oben, über, oberhalb **II U5**, 70
abroad [ə'brɔ:d] im/ins Ausland **III U4**, 57
accent ['æksnt] Akzent **II U3**, 36
accident ['æksɪdnt] Unfall **II U3**, 41
across [ə'krɒs] waagerecht *(im Kreuzworträtsel)* °**II U3**, 42; über, hinüber, quer durch/darüber **III U1**, 10
to **act** [ækt] spielen *(Theater)* **I U7**, 90
action ['ækʃn] Handlung, Aktion **III U1**, 9
activity [æk'tɪvəti] Aktivität **III U3**, 47
actor ['æktə] Schauspieler **I U7**, 96
actress ['æktrəs] Schauspielerin **III U2**, 25
to **add** [æd] hinzufügen, addieren **III U4**, 60
address [ə'dres] Adresse **I U5**, 70
adjective ['ædʒəktɪv] Adjektiv, Eigenschaftswort °**I U1**, 22
advanced [əd'vɑ:nst] fortgeschritten **III U4**, 57
adventure [əd'ventʃə] Abenteuer **II U6**, 80
adverb ['ædvɜ:b] Adverb °**II U7**, 90
adverb of manner [ˌædvɜ:b‿əv 'mænə] Adverb der Art und Weise °**II U7**, 90
advice [əd'vaɪs] Rat, Ratschlag °**II U4**, 52
to **advise** [əd'vaɪz] raten **III U4**, 59
*to be **afraid (of)** [bi:‿ə'freɪd] Angst haben (vor), sich fürchten (vor) **III U4**, 56
after ['ɑ:ftə] nach *(zeitlich)* **I LUB**, 39
afternoon [ˌɑ:ftə'nu:n] Nachmittag **I U2**, 34
afternoon tea [ˌɑ:ftənu:n 'ti:] Nachmittagstee **I U7**, 94
in the afternoon [ˌɪn ði ˌɑ:ftə'nu:n] nachmittags, am Nachmittag **I U3**, 47
aftershave ['ɑ:ftəʃeɪv] Aftershave, Rasierwasser **III U3**, 46
again [ə'gen] wieder °**I U2**, 27; **I U3**, 48
against [ə'genst] gegen **III U1**, 9
age [eɪdʒ] Alter; Zeitalter **III U3**, 40
ago [ə'gəʊ] vor *(zeitlich)* **II U2**, 26
air [eə] Luft **II U4**, 55
on the air [ˌɒn ði‿'eə] auf Sendung **II U4**, 55
airport ['eəpɔ:t] Flughafen **II U7**, 89
alarm [ə'lɑ:m] Alarm **II U7**, 90
alarm clock [ə'lɑ:m ˌklɒk] Wecker **I U5**, 75
A-levels *(pl)* ['eɪlevlz] brit. Abitur **III U4**, 57
alien ['eɪliən] Fremder/Fremde, Außerirdischer/Außerirdische **III U5**, 70
alive [ə'laɪv] lebendig **III U4**, 60
all [ɔ:l] alle/alles; ganz **I U3**, 50
in all [ɪn‿'ɔ:l] insgesamt, im Ganzen **III U4**, 53
almost ['ɔ:lməʊst] fast, beinahe **III U3**, 39
alone [ə'ləʊn] allein **III U3**, 41
along [ə'lɒŋ] entlang **I U7**, 91
alphabet ['ælfəbet] Alphabet, Abc **I U1**, 15
alphabetical [ˌælfə'betɪkl] alphabetisch **I U6**, 88
already [ɔ:l'redi] schon **I U2**, 34
also ['ɔ:lsəʊ] auch **I U5**, 68
although [ɔ:l'ðəʊ] obwohl **III U3**, 46
always ['ɔ:lweɪz] immer, ständig **I U1**, 16
a.m. [ˌeɪ'em] vormittags *(Uhrzeit)* **III U4**, 57
ambulance ['æmbjələns] Krankenwagen **III U1**, 9
American [ə'merɪkən] amerikanisch; Amerikaner/Amerikanerin **II U4**, 50
American football [əˌmerɪkən 'fʊtbɔ:l] Football **III U1**, 8
ancient ['eɪnʃnt] alt, antik **III U3**, 39
and [ænd] und **I U1**, 11
angry ['æŋgri] verärgert, böse **II U1**, 18
to be angry with [bi: 'æŋgri wɪð] böse sein auf **II U2**, 26
animal ['ænɪml] Tier **I U6**, 82
announcement [ə'naʊntsmənt] Ankündigung; Durchsage °**III U2**, 29

English – German

anorak ['ænəræk] Anorak **II U6,** 82
another [ə'nʌðə] noch ein/eine, ein anderer/eine andere/ein anderes **II U3,** 44
answer ['ɑ:ntsə] Antwort **I U4,** 58
to **answer** ['ɑ:ntsə] antworten, beantworten °**I LUA,** 24
answerphone ['ɑ:nsəfəʊn] Anrufbeantworter **III U4,** 59
any ['eni] einige; etwas **II U4,** 54
anybody ['eni,bɒdi] irgendjemand, jeder (beliebige) **III U5,** 71
anything ['eniθɪŋ] etwas, irgendetwas **I U5,** 66
anywhere ['eniweə] überall; irgendwo **III U3,** 39
apple ['æpl] Apfel **I U1,** 14
April ['eɪprl] April **I U5,** 70
area ['eəriə] Gebiet; Fläche **II U7,** 94
arena [ə'ri:nə] Arena, Stadion **II U2,** 22
to **argue** ['ɑ:gju:] streiten, argumentieren **III U2,** 30
argument ['ɑ:gjəmənt] Argument; Streit **III U4,** 52
to have an argument [,hæv‿ən‿ 'ɑ:gjəmənt] sich streiten **III U4,** 52
arm [ɑ:m] Arm **II U3,** 40
around [ə'raʊnd] (um …) herum, umher **II U6,** 78
to **arrest** [ə'rest] festnehmen, verhaften **III U5,** 78
to **arrive** [ə'raɪv] ankommen **I U6,** 86
Art [ɑ:t] Kunst **II U1,** 10
as [æz; əz] als, wie **II U4,** 52
as … as [æz … æz; əz … əz] so … wie … **II U4,** 52
as long as [əz 'lɒŋ‿əz] solange wie **I U7,** 94
as well as [əz 'wel‿əz] sowohl … als auch **III U4,** 57
to **ask** [ɑ:sk] fragen **I U3,** 44
to ask (for) ['ɑ:sk fə] fragen (nach), bitten (um) **I U4,** 60
*to be **asleep** [,bi:‿ə'sli:p] schlafen **II U7,** 94
assembly [ə'sembli] Versammlung, Morgenappell **II U1,** 10
assistant [ə'sɪstnt] Assistent/Assistentin **III U5,** 75
shop assistant ['ʃɒp‿ə,sɪstnt] Verkäufer/Verkäuferin **II U5,** 67
at [æt; ət] auf **I U1,** 10
at first [ət 'fɜ:st] zuerst, zunächst **II U6,** 80
at home [ət 'həʊm] zu Hause **I U2,** 26
at least [ət 'li:st] wenigstens, mindestens **I U6,** 87
at night [ət 'naɪt] nachts **II U3,** 47
at once [ət 'wʌnts] sofort, plötzlich **II U7,** 94
at the back [ət ðə 'bæk] hinten, im hinteren Teil °**II U7,** 96
at the bottom [ət ðə 'bɒtəm] unten, im unteren Teil **III U1,** 14
at the moment [ət ðə 'məʊmənt] im Augenblick, momentan **I U7,** 90
at the top [ət ðə 'tɒp] oben, im oberen Teil **III U1,** 14
to **attack** [ə'tæk] angreifen **III U5,** 74
audience ['ɔ:diəns] Publikum **III U4,** 53
audition [ɔ:'dɪʃn] Vorsprechen, Vorsingen, Vortanzen **II U5,** 64
August ['ɔ:gəst] August **I U5,** 70
aunt [ɑ:nt] Tante **I U2,** 28
Australian [ɒs'treɪliən] australisch; Australier/Australierin **II U4,** 50
autograph ['ɔ:təgrɑ:f] Autogramm **I U7,** 96
autumn ['ɔ:təm] Herbst **I U6,** 79
average ['ævrɪdʒ] durchschnittlich **III U5,** 68
away [ə'weɪ] weg **I U3,** 48
to run away [rʌn‿ə'weɪ] wegrennen **I U3,** 48
awful ['ɔ:fl] schrecklich, furchtbar **III U5,** 72

B

baby, babies *(pl)* ['beɪbi; 'beɪbiz] Baby, Säugling **I U6,** 82
back [bæk] Rücken **II U3,** 41
at the back [ət ðə 'bæk] hinten, im hinteren Teil °**II U7,** 96
like the back of my hand ['bæk‿əv maɪ ,hænd] wie meine Westentasche **III U2,** 30
back [bæk] Hinter-, rückwärtig **II U4,** 56
back line [,bæk 'laɪn] Grundlinie **III U1,** 10
back [bæk] zurück **I U3,** 42
bad [bæd] schlecht **I U5,** 74
bad luck [,bæd 'lʌk] Pech **I U4,** 63
badminton ['bædmɪntən] Badminton, Federball **I U3,** 40
bag [bæg] Tasche, Tüte **I U1,** 14
school bag ['sku:l bæg] Schultasche, Schulranzen **I U1,** 14
sleeping bag ['sli:pɪŋ ,bæg] Schlafsack **I U6,** 84
baker ['beɪkə] Bäcker/Bäckerin **III U2,** 28
ball [bɔ:l] Ball **I U1,** 20
balloon [bə'lu:n] Luftballon °**I U5,** 71
banana [bə'nɑ:nə] Banane **II U1,** 15
to go bananas [,gəʊ bə'nɑ:nəz] verrückt werden, durchdrehen **II U5,** 66
steel **band** [,sti:l 'bænd] Steelband *(Band, deren Instrumente aus leeren Ölfässern bestehen)* **III U4,** 54
to **bang** [bæŋ] fest klopfen **II U7,** 94
piggy **bank** ['pɪgi bæŋk] Sparschwein **II U2,** 23
burger **bar** ['bɜ:gə ,bɑ:] Fastfood-Restaurant **I U5,** 68
bark [bɑ:k] Bellen **III U5,** 78
to **bark** [bɑ:k] bellen **I U3,** 48
barn [bɑ:n] Scheune **II U7,** 88
barn owl ['bɑ:n‿aʊl] Schleiereule **II U7,** 94
base [beɪs] Base **III U1,** 14
baseball ['beɪsbɔ:l] Baseball **III U1,** 9
basement ['beɪsmənt] Kellergeschoss, Untergeschoss **III U3,** 46
basketball ['bɑ:skɪtbɔ:l] Basketball **I U3,** 40
bat [bæt] Schläger **III U1,** 8
to **bat** [bæt] schlagen **III U1,** 8
bathroom ['bɑ:θrʊm] Bad, Badezimmer **I LUA,** 24
batter ['bætə] Schlagmann/Schlagfrau **III U1,** 9
battery ['bætri] Batterie, Akku **II U7,** 95
BC (= before Christ) [bi:'si:] vor Christus **III U1,** 15
*to **be** [bi:] sein **I U1,** 23
It's a draw. [,ɪts‿ə 'drɔ:] Es steht unentschieden. **III U1,** 12
to be afraid (of) [bi:‿ə'freɪd] Angst haben (vor), sich fürchten (vor) **III U4,** 56
to be angry with [bi: 'æŋgri wɪð] böse sein auf **II U2,** 26
to be asleep [,bi:‿ə'sli:p] schlafen **II U7,** 94
to be called [bi: 'kɔ:ld] heißen, genannt werden **III U4,** 59
to be cold [bi: 'kəʊld] frieren **II U2,** 24
to be fed up [bi: ,fed‿'ʌp] die Nase voll haben **I U2,** 34

to be frightened (of) [bi: 'fraɪtnd] Angst haben (vor) **II U6,** 83
to be fun [bi: 'fʌn] Spaß machen **I U3,** 43
to be good with ... [bi: 'gʊd wɪð] gut mit ... umgehen können **I U2,** 34
to be in a hurry [bi:‿ɪn‿ə 'hʌri] es eilig haben **I U2,** 30
to be lost [bi: 'lɒst] sich verirrt haben **III U3,** 40
to be missing [bi: 'mɪsɪŋ] fehlen **III U1,** 14
to be nuts about [bi: ˌnʌts‿ə'baʊt] verrückt nach ... sein **II U1,** 18
to be on [bi:‿'ɒn] an der Reihe sein; im Gange sein, laufen **II U5,** 70; an sein, brennen *(Licht)* **II U7,** 94
to be pleased with [bi: 'pli:zd wɪð] zufrieden sein mit **I U6,** 87
to be right [bi: 'raɪt] Recht haben **II U4,** 56
to be trapped [bi: 'træpt] in der Falle sitzen **II U6,** 83
to be upset [bi: ʌp'set] aufgeregt sein, bestürzt sein **II U3,** 44
to be welcome to do sth [bi: 'welkəm] gerne etwas tun können **III U4,** 56
to be worried [bi: 'wʌrid] besorgt sein, beunruhigt sein **I U6,** 87
to be wrong [bi: 'rɒŋ] Unrecht haben **III U3,** 47
was/were born [bɔ:n] wurde(n) geboren **III U1,** 11
beach [bi:tʃ] Strand **III U1,** 10
bean [bi:n] Bohne **II U4,** 54
beard [bɪəd] Bart **III U5,** 76
beautiful ['bju:tɪfl] schön, wunderschön **I U6,** 78
because [bɪ'kɒz] weil **I U2,** 30
*to **become** [bɪ'kʌm] werden **III U2,** 25
bed [bed] Bett **I LUA,** 25
to get out of bed [ˌget‿aʊt‿əv 'bed] aufstehen **II U7,** 94
bedroom ['bedrʊm] Schlafzimmer **I LUA,** 24
before [bɪ'fɔ:] vor; bevor **I LUB,** 39
*to **begin** [bɪ'gɪn] beginnen, anfangen **II U3,** 47
beginning [bɪ'gɪnɪŋ] Anfang, Beginn °**II U7,** 95
behind [bɪ'haɪnd] hinter **I U1,** 18
to **believe** [bɪ'li:v] glauben **II U1,** 18
bell [bel] Glocke, Klingel **II U2,** 24
The bell rings. [ðə 'bel rɪŋz] Es klingelt. **II U4,** 50
to **belong to** [bɪ'lɒŋ tə] gehören zu **III U5,** 78
below [bɪ'ləʊ] unterhalb, unten °**III U4,** 55
beside [bɪ'saɪd] neben, außer **II U1,** 18
best [best] beste/bester/bestes **II U1,** 14; am besten **III U1,** 10
*to **bet** [bet] wetten **II U1,** 14
better ['betə] besser **II U4,** 50
between [bɪ'twi:n] zwischen **I U7,** 90
big [bɪg] groß **I U1,** 12
bike [baɪk] Fahrrad **I LUB,** 38
by bike [baɪ 'baɪk] mit dem Fahrrad **I U4,** 57
bill [bɪl] Rechnung **II U4,** 55
bin [bɪn] Mülleimer, Mülltonne **III U3,** 40
bird [bɜ:d] Vogel **II U4,** 59
birth [bɜ:θ] Geburt **III U1,** 11
birthday ['bɜ:θdeɪ] Geburtstag **I U5,** 68
biscuit ['bɪskɪt] Keks **I U5,** 68
bit [bɪt] Auszug, Teil, Stückchen °**III U5,** 69
a bit [ə 'bɪt] ein bisschen **I U2,** 35
black [blæk] schwarz **I LUA,** 24
blanket ['blæŋkɪt] (Woll-)Decke **II U6,** 74
wet blanket [wet 'blæŋkɪt] Miesmacher/Miesmacherin **II U6,** 74
blind [blaɪnd] blind **III U3,** 46
bloke [bləʊk] Typ, Kerl **I U7,** 96
blond [blɒnd] blond **II U2,** 28
blond(e)-haired ['blɒnd ˌheəd] blond **III U2,** 25
blood [blʌd] Blut **III U5,** 74
bloody ['blʌdi] blutig; verdammt **III U1,** 12
*to **blow** [bləʊ] wehen, blasen **III U2,** 28
to blow up [bləʊ‿'ʌp] aufblasen °**I U5,** 71
blue [blu:] blau **I LUA,** 24
board [bɔ:d] Tafel, Wandtafel **I U1,** 18
notice board ['nəʊtɪs bɔ:d] schwarzes Brett **III U4,** 57
boat [bəʊt] Boot, Schiff **III U2,** 28
body ['bɒdi] Körper **III U5,** 78
book [bʊk] Buch **I U1,** 14
exercise book ['eksəsaɪz ˌbʊk] Heft, Übungsheft **I U1,** 14
to **book** [bʊk] buchen, reservieren **III U5,** 73
boot [bu:t] Stiefel **III U5,** 76
rubber boots *(pl)* [ˌrʌbə 'bu:ts] Gummistiefel **II U6,** 74
rugby boot [ˌrʌgbi 'bu:t] Rugbyschuh, Stollenschuh **III U1,** 8
bored [bɔ:d] gelangweilt **II U2,** 24
boring ['bɔ:rɪŋ] langweilig **I U1,** 20
*was/were **born** [bɔ:n] wurde(n) geboren **III U1,** 11
to **borrow** ['bɒrəʊ] borgen, leihen **I U2,** 34
both [bəʊθ] beide **III U3,** 46
It's no **bother.** ['bɒðə] Kein Problem. **III U5,** 72
to **bother** ['bɒðə] stören, belästigen °**III U3,** 44
bottle ['bɒtl] Flasche **I U5,** 68
at the **bottom** [ət ðə 'bɒtəm] unten, im unteren Teil **III U1,** 14
bowl [bəʊl] Schüssel **II U4,** 50
box, boxes *(pl)* [bɒks; 'bɒksɪz] Kiste, Schachtel, Kasten **I U5,** 68
phone box ['fəʊn ˌbɒks] Telefonzelle **III U3,** 44
boy [bɔɪ] Junge **I U1,** 16
boyfriend ['bɔɪfrend] Freund *(in einer Paarbeziehung)* **III U4,** 53
brave [breɪv] tapfer, mutig **III U5,** 74
bread [bred] Brot **II U4,** 49
break [breɪk] Pause **II U1,** 12
*to **break** [breɪk] (zer)brechen, kaputtmachen **II U5,** 68
to **break-dance** ['breɪkdɑ:nts] Breakdance tanzen **I LUB,** 38
breakfast ['brekfəst] Frühstück **I U3,** 44
to have breakfast [hæv 'brekfəst] frühstücken **III U2,** 23
bridge [brɪdʒ] Brücke **I LUC,** 52
fire **brigade** ['faɪə brɪˌgeɪd] Feuerwehr **III U2,** 28
brilliant ['brɪljənt] toll, prima; leuchtend **II U5,** 70
*to **bring** [brɪŋ] bringen, mitbringen **I U3,** 43
to bring in [brɪŋ‿'ɪn] hereinbringen, mitbringen °**I U7,** 93
British ['brɪtɪʃ] britisch **III U1,** 15
brochure ['brəʊʃə] Broschüre, Prospekt °**III U2,** 27
broken ['brəʊkn] kaputt, zerbrochen, gebrochen **I U6,** 84
brother ['brʌðə] Bruder **I LUA,** 25
brown [braʊn] braun **I LUA,** 24
speech **bubble** ['spi:tʃ ˌbʌbl] Sprechblase °**III U3,** 41

English – German

*to **build** [bɪld] bauen **III U2,** 22
building ['bɪldɪŋ] Gebäude **III U1,** 9
bully ['bʊli] jemand, der andere tyrannisiert **II U3,** 47
to **bully** ['bʊli] tyrannisieren °**II U3,** 47
*to go **bump** [gəʊ 'bʌmp] rumsen °**II U7,** 94
burger ['bɜːgə] Hamburger **I U5,** 68
burger bar ['bɜːgə ˌbɑː] Fastfood-Restaurant **I U5,** 68
burglar ['bɜːglə] Einbrecher/Einbrecherin **II U7,** 90
*to **burn** [bɜːn] (ver)brennen **III U2,** 28
to **bury** ['beri] begraben, beerdigen **III U5,** 74
bus, buses *(pl)* [bʌs; 'bʌsɪz] Bus **I LUC,** 52
bus stop ['bʌs ˌstɒp] Bushaltestelle **I LUC,** 52
on the bus [ˌɒn ðə 'bʌs] im Bus **II U1,** 18
bush [bʊʃ] Busch, Strauch **I U6,** 86
businessman ['bɪznɪsmən] Geschäftsmann **III U2,** 24
busy ['bɪzi] beschäftigt, ausgefüllt **I U2,** 34; belebt **III U2,** 24
but [bʌt] aber **I U2,** 26
butter ['bʌtə] Butter **I U7,** 94
button ['bʌtn] Auslöser; Knopf **II U7,** 95
*to **buy** [baɪ] kaufen **I U5,** 66
by [baɪ] bis **II U6,** 78
by bike [baɪ 'baɪk] mit dem Fahrrad **I U4,** 57
bye [baɪ] tschüss **I U1,** 16

C

café ['kæfeɪ] Café **I U3,** 48
cafeteria [ˌkæfə'tɪəriə] Cafeteria **I U1,** 20
cake [keɪk] Kuchen **I U5,** 68
calendar ['kæləndə] Kalender **I U5,** 71
call [kɔːl] Anruf °**I U6,** 83
phone call ['fəʊn ˌkɔːl] (Telefon-)Anruf °**II U4,** 57
to **call** [kɔːl] rufen, anrufen, nennen **I U3,** 48
That's what I call .... [ˌðæts wɒt‿'aɪ ˌkɔːl] Das nenne ich .... **II U1,** 14
to be called [biː 'kɔːld] heißen, genannt werden **III U4,** 59
caller ['kɔːlə] Anrufer/Anruferin °**III U4,** 59
calm [kɑːm] ruhig **II U6,** 80
camera ['kæmrə] Kamera, Fotoapparat **II U5,** 62
camping ['kæmpɪŋ] Camping, Zelten **I U6,** 84
***can** [kæn] können, dürfen **I U1,** 19
to **canoe** [kə'nuː] Kanu fahren **III U3,** 40
cap [kæp] Kappe, Mütze **I U5,** 66
capital city [ˌkæpɪtl 'sɪti] Hauptstadt °**III U2,** 27
capital letter [ˌkæpɪtl 'letə] Großbuchstabe °**II U3,** 37
capsule ['kæpsjuːl] Kapsel **III U2,** 22
caption ['kæpʃn] Untertitel; Bildunterschrift °**III U2,** 22
car [kɑː] Auto **I U3,** 49
card [kɑːd] Karte **I LUB,** 38
day travel card [ˌdeɪ 'trævl ˌkɑːd] Tagesfahrkarte **III U2,** 27
to **care** [keə] sich kümmern, sich interessieren, wichtig nehmen **III U4,** 60
I don't care. [aɪ dəʊnt 'keə] Es ist mir egal. **II U4,** 58
careful ['keəfl] vorsichtig; sorgfältig **II U6,** 80
caretaker ['keəteɪkə] Hausmeister/Hausmeisterin **I U1,** 12
carrot ['kærət] Karotte, Mohrrübe **II U1,** 15
to **carry** ['kæri] tragen **I U6,** 80; befördern **III U2,** 30
cartoon [kɑː'tuːn] Cartoon, Zeichentrickfilm **III U5,** 68
pencil **case** ['pensl ˌkeɪs] Federmäppchen **I U1,** 14
castle ['kɑːsl] Schloss, Burg **II U7,** 88
cat [kæt] Katze **I U2,** 26
*to **catch** [kætʃ] fangen, erreichen **III U1,** 8
catcher ['kætʃə] Fänger/Fängerin **III U1,** 14
cathedral [kə'θiːdrl] Kathedrale, Dom **III U2,** 24
CD [ˌsiː'diː] CD **I U5,** 69
CD player [ˌsiː'diː ˌpleɪə] CD-Player **II U4,** 56
Celsius (C) ['selsiəs] Celsius **II U6,** 78
centre ['sentə] Zentrum, Mittelpunkt **I LUC,** 52
information centre [ɪnfə'meɪʃn ˌsentə] Informationszentrum **I LUC,** 52
century ['sentʃri] Jahrhundert **III U1,** 8
certainly ['sɜːtnli] sicher, gewiss **III U5,** 72
chain [tʃeɪn] Kette **II U3,** 40
chair [tʃeə] Stuhl **I U1,** 18
*to take your **chance** [ˌteɪk jɔː 'tʃɑːns] etwas wagen, etwas riskieren **III U3,** 46
change [tʃeɪndʒ] Wechselgeld; Änderung **II U4,** 55
change of place [ˌtʃeɪndʒ‿əv 'pleɪs] Ortswechsel °**III U4,** 55
to **change** [tʃeɪndʒ] (ver)ändern, tauschen, wechseln **II U3,** 42; umsteigen **III U2,** 24
channel ['tʃænl] Kanal; Programm **III U3,** 39
charity ['tʃærɪti] Wohltätigkeit, Wohltätigkeitsverein **I U7,** 90
chart [tʃɑːt] Schaubild, Diagramm °**II U4,** 51
charts *(pl)* [tʃɑːts] Charts, Hitparade **III U5,** 70
chat [tʃæt] Geplauder, Unterhaltung **I U2,** 33
to **chat** [tʃæt] sich unterhalten **I U2,** 33
cheap [tʃiːp] billig **I U5,** 68
to **check** [tʃek] überprüfen **I U6,** 82
cheese [tʃiːz] Käse **I U5,** 68
chicken ['tʃɪkɪn] Huhn, Hähnchen **II U4,** 49
child, children *(pl)* [tʃaɪld; 'tʃɪldrn] Kind **I U2,** 26
only child ['əʊnli ˌtʃaɪld] Einzelkind **I U2,** 26
Chinese [tʃaɪ'niːz] chinesisch **II U4,** 49
chips *(pl)* [tʃɪps] Pommes frites **II U1,** 14
chocolate ['tʃɒklət] Schokolade **I U1,** 18
choice ['tʃɔɪs] Auswahl, Wahl °**II U1,** 21
to **choke** [tʃəʊk] ersticken, keine Luft bekommen **III U4,** 60
*to **choose** [tʃuːz] wählen, auswählen **I U4,** 54
church [tʃɜːtʃ] Kirche **I LUC,** 52
cigarette [ˌsɪgr'et] Zigarette °**III U3,** 45
cinema ['sɪnəmə] Kino **II U1,** 18
circle ['sɜːkl] Kreis **III U3,** 39
city ['sɪti] Stadt, Großstadt **II U7,** 89
capital city [ˌkæpɪtl 'sɪti] Hauptstadt °**III U2,** 27
to **clap** [klæp] klatschen **I U1,** 15
class [klɑːs] Schulklasse, Klasse **I U1,** 16; Kurs, Unterricht **II U1,** 18
classroom ['klɑːsrʊm] Klassenzimmer **I U1,** 16
to **clean** [kliːn] säubern, reinigen **II U3,** 40

clean [kliːn] sauber **III U3,** 40
clear [klɪə] klar **II U7,** 90
to **click** [klɪk] klicken **II U5,** 64
cliff [klɪf] Klippe **II U7,** 93;
to **climb** ['klaɪm] klettern, steigen, besteigen **II U2,** 30
clock [klɒk] Uhr **I U4,** 54
alarm clock [ə'lɑːm ˌklɒk] Wecker **I U5,** 75
o'clock [ə'klɒk] Uhr *(Zeitangabe)* **I U3,** 40
to **close** [kləʊz] schließen, zumachen **I LUC,** 53
closed [kləʊzd] zu, geschlossen °**I U2,** 32
clothes *(pl)* [kləʊðz] Kleider, Kleidung **II U2,** 23
cloud [klaʊd] Wolke **II U7,** 94
cloudy ['klaʊdi] wolkig **II U6,** 78
club [klʌb] Klub, Verein, Arbeitsgemeinschaft **I LUB,** 39
clue [kluː] Hinweis **II U1,** 13
coach [kəʊtʃ] Reisebus **III U2,** 26
coast [kəʊst] Küste **II U7,** 88
coastline ['kəʊst ˌlaɪn] Küstenlinie **III U3,** 38
coat [kəʊt] Mantel **II U7,** 90
coffee ['kɒfiː] Kaffee **III U2,** 26
coke [kəʊk] Cola **II U4,** 49
cold [kəʊld] kalt **I U4,** 62
to be cold [biː 'kəʊld] frieren **II U2,** 24
to **collect** [kə'lekt] sammeln **I LUB,** 38; abholen **II U5,** 71
college ['kɒlɪdʒ] College; Institut **III U4,** 57
colour ['kʌlə] Farbe **I LUA,** 24
*to **come** [kʌm] kommen **I U2,** 33
Come on. [kʌm‿'ɒn] Komm./Kommt. **I U2,** 35
to come down [kʌm 'daʊn] herunterkommen, sich legen **III U1,** 16
to come in [kʌm‿'ɪn] hereinkommen **I U3,** 48
to come over [kʌm‿'əʊvə] herüberkommen **I U2,** 27
to come true [kʌm 'truː] wahr werden °**II U7,** 91
comedy ['kɒmədi] Komödie **III U5,** 68
comic ['kɒmɪk] Comic, Comicheft **I LUB,** 38
communication [kəˌmjuːnɪ'keɪʃn] Kommunikation °**III U1,** 13
company ['kʌmpəni] Gesellschaft, Firma; Kompanie **III U2,** 30
comparative [kəm'pærətɪv] Komparativ **II U4,** 50
to **compare** [kəm'peə] vergleichen **III U4,** 57
to **complete** [kəm'pliːt] vervollständigen °**I U4,** 54
complete [kəm'pliːt] vollständig **III U2,** 29
comprehensive school [kɒmprɪ'hensɪv ˌskuːl] Gesamtschule **III U4,** 56
compulsory [kəm'pʌlsri] obligatorisch, zwingend **III U4,** 57
computer [ˌkəm'pjuːtə] Computer **I LUA,** 25
concert ['kɒnsət] Konzert **II U2,** 23
conqueror ['kɒŋkrə] Eroberer °**III U2,** 28
content ['kɒntent] Inhalt **III U4,** 53
to **continue** [kən'tɪnjuː] weitergehen, weitermachen °**II U2,** 27
conversation [ˌkɒnvə'seɪʃn] Unterhaltung °**III U3,** 45
cook [kʊk] Koch/Köchin **III U5,** 70
cooking ['kʊkɪŋ] Kochen, Koch- **I U3,** 40
cool [kuːl] cool, prima **I U1,** 20
to **copy** ['kɒpi] abschreiben, kopieren **II U5,** 63
Cor! [kɔː] Mann! **III U1,** 12
corner ['kɔːnə] Ecke **III U2,** 26
cornflakes ['kɔːnfleɪks] Cornflakes **I U5,** 68
Cornish ['kɔːnɪʃ] kornisch; aus Cornwall **III U3,** 42
to **correct** [kə'rekt] korrigieren, verbessern °**I LUB,** 38
correct [kə'rekt] richtig, korrekt **II U1,** 10
corridor ['kɒrɪdɔː] Gang, Flur, Korridor **I U7,** 96
cottage ['kɒtɪdʒ] kleines Landhaus, Ferienhaus **III U4,** 54
couch potato ['kaʊtʃ pəˌteɪtəʊ] Fernsehglotzer/Fernsehglotzerin, Couchpotato **III U5,** 75
***could** [kʊd] konnte/konnten **II U4,** 52; könnte/könnten **III U1,** 12
countdown ['kaʊntdaʊn] Countdown **III U5,** 70
country, countries *(pl)* ['kʌntri; 'kʌntriz] Land **I U2,** 29
in the country [ˌɪn ðə 'kʌntri] auf dem Land **I U6,** 78
courier ['kʊriə] Kurier **III U2,** 30
course [kɔːs] Gang *(Menü)* **II U4,** 49
of course [əv 'kɔːs] natürlich, selbstverständlich **I U1,** 19
court [kɔːt] Spielfeld **III U1,** 10
cousin ['kʌzn] Cousin/Cousine **I U2,** 28
cover ['kʌvə] Einband, Titelseite **II U5,** 64
cow [kaʊ] Kuh **I U6,** 82
at the **crack of dawn** [ˌkræk‿əv 'dɔːn] im Morgengrauen **III U2,** 30
Crash! [kræʃ] Bumm!, Krach! **III U3,** 47
to **crawl** [krɔːl] kriechen, krabbeln; schleichen **III U3,** 47
crazy ['kreɪzi] verrückt **I U7,** 96
to drive crazy [draɪv 'kreɪzi] verrückt machen **II U5,** 71
to **creak** [kriːk] knarren, quietschen **II U7,** 94
ice-**cream** [aɪs 'kriːm] Eiscreme **I U7,** 92
crew [kruː] Crew, Besatzung, Mannschaft **III U5,** 75
cricket ['krɪkɪt] Kricket **I U7,** 92
crisp [krɪsp] Kartoffelchip **I U1,** 18
crossword (puzzle) ['krɒswɜːd 'pʌzl] Kreuzworträtsel °**I U5,** 71
crowd [kraʊd] Menschenmenge **III U1,** 17
crown [kraʊn] Krone **III U2,** 22
cruise [kruːz] Kreuzfahrt **III U3,** 39
cry [kraɪ] Schrei **III U5,** 74
to **cry** [kraɪ] weinen; schreien, rufen **II U3,** 36
cup [kʌp] Pokal; Tasse, Kelch **III U1,** 15
cupboard ['kʌbəd] Küchenschrank, Schrank **I U1,** 18
curry ['kʌri] Curry *(Gewürz oder Gericht)* **II U4,** 49
curve [kɜːv] Kurve **III U4,** 60
customer ['kʌstəmə] Kunde/Kundin **III U2,** 30
customs *(pl)* ['kʌstəmz] Zoll **II U7,** 90

D

dad [dæd] Papa, Vati **I LUA,** 25
daily ['deɪli] täglich **III U5,** 68
dairy ['deəri] Molkerei **III U2,** 30
to **dance** [dɑːnts] tanzen **I U3,** 40
dangerous ['deɪndʒrəs] gefährlich **II U4,** 56
dark [dɑːk] Dunkelheit, Finsternis **III U3,** 47
dark [dɑːk] dunkel **I U2,** 34
date [deɪt] Datum **I U5,** 70

English – German

dawn [dɔːn] Morgendämmerung, Tagesanbruch **III U2,** 30
at the crack of dawn [ˌkræk‿əv ˈdɔːn] im Morgengrauen **III U2,** 30
day [deɪ] Tag **I LUB,** 39
day travel card [ˌdeɪ ˈtrævl ˌkɑːd] Tagesfahrkarte **III U2,** 27
Have a nice day. [ˌhæv‿ə naɪs ˈdeɪ] Einen schönen Tag (noch). **II U4,** 55
one day [wʌn ˈdeɪ] eines Tages **II U3,** 36
sports day [ˈspɔːts deɪ] Sportfest **I U7,** 90
dead [ded] tot **III U5,** 74
dear [dɪə] Schatz, Liebling **III U4,** 60
Oh dear! [əʊ ˈdɪə] Oje! **III U5,** 73
dear [dɪə] lieb **I U3,** 44
Dear ... [dɪə] Lieber ..., Liebe ... *(Anrede in Briefen)* **II U3,** 36
December [dɪˈsembə] Dezember **I U5,** 70
to **decide** [dɪˈsaɪd] entscheiden **II U5,** 64
definition [ˌdefɪˈnɪʃn] Definition **II U1,** 20
degree (°) [dɪˈgriː] Grad **II U6,** 78
to **delete** [dɪˈliːt] löschen *(Text)* **II U5,** 63
to **deliver** [dɪˈlɪvə] (aus)liefern **III U2,** 30
department store [dɪˈpɑːtmənt stɔː] Kaufhaus **I LUC,** 52
departure [dɪˈpɑːtʃə] Abflug, Abreise **II U7,** 90
to **describe** [dɪˈskraɪb] beschreiben °**I U7,** 92
description [dɪˈskrɪpʃn] Beschreibung °**III U1,** 15
desk [desk] Schreibtisch **I U1,** 18; Schalter **II U7,** 90
dessert [dɪˈzɜːt] Dessert, Nachtisch **II U4,** 49
to **destroy** [dɪˈstrɔɪ] zerstören **III U2,** 28
detective [dɪˈtektɪv] Detektiv/Detektivin **II U2,** 30
detective story [dɪˈtektɪv ˌstɔːri] Krimi **III U5,** 68
store detective [ˈstɔː dɪˌtektɪv] Kaufhausdetektiv/Kaufhausdetektivin **II U2,** 30
dialogue [ˈdaɪəlɒg] Dialog, Gespräch **III U2,** 29
diamond [ˈdaɪəmənd] Diamant **III U5,** 70
diary [ˈdaɪəri] Tagebuch, Terminkalender °**III U2,** 31
dictionary [ˈdɪkʃnri] Wörterbuch °**II U3,** 46
to **die** [daɪ] sterben **III U5,** 77
diet [daɪət] Diät **II U4,** 52
to go on a diet [ˌgəʊ‿ɒn ə ˈdaɪət] eine Diät machen **II U4,** 52
difference [ˈdɪfrns] Unterschied **III U4,** 56
different [ˈdɪfrnt] anders, verschieden **I U6,** 78
difficult [ˈdɪfɪklt] schwierig **II U1,** 13
*to **dig up** [dɪg‿ˈʌp] ausgraben **III U1,** 16
digital [ˈdɪdʒɪtl] digital **II U5,** 62
dining room [ˈdaɪnɪŋ rʊm] Esszimmer, Speisesaal **I LUA,** 24
direct [dɪˈrekt] direkt **III U4,** 53
director [dɪˈrektə] Direktor/Direktorin, Regisseur/Regisseurin **III U5,** 75
dirty [ˈdɜːti] schmutzig **II U1,** 10
to **disappear** [ˌdɪsəˈpɪə] verschwinden **II U6,** 83
disappointed [ˌdɪsəˈpɔɪntɪd] enttäuscht **III U4,** 52
disaster [dɪˈzɑːstə] Desaster, Katastrophe **III U4,** 54
disco [ˈdɪskəʊ] Disko **I U5,** 74
to **discuss** [dɪˈskʌs] diskutieren °**III U1,** 14
distance [ˈdɪstns] Distanz, Entfernung **III U3,** 42
to **dive** [daɪv] tauchen **III U3,** 41
divorced from [dɪˈvɔːst frɒm] geschieden von **I U2,** 28
DJ [ˌdiːˈdʒeɪ] DJ **I U2,** 33
*to **do** [duː] machen, tun **I U1,** 15
to do sports [duː ˈspɔːts] Sport treiben **I U7,** 92
doctor [ˈdɒktə] Arzt/Ärztin **II U3,** 40
to see a doctor [siː ə ˈdɒktə] zum Arzt gehen **II U4,** 52
docu soap [ˈdɒkju ˌsəʊp] Dokusoap **III U5,** 68
documentary [ˌdɒkjəˈmentri] Dokumentarfilm **III U5,** 68
dog [dɒg] Hund **I U2,** 27
dog-tired [ˌdɒg ˈtaɪəd] hundemüde **I U3,** 49
to walk the dog [wɔːk ðə ˈdɒg] mit dem Hund spazieren gehen **I U3,** 42
domino [ˈdɒmɪnəʊ] Dominospiel °**II U2,** 26
door [dɔː] Tür **I U1,** 18
next door [ˌnekst ˈdɔː] nebenan **III U1,** 16
doorbell [ˈdɔːbel] Türklingel **II U5,** 66
doorstep [ˈdɔːstep] Türstufe **III U1,** 16
double [ˈdʌbl] Doppelgänger; das Doppelte **I U7,** 97
down [daʊn] nach unten **II U2,** 30; senkrecht *(im Kreuzworträtsel)* °**II U3,** 42
Go down .... [ˈgəʊ daʊn] Geh ... entlang. **I LUC,** 53
to come down [kʌm ˈdaʊn] herunterkommen, sich legen **III U1,** 16
to go down [gəʊ ˈdaʊn] hinuntergehen, entlanggehen **II U2,** 30
to lie down [laɪ ˈdaʊn] (sich) hinlegen, niederlegen **III U3,** 46
to sit down [sɪt ˈdaʊn] sich hinsetzen **I U1,** 19
down under [daʊn‿ˈʌndə] in Australien °**II U1,** 17
to **download** [ˌdaʊnˈləʊd] herunterladen **II U5,** 63
downstairs [daʊnˈsteəz] unten, im unteren Stock **I U2,** 27
drama [ˈdrɑːmə] Theater, Drama **I U3,** 40
dramatic [drəˈmætɪk] dramatisch **III U5,** 68
It's a **draw.** [ˌɪts‿ə ˈdrɔː] Es steht unentschieden. **III U1,** 12
*to **draw** [drɔː] zeichnen **I LUB,** 38
dream [driːm] Traum **I LUA,** 25
to **dress** [dres] sich anziehen **I U3,** 44
drink [drɪŋk] Getränk **I U7,** 95
*to **drink** [drɪŋk] trinken **I U5,** 75
*to **drive** [draɪv] fahren **I U6,** 86
to drive crazy [draɪv ˈkreɪzi] verrückt machen **II U5,** 71
driver [ˈdraɪvə] Fahrer/Fahrerin **I U4,** 54
to **drop** [drɒp] fallen, fallen lassen **II U1,** 18
drums *(pl)* [drʌmz] Schlagzeug **I U2,** 26
dump [dʌmp] Dreckloch, Müllkippe **II U7,** 88
during *(+ noun)* [ˈdjʊərɪŋ] während *(+ Nomen)* **III U1,** 8
DVD [diːviːˈdiː] DVD **II U5,** 62
DVD player [diːviːˈdiː ˈpleɪə] DVD-Player **II U5,** 62
to **dye** [daɪ] färben **II U2,** 28

E

each [iːtʃ] jede/jeder/jedes **III U1,** 8; je, jeweils **III U4,** 53
each other [ˌiːtʃ_ˈʌðə] sich gegenseitig **II U1,** 19
ear [ɪə] Ohr **II U3,** 40
early [ˈɜːli] früh **I U3,** 46
east [iːst] Osten **I U4,** 54
easy [ˈiːzi] einfach, leicht **I U1,** 20
*to **eat** [iːt] essen, fressen **I U3,** 44
to **echo** [ˈekəʊ] widerhallen **III U5,** 78
education [edʒʊˈkeɪʃn] Erziehung, Bildung **II U1,** 10
Physical Education (PE) [ˌfɪzɪkl_edʒʊˈkeɪʃn] Sport *(Schulfach)* **II U1,** 10
Religious Education (RE) [rɪˌlɪdʒəs_edʒʊˈkeɪʃn] Religionsunterricht **II U1,** 12
egg [eg] Ei **I U5,** 68
elbow [ˈelbəʊ] Ellbogen **II U3,** 41
elephant [ˈelɪfənt] Elefant **I U7,** 96
else [els] sonst, noch **I U5,** 66
e-mail [ˈiːmeɪl] E-Mail **I U3,** 44
embarrassing [ɪmˈbærəsɪŋ] peinlich **II U2,** 26
emergency [ɪˈmɜːdʒnsi] Notfall, Notlage **III U5,** 70
empty [ˈempti] leer **II U1,** 18
end [end] Ende, Schluss **II U6,** 84
in the end [ɪn ðiː_ˈend] schließlich, zum Schluss **II U6,** 80
to **end** [end] enden **I U5,** 76
to end in [ˈend_ɪn] enden auf °**II U7,** 90
ending [ˈendɪŋ] Ende, Schluss *(einer Geschichte)* °**II U1,** 19
enemy [ˈenəmi] Feind/Feindin **II U3,** 43
English [ˈɪŋglɪʃ] englisch **I U1,** 11
to **enjoy** [ɪnˈdʒɔɪ] sich erfreuen, genießen **II U6,** 80
enough [ɪˈnʌf] genug, genügend **III U1,** 14
to **enter** [ˈentə] sich beteiligen; eintreten, betreten **III U4,** 53
entry [ˈentri] Eintrag °**III U2,** 31
envelope [ˈenvələʊp] Briefumschlag, Umschlag **II U7,** 90
environment [ɪnˈvaɪərnmənt] Umwelt, Umgebung **II U6,** 74
er [ɜː] äh °**I U1,** 12
erm [ɜːm] äh °**II U3,** 38
to **escape** [ɪˈskeɪp] flüchten, entkommen **II U6,** 78
especially [ɪˈspeʃli] besonders **III U2,** 30
etc. [ɪtˈsetrə] usw., et cetera **II U1,** 10
euro [ˈjʊərəʊ] Euro *(Währung)* **I U5,** 73
European [ˌjʊərəˈpiːən] europäisch °**II U6,** 85
even [ˈiːvn] selbst, sogar **I U7,** 90
not even [nɒt_ˈiːvn] nicht einmal **III U4,** 54
evening [ˈiːvnɪŋ] Abend **I U3,** 47
in the evening [ˌɪn ðiː ˈiːvnɪŋ] abends, am Abend **I U3,** 47
that evening [ˌðæt_ˈiːvnɪŋ] an diesem Abend **II U1,** 19
this evening [ðɪs ˈiːvnɪŋ] heute Abend **III U3,** 46
event [ɪˈvent] Veranstaltung, Ereignis **I U7,** 90
ever [ˈevə] jemals **II U5,** 66
every [ˈevri] jede/jeder/jedes **I U3,** 40
everyday [ˈevrideɪ] alltäglich °**III U1,** 12
everything [ˈevriθɪŋ] alles **II U4,** 50
everywhere [ˈevriweə] überall **II U5,** 71
evidence [ˈevɪdnts] Beweis °**II U6,** 83
exam [ɪgˈzæm] Examen, Prüfung **III U4,** 57
example [ˈɪgzɑːmpl] Beispiel °**I U1,** 13
for example [fər_ɪgˈzɑːmpl] zum Beispiel **III U4,** 53
exchange [ɪksˈtʃeɪndʒ] Austausch, Tausch **I U7,** 94
excited [ɪkˈsaɪtɪd] aufgeregt **I U5,** 74
exciting [ɪkˈsaɪtɪŋ] spannend, aufregend **II U4,** 51
Excuse me! [ɪkˈskjuːz mi] Entschuldigung! **I U3,** 42
exercise [ˈeksəsaɪz] Übung, Aufgabe **I U1,** 19
exercise book [ˈeksəsaɪz ˌbʊk] Heft, Übungsheft **I U1,** 14
to **exercise** [ˈeksəsaɪz] üben, Sport machen **II U4,** 52
to **expect** [ɪkˈspekt] erwarten **III U2,** 30
expensive [ɪkˈspensɪv] teuer **I U5,** 68
experiment [ɪkˈsperɪmənt] Experiment, Versuch **II U1,** 13
to **explain** [ɪkˈspleɪn] erklären, erläutern **II U5,** 64
extra [ˈekstrə] zusätzlich; Zusatz **III U4,** 58
eye [aɪ] Auge **I U2,** 35
eyebrow [ˈaɪbraʊ] Augenbraue **III U4,** 52

F

face [feɪs] Gesicht **I U3,** 48
fact [fækt] Fakt, Tatsache **II U2,** 32
fact box [ˈfækt bɒks] Infokasten **III U1,** 8
fact file (on) [ˌfækt ˈfaɪl] Ordner mit Informationen (über) **III U2,** 27
in fact [ɪn ˈfækt] in der Tat, genau genommen **II U7,** 94
fair [feə] Messe, Jahrmarkt **I U7,** 90
summer fair [ˈsʌmə ˌfeə] Sommerfest **I U7,** 90
fair [feə] gerecht, fair **III U1,** 12; blond, hell **III U5,** 68
*to **fall** [fɔːl] fallen, herunterfallen, hinfallen **II U2,** 26
to fall off [fɔːl ɒf] herunterfallen **II U3,** 40
family [ˈfæmli] Familie **I LUA,** 25
family tree [ˈfæmli triː] Familienstammbaum °**I U2,** 28
famous [ˈfeɪməs] berühmt **I U4,** 54
fan [fæn] Fan **II U5,** 66
fantastic [fænˈtæstɪk] fantastisch, großartig **I U7,** 94
FAQ (frequently asked question) [ˈfriːkwəntli ˌɑːskt ˈkwestʃən] FAQ (häufig gestellte Frage) °**III U4,** 56
far [fɑː] weit **II U6,** 78
so far [ˈsəʊ fɑː] bis jetzt °**III U5,** 77
to go far [gəʊ ˈfɑː] weit kommen, es weit bringen **III U2,** 22
farm [fɑːm] Bauernhof, Farm **I U6,** 78
farmer [ˈfɑːmə] Bauer/Bäuerin, Landwirt/Landwirtin **I U6,** 82
farmhouse [ˈfɑːmhaʊs] Bauernhaus **II U7,** 88
fashion [ˈfæʃn] Mode **II U6,** 82
fast [fɑːst] schnell **II U4,** 50
fast food [ˌfɑːst ˈfuːd] Schnellimbiss °**II U4,** 50
father [ˈfɑːðə] Vater **III U3,** 46
favourite [ˈfeɪvrɪt] Lieblings- **I U1,** 12
February [ˈfebruəri] Februar **I U5,** 70
*to **feed** [fiːd] füttern **I U6,** 80
to be fed up [biː ˌfed_ˈʌp] die Nase voll haben **I U2,** 34
*to **feel** [fiːl] fühlen, sich fühlen **II U3,** 40
to feel for [ˈfiːl fə] tasten nach **III U3,** 46
to feel sick [fiːl ˈsɪk] Übelkeit verspüren **II U3,** 46

to feel sorry for [fi:l 'sɒri] Mitleid haben mit, bedauern **III U1,** 16
feeling ['fi:lɪŋ] Gefühl **III U4,** 54
ferry ['feri] Fähre **III U3,** 39
few [fju:] wenige **II U5,** 71
a few [ə 'fju:] einige, ein paar **II U4,** 52
fiction ['fɪkʃn] Erfindung, Fiktion **III U5,** 68
science fiction [ˌsaɪəns 'fɪkʃn] Sciencefiction **III U5,** 68
field [fi:ld] Feld, Acker **I U6,** 88
sports field ['spɔ:ts fi:ld] Sportplatz **I U7,** 92
fierce [fɪəs] bösartig **II U5,** 70
fight [faɪt] Kampf **III U1,** 16
*to **fight** [faɪt] streiten, kämpfen **III U4,** 59
figure ['fɪgə] Figur, Gestalt **II U7,** 94; Zahl, Ziffer °**III U1,** 15
fact **file** (on) [ˌfækt 'faɪl] Ordner mit Informationen (über) **III U2,** 27
to **fill in** [fɪl͜'ɪn] ausfüllen, einsetzen **II U5,** 64
film [fɪlm] Film **II U3,** 43
final ['faɪnl] letzte/letzter/letztes **III U5,** 70
finally ['faɪnli] endlich **III U2,** 24
*to **find** [faɪnd] finden **I U3,** 48
to find out [faɪnd͜'aʊt] herausfinden **I U4,** 62
fine [faɪn] Geldbuße, Geldstrafe **III U2,** 24
fine [faɪn] gut, in Ordnung, fein, schön **I U7,** 94
finger ['fɪŋgə] Finger **II U3,** 41
to **finish** ['fɪnɪʃ] beenden, erledigen, aufhören **I U2,** 34
fire [faɪə] Feuer, Brand **I U7,** 96; Feuerstelle; Kaminfeuer **III U2,** 28
fire brigade ['faɪə brɪˌgeɪd] Feuerwehr **III U2,** 28
Where's the fire? [ˌweəz ðə 'faɪə] Wo brennt's denn? **I U7,** 96
firestorm ['faɪəstɔ:m] Feuersturm °**III U2,** 28
first [fɜ:st] zuerst; erste/erster/erstes **I U4,** 54
at first [ət 'fɜ:st] zuerst, zunächst **II U6,** 80
fish, **fish** *(pl)* [fɪʃ] Fisch **I U6,** 78
to **fish** [fɪʃ] fischen, angeln **I U6,** 82
fishing ['fɪʃɪŋ] Angeln, Fischen **I U6,** 78

*to have a **fit** [ˌhæv͜ə 'fɪt] einen Anfall bekommen, Zustände kriegen **III U4,** 60
to **fit** [fɪt] passen **II U6,** 76
fit [fɪt] fit **II U4,** 52
flag [flæg] Flagge, Fahne **I U2,** 29
flame [fleɪm] Flamme **III U2,** 28
flash [flæʃ] Aufblinken, Blitzen **II U7,** 95
flash flood ['flæʃ ˌflʌd] flutartige Überschwemmung, Sintflut **II U6,** 74
flat [flæt] Wohnung **I U2,** 26
flight [flaɪt] Flug **II U2,** 23
flood [flʌd] Überschwemmung, Hochwasser **II U6,** 74
flash flood ['flæʃ ˌflʌd] flutartige Überschwemmung, Sintflut **II U6,** 74
floor [flɔ:] Fußboden **II U5,** 71
flower ['flaʊə] Blume **I U6,** 78
*to **fly** [flaɪ] fliegen **II U7,** 88; wehen **III U3,** 40
fog [fɒg] Nebel **II U6,** 78
foggy ['fɒgi] neblig **I U6,** 79
folder ['fəʊldə] Ordner, Mappe **I U4,** 60
to **follow** ['fɒləʊ] hinterhergehen, folgen, befolgen **I U7,** 96
following ['fɒləʊɪŋ] folgend/folgender/ folgende/folgendes **III U4,** 57
food [fu:d] Essen, Nahrung, Lebensmittel **I U7,** 95
fast food [ˌfɑ:st 'fu:d] Schnellimbiss °**II U4,** 50
foot, **feet** *(pl)* [fʊt; fi:t] Fuß **I U4,** 54; Fuß *(Längenmaß: 30,48 cm)* **III U1,** 11
on foot [ɒn 'fʊt] zu Fuß **I U4,** 57
football ['fʊtbɔ:l] Fußball **I U1,** 12
American football [əˌmerɪkən 'fʊtbɔ:l] Football **III U1,** 8
footstep ['fʊtstep] Schritt **III U3,** 46
for [fɔ:; fə] für **I U1,** 11; seit **II U5,** 69
for example [fər͜ɪg'zɑ:mpl] zum Beispiel **III U4,** 53
for hours [fər͜'aʊəz] stundenlang **II U4,** 52
for supper [fə 'sʌpə] zum Abendessen **II U3,** 38
forecast ['fɔ:kɑ:st] Vorhersage *(Wetter)* **II U6,** 78
to **forecast** ['fɔ:kɑ:st] vorhersagen *(Wetter)* °**II U6,** 79
foreign ['fɒrɪn] fremd, ausländisch **II U1,** 10
*to **forget** [fə'get] vergessen **I U4,** 60
fork [fɔ:k] Gabel **II U4,** 50
form [fɔ:m] Formular, Form **II U5,** 64

long form ['lɒŋ fɔ:m] Langform °**I U1,** 16
foul [faʊl] Foul **III U1,** 12
free [fri:] frei **I U3,** 40
French [frentʃ] französisch **II U1,** 18
frequent ['fri:kwənt] häufig °**III U4,** 56
fresh [freʃ] frisch **II U4,** 54
Friday ['fraɪdeɪ] Freitag **I LUB,** 39
friend [frend] Freund/Freundin **I U1,** 16
friendly ['frendli] freundlich, nett °**III U3,** 44
to **frighten away** [ˌfraɪtn͜ə'weɪ] abschrecken **II U7,** 88
*to be **frightened** (of) [bi: 'fraɪtnd] Angst haben (vor) **II U6,** 83
frightening ['fraɪtnɪŋ] schrecklich, furchtbar **II U6,** 80
from [frɒm] aus, von **I U1,** 10
divorced from [dɪ'vɔ:st frɒm] geschieden von **I U2,** 28
Where are you from? [ˌweər͜ə jə 'frɒm] Woher kommst du? **I U1,** 11
in **front of** [ɪn 'frʌnt͜əv] vor **I U3,** 49
fruit [fru:t] Obst, Frucht **II U1,** 15
frustrated [frʌs'treɪtɪd] frustriert **III U4,** 52
full (of) [fʊl] ganz, voll (von/mit) **III U1,** 11
fun [fʌn] Spaß **I U3,** 41
Have fun! [ˌhæv 'fʌn] Viel Spaß! **I U6,** 82
to be fun [bi: 'fʌn] Spaß machen **I U3,** 43
to have fun [ˌhæv 'fʌn] Spaß haben, sich amüsieren **I U6,** 82
funeral ['fju:nrəl] Beerdigung **II U6,** 76
funny ['fʌni] komisch, lustig **I LUA,** 25
furious ['fjʊəriəs] wütend **III U3,** 47
furniture ['fɜ:nɪtʃə] Möbel **I LUA,** 25
fuse-box ['fju:zbɒks] Sicherungskasten **III U3,** 47
future ['fju:tʃə] Zukunft, Futur °**III U1,** 11

G

game [geɪm] Spiel **I U2,** 26
miming game ['maɪmɪŋ geɪm] Pantomime °**I U6,** 81
garden ['gɑ:dn] Garten **I U2,** 26
gate [geɪt] Tor, Pforte; Gate **II U7,** 90
GCSE [ˌdʒi:si:es'i:] Prüfung zum Abschluss der Sekundarstufe **III U4,** 57

g'day [gə'deɪ] Tag, hallo *(australische Begrüßung)* °**II U1,** 14
Geography [dʒi'ɒgrəfi] Geografie, Erdkunde **II U1,** 10
German ['dʒɜ:mən] deutsch; Deutscher/Deutsche **I U1,** 17
*to **get** [get] kommen; bekommen; besorgen **I U3,** 44; werden **II U6,** 83; holen **II U2,** 26
to get hungry [get 'hʌŋgri] Hunger bekommen **II U4,** 56
to get interested in [get 'ɪntrəstɪd] sich interessieren für **III U2,** 31
to get into [get‿'ɪntə] einsteigen in *(Auto)* **I U5,** 75
to get into such a state [get‿ˌɪntə sʌtʃ‿ə 'steɪt] durchdrehen, (sich) verrückt machen **III U4,** 60
to get lost [get 'lɒst] verloren gehen, sich verirren **I U3,** 48
to get off [get‿'ɒf] aussteigen aus **I U4,** 59
to get on [get‿'ɒn] einsteigen *(in Zug, Bus, …)* **III U2,** 29
to get on [get‿'ɒn] aufsteigen **III U5,** 74
to get onto [get‿'ɒntə] einsteigen *(Bus)* **II U1,** 19
to get out [get‿'aʊt] aussteigen **I U6,** 86; entkommen **III U3,** 47
to get out of bed [ˌget‿aʊt‿əv 'bed] aufstehen **II U7,** 94
to get ready [get 'redi] sich vorbereiten **II U5,** 68
to get … right/wrong [get … 'raɪt/'rɒŋ] richtig/falsch machen **II U3,** 44
to get to ['get tə] kommen zu, kommen nach, erreichen **III U2,** 26
to get up [get‿'ʌp] aufstehen **I U3,** 44
to get … wrong [get … 'rɒŋ] falsch verstehen °**II U3,** 47
ghost [gəʊst] Geist, Gespenst **I U2,** 34
girl [gɜ:l] Mädchen **I U1,** 16
girlfriend ['gɜ:lfrend] Freundin *(in einer Paarbeziehung)* **II U3,** 39
*to **give** [gɪv] geben, schenken **I U4,** 60
to give … a dirty look [ˌgɪv‿ə dɜ:ti 'lʊk] einen vernichtenden Blick zuwerfen **II U1,** 10
glad [glæd] froh **III U4,** 58
glass [glɑ:s] Glas **II U4,** 50
glee [gli:] Entzücken **III U4,** 60
glove [glʌv] Handschuh **III U1,** 8
to **glow** [gləʊ] leuchten **III U5,** 76

*to **go** [gəʊ] gehen **I U1,** 19
Go down … . ['gəʊ daʊn] Geh … entlang. **I LUC,** 53
Go left. [gəʊ 'left] Biege nach links ab. **I LUC,** 52
Go right. [gəʊ 'raɪt] Biege nach rechts ab. **I LUC,** 52
to go bananas [ˌgəʊ bə'nɑ:nəz] verrückt werden, durchdrehen **II U5,** 66
to go bump [gəʊ 'bʌmp] rumsen °**II U7,** 94
to go down [gəʊ 'daʊn] hinuntergehen, entlanggehen **II U2,** 30
to go far [gəʊ 'fɑ:] weit kommen, es weit bringen **III U2,** 22
to go for a walk [ˌgəʊ fər‿ə 'wɔ:k] spazieren gehen **III U5,** 76
to go in [gəʊ‿'ɪn] hineingehen **II U2,** 26
to go + -ing [gəʊ] … gehen **II U4,** 52
to go off [gəʊ‿'ɒf] losgehen *(Alarm)* **II U7,** 95
to go on a diet [ˌgəʊ‿ɒn ə 'daɪət] eine Diät machen **II U4,** 52
to go out [gəʊ‿'aʊt] (hin)ausgehen, erlöschen **II U3,** 38
to go over [gəʊ‿'əʊvə] hinübergehen **II U3,** 38
to go red [gəʊ 'red] rot werden **II U1,** 11
to go up [gəʊ‿'ʌp] hinaufgehen °**I U4,** 61
to go weak [gəʊ 'wi:k] schwach werden **III U4,** 60
to go with ['gəʊ‿wɪð] passen zu **III U1,** 9
to go without [ˌgəʊ wɪ'ðaʊt] ohne … auskommen **II U4,** 52
to go wrong [gəʊ 'rɒŋ] schief gehen **II U6,** 85
goal [gəʊl] Tor, Ziel **I U1,** 12
goal post ['gəʊl pəʊst] Torpfosten **III U1,** 19
winning goal ['wɪnɪŋ gəʊl] Siegtreffer **III U4,** 58
goalkeeper ['gəʊlˌki:pə] Torwart **III U1,** 10
goblin ['gɒblɪn] Kobold **II U7,** 90
My **God!** [maɪ 'gɒd] Mein Gott! **II U6,** 82
gold [gəʊld] Gold **II U7,** 90
good [gʊd] gut **I U1,** 16
Good grief! [gʊd 'gri:f] Du liebe Zeit! **II U2,** 28
Good luck! [ˌgʊd 'lʌk] Viel Glück! **I U4,** 63
Good morning! ['gʊd 'mɔ:nɪŋ] Guten Morgen! **I U1,** 16
I'm good at … [aɪm 'gʊd‿ət] ich bin gut in … **I U1,** 20
to be good with … [bi: 'gʊd wɪð] gut mit … umgehen können **I U2,** 34
to have a good time [ˌhæv‿ə gʊd 'taɪm] sich amüsieren **I U5,** 75
goodbye [gʊd'baɪ] auf Wiedersehen **I U1,** 19
to **grab** [græb] greifen, schnappen **III U3,** 47
grammar ['græmə] Grammatik °**II U1,** 16
grammar school ['græmə ˌsku:l] Gymnasium **III U4,** 57
gramme [græm] Gramm **III U1,** 11
grandad ['grændæd] Opa **I LUA,** 25
grandma ['grændmɑ:] Oma **I LUA,** 25
grass [grɑ:s] Gras, Rasen **III U1,** 8
grave [greɪv] Grab **III U5,** 69
gravestone ['greɪvstəʊn] Grabstein **III U5,** 74
great [greɪt] großartig, toll **I U2,** 26; groß **III U2,** 22
Greek [gri:k] griechisch; Grieche/Griechin **I U2,** 29
green [gri:n] grün **I LUA,** 24
greenhouse ['gri:nhaʊs] Gewächshaus **II U6,** 81
grey [greɪ] grau **III U5,** 77
grid [grɪd] Gitter, Tabelle **III U4,** 57
Good **grief!** [gʊd 'gri:f] Du liebe Zeit! **II U2,** 28
ground [graʊnd] Boden **II U2,** 26
group [gru:p] Gruppe **I U4,** 54
to **guard** [gɑ:d] bewachen **II U7,** 90
to **guess** [ges] raten, vermuten **III U4,** 57
guest [gest] Gast **III U5,** 72
gun [gʌn] Schusswaffe **III U5,** 78
gunshot ['gʌnʃɒt] Schuss **III U5,** 78
gym [dʒɪm] Turnhalle **I U3,** 40

H

Ha! [hɑ:] Ha! **III U4,** 58
hair [heə] Haar, Haare **II U2,** 28
hairdresser ['heəˌdresə] Friseur/Friseurin **II U2,** 28
half [hɑ:f] halb **II U6,** 83
half an hour [ˌhɑ:f‿ən‿'aʊə] eine halbe Stunde **II U2,** 26

half past (two) ['hɑ:f pɑ:st] halb (drei) **I U3,** 40
half-price [ˌhɑ:f'praɪs] zum halben Preis **III U1,** 12
half-sister ['hɑ:fˌsɪstə] Halbschwester **I U2,** 26
hall [hɔ:l] Halle, Saal, Flur **I U3,** 40
ham [hæm] Schinken **II U4,** 49
hand [hænd] Hand **II U3,** 41
Hands off! [hændz‿'ɒf] Hände weg! **II U4,** 50
handbag ['hænbæg] Handtasche **III U2,** 24
*to **hang out** [hæŋ‿'aʊt] sich herumtreiben **III U4,** 54
Hang on! ['hæŋ‿ɒn] Moment mal! Warte mal! **I U6,** 82
to **happen** ['hæpn] geschehen, passieren **I U6,** 86
happy ['hæpi] glücklich, froh **I U2,** 33
hard [hɑ:d] hart; schwierig, stark **II U6,** 82
harm [hɑ:m] Schaden, Verletzung **III U4,** 60
hat [hæt] Hut **II U2,** 26
hate [heɪt] Hass **II U1,** 10
to **hate** [heɪt] hassen **II U1,** 10
*to **have** [hæv] haben **I U5,** 68
Have a nice day. [ˌhæv‿ə naɪs 'deɪ] Einen schönen Tag (noch). **II U4,** 55
Have fun! [ˌhæv 'fʌn] Viel Spaß! **I U6,** 82
to have a fit [ˌhæv‿ə 'fɪt] einen Anfall bekommen, Zustände kriegen **III U4,** 60
to have a good time [ˌhæv‿ə gʊd 'taɪm] sich amüsieren **I U5,** 75
to have a look [ˌhæv‿ə 'lʊk] (an)schauen, nachschauen **III U5,** 72
to have an argument [ˌhæv‿ən‿'ɑ:gjəmənt] sich streiten **III U4,** 52
to have a party [ˌhæv‿ə 'pɑ:ti] eine Party feiern **I U5,** 68
to have breakfast [hæv 'brekfəst] frühstücken **III U2,** 23
to have fun [ˌhæv 'fʌn] Spaß haben, sich amüsieren **I U6,** 82
to have got [hæv 'gɒt] besitzen, haben **I U2,** 30
to have supper [hæv 'sʌpə] zu Abend essen **I U3,** 44
to have to ['hæv tə] müssen **II U5,** 64
he [hi:] er **I U1,** 12
head [hed] Kopf **II U3,** 36
headphones *(pl)* ['hedfəʊnz] Kopfhörer **II U4,** 56
healthy ['helθi] gesund **II U4,** 50
*to **hear** [hɪə] hören **I U6,** 78
heating ['hi:tɪŋ] Heizung **II U6,** 78
heavy ['hevi] schwer **II U4,** 51
height [haɪt] Höhe, Größe **III U1,** 11
helicopter ['helɪˌkɒptə] Helikopter, Hubschrauber **II U6,** 83
Hello! [he'ləʊ] Hallo! **I U1,** 10
helmet ['helmət] Helm **III U1,** 8
help [help] Hilfe **I U2,** 34
to **help** [help] helfen **I U2,** 34
helpful ['helpfəl] hilfreich **II U5,** 71
helpless ['helpləs] hilflos **III U3,** 46
helpline ['helplaɪn] telefonischer Beratungsdienst, Notruf °**III U4.** 59
her [hɜ:] ihr/ihre; sie **I U2,** 26
Her Majesty [hə 'mædʒəsti] Ihre Majestät °**III U5,** 78
here [hɪə] hier **I U1,** 12
Here you are! ['hɪə ju:‿ɑ:] Bitte schön! **I U1,** 20
hero, heroes *(pl)* ['hɪərəʊ; 'hɪərəʊz] Held **II U3,** 43
heroine ['herəʊɪn] Heldin **III U5,** 63
hey [heɪ] he °**I U1,** 16
Hi! [haɪ] Hi! **I U1,** 10
*to **hide** [haɪd] verstecken, sich verstecken **I U6,** 86
high [haɪ] hoch, groß **II U2,** 30
him [hɪm] ihn, ihm **I U4,** 60
himself [hɪm'self] sich (selbst) **III U1,** 17
hip hop ['hɪp hɒp] Hip-Hop **III U4,** 53
his [hɪz] sein/seine **I LUA,** 25
History ['hɪstəri] Geschichte **II U1,** 10
hit [hɪt] Hit **III U5,** 70
*to **hit** [hɪt] schlagen, treffen **II U3,** 36
hobby, hobbies *(pl)* ['hɒbi; 'hɒbiz] Hobby **I LUB,** 38
hockey ['hɒki] Hockey **II U1,** 16
ice hockey ['aɪs ˌhɒki] Eishockey **II U2,** 23
holiday(s) ['hɒlədeɪ(z)] Urlaub, Ferien **II U7,** 88
home [həʊm] Zuhause, Heim; nach Hause **I U1,** 11; Heimat, Heimat- **III U1,** 8
at home [ət 'həʊm] zu Hause **I U2,** 26
home plate ['həʊm ˌpleɪt] Home Plate **III U1,** 14
to take home [ˌteɪk 'həʊm] nach Hause bringen **I U2,** 35
homework ['həʊmwɜ:k] Hausaufgabe(n) **I U1,** 19
to **hoot** [hu:t] schreien, rufen *(Eule)* **II U7,** 94
to **hope** [həʊp] hoffen **I U5,** 72
horoscope ['hɒrəskəʊp] Horoskop **II U6,** 80
horrible ['hɒrəbl] schrecklich, furchtbar **II U2,** 24
horse [hɔ:s] Pferd **I LUB,** 38
hospital ['hɒspɪtl] Krankenhaus **II U3,** 36
host [həʊst] Gastgeber; Talkmaster **III U5,** 70
hot [hɒt] heiß **I U6,** 79
hotel [həʊ'tel] Hotel **III U2,** 27
hotel suite [həʊ'tel swi:t] Hotelsuite **III U2,** 27
hound [haʊnd] Jagdhund **III U5,** 70
hour ['aʊə] Stunde **I U2,** 34
hours ['aʊəz] Öffnungszeiten **I U4,** 62
for hours [fər‿'aʊəz] stundenlang **II U4,** 52
half an hour [ˌhɑ:f‿ən‿'aʊə] eine halbe Stunde **II U2,** 26
house [haʊs] Haus **I LUA,** 25
how [haʊ] wie **I U1,** 11
How are you? [ˌhaʊ‿'ɑ: ju:] Wie geht es dir/Ihnen/euch? **I U6,** 83
how many [haʊ 'meni] wie viele **I U5,** 68
How much are ... ? [haʊ 'mʌtʃ‿ɑ:] Wie viel kosten ... ? **I U5,** 66
How much is ... ? [ˌhaʊ 'mʌtʃ‿ɪz] Wie viel kostet ... ? **I U5,** 66
How old are you? [haʊ‿'əʊld‿ɑ: ju:] Wie alt bist du? **I U1,** 11
how to ... ['haʊ tə] wie man ... °**II U3,** 37
hundred ['hʌndrəd] hundert **II U2,** 23
hungry ['hʌŋgri] hungrig **II U1,** 14
to get hungry [get 'hʌŋgri] Hunger bekommen **II U4,** 56
hunting ['hʌntɪŋ] Jagen **III U5,** 74
*to be in a **hurry** [bi:‿ɪn‿ə 'hʌri] es eilig haben **I U2,** 30
Hurry up! [ˌhʌri‿'ʌp] Beeil dich! **I U2,** 30
*to **hurt** [hɜ:t] verletzen, weh tun **II U3,** 40
hurt [hɜ:t] verletzt **III U5,** 74

I

I [aɪ] ich **I U1,** 10
I'd like to [ˌaɪd 'laɪk tə] ich würde gern **II U2,** 22

I don't care. [aɪ dəʊnt 'keə] Es ist mir egal. **II U4,** 58
I'd rather [aɪd 'rɑːðə] ich würde lieber **II U2,** 22
I'm having .... [aɪm 'hævɪŋ] Ich nehme .... **II U1,** 14
I'm scared. [aɪm 'skeəd] Ich habe Angst. **II U3,** 44
I want my ... pierced. [aɪ 'wɒnt maɪ ... 'pɪəst] Ich möchte mein/e ... piercen lassen. **III U4,** 52
ice [aɪs] Eis **II U2,** 23
ice-cream [aɪs 'kriːm] Eiscreme **I U7,** 92
ice hockey ['aɪs ˌhɒki] Eishockey **II U2,** 23
ice rink ['aɪs rɪŋk] Eis-/Schlittschuhbahn **II U2,** 23
icon ['aɪkɒn] Ikone **III U3,** 47
idea [aɪ'dɪə] Idee, Einfall **I LUB,** 38
no idea [ˌnəʊ‿aɪ'dɪə] keine Ahnung **III U3,** 46
idiot ['ɪdɪət] Idiot, Dummkopf **I U1,** 21
if [ɪf] wenn, falls; ob **II U7,** 90
to **imagine** [ɪ'mædʒɪn] sich (etwas) vorstellen **III U4,** 57
important [ɪm'pɔːtnt] wichtig; einflussreich **II U6,** 74
impression [ɪm'preʃn] Eindruck °**II U4,** 57
in [ɪn] in; herein **I U1,** 10
in all [ɪn‿'ɔːl] insgesamt, im Ganzen **III U4,** 53
in fact [ɪn 'fækt] in der Tat, genau genommen **II U7,** 94
in front of [ɪn 'frʌnt‿əv] vor **I U3,** 49
in the end [ɪn ðiː‿'end] schließlich, zum Schluss **II U6,** 80
inch [ɪnʃ] Zoll *(Längenmaß: 2,54cm)* **III U1,** 11
independent [ˌɪndɪ'pendənt] unabhängig **III U3,** 46
Indian ['ɪndiən] indisch **II U4,** 49
industry ['ɪndəstri] Industrie **III U5,** 68
info ['ɪnfəʊ] Info °**III U4,** 58
information [ˌɪnfə'meɪʃn] Information/Informationen **I LUC,** 52
information centre [ɪnfə'meɪʃn ˌsentə] Informationszentrum **I LUC,** 52
inheritor [ɪn'herɪtə] Erbe/Erbin **III U5,** 76
inside [ɪn'saɪd] innen, drin, nach drinnen **I U5,** 75
instruction [ɪn'strʌkʃn] Instruktion, Anweisung °**II U4,** 59
interested ['ɪntrəstɪd] interessiert **II U1,** 18
to get interested in [get 'ɪntrəstɪd] sich interessieren für **III U2,** 31
interesting ['ɪntrəstɪŋ] interessant **II U4,** 51
international [ˌɪntə'næʃnl] international **III U3,** 39
Internet ['ɪntənet] Internet **II U1,** 14
to surf the Internet [ˌsɜːf ði‿'ɪntənet] im Internet surfen **II U1,** 14
interview ['ɪntəvjuː] Interview **II U1,** 17
to **interview** ['ɪntəvjuː] interviewen **II U1,** 17
into ['ɪntə] in; in ... hinein **I U3,** 44
to get into [get‿'ɪntə] einsteigen in *(Auto)* **I U5,** 75
to run into [rʌn‿'ɪntə] laufen gegen, stoßen gegen **III U1,** 17
introduction [ˌɪntrə'dʌkʃn] Einleitung °**II U4,** 55
to **invent** [ɪn'vent] erfinden **III U4,** 53
invitation [ˌɪnvɪ'teɪʃn] Einladung **I U5,** 70
to **invite** [ɪn'vaɪt] einladen **I U5,** 68
Irish ['aɪrɪʃ] irisch **II U7,** 90
to **iron** [aɪən] bügeln **II U7,** 90
irregular [ɪ'regjələ] unregelmäßig °**II U2,** 26
island ['aɪlənd] Insel **II U6,** 82
it [ɪt] es **I U1,** 12
It said .... [ɪt 'sed] Es lautete .... **II U2,** 30
Italian [ɪ'tæliən] italienisch; Italiener/Italienerin **I U2,** 29
its [ɪts] sein/seine; ihr/ihre **III U1,** 8

J

jacket ['dʒækɪt] Jacke **I U6,** 86
jam [dʒæm] Marmelade **I U7,** 94
traffic jam ['træfɪk ˌdʒæm] Stau **III U2,** 22
January ['dʒænjuəri] Januar **I U5,** 70
jazz [dʒæz] Jazz **II U3,** 45
jealous (of) ['dʒeləs] eifersüchtig, neidisch (auf) **II U3,** 45
jewel ['dʒuːəl] Juwel **III U2,** 22
jewellery ['dʒuːəlri] Schmuck **III U5,** 70
job [dʒɒb] Arbeitsstelle, Job **II U6,** 80
on the job [ˌɒn ðə 'dʒɒb] bei der Arbeit **III U5,** 70
to **jog** [dʒɒg] joggen **II U4,** 52
joke [dʒəʊk] Witz **I U1,** 20
to **joke** [dʒəʊk] scherzen, Witze machen **I U6,** 82
journey ['dʒɜːni] Reise, Fahrt **II U7,** 90
judge [dʒʌdʒ] Kampfrichter **II U5,** 70
July [dʒʊ'laɪ] Juli **I U5,** 70
long **jump** ['lɒŋ ˌdʒʌmp] Weitsprung **I U7,** 90
to **jump** [dʒʌmp] springen **II U2,** 30
to jump about [ˌdʒʌmp‿ə'baʊt] herumspringen **III U4,** 58
to jump up [dʒʌmp‿'ʌp] hochspringen, aufspringen **II U6,** 82
June [dʒuːn] Juni **I U5,** 70
just [dʒʌst] nur, gerade, einfach **I U2,** 30

K

kangaroo [ˌkæŋgər'uː] Känguru °**II U3,** 46
*to **keep** [kiːp] (be)halten **II U4,** 55
Keep out! [kiːp‿'aʊt] Eintritt verboten! **I U2,** 26
key [kiː] Schlüssel **II U5,** 67
kick [kɪk] Tritt **III U1,** 19
to **kick** [kɪk] treten **I U5,** 74
kid [kɪd] Kind **I U3,** 44
to **kill** [kɪl] töten; tot machen **III U1,** 10
kilo (kg) ['kɪləʊ] Kilo(gramm) **II U4,** 54
kilometre ['kɪləʊˌmiːtə; kɪ'lɒmɪtə] Kilometer **III U2,** 27
kind [kaɪnd] Art, Sorte **III U2,** 30
king [kɪŋ] König **III U2,** 22
to **kiss** [kɪs] küssen **III U5,** 68
PE **kit** [ˌpiː‿'iː kɪt] Sportzeug **II U1,** 10
kitchen ['kɪtʃɪn] Küche **I LUA,** 24
knee [niː] Knie **II U3,** 41
knife, knives *(pl)* [naɪf; naɪvz] Messer **II U4,** 50
knight [naɪt] Ritter **II U2,** 22
knock [nɒk] Klopfen, Schlag **I U2,** 34
to **knock** [nɒk] klopfen; stoßen, schlagen **III U5,** 78
to knock out [nɒk‿'aʊt] k.o. schlagen, umhauen **III U1,** 17
*to **know** [nəʊ] wissen, kennen **I U4,** 58

L

lab(oratory) [læb; lə'bɒrətri] Labor **II U2,** 23
lad [læd] Junge **III U1,** 12

English – German

lake [leɪk] See **III U3,** 42
lamb [læm] Lamm, Lammfleisch **II U4,** 49
land [lænd] Land **I LUB,** 38
to **land** [lænd] landen **III U3,** 39
language ['læŋgwɪdʒ] Sprache **I U2,** 29
lantern ['læntən] Laterne **I U7,** 90
laptop ['læptɒp] Laptop **I U2,** 34
large [lɑ:dʒ] groß, riesig **I U5,** 66
lassi ['lasɪ] Lassi *(Jogurtgetränk)* **II U4,** 49
last [lɑ:st] letzte/letzter/letztes **I U7,** 90
last night [lɑ:st 'naɪt] gestern Abend/Nacht **II U3,** 37
late [leɪt] spät, zu spät, verspätet **I U1,** 16
later ['leɪtə] später **I U2,** 30
to **laugh** [lɑ:f] lachen **I U5,** 74
to laugh at ['lɑ:f‿ət] auslachen, sich lustig machen über **II U3,** 36
leader ['li:də] Führer/Führerin, Anführer/Anführerin **II U6,** 80
leaf, leaves *(pl)* [li:f; li:vz] Blatt **III U4,** 60
to **lean out** [li:n‿'aʊt] (sich) hinauslehnen **II U7,** 94
*to **learn** [lɜ:n] lernen **I U3,** 40; erfahren **III U1,** 8
at **least** [ət 'li:st] wenigstens, mindestens **I U6,** 87
*to **leave** [li:v] lassen, verlassen, abfahren **I U3,** 43; (weg)gehen **II U1,** 18
left [left] linke/linker/linkes; links **I U4,** 55
Go left. [gəʊ 'left] Biege nach links ab. **I LUC,** 52
on the left [ɒn ðə 'left] links **I U2,** 28
to turn left [tɜ:n 'left] links abbiegen **II U7,** 97
left [left] übrig **II U4,** 54
leg [leg] Bein **II U3,** 41
lemonade [ˌleməˈneɪd] Limonade **I U5,** 68
*to **lend** [lend] leihen **II U7,** 90
leprechaun ['leprəkɔ:n] Gnom, Kobold °**II U7,** 90
lesson ['lesn] Unterrichtsstunde **I U1,** 15
to **let** [let] lassen **III U4,** 52
Let's .... [lets] Lasst uns .... **I U1,** 10
letter ['letə] Buchstabe, Brief **I U1,** 15
capital letter [ˌkæpɪtl 'letə] Großbuchstabe °**II U3,** 37
lettuce ['letɪs] Kopfsalat **II U4,** 54
level ['levl] Ebene, Niveau **III U4,** 57
library ['laɪbri] Bibliothek, Bücherei **III U4,** 56
*to **lie** [laɪ] liegen **III U3,** 46
to lie down [laɪ 'daʊn] (sich) hinlegen, niederlegen **III U3,** 46
life, lives *(pl)* [laɪf; laɪvz] Leben **II U3,** 42
lifeguard ['laɪfgɑ:d] Rettungsschwimmer/Rettungsschwimmerin **III U3,** 40
light [laɪt] Licht **II U7,** 94
to **like** [laɪk] mögen, gern haben **I U3,** 44
I'd like to [ˌaɪd 'laɪk tə] ich würde gern **II U2,** 22
would like [wʊd 'laɪk] hätte gern, möchte gern **II U4,** 52
like [laɪk] wie *(Vergleich)* **I U6,** 86
like the back of my hand ['bæk‿əv maɪ ˌhænd] wie meine Westentasche **III U2,** 30
line [laɪn] Zeile, Text, Linie **I U3,** 43
back line [ˌbæk 'laɪn] Grundlinie **III U1,** 10
ocean **liner** ['əʊʃn ˌlaɪnə] Ozeandampfer **III U3,** 39
link [lɪŋk] Verbindung, Bindeglied **III U5,** 70
lion ['laɪən] Löwe **II U5,** 68
lip balm ['lɪp bɑ:m] Lippenpflegestift **II U6,** 82
list [lɪst] Liste **I U5,** 68
to **listen** ['lɪsn] zuhören, anhören **I U1,** 11
little ['lɪtl] klein **I U6,** 82
to **live** [lɪv] wohnen, leben **I U3,** 45
live [laɪv] live **III U4,** 53
living room ['lɪvɪŋ rʊm] Wohnzimmer **I LUA,** 24
local ['ləʊkl] lokal, örtlich **III U2,** 24
to **lock** [lɒk] abschließen **III U3,** 47
locker ['lɒkə] Schließfach **II U1,** 10
lonely ['ləʊnli] einsam **III U1,** 16
long [lɒŋ] lang **I U3,** 44
as long as [əz 'lɒŋ‿əz] solange wie **I U7,** 94
long form ['lɒŋ fɔ:m] Langform °**I U1,** 16
long jump ['lɒŋ ˌdʒʌmp] Weitsprung **I U7,** 90
look [lʊk] Blick, Aussehen **II U1,** 10
to give ... a dirty look [ˌgɪv‿ə dɜ:ti 'lʊk] einen vernichtenden Blick zuwerfen **II U1,** 10
to have a look [ˌhæv‿ə 'lʊk] (an)schauen, nachschauen **III U5,** 72
to **look** [lʊk] sehen, schauen, aussehen **I U1,** 12
to look after [lʊk‿'ɑ:ftə] sich kümmern um, aufpassen auf **II U1,** 14
to look at ['lʊk‿ət] ansehen **I U6,** 82
to look for ['lʊk fə] suchen nach **I U6,** 81
to look round [lʊk 'raʊnd] sich umsehen **II U1,** 18
to look up [lʊk‿'ʌp] (hin)aufschauen; nachschlagen **II U2,** 30
*to **lose** [lu:z] verlieren **II U4,** 52
Lost and Found ['lɒst ˌənd 'faʊnd] Fundbüro **III U4,** 56
*to be lost [bi: 'lɒst] sich verirrt haben **III U3,** 40
to get lost [get 'lɒst] verloren gehen, sich verirren **I U3,** 48
a **lot** [ə 'lɒt] viel **II U1,** 15
a lot of [ə 'lɒt‿əv] viel/viele, eine Menge **I U2,** 30
lots (of) ['lɒts‿əv] viel/viele **II U7,** 88
lots of love [ˌlɒts‿əv 'lʌv] viele Grüße *(am Briefende)* **III U4,** 58
loud [laʊd] laut **II U7,** 91
love [lʌv] Herzliche Grüße *(am Briefende)*; Liebe **I U6,** 78
lots of love [ˌlɒts‿əv 'lʌv] viele Grüße *(am Briefende)* **III U4,** 58
to **love** [lʌv] gern mögen, lieben **I U3,** 44
luck [lʌk] Glück **I U4,** 63
bad luck [ˌbæd 'lʌk] Pech **I U4,** 63
Good luck! [ˌgʊd 'lʌk] Viel Glück! **I U4,** 63
lucky ['lʌki] glücklich **I U1,** 16
you're lucky [ˌjʊə 'lʌki] du hast Glück **I U1,** 16
luggage ['lʌgɪdʒ] Gepäck **II U7,** 90
lunch [lʌntʃ] Mittagessen **I U1,** 18
lunchtime ['lʌntʃtaɪm] Mittag, Mittagszeit **I U1,** 19

M

mad [mæd] verrückt; wütend **II U1,** 18
magazine [mægə'zi:n] Zeitschrift, Magazin **I U2,** 33
main [meɪn] Haupt- **II U4,** 49
Her **Majesty** [hə 'mædʒəsti] Ihre Majestät °**III U5,** 78

*to **make** [meɪk] machen, tun **I U1,** 11
to make it ['meɪk‿ɪt] es schaffen **III U4,** 58
to make sure [meɪk 'ʃʊə] sichergehen **II U6,** 82
to make up [meɪk‿'ʌp] erfinden, sich ausdenken **I U4,** 62
make-up ['meɪkʌp] Make-up, Schminke **I U7,** 90
man, men *(pl)* [mæn; men] Mann **I U4,** 62
manager ['mænɪdʒə] Manager/Managerin **I U2,** 26
adverb of **manner** [ˌædvɜ:b‿əv 'mænə] Adverb der Art und Weise °**II U7,** 90
many ['meni] viele **I U5,** 68
how many [haʊ 'meni] wie viele **I U5,** 68
map [mæp] Stadtplan, Landkarte **I LUC,** 52
mind map ['maɪnd mæp] Wörternetz *(eine Art Schaubild)* °**III U1,** 19
March [mɑ:tʃ] März **I U5,** 70
mark [mɑ:k] Fleck **I U2,** 30; Note *(in der Schule)* **II U3,** 44
to **mark** [mɑ:k] markieren °**II U2,** 29
market ['mɑ:kɪt] Markt **II U2,** 22
married to ['mærid tə] verheiratet mit **I U2,** 28
to **marry** ['mæri] heiraten **III U2,** 32
match [mætʃ] Spiel, Wettkampf **II U2,** 24
to **match** [mætʃ] zuordnen, zusammenfügen °**I U1,** 13
to match up ['mætʃ‿ʌp] zusammenfügen °**II U4,** 52
mate [meɪt] Kamerad/Kameradin, Kumpel **III U4,** 60
Maths [mæθs] Mathematik **II U1,** 10
What's the **matter**? [ˌwɒts ðə 'mætə] Was ist los? **III U5,** 76
*__may__ [meɪ] kann/könnte(n) vielleicht **II U4,** 55
May [meɪ] Mai **I U5,** 70
maybe ['meɪbi] vielleicht **I U7,** 96
me [mi:] mich, mir **I LUB,** 38
meal [mi:l] Mahlzeit **II U4,** 52
*to **mean** [mi:n] bedeuten, meinen **I U4,** 55
meaning ['mi:nɪŋ] Bedeutung °**I U7,** 98
measurement ['meʒəmənt] Maßeinheit, Maß °**III U3,** 43
meat [mi:t] Fleisch **III U3,** 44
media *(pl)* ['mi:diə] Medien °**II U5,** 62
mediation [ˌmi:di'eɪʃn] Sprachmittlung °**III U1,** 13
medium ['mi:diəm] mittel **I U5,** 66
*to **meet** [mi:t] treffen, sich treffen **I U3,** 45
meeting ['mi:tɪŋ] Treffen, Besprechung **II U1,** 12
menu ['menju:] Speisekarte, Menü **II U1,** 14
Meow! [mi:'aʊ] Miau! °**I U2,** 35
mess [mes] Durcheinander, Unordnung **III U2,** 31
message ['mesɪdʒ] Nachricht **II U3,** 38
text message ['tekst ˌmesɪdʒ] SMS **I U6,** 80
metre ['mi:tə] Meter **III U2,** 27
mice *(pl)* [maɪs] Mäuse **I U3,** 45
microphone ['maɪkrəfəʊn] Mikrofon **II U5,** 71
middle ['mɪdl] Mitte; Mittel- °**II U7,** 95
midnight ['mɪdnaɪt] Mitternacht **II U6,** 78
mile [maɪl] Meile *(brit. Längenmaß)* **II U6,** 74
milk [mɪlk] Milch **I U5,** 68
milkman, milkmen *(pl)* ['mɪlkmən; 'mɪlkmen] Milchmann **III U2,** 30
million ['mɪljən] Million **II U2,** 23
to **mime** [maɪm] pantomimisch darstellen °**I U6,** 81
miming game ['maɪmɪŋ geɪm] Pantomime °**I U6,** 81
mind [maɪnd] Geist, Verstand **III U5,** 71
mind map ['maɪnd mæp] Wörternetz *(eine Art Schaubild)* °**III U1,** 19
He had something on his mind. [maɪnd] Ihn beschäftigte etwas. **III U5,** 71
*Would you **mind ... ?** [ˌwʊd jə 'maɪnd] Hätten Sie/Hättest du etwas dagegen ... ? **III U4,** 56
mineral ['mɪnərəl] Mineral- **II U4,** 49
minute ['mɪnɪt] Minute **I U4,** 64
to **miss** [mɪs] vermissen, fehlen; verpassen **II U6,** 76; verfehlen **III U4,** 56
to miss a turn [mɪs ə 'tɜ:n] einmal aussetzen °**II U6,** 79
Miss [mɪs] Frau *(Anrede)* **I U7,** 94
missing ['mɪsɪŋ] fehlend °**I U4,** 64
to be missing [bi: 'mɪsɪŋ] fehlen **III U1,** 14
mistake [mɪ'steɪk] Fehler °**III U5,** 74
to **moan** [məʊn] (sich) (be)klagen, stöhnen **III U1,** 16
mobile ['məʊbaɪl] Handy, Mobiltelefon **I U1,** 11
model ['mɒdl] Model; Modell **III U2,** 25
moment ['məʊmənt] Moment, Augenblick **I U7,** 90
at the moment [ət ðə 'məʊmənt] im Augenblick, momentan **I U7,** 90
Monday ['mʌndeɪ] Montag **I LUB,** 39
on Mondays [ɒn 'mʌndeɪz] montags **I LUB,** 39
money ['mʌni] Geld **I U5,** 67
pocket money ['pɒkɪt ˌmʌni] Taschengeld **II U2,** 22
month [mʌnθ] Monat **I U5,** 70
moon [mu:n] Mond **II U7,** 94
moor [mɔ:] Hochmoor **II U6,** 74
more [mɔ:] mehr **I U2,** 29
morning ['mɔ:nɪŋ] Morgen, Vormittag **I U1,** 16
Good morning! ['gʊd 'mɔ:nɪŋ] Guten Morgen! **I U1,** 16
in the morning [ˌɪn ðə 'mɔ:nɪŋ] morgens, am Morgen, vormittags **I U3,** 47
the next morning [ðə ˌnekst 'mɔ:nɪŋ] am nächsten Morgen **II U1,** 18
most [məʊst] das meiste, die meisten **I U3,** 44
mother ['mʌðə] Mutter **III U3,** 46
mouse [maʊs] Maus **I U1,** 10
mouth [maʊθ] Mund **II U3,** 41
to **move** [mu:v] (sich) bewegen; umziehen **II U6,** 78
MP3 [empi:'θri:] MP3 **II U5,** 62
MP3 player [empi:'θri: ˌpleɪə] MP3-Player **II U5,** 62
Mr ['mɪstə] Herr *(Anrede)* **I U1,** 12
Mrs ['mɪsɪz] Frau *(Anrede)* **I U1,** 12
much [mʌtʃ] viel **I U5,** 66
How much are ... ? [ˌhaʊ 'mʌtʃ‿ɑ:] Wie viel kosten ... ? **I U5,** 66
How much is ... ? [ˌhaʊ 'mʌtʃ‿ɪz] Wie viel kostet ... ? **I U5,** 66
muddle ['mʌdl] Durcheinander °**III U3,** 42
mum [mʌm] Mama, Mutti **I LUA,** 25
museum [mju:'zi:əm] Museum **I LUC,** 52
music ['mju:zɪk] Musik **I U2,** 34
musical ['mju:zɪkl] Musical **III U5,** 68
*__must__ [mʌst] müssen **I U7,** 94
my [maɪ] mein/meine **I U1,** 10
My God! [maɪ 'gɒd] Mein Gott! **II U6,** 82

My name is .... [maɪ 'neɪm‿ɪz] Ich heiße .... **I U1,** 10
myself [maɪ'self] (ich) selbst; mich (selbst) **III U5,** 78
mystery ['mɪstəri] Geheimnis, Rätsel **III U5,** 76
myth [mɪθ] Mythos **III U5,** 69

N

name [neɪm] Name **I U1,** 10
My name is .... [maɪ 'neɪm‿ɪz] Ich heiße .... **I U1,** 10
What's your name? [ˌwɒts jə 'neɪm] Wie heißt du? **I U1,** 11
national ['næʃnl] national **II U6,** 82; National-, landesweit **III U1,** 10
near [nɪə] in der Nähe von, nahe **I LUC,** 53
nearly ['nɪəli] fast, annähernd **III U1,** 16
to **need** [ni:d] brauchen, benötigen, müssen **II U1,** 21
needn't ['ni:dnt] nicht brauchen, nicht müssen **I U7,** 94
negative ['negətɪv] Verneinung °**III U5,** 71
neighbour ['neɪbə] Nachbar/Nachbarin **II U7,** 90
nephew ['nefju:] Neffe **III U5,** 76
nervous ['nɜ:vəs] nervös, aufgeregt **II U5,** 71
net [net] Netz **III U1,** 10
never ['nevə] niemals **I U3,** 44
new [nju:] neu **I U1,** 10
news *(sg.)* [nju:z] Nachricht(en), Neuigkeit(en) **III U4,** 58
newsagent ['nju:sˌeɪdʒənt] Zeitschriftenhändler/ Zeitschriftenhändlerin **I LUC,** 52
newspaper ['nju:sˌpeɪpə] Zeitung **III U2,** 24
next [nekst] nächste/nächster/nächstes **I U5,** 69; als Nächstes °**II U1,** 19
next door [ˌnekst 'dɔ:] nebenan **III U1,** 16
next to ['nekst tə] neben **I U2,** 28
(the) next morning [(ðə) ˌnekst 'mɔ:nɪŋ] am nächsten Morgen **II U1,** 18
nice [naɪs] nett **I U1,** 12; schön **II U4,** 54
night [naɪt] Nacht **I U3,** 44
at night [ət 'naɪt] nachts **II U3,** 47
last night [lɑ:st 'naɪt] gestern Abend/ Nacht **II U3,** 37
night nurse ['naɪt nɜ:s] Nachtschwester **I U3,** 47
no [nəʊ] nein, nicht; kein/keine **I U1,** 12
no idea [ˌnəʊ‿aɪ'dɪə] keine Ahnung **III U3,** 46
no one ['nəʊwʌn] niemand **II U2,** 30
noise [nɔɪz] Geräusch, Lärm **I U2,** 35
none [nʌn] keiner/keine **II U7,** 88
normal ['nɔ:ml] normal **I U3,** 44
north [nɔ:θ] Norden **I U4,** 55
nose [nəʊz] Nase **II U3,** 41
not [nɒt] nicht **I U1,** 16
not ... yet [jet] noch nicht **II U5,** 66
not even [nɒt‿'i:vn] nicht einmal **III U4,** 54
note [nəʊt] Notiz, Anmerkung **II U1,** 11
sick note ['sɪk ˌnəʊt] Krankmeldung **II U2,** 28
to take notes [teɪk 'nəʊts] sich Notizen machen °**II U4,** 55
nothing ['nʌθɪŋ] nichts **II U4,** 50
notice ['nəʊtɪs] Anschlag, Notiz **III U4,** 57
notice board ['nəʊtɪs bɔ:d] schwarzes Brett **III U4,** 57
to **notice** ['nəʊtɪs] bemerken **III U3,** 46
noun [naʊn] Nomen °**III U1,** 19
November [nəʊ'vembə] November **I U5,** 70
now [naʊ] jetzt, nun **I U1,** 20
right now [ˌraɪt 'naʊ] jetzt gleich, in diesem Augenblick **I U7,** 92
number ['nʌmbə] Nummer, Zahl **I U1,** 11
phone number ['fəʊn ˌnʌmbə] Telefonnummer **I U1,** 11
nurse [nɜ:s] Krankenschwester, Krankenpfleger **I U3,** 47
night nurse ['naɪt nɜ:s] Nachtschwester **I U3,** 47
*to be **nuts about** [bi: ˌnʌts‿ə'baʊt] verrückt nach ... sein **II U1,** 18

O

observatory [əb'zɜ:vətri] Observatorium, Sternwarte **I U5,** 73
ocean ['əʊʃn] Ozean **III U3,** 39
ocean liner ['əʊʃn ˌlaɪnə] Ozeandampfer **III U3,** 39
October [ɒk'təʊbə] Oktober **I U5,** 70
odd one out [ɒd wʌn‿'aʊt] das nicht dazu passende (Wort) **II U5,** 72
of [ɒv; əv] von **I U2,** 26
of course [əv 'kɔ:s] natürlich, selbstverständlich **I U1,** 19
off [ɒf] herunter, ab, weg von **II U3,** 36
to get off [get‿'ɒf] aussteigen aus **I U4,** 59
to send off [send‿'ɒf] vom Platz verweisen **III U1,** 12
to **offer** ['ɒfə] anbieten °**II U6,** 77
office ['ɒfɪs] Büro **II U2,** 31
post office ['pəʊst‿ɒfɪs] Postamt **III U2,** 26
officer ['ɒfɪsə] Beamter/Beamtin **III U3,** 39
often ['ɒfn] oft **I U3,** 44
oh [əʊ] oh °**I U1,** 12
Oh dear! [əʊ 'dɪə] Oje! **III U5,** 73
Oink-oink! [ɔɪŋk‿ɔɪŋk] Grunz! °**I U6,** 82
OK [əʊ'keɪ] o.k. **I U1,** 12
is OK with us [ɪz‿əʊ'keɪ wɪð‿ʌs] ist uns recht **I U6,** 78
We're OK. [ˌwɪər‿əʊ'keɪ] Es geht uns gut. **I U6,** 83
old [əʊld] alt **I U1,** 11
How old are you? [haʊ‿'əʊld‿ɑ: ju:] Wie alt bist du? **I U1,** 11
on [ɒn] an, auf **I U1,** 14
on foot [ɒn 'fʊt] zu Fuß **I U4,** 57
on Mondays [ɒn 'mʌndeɪz] montags **I LUB,** 39
on record [ɒn 'rekɔ:d] verzeichnet, dokumentiert **III U3,** 40
on the air [ˌɒn ði‿'eə] auf Sendung **II U4,** 55
on the bus [ˌɒn ðə 'bʌs] im Bus **II U1,** 18
on the job [ˌɒn ðə 'dʒɒb] bei der Arbeit **III U5,** 70
on the left [ɒn ðə 'left] links **I U2,** 28
on the right [ɒn ðə 'raɪt] rechts **I U2,** 28
to be on [bi:‿'ɒn] an der Reihe sein; im Gange sein, laufen **II U5,** 70; an sein, brennen *(Licht)* **II U7,** 94
once [wʌnts] einmal, einst **II U3,** 36
at once [ət 'wʌnts] sofort, plötzlich **II U7,** 94
one day [wʌn 'deɪ] eines Tages **II U3,** 36
one(s) [wʌn(z)] *(Platzhalter für ein Nomen)* **III U2,** 25
only ['əʊnli] nur, bloß, erst **I U2,** 26; einzige/einziger/einziges **III U5,** 76
only child ['əʊnli ˌtʃaɪld] Einzelkind **I U2,** 26

onto ['ɒntu:; 'ɒntə] (auf ...) hinauf, auf II U1, 19
Oops! [u:ps] Hoppla! Huch! °I U1, 20
to **open** ['əʊpən] öffnen, aufmachen I U1, 19
to open ['əʊpn] sich öffnen, aufgehen III U5, 74
open ['əʊpn] offen; geöffnet II U2, 23
opinion [ə'pɪnjən] Meinung °II U4, 51
opposite ['ɒpəzɪt] gegenüber °II U4, 49
or [ɔ:] oder I U1, 11
orange ['ɒrɪndʒ] Orange II U4, 54
order ['ɔ:də] Reihenfolge, Ordnung °I U1, 21
to **order** ['ɔ:də] bestellen II U4, 49
to **organize** ['ɔ:gənaɪz] organisieren I U7, 90
organizer ['ɔ:gənaɪzə] Organisator/Organisatorin, Veranstalter/Veranstalterin III U4, 53
other ['ʌðə] andere/anderer/anderes I U7, 91
each other [ˌi:tʃ‿'ʌðə] sich gegenseitig II U1, 19
our ['aʊə] unser/unsere I U2, 26
out [aʊt] heraus, draußen, außerhalb I U3, 42
Keep out! [ki:p‿'aʊt] Eintritt verboten! I U2, 26
out and about ['aʊt‿nd‿ə'baʊt] unterwegs °I U4, 54
out of ['aʊt‿əv] aus ... heraus I U3, 49
to get out [get‿'aʊt] aussteigen I U6, 86
to knock out [nɒk‿'aʊt] k.o. schlagen, umhauen III U1, 17
to sort out [sɔ:t‿'aʊt] klären, regeln *(ein Problem)* I U2, 30
to take out [teɪk‿'aʊt] herausnehmen I U3, 42
to work out [wɜ:k‿'aʊt] herausfinden; ausarbeiten °III U3, 43
outside [aʊt'saɪd] außerhalb, draußen, nach draußen I U2, 30
oven ['ʌvn] Backofen I U3, 42
over ['əʊvə] über I U2, 26; vorbei, vorüber II U5, 70
over there [ˌəʊvə 'ðeə] da drüben I U5, 66
to come over [kʌm‿'əʊvə] herüberkommen I U2, 27
overheard [ˌəʊvə'hɜ:d] zufällig mitgehört °III U1, 14
barn **owl** ['bɑ:n‿əʊl] Schleiereule II U7, 94
own [əʊn] eigener/eigene/eigenes II U6, 76
owner ['əʊnə] Besitzer/Besitzerin II U5, 71

P

to **pack** [pæk] packen I U6, 80
packet ['pækɪt] Päckchen, Paket I U5, 68
page [peɪdʒ] Seite I U1, 19
paint [peɪnt] Farbe II U3, 40
to **paint** [peɪnt] malen, anmalen, (an)streichen I U7, 90
pair [peə] Paar °I U1, 22
palace ['pælɪs] Palast III U2, 22
to **panic** ['pænɪk] sich aufregen, in Panik geraten II U5, 70
panther ['pæntθə] Panter II U2, 25
paradise ['pærəˌdaɪs] Paradies III U3, 40
parents *(pl)* ['peərənts] Eltern I U2, 26
park [pɑ:k] Park I U3, 40
part [pɑ:t] Teil II U3, 47; Rolle II U5, 70
to take part in [teɪk 'pɑ:t‿ɪn] teilnehmen an III U4, 53
partner ['pɑ:tnə] Partner/Partnerin I U1, 15
party ['pɑ:ti] Party, Feier I U5, 68
to have a party [ˌhæv‿ə 'pɑ:ti] eine Party feiern I U5, 68
pass [pɑ:s] Pass III U1, 19
to **pass** [pɑ:s] weitergeben, herüberreichen II U1, 18
passenger ['pæsndʒə] Passagier/Passagierin, Beifahrer/Beifahrerin III U3, 39
passport ['pɑ:spɔ:t] Pass, Reisepass III U3, 44
passports *(pl)* ['pɑ:spɔ:ts] Passkontrolle III U3, 44
past [pɑ:st] Vergangenheit II U1, 13
past [pɑ:st] vorbei, vorüber I U7, 97; nach *(Uhrzeit)* II U1, 12
half past (two) ['hɑ:f pɑ:st] halb (drei) I U3, 40
path [pɑ:θ] Pfad, Weg II U4, 56
patient ['peɪʃnt] Patient/Patientin III U5, 70
pause [pɔ:z] Pause °III U5, 74
PC [ˌpi:'si:] PC II U5, 63; Polizeibeamter/Polizeibeamtin °III U5, 71
pea [pi:] Erbse II U4, 54
peace [pi:s] Friede II U7, 88
pear [peə] Birne II U4, 54
pen [pen] Füller I U1, 14
pence *(pl)* [pents] Pence *(Währung)* I U5, 67
pencil ['pensl] Bleistift I U1, 14
pencil case ['pensl ˌkeɪs] Federmäppchen I U1, 14
penknife, penknives *(pl)* ['pennaɪf; 'pennaɪvz] Taschenmesser I U6, 84
people ['pi:pl] Leute, Menschen I U2, 29
per [pɜ:] pro III U2, 27
to **perform** [pə'fɔ:m] aufführen, auftreten III U4, 53
performance [pə'fɔ:məns] Aufführung, Vorstellung III U4, 53
person ['pɜ:sn] Person II U3, 42
personal ['pɜ:snl] persönlich °III U1, 11
pet [pet] Haustier, Liebling III U5, 70
phone [fəʊn] Telefon I U1, 11
phone box ['fəʊn ˌbɒks] Telefonzelle III U3, 44
phone call ['fəʊn ˌkɔ:l] (Telefon-)Anruf °II U4, 57
phone number ['fəʊn ˌnʌmbə] Telefonnummer I U1, 11
to **phone** [fəʊn] anrufen, telefonieren I U2, 33
phonetic [fə'netɪk] phonetisch °III U5, 75
photo ['fəʊtəʊ] Foto, Fotografie II U5, 64
phrase [freɪz] Redewendung, Ausdruck °I U1, 19
physical ['fɪzɪkl] physisch, körperlich II U1, 10
Physical Education (PE) [ˌfɪzɪkl‿edʒʊ'keɪʃn] Sport *(Schulfach)* II U1, 10
to **pick** [pɪk] pflücken, auswählen I U6, 78
to pick up [pɪk‿'ʌp] aufheben, abholen II U1, 18
pickpocket ['pɪkˌpɒkɪt] Taschendieb/Taschendiebin III U2, 24
picture ['pɪktʃə] Bild I U1, 14
to take pictures [teɪk 'pɪktʃəz] fotografieren, Fotos machen II U5, 62
pier [pɪə] Pier, Landungssteg III U2, 26
I want my ... **pierced.** [aɪ 'wɒnt maɪ ... 'pɪəst] Ich möchte mein/e ... piercen lassen. III U4, 52
pig [pɪg] Schwein I U6, 82
piggy bank ['pɪgi bæŋk] Sparschwein II U2, 23

pink [pɪŋk] pink, rosa **I LUA,** 24
pipe [paɪp] Pfeife **III U5,** 72
pitch [pɪtʃ] Spielfeld **III U1,** 10
pitcher ['pɪtʃə] Werfer/Werferin **III U1,** 14
pizza ['pi:tsə] Pizza **I U5,** 68
place [pleɪs] Platz, Stelle, Ort **I U2,** 26
change of place [ˌtʃeɪndʒ‿əv 'pleɪs] Ortswechsel °**III U4,** 55
to take place [teɪk 'pleɪs] stattfinden **III U4,** 53
plan [plæn] Plan **II U5,** 66
to **plan** [plæn] planen **II U4,** 52
plane [pleɪn] Flugzeug **II U2,** 23
plant [plɑ:nt] Pflanze **II U6,** 74
plate [pleɪt] Teller **II U4,** 50
home plate ['həʊm ˌpleɪt] Home Plate **III U1,** 14
play [pleɪ] Theaterstück, Spiel **I U7,** 90
to **play** [pleɪ] spielen **I U1,** 14
player ['pleɪə] Spieler/Spielerin, Mitspieler/Mitspielerin **III U1,** 8
CD player [ˌsi:'di: ˌpleɪə] CD-Player **II U4,** 56
DVD player [ˌdi:vi:'di: ˌpleɪə] DVD-Player **II U5,** 62
playground ['pleɪgraʊnd] Schulhof, Spielplatz **I U1,** 18
please [pli:z] bitte **I U1,** 19
*to be **pleased** with [bi: 'pli:zd wɪð] zufrieden sein mit **I U6,** 87
plural ['plʊrəl] Plural, Mehrzahl **I U6,** 88
p.m. [ˌpi:'em] nachmittags (*Uhrzeit*) **III U3,** 41
pocket ['pɒkɪt] Hosen-/Jackentasche **II U2,** 22
pocket money ['pɒkɪt ˌmʌni] Taschengeld **II U2,** 22
poem ['pəʊɪm] Gedicht **III U4,** 53
poet ['pəʊɪt] Dichter/Dichterin, Poet/Poetin **III U4,** 53
poetry ['pəʊətri] Lyrik **III U4,** 53
poetry slam ['pəʊətri ˌslæm] Poetry Slam (*Gedichtwettbewerb*) **III U4,** 53
point [pɔɪnt] Punkt **II U4,** 53
to **point** [pɔɪnt] zeigen °**I U1,** 18
police [pə'li:s] Polizei **I U6,** 87
policeman, policemen (*pl*) [pə'li:smən; pə'li:smen] Polizist **II U2,** 31
Polish ['pəʊlɪʃ] polnisch **I U2,** 29
polite [pə'laɪt] höflich **II U3,** 39
pollution [pə'lu:ʃn] (Umwelt-)Verschmutzung **III U2,** 30
pony ['pəʊni] Pony **II U6,** 74
swimming **pool** ['swɪmɪŋ ˌpu:l] Schwimmbecken; Schwimmbad **III U3,** 40
poor [pɔ:; pʊə] arm **III U5,** 76
popular ['pɒpjələ] populär, beliebt **II U2,** 23
population [ˌpɒpjə'leɪʃn] Bevölkerung **III U2,** 27
pork [pɔ:k] Schweinefleisch **II U4,** 49
port [pɔ:t] Hafen **III U3,** 39
possible ['pɒsəbl] möglich **III U4,** 57
post [pəʊst] Pfosten, Mast **III U1,** 15
goal post ['gəʊl pəʊst] Torpfosten **III U1,** 19
post office ['pəʊst‿ɒfɪs] Postamt **III U2,** 26
postcard ['pəʊstkɑ:d] Postkarte **I U6,** 78
poster ['pəʊstə] Poster, Plakat **I U1,** 11
pot [pɒt] Topf **II U7,** 90
potato, potatoes (*pl*) [pə'teɪtəʊ; pə'teɪtəʊz] Kartoffel **II U4,** 54
couch potato ['kaʊtʃ pəˌteɪtəʊ] Fernsehglotzer/Fernsehglotzerin, Couchpotato **III U5,** 75
pound (£) [paʊnd] Pfund (*Währung*) **I U5,** 66
pound (lb) [paʊnd] Pfund (*Gewicht*) **II U4,** 52
powder ['paʊdə] Puder, Pulver **III U5,** 77
power ['paʊə] Kraft, Stärke, Macht **II U6,** 74
practice ['præktɪs] Training **III U1,** 16
to **practise** ['præktɪs] üben, proben, praktizieren **II U5,** 66
to **prepare** [prɪ'peə] vorbereiten, zubereiten °**III U1,** 12
present ['preznt] Geschenk **I U5,** 69; Gegenwart, Präsens °**II U2,** 26
to **present** [prɪ'zent] präsentieren °**II U6,** 79
presentation [ˌprezn'teɪʃn] Präsentation °**III U1,** 14
president ['prezɪdnt] Präsident/Präsidentin °**II U3,** 42
to **press** [pres] drücken, pressen **II U7,** 95
price [praɪs] Preis **I U7,** 95
half-price [ˌhɑ:f'praɪs] zum halben Preis **III U1,** 12
primary school ['praɪməri ˌsku:l] Grundschule **III U4,** 57
prince [prɪns] Prinz **III U2,** 25
to **print** [prɪnt] drucken **II U5,** 64
private ['praɪvɪt] privat **III U4,** 57
probably ['prɒbəbli] wahrscheinlich **II U7,** 88
problem ['prɒbləm] Problem, Schwierigkeit **I U1,** 20
profile ['prəʊfaɪl] Profil; Porträt; Steckbrief °**III U1,** 11
programme ['prəʊgræm] Programm, Sendung (*TV, Radio*) **III U5,** 68
project ['prɒdʒekt] Projekt **I U2,** 34
promise ['prɒmɪs] Versprechen °**II U6,** 77
to **promise** ['prɒmɪs] versprechen **II U6,** 77
to **protect** [prə'tekt] (be)schützen °**III U2,** 28
proud of ['praʊd‿əv] stolz auf **III U4,** 58
pudding ['pʊdɪŋ] Pudding; Nachtisch **II U4,** 49
to **pull** [pʊl] ziehen **II U4,** 57
punk [pʌŋk] Punk **III U2,** 31
pupil ['pju:pl] Schüler/Schülerin **I U1,** 10
purple ['pɜ:pl] lila, violett **I LUA,** 24
to **push** [pʊʃ] stoßen, schieben, drücken **II U3,** 36
*to **put** [pʊt] setzen, stellen, legen **I U3,** 42
to put down [pʊt 'daʊn] auflegen (*Telefon*); hinlegen, hinstellen °**II U7,** 89
to put in [pʊt‿'ɪn] einsetzen **II U7,** 95; einschieben **III U4,** 58
to put on [pʊt‿'ɒn] einsetzen **I U6,** 81; auftragen (*Make-up*) **II U5,** 71
to put out [pʊt‿'aʊt] ausmachen; löschen **III U2,** 28; hinausstellen **III U4,** 55
to put up [pʊt‿'ʌp] aufstellen, aufbauen **I U6,** 84
puzzle ['pʌzl] Rätsel, Puzzle °**I U1,** 15
crossword puzzle ['krɒswɜ:d 'pʌzl] Kreuzworträtsel °**I U5,** 71

Q

quarter ['kwɔ:tə] Viertel **III U3,** 42
quarter past ['kwɔ:tə pɑ:st] Viertel nach **I U3,** 42
quarter to ['kwɔ:tə tə] Viertel vor **I U3,** 42
queen [kwi:n] Königin **II U5,** 62
question ['kwestʃn] Frage **I U2,** 31
questionnaire [ˌkwestʃə'neə] Fragebogen °**II U4,** 53

queue [kjuː] (Warte-)Schlange **III U2,** 22
quick [kwɪk] schnell **I U6,** 86
quiet ['kwaɪət] Ruhe, Stille **II U7,** 88
quiet ['kwaɪət] ruhig, still, leise **I U6,** 78
quiz [kwɪz] Quiz, Rätsel °**I U1,** 13

R

race [reɪs] Wettlauf, Rennen **I U7,** 92
to run a race [ˌrʌn‿ə 'reɪs] einen Wettlauf machen **I U7,** 92
radio ['reɪdiəʊ] Radio **I U2,** 33
radio show ['reɪdiəʊ ˌʃəʊ] Radiosendung **I U2,** 33
rain [reɪn] Regen **II U6,** 78
to **rain** [reɪn] regnen **I U4,** 62
rainy ['reɪni] regnerisch, verregnet **I U6,** 79
rap [ræp] Rap **I U1,** 15
to **rap** [ræp] rappen **I U3,** 40
I'd **rather** [aɪd 'rɑːðə] ich würde lieber **II U2,** 22
to **reach** [riːtʃ] erreichen **II U6,** 78
*to **read** [riːd] lesen **I LUB,** 38
reading ['riːdiŋ] Lesen °**III U5,** 74
ready ['redi] fertig, bereit **II U4,** 50
to get ready [get 'redi] sich vorbereiten **II U5,** 68
real [rɪəl] echt, richtig, wirklich **II U3,** 38
reality show [ri'æləti ˌʃəʊ] Realityshow **III U5,** 68
really ['rɪəli] wirklich **I U2,** 34
reception [rɪ'sepʃn] Rezeption, Empfang **III U5,** 72
recipe ['resɪpiː] Rezept **I U7,** 94
on **record** [ɒn 'rekɔːd] verzeichnet, dokumentiert **III U3,** 40
to **record** [rɪ'kɔːd] aufnehmen, aufzeichnen **II U5,** 63
red [red] rot **I LUA,** 24
to go red [gəʊ 'red] rot werden **II U1,** 11
ref(eree) [ˌrefr'iː] Schiedsrichter/ Schiedsrichterin **III U1,** 12
registration [ˌredʒɪ'streɪʃn] Registrierung, Erfassung **II U1,** 10
regular ['regjələ] Stammkunde/ Stammkundin **III U2,** 31
to **rehearse** [rɪ'hɜːs] proben *(ein Theaterstück)* **I U7,** 90
religious [rɪ'lɪdʒəs] religiös **II U1,** 12
Religious Education (RE) [rɪˌlɪdʒəs‿edʒʊ'keɪʃn] Religionsunterricht **II U1,** 12
to **relive** [ˌriː'lɪv] noch einmal erleben **III U2,** 22
to **remember** [rɪ'membə] sich erinnern (an), sich merken **I U3,** 49
to **repeat** [rɪ'piːt] wiederholen °**III U5,** 75
to **report** [rɪ'pɔːt] berichten °**II U4,** 51
reporter [rɪ'pɔːtə] Reporter/Reporterin **I U7,** 92
rescue ['reskjuː] Rettung **III U5,** 70
to **rescue** ['reskjuː] retten **II U6,** 83
respect [rɪ'spekt] Respekt **III U4,** 53
response [rɪ'spɒns] Reaktion, Antwort **III U4,** 53
rest [rest] Rest **III U1,** 17
to **rest** [rest] sich ausruhen, sich entspannen **III U3,** 46
restaurant ['restrənt] Restaurant **II U4,** 55
review [rɪ'vjuː] Kritik **III U5,** 73
revision [rɪ'vɪʒn] Wiederholung °**I U2,** 32
*to **rewrite** [ˌriː'raɪt] noch einmal schreiben °**II U4,** 58
rhyme [raɪm] Reim °**I LUA,** 25
rhyming ['raɪmɪŋ] (sich) reimend °**II U4,** 58
rice [raɪs] Reis **II U4,** 49
rich [rɪtʃ] reich **III U2,** 25
*to **ride** [raɪd] fahren, reiten **I LUB,** 38
rider ['raɪdə] Reiter/Reiterin; Fahrer/ Fahrerin **III U1,** 19
right [raɪt] richtig, korrekt **I U1,** 13; rechter/rechte/rechtes; rechts **I U4,** 55
Go right. [gəʊ 'raɪt] Biege nach rechts ab. **I LUC,** 52
on the right [ɒn ðə 'raɪt] rechts **I U2,** 28
right away [raɪt‿ə'weɪ] sofort, gleich **II U4,** 57
right now [ˌraɪt 'naʊ] jetzt gleich, in diesem Augenblick **I U7,** 92
to be right [biː 'raɪt] Recht haben **II U4,** 56
to get ... right [get ... 'raɪt] richtig machen **II U3,** 44
to turn right [tɜːn 'raɪt] rechts abbiegen **II U7,** 97
ring [rɪŋ] Ring **III U3,** 41
rubber ring [ˌrʌbə 'rɪŋ] Schwimmreifen **III U3,** 41
*to **ring** [rɪŋ] klingeln **I U5,** 75
The bell rings. [ðə 'bel rɪŋz] Es klingelt. **II U4,** 50
ice **rink** ['aɪs rɪŋk] Eis-/ Schlittschuhbahn **II U2,** 23
*to **rise** [raɪz] steigen, wachsen, zunehmen **II U6,** 78
river ['rɪvə] Fluss **I LUC,** 52
road [rəʊd] Straße, Landstraße **I LUC,** 52
to **rob** [rɒb] rauben, ausrauben **III U2,** 24
role [rəʊl] Rolle **II U1,** 10
roof [ruːf] Dach **I U2,** 26
room [ruːm; rʊm] Zimmer, Raum, Platz **I U1,** 16
dining room ['daɪnɪŋ rʊm] Esszimmer, Speisesaal **I LUA,** 24
living room ['lɪvɪŋ rʊm] Wohnzimmer **I LUA,** 24
round [raʊnd] Runde **III U4,** 53
route [ruːt; raʊt] Route °**III U2,** 24
row [rəʊ] Reihe **III U1,** 15
royal ['rɔɪəl] königlich **III U2,** 22
RSVP [ˌɑːr‿es viː 'piː] um Antwort wird gebeten °**I U5,** 70
rubber ['rʌbə] Radiergummi **I U1,** 14; Gummi; Kautschuk **III U3,** 41
rubber boots *(pl)* [ˌrʌbə 'buːts] Gummistiefel **II U6,** 74
rubber ring [ˌrʌbə 'rɪŋ] Schwimmreifen **III U3,** 41
rubbish ['rʌbɪʃ] Abfall, Abfälle, Müll **I U6,** 84; Unsinn **II U7,** 94
rucksack ['rʌksæk] Rucksack **III U2,** 24
rugby ['rʌgbi] Rugby **III U1,** 8
rule [ruːl] Regel, Vorschrift **I U3,** 43
ruler ['ruːlə] Lineal **I U1,** 14
run [rʌn] Lauf **II U4,** 57; Runde **III U1,** 9
*to **run** [rʌn] rennen, laufen **I U3,** 48
to run a race [ˌrʌn‿ə 'reɪs] einen Wettlauf machen **I U7,** 92
to run away [rʌn‿ə'weɪ] wegrennen **I U3,** 48
to run into [rʌn‿'ɪntə] laufen gegen, stoßen gegen **III U1,** 17
to run upstairs [ˌrʌn‿ʌp'steəz] die Treppe hinaufrennen **III U3,** 46
runaway ['rʌnəˌweɪ] Ausreißer/ Ausreißerin **III U5,** 71
runner ['rʌnə] Läufer/Läuferin **I U7,** 92
Russian ['rʌʃn] russisch; Russe/Russin **I U2,** 29

S

sad [sæd] traurig, bedauerlich **II U1,** 19
safe [seɪf] sicher **III U3,** 40
to **sail** [seɪl] segeln, fahren *(Schiff)* **III U3,** 39
salad ['sæləd] Salat **II U4,** 49
same [seɪm] derselbe/dieselbe/dasselbe °**II U1,** 11
the same [seɪm] derselbe/dieselbe/dasselbe; gleich **III U1,** 19
sand [sænd] Sand **III U1,** 10
sandwich ['sænwɪdʒ] Sandwich, belegtes Brot **I U1,** 14
sandy ['sændi] sandig **III U3,** 40
Saturday ['sætədeɪ] Samstag **I U2,** 34
sausage ['sɒsɪdʒ] Wurst, Würstchen **II U4,** 49
to **save** [seɪv] retten; sparen **II U6,** 80
*to **say** [seɪ] sagen, sprechen **I U1,** 11
It said .... [ɪt 'sed] Es lautete .... **II U2,** 30
What does it say? [ˌwɒt dʌz‿ɪt 'seɪ] Was steht da? **II U3,** 44
scared [skeəd] verängstigt **I U2,** 35
I'm scared. [aɪm 'skeəd] Ich habe Angst. **II U3,** 44
scary ['skeəri] unheimlich, gruselig **II U7,** 95
scene [si:n] Szene, Schauplatz **III U5,** 72
school [sku:l] Schule **I U1,** 10
school bag ['sku:l bæg] Schultasche, Schulranzen **I U1,** 14
comprehensive school [kɒmprɪ'hensɪv ˌsku:l] Gesamtschule **III U4,** 56
grammar school ['græmə ˌsku:l] Gymnasium **III U4,** 57
primary school ['praɪməri ˌsku:l] Grundschule **III U4,** 57
Science ['saɪəns] Wissenschaft, Naturwissenschaft **II U1,** 10
science fiction [ˌsaɪəns 'fɪkʃn] Sciencefiction **III U5,** 68
scientist ['saɪəntɪst] Wissenschaftler/Wissenschaftlerin **III U5,** 77
scone [skɒn] Scone *(Gebäck)* **I U7,** 94
score [skɔ:] Punktestand, Spielstand **III U1,** 12
to **score** [skɔ:] punkten, ein Tor schießen **III U1,** 9
Scottish ['skɒtɪʃ] schottisch **II U3,** 36
screen [skri:n] Bildschirm, Leinwand **III U5,** 68
screen shot ['skri:n ˌʃɒt] Screenshot **III U5,** 68
script [skrɪpt] Drehbuch **III U5,** 69
sea [si:] Meer **II U7,** 88
seaside ['si:saɪd] Küste, Meeresküste **II U5,** 70
season ['si:zn] Jahreszeit, Saison **I U6,** 79
seat [si:t] Sitz, Sitzplatz **II U2,** 23
second ['seknd] Sekunde **I U2,** 30
secretary ['sekrətri] Sekretär/Sekretärin **III U4,** 56
*to **see** [si:] sehen **I U2,** 33; besuchen **II U1,** 19
See you! ['si: jə] Bis dann!, Bis .... **I U5,** 70
to see a doctor [si: ə 'dɒktə] zum Arzt gehen **II U4,** 52
seldom ['seldəm] selten **III U5,** 68
*to **sell** [sel] verkaufen **I U7,** 90
*to **send** [send] schicken **I U6,** 80
to send in [send‿'ɪn] einschicken **II U5,** 64
to send off [send‿'ɒf] vom Platz verweisen **III U1,** 12
sensible ['sensɪbl] vernünftig **III U3,** 40
sentence ['sentəns] Satz °**I U1,** 13
September [sep'tembə] September **I U5,** 70
series, series *(pl)* ['sɪəri:z] Serie **III U5,** 70
servant ['sɜ:vnt] Diener/Dienerin **III U5,** 76
service ['sɜ:vɪs] Service, Dienst **II U6,** 83
session ['seʃn] Veranstaltung **III U4,** 57
*to **set** [set] stellen, einstellen **II U7,** 90
to set off [set‿'ɒf] auslösen *(Alarm)* **II U7,** 95
to set the table [ˌset ðə 'teɪbl] den Tisch decken **II U4,** 50
*to **shake** [ʃeɪk] schütteln, zittern **III U4,** 60
Shall we ... ? ['ʃæl‿wi:] Wollen wir ... ? **III U4,** 59
to **share** [ʃeə] teilen **III U5,** 78
she [ʃi:] sie **I U1,** 12
shed [ʃed] Schuppen **I U2,** 26
sheep, sheep *(pl)* [ʃi:p] Schaf **I U6,** 78
shelf, shelves *(pl)* [ʃelf; ʃelvz] Regal, Regalbrett **I U2,** 30
ship [ʃɪp] Schiff **I U4,** 54
shirt [ʃɜ:t] Hemd **I U3,** 44
shocked [ʃɒkt] geschockt, schockiert **III U5,** 74
shoe [ʃu:] Schuh **I U1,** 12
shop [ʃɒp] Laden, Geschäft **I U2,** 26
shop assistant ['ʃɒp‿əˌsɪstnt] Verkäufer/Verkäuferin **II U5,** 67
sports shop ['spɔ:ts ʃɒp] Sportgeschäft **I U5,** 66
shopping ['ʃɒpɪŋ] Einkaufen, Einkauf **I U5,** 66
short [ʃɔ:t] kurz **I U4,** 55
shorts *(pl)* [ʃɔ:ts] Shorts, kurze Hose **II U1,** 10
shot [ʃɒt] Schuss, Schlag **III U5,** 68
screen shot ['skri:n ˌʃɒt] Screenshot **III U5,** 68
***should** [ʃʊd] sollte/sollten **II U4,** 52
to **shout** [ʃaʊt] schreien, rufen **I U1,** 15
show [ʃəʊ] Show, Sendung, Schau **I U2,** 33
radio show ['reɪdiəʊ ˌʃəʊ] Radiosendung **I U2,** 33
reality show [ri'æləti ˌʃəʊ] Realityshow **III U5,** 63
talk show ['tɔ:k ˌʃəʊ] Talkshow **III U5,** 68
*to **show** [ʃəʊ] zeigen **I U4,** 65
shower ['ʃaʊə] Regenguss; Dusche **II U6,** 74
to **shuffle** ['ʃʌfl] mischen °**II U6,** 79
shy [ʃaɪ] schüchtern **III U4,** 57
sick [sɪk] krank **II U3,** 46
sick note ['sɪk ˌnəʊt] Krankmeldung **II U2,** 28
to feel sick [fi:l 'sɪk] Übelkeit verspüren **II U3,** 46
side [saɪd] Seite **III U2,** 26
sign [saɪn] Schild, Zeichen **I U2,** 26
to **sign** [saɪn] unterschreiben **II U5,** 66
signal ['sɪgnl] Signal **II U2,** 26; Zeichen **III U1,** 10
silly ['sɪli] dumm; Dummkopf **II U1,** 11
similar ['sɪmɪlə] ähnlich °**III U4,** 52
since [sɪnts] seit, seitdem **III U2,** 30
*to **sing** [sɪŋ] singen **I U2,** 33
singer ['sɪŋə] Sänger/Sängerin **II U1,** 14
sir [sɜ:] mein Herr *(Anrede)* **III U5,** 72
Sir [sɜ:] Sir *(Anrede für einen Ritter)* °**III U5,** 75
sister ['sɪstə] Schwester **I LUA,** 25
half-sister ['hɑ:fˌsɪstə] Halbschwester **I U2,** 26
*to **sit** [sɪt] sitzen **I U3,** 48
to sit down [sɪt 'daʊn] sich hinsetzen **I U1,** 19
to sit with ['sɪt wɪθ] sich setzen zu **I U5,** 74

sitcom ['sɪtkɒm] Situationskomödie **III U5,** 70
situation [ˌsɪtju'eɪʃn] Situation °**III U3,** 44
to **skate** [skeɪt] Inlineskates fahren, skaten **I LUB,** 38
skateboard ['skeɪtbɔːd] Skateboard **I U4,** 54
skates *(pl)* [skeɪts] Inlineskates **I U4,** 54
skill [skɪl] Fertigkeit; Geschick °**II U1,** 11
skimming ['skɪmɪŋ] Überfliegen °**III U2,** 28
skirt [skɜːt] Rock **II U1,** 10
sky [skaɪ] Himmel **II U7,** 94
poetry **slam** ['pəʊətri ˌslæm] Poetry Slam *(Gedichtwettbewerb)* **III U4,** 53
slamster ['slæmstə] Teilnehmer/Teilnehmerin an einem Poetry Slam **III U4,** 53
*to **sleep** [sliːp] schlafen **I U3,** 46
sleeping bag ['sliːpɪŋ ˌbæg] Schlafsack **I U6,** 84
sleepy ['sliːpi] schläfrig, verschlafen **II U7,** 94
slow [sləʊ] langsam **I U2,** 34
small [smɔːl] klein **I U2,** 26
smell [smel] Geruch, Gestank **III U3,** 46
*to **smell** [smel] riechen **III U2,** 28
to **smile** [smaɪl] lächeln **I U3,** 43
smoke [sməʊk] Rauch **III U2,** 28
to **smoke** [sməʊk] rauchen **III U5,** 72
smuggler ['smʌglə] Schmuggler/Schmugglerin **III U3,** 39
snack [snæk] Imbiss, Snack **II U4,** 55
to **sniff** [snɪf] schnüffeln, schnuppern **III U5,** 78
snow [snəʊ] schneien; Schnee **II U6,** 79
to **snow** [snəʊ] schneien; Schnee **II U6,** 79
snowy ['snəʊi] verschneit **I U6,** 79
so [səʊ] so, also, deshalb **I U2,** 26
so far ['səʊ fɑː] bis jetzt °**III U5,** 77
soap [səʊp] Seifenoper, Seife **I U7,** 97
docu soap ['dɒkju ˌsəʊp] Dokusoap **III U5,** 68
sofa ['səʊfə] Sofa, Couch **I LUA,** 25
soft [sɒft] leise; weich, sanft **II U7,** 94
to **solve** [sɒlv] lösen, aufklären **III U5,** 76
some [sʌm] einige; etwas **II U1,** 13
somebody ['sʌmbədi] jemand **III U5,** 71
someone ['sʌmwʌn] jemand **II U5,** 70
something ['sʌmθɪŋ] etwas **II U4,** 56
sometimes ['sʌmtaɪmz] manchmal **I U3,** 44
somewhere ['sʌmweə] irgendwo **II U4,** 57
son [sʌn] Sohn **III U5,** 74
song [sɒŋ] Lied **I U2,** 33
soon [suːn] bald **I U6,** 78
sorry ['sɒri] Tut mir Leid. Entschuldigung. **I U1,** 12
I'm sorry about .... [aɪm 'sɒri‿əˌbaʊt] Es tut mir Leid wegen .... °**II U3,** 39
to be sorry [biː 'sɒri] Leid tun **III U3,** 44
to feel sorry for [fiːl 'sɒri] Mitleid haben mit, bedauern **III U1,** 16
sort [sɔːt] Art, Sorte °**III U4,** 58
to **sort** [sɔːt] sortieren °**I U1,** 21
to sort out [sɔːt‿'aʊt] klären, regeln *(ein Problem)* **I U2,** 30
sound [saʊnd] Ton, Geräusch, Klang **I U6,** 85
to **sound** [saʊnd] klingen, sich anhören **III U5,** 74
soup [suːp] Suppe **II U1,** 15
sour ['saʊə] sauer **II U4,** 49
south [saʊθ] Süden **I U4,** 55
southwest [ˌsaʊθ'west] Südwesten **II U6,** 78
souvenir [ˌsuːvə'nɪə] Souvenir, Andenken °**III U1,** 9; **III U2,** 25
spaghetti [spə'geti] Spaghetti **II U1,** 13
to **speak** [spiːk] sprechen **I U4,** 62
speaking ['spiːkɪŋ] am Apparat **III U4,** 59
speaker ['spiːkə] Sprecher/Sprecherin **III U3,** 39
special ['speʃl] besonders, speziell **III U4,** 53
spectacular [spek'tækjələ] spektakulär **III U2,** 22
speech bubble ['spiːtʃ ˌbʌbl] Sprechblase °**III U3,** 41
*to **spell** [spel] buchstabieren **I U4,** 60
spelling ['spelɪŋ] Orthographie, Rechtschreibung °**II U3,** 43
*to **spend** [spend] verbringen, ausgeben **I U6,** 83
spicy ['spaɪsi] würzig, pikant **II U4,** 49
sponge [spʌndʒ] Schwamm **I U7,** 90
spooky ['spuːki] unheimlich **I U2,** 35
spoon [spuːn] Löffel **II U4,** 50
sport [spɔːt] Sport **I U1,** 12
sports day ['spɔːts deɪ] Sportfest **I U7,** 90
sports field ['spɔːts fiːld] Sportplatz **I U7,** 92
sports shop ['spɔːts ʃɒp] Sportgeschäft **I U5,** 66
to do sports [duː 'spɔːts] Sport treiben **I U7,** 92
sporty ['spɔːti] sportlich **III U2,** 25
spring [sprɪŋ] Frühling **I U6,** 78
stadium ['steɪdiəm] Stadion **III U1,** 8
staff [stɑːf] Personal; Kollegium **III U4,** 56
stairs *(pl)* [steəz] Treppe **III U3,** 46
stall [stɔːl] Stand, Bude **I U7,** 90
stall holder ['stɔːl ˌhəʊldə] Standbesitzer/Standbesitzerin **II U4,** 54
white elephant stall [ˌwaɪt 'elɪfənt stɔːl] Trödelstand **I U7,** 96
stamp [stæmp] Briefmarke **III U3,** 41
stand [stænd] Tribüne **III U1,** 9
*to **stand** [stænd] stehen **III U3,** 46
star [stɑː] Star, Stern **III U5,** 70
word star ['wɜːd stɑː] Wortstern °**I U1,** 22
start [stɑːt] Anfang, Beginn, Start **II U1,** 10
to **start** [stɑːt] anfangen, starten **I U3,** 44
starter ['stɑːtə] Vorspeise **II U4,** 49
state [steɪt] Staat, Land; staatlich **III U4,** 57
statement ['steɪtmənt] Aussage, Behauptung °**III U5,** 71
station ['steɪʃn] Wache, Station, Bahnhof **I U6,** 87
to **stay** [steɪ] bleiben **I U4,** 60
to stay out [steɪ‿'aʊt] wegbleiben **III U4,** 59
to stay with ['steɪ wɪð] wohnen bei **I U6,** 78
*to **steal** [stiːl] stehlen **II U4,** 57
steel band [ˌstiːl 'bænd] Steelband *(Band, deren Instrumente aus leeren Ölfässern bestehen)* **III U4,** 54
stepdad ['stepdæd] Stiefvater **I U2,** 26
stick [stɪk] Stock **II U2,** 26
still [stɪl] noch, immer noch **II U1,** 21
stomach ['stʌmək] Magen, Bauch **II U3,** 41
stone [stəʊn] Stein **II U6,** 82; *brit. Gewichtseinheit* (= 6,35kg) **III U3,** 43
stop [stɒp] Halt, Haltestelle **I LUC,** 52
bus stop ['bʌs ˌstɒp] Bushaltestelle **I LUC,** 52

to **stop** [stɒp] aufhören (mit), anhalten **I U3,** 42
to stop + -ing [stɒp] aufhören etw. zu tun **II U4,** 52
store [stɔː] Kaufhaus, Geschäft, Laden **II U2,** 30
store detective ['stɔː dɪˌtektɪv] Kaufhausdetektiv/Kaufhausdetektivin **II U2,** 30
department store [dɪ'pɑːtmənt stɔː] Kaufhaus **I LUC,** 52
storm [stɔːm] Sturm **II U6,** 81
stormy ['stɔːmi] stürmisch **II U6,** 78
story ['stɔːri] Geschichte, Erzählung **I U1,** 21
detective story [dɪ'tektɪv ˌstɔːri] Krimi **III U5,** 68
strange [streɪndʒ] merkwürdig, seltsam **I U2,** 35
stranger ['streɪndʒə] Fremder/Fremde **III U3,** 41
stream [striːm] Bach **II U6,** 82
street [striːt] Straße **I LUC,** 52
strict [strɪkt] streng, strikt **III U4,** 52
strong [strɒŋ] stark **III U5,** 74
studio ['stjuːdiəʊ] Studio **I U2,** 33
to **study** ['stʌdi] studieren; lernen **II U6,** 74
stupid ['stjuːpɪd] dumm, blöd **I U2,** 35
style [staɪl] Stil; *hier:* Frisur **III U2,** 31
subject ['sʌbdʒɪkt] Schulfach; Thema **II U1,** 13
to **substitute** ['sʌbstɪtjuːt] auswechseln, ersetzen **III U1,** 17
suddenly ['sʌdnli] plötzlich, auf einmal **I U2,** 35
suggestion [sə'dʒestʃn] Vorschlag, Anregung °**II U4,** 53
hotel **suite** [həʊ'tel ˌswiːt] Hotelsuite **III U2,** 27
summary ['sʌmri] Zusammenfassung °**III U3,** 47
summer ['sʌmə] Sommer **I U6,** 79
summer fair ['sʌmə ˌfeə] Sommerfest **I U7,** 90
sun [sʌn] Sonne **III U3,** 40
Sunday ['sʌndeɪ] Sonntag **I LUB,** 39
sunny ['sʌni] sonnig **I U6,** 79
suntan ['sʌntæn] Sonnenbräune **II U1,** 14
superlative [suː'pɜːlətɪv] Superlativ **II U4,** 50
supermarket ['suːpəˌmɑːkɪt] Supermarkt **I LUC,** 52
supper ['sʌpə] Abendessen **I U3,** 44
for supper [fə 'sʌpə] zum Abendessen **II U3,** 38
to have supper [hæv 'sʌpə] zu Abend essen **I U3,** 44
sure [ʃʊə] sicher **I U1,** 16
to make sure [meɪk 'ʃʊə] sichergehen **II U6,** 82
to **surf** [sɜːf] (wind)surfen **II U1,** 14
to surf the Internet [ˌsɜːf ði‿'ɪntənet] im Internet surfen **II U1,** 14
surfing ['sɜːfɪŋ] Wellenreiten, Surfen **II U1,** 14
surprised [sə'praɪzd] überrascht, erstaunt **II U1,** 18
surprising [sə'praɪzɪŋ] überraschend **II U7,** 96
survey ['sɜːveɪ] Umfrage **I U4,** 56
swap [swɒp] Tausch **II U7,** 88
to **swap** [swɒp] tauschen **I LUB,** 38
sweatshirt ['swetʃɜːt] Sweatshirt **II U1,** 10
sweet [swiːt] Bonbon, Süßigkeit **II U4,** 53
sweet [swiːt] süß **I LUA,** 24
to **swerve** [swɜːv] ausweichen, ausscheren **III U4,** 60
*to **swim** [swɪm] schwimmen **I LUB,** 38
swimmer ['swɪmə] Schwimmer/Schwimmerin **III U3,** 39
swimming pool ['swɪmɪŋ ˌpuːl] Schwimmbecken; Schwimmbad **III U3,** 40
swimsuit ['swɪmsuːt] Badeanzug **III U3,** 40
symbol ['sɪmbl] Symbol °**II U6,** 78
system ['sɪstəm] System **III U4,** 57

T

table ['teɪbl] Tisch **I U1,** 18; Tabelle °**III U3,** 43
table-tennis ['teɪblˌtenɪs] Tischtennis **II U7,** 88
to set the table [ˌset ðə 'teɪbl] den Tisch decken **II U4,** 50
*to **take** [teɪk] nehmen, mitnehmen, wegnehmen, bringen **I U3,** 42; dauern, *(Zeit)* brauchen **III U3,** 39
to take home [ˌteɪk 'həʊm] nach Hause bringen **I U2,** 35
to take notes [teɪk 'nəʊts] sich Notizen machen °**II U4,** 55
to take off [teɪk‿'ɒf] ausziehen, abnehmen **III U3,** 46
to take out [teɪk‿'aʊt] herausnehmen **I U3,** 42
to take part in [teɪk 'pɑːt‿ɪn] teilnehmen an **III U4,** 53
to take pictures [teɪk 'pɪktʃəz] fotografieren, Fotos machen **II U5,** 62
to take place [teɪk 'pleɪs] stattfinden **III U4,** 53
to take your chance [ˌteɪk jɔː 'tʃɑːns] etwas wagen, etwas riskieren **III U3,** 46
takeaway ['teɪkəweɪ] Restaurant mit Straßenverkauf; Essen zum Mitnehmen **II U4,** 48
talk [tɔːk] Vortrag; Rede °**III U1,** 14
talk show ['tɔːk ˌʃəʊ] Talkshow **III U5,** 68
to **talk** [tɔːk] sprechen, reden **I U1,** 10
to talk to ['tɔːk tə] sprechen mit, reden mit **I U2,** 28
tall [tɔːl] groß, hoch **II U3,** 36
to **taste** [teɪst] schmecken **I U7,** 94
tasty ['teɪsti] schmackhaft **II U4,** 50
Pizza is tastier. ['piːtsə ɪz ˌteɪstɪə] Pizza schmeckt besser. **II U4,** 50
tattoo [tæt'uː] Tätowierung **III U4,** 52
taxi ['tæksi] Taxi **III U2,** 30
tea [tiː] Tee, Abendessen **I U7,** 94
afternoon tea [ˌɑːftənuːn 'tiː] Nachmittagstee **I U7,** 94
*to **teach** [tiːtʃ] lehren **I LUB,** 38
teacher ['tiːtʃə] Lehrer/Lehrerin **I U1,** 12
team [tiːm] Mannschaft, Team **II U2,** 23
technical ['teknɪkl] technisch °**II U7,** 96
Technology [tek'nɒlədʒi] Technik **II U1,** 10
teen [tiːn] Jugendliche/Jugendlicher **II U6,** 80
teenage ['tiːneɪdʒ] jugendlich **III U4,** 53
teenager ['tiːnˌeɪdʒə] Teenager, Jugendliche/Jugendlicher **III U2,** 24
*to **tell** [tel] erzählen, sagen **I U3,** 49
temperature ['temprətʃə] Temperatur **II U6,** 78
tennis ['tenɪs] Tennis **III U1,** 15
table-tennis ['teɪblˌtenɪs] Tischtennis **II U7,** 88
tent [tent] Zelt **I U6,** 84
term [tɜːm] Trimester *(Einteilung des englischen Schuljahrs)* °**II U1,** 10
terrible ['terəbl] schrecklich, furchtbar **I U2,** 35

test [test] Test, Klassenarbeit **II U3,** 44
to **test** [test] testen, prüfen °**I U2,** 31
text [tekst] Text °**I U2,** 27
text message ['tekst ˌmesɪdʒ] SMS **I U6,** 80
to **text** [tekst] Textnachricht (SMS) schicken, simsen **III U4,** 54
than [ðən] als **I U4,** 55
to **thank** [θæŋk] danken **I U4,** 60
thank you ['θæŋk‿ju:] danke **I U1,** 12
thanks [θæŋks] danke **II U2,** 26
thanks to ['θæŋks tə] dank (dir/ihnen), wegen **III U2,** 24
that [ðæt] das, jenes **I U1,** 12
that (bad) ['ðæt bæd] so (schlimm) **II U2,** 24
that evening [ˌðæt‿'i:vnɪŋ] an diesem Abend **II U1,** 19
That's what I call .... [ˌðæts wɒt‿'aɪ ˌkɔ:l] Das nenne ich .... **II U1,** 14
that's why ['ðæts ˌwaɪ] deshalb **II U1,** 18
the [ðə; ði] der/die/das **I U1,** 11
their [ðeə] ihr/ihre **I U2,** 30
them [ðem] sie, ihnen **I U4,** 60
then [ðen] dann **I LUB,** 38
there [ðeə] da, dort **I U2,** 26
over there [ˌəʊvə 'ðeə] da drüben **I U5,** 66
there are [ðer‿'ɑ:] da sind, es gibt **I U2,** 32
there is [ðer‿'ɪz] da ist, es gibt **I U2,** 32
these [ði:z] diese, diese hier **I U6,** 84
they [ðeɪ] sie *(Mehrzahl)* **I U1,** 16; man **III U1,** 10
thick [θɪk] dick *(nicht für Personen)*; dumm **III U1,** 16
thing [θɪŋ] Sache, Ding **I U3,** 40
*to **think** [θɪŋk] denken **I U3,** 49; glauben **II U4,** 50
to think about ['θɪŋk‿əˌbaʊt] nachdenken über, denken an °**II U7,** 95
to think of ['θɪŋk‿əv] denken an °**II U3,** 39
third [θɜ:d] dritte/dritter/drittes **I U5,** 70
this [ðɪs] dies; diese/dieser/dieses **I U1,** 12
this evening [ðɪs 'i:vnɪŋ] heute Abend **III U3,** 46
those [ðəʊz] diese dort, jene **I U6,** 84
thousand ['θaʊznd] tausend **II U2,** 23

thriller ['θrɪlə] Thriller **III U5,** 68
through [θru:] durch **II U4,** 57
throw [θrəʊ] Wurf **III U1,** 19
*to **throw** [θrəʊ] werfen **I U3,** 49
Thursday ['θɜ:zdeɪ] Donnerstag **I LUB,** 39
to **tick** [tɪk] abhaken °**II U5,** 65
ticket ['tɪkɪt] Ticket, Fahrschein, Eintrittskarte **I U7,** 90
tiger ['taɪgə] Tiger **I U2,** 26
time [taɪm] Zeit **I U2,** 30; Mal **II U1,** 18
to have a good time [ˌhæv‿ə gʊd 'taɪm] sich amüsieren **I U5,** 75
What's the time, please? [ˌwɒts ðə 'taɪm ˌpli:z] Wie viel Uhr ist es, bitte?; Wie spät ist es, bitte? **I U3,** 42
What time ... ? [wɒt 'taɪm] (Um) wie viel Uhr ... ? **III U1,** 12
to **time** [taɪm] stoppen, die Zeit nehmen **I U7,** 92
timeline ['taɪmlaɪn] Zeitleiste °**I U4,** 63
timetable ['taɪmteɪbl] Stundenplan, Fahrplan **II U1,** 12
tin [tɪn] Dose, Büchse **III U2,** 30
tiny ['taɪni] winzig **I LUA,** 25
tip [tɪp] Tipp **II U4,** 52
tired ['taɪəd] müde **II U3,** 38
dog-tired [ˌdɒg 'taɪəd] hundemüde **I U3,** 49
title ['taɪtl] Titel, Überschrift **II U3,** 42
to [tʊ; tə] zu, nach, bis **I U1,** 19
today [tə'deɪ] heute **I U2,** 29
toe [təʊ] Zeh **II U3,** 41
together [tə'geðə] zusammen, miteinander **I LUB,** 38
toilet ['tɔɪlɪt] Toilette **I U1,** 19
tomato, tomatoes *(pl)* [tə'mɑ:təʊ; tə'mɑ:təʊz] Tomate **I U5,** 68
tomorrow [tə'mɒrəʊ] morgen **II U1,** 18
tongue twister ['tʌŋ ˌtwɪstə] Zungenbrecher °**II U4,** 55
tonight [tə'naɪt] heute Abend, heute Nacht **I U6,** 84
too [tu:] auch **I U1,** 10; zu **I U5,** 66
tooth, teeth *(pl)* [tu:θ; ti:θ] Zahn **III U5,** 74
at the **top** [ət ðə 'tɒp] oben, im oberen Teil **III U1,** 14
topic ['tɒpɪk] Thema **I U2,** 33
torch, torches *(pl)* [tɔ:tʃ; 'tɔ:tʃɪz] Taschenlampe, Fackel **I U6,** 84
to **touch** [tʌtʃ] berühren; antippen **III U3,** 47
tough [tʌf] hart, rau, zäh **III U5,** 68

tourist ['tʊərɪst] Tourist/Touristin **III U2,** 24
towards [tə'wɔ:dz] in Richtung, auf ... zu, darauf zu **III U5,** 78
tower ['taʊə] Turm **III U2,** 22
town [taʊn] Stadt **I U3,** 41
toy [tɔɪ] Spielzeug **III U2,** 24
tradition [trə'dɪʃn] Tradition **III U2,** 30
traffic ['træfɪk] Verkehr **III U2,** 22
traffic jam ['træfɪk ˌdʒæm] Stau **III U2,** 22
train [treɪn] Zug **I U4,** 54
trainers ['treɪnəz] Turnschuhe **III U4,** 56
training ['treɪnɪŋ] Training, Ausbildung **III U4,** 58
transport ['trænspɔ:t] Transport **I U4,** 57
transport *(no pl.)* ['trænspɔ:t] Verkehrsmittel, Beförderung **III U2,** 27
*to be **trapped** [bi: 'træpt] in der Falle sitzen **II U6,** 83
travel ['trævl] Reise **III U5,** 70
day travel card [ˌdeɪ 'trævl ˌkɑ:d] Tagesfahrkarte **III U2,** 27
to **travel** ['trævl] reisen **III U3,** 38
tree [tri:] Baum **I U1,** 20
family tree ['fæmli tri:] Familienstammbaum °**I U2,** 28
trendy ['trendi] modisch **III U2,** 22
trick [trɪk] Trick, Streich **I U3,** 40
trip [trɪp] Ausflug, Reise **I U6,** 80
trolley ['trɒli] Gepäckwagen, Einkaufswagen, Handkarren **III U3,** 44
trouble ['trʌbl] Schwierigkeiten, Ärger **I U2,** 30
trousers *(pl)* ['traʊzəz] Hose **II U1,** 10
true [tru:] wahr **II U1,** 18
to come true [kʌm 'tru:] wahr werden °**II U7,** 91
to **trust** [trʌst] vertrauen **III U3,** 46
to **try** [traɪ] versuchen, probieren **II U1,** 10
T-shirt ['ti:ʃɜ:t] T-Shirt **I U2,** 30
tucker ['tʌkə] Essen *(australischer Ausdruck)* °**II U1,** 14
Tuesday ['tju:zdeɪ] Dienstag **I LUB,** 39
tug [tʌg] Ziehen, Zupfen **III U3,** 46
tunnel ['tʌnl] Tunnel, Unterführung **I U4,** 54
Turkish ['tɜ:kɪʃ] türkisch **I U2,** 29
It's your **turn.** [ɪts jɔ: 'tɜ:n] Du bist dran. **II U1,** 13
to **turn** [tɜ:n] drehen, sich umdrehen **III U5,** 74
to turn back [tɜ:n 'bæk] umkehren, zurückgehen **II U1,** 19

to turn left/right [tɜ:n 'left/'raɪt] links/rechts abbiegen **II U7,** 97
to turn off [tɜ:n‿'ɒf] abschalten, ausschalten **I U5,** 75
to turn over [ˌtɜ:n‿'əʊvə] (sich) umdrehen **II U7,** 94
to turn round [tɜ:n 'raʊnd] (sich) umdrehen **II U1,** 18
TV [ˌti:'vi:] Fernsehen, Fernseher **I LUA,** 25
twice [twaɪs] zweimal **III U5,** 68
typical ['tɪpɪkl] typisch °**III U4,** 56

U

umbrella [ʌm'brelə] Regenschirm **II U6,** 81
uncle ['ʌŋkl] Onkel **I U2,** 28
under ['ʌndə] unter **I U1,** 18
underground ['ʌndəgraʊnd] U-Bahn **III U2,** 23
to **underline** [ˌʌndə'laɪn] unterstreichen **II U1,** 18
underlined [ˌʌndə'laɪnd] unterstrichen °**I U7,** 98
*to **understand** [ˌʌndə'stænd] verstehen **III U5,** 74
unfair [ʌn'feə] ungerecht, unfair °**III U4,** 52
unhappy [ʌn'hæpi] unglücklich **I U2,** 33
unhealthy [ʌn'helθi] ungesund **II U4,** 53
uniform ['ju:nɪfɔ:m] Uniform **I U3,** 44
union ['ju:njən] Liga; Vereinigung, Union **III U1,** 11
until [ʌn'tɪl; n'tɪl] bis **II U4,** 56
up [ʌp] auf, hinauf, oben **II U2,** 30
up to ['ʌp tə] bis zu **III U4,** 53
Hurry up! [ˌhʌri‿'ʌp] Beeil dich! **I U2,** 30
to dig up [dɪg‿'ʌp] ausgraben **III U1,** 16
to get up [get‿'ʌp] aufstehen **I U3,** 44
to go up [gəʊ‿'ʌp] hinaufgehen °**I U4,** 61
to wake up [weɪk‿'ʌp] aufwecken, aufwachen **I U3,** 48
to walk up to [wɔ:k‿'ʌp tə] hingehen, zugehen auf **III U5,** 75
What's up? [ˌwɒts‿'ʌp] Was ist los? **I U1,** 16
to **update** [ʌp'deɪt] aktualisieren °**II U5,** 62
*to be **upset** [bi: ʌp'set] aufgeregt sein, bestürzt sein **II U3,** 44
upstairs [ʌp'steəz] oben, im oberen Stock **I U2,** 27
to run upstairs [ˌrʌn‿ʌp'steəz] die Treppe hinaufrennen **III U3,** 46
us [ʌs] uns **I U4,** 60
use [ju:s] Verwendung, Nutzung °**II U5,** 63
to **use** [ju:z] benutzen, verwenden **I U4,** 54
useful ['ju:sfl] nützlich °**III U1,** 14
useless ['ju:sləs] nutzlos **III U4,** 54
usually ['ju:ʒli] normalerweise, gewöhnlich **II U4,** 53

V

valuable ['væljuəbl] wertvoll **III U2,** 22
van [væn] Lieferwagen **I U6,** 86
vegetable ['vedʒtəbl] Gemüse **II U1,** 15
verb [vɜ:b] Verb °**II U1,** 20
very ['veri] sehr **I U1,** 20
video ['vɪdiəʊ] Video **I LUB,** 38
view [vju:] Aussicht, Sicht **III U2,** 22
viewer ['vju:ə] Zuschauer/Zuschauerin **III U5,** 68
village ['vɪlɪdʒ] Dorf **III U4,** 54
visit ['vɪzɪt] Besuch **I U7,** 94
to **visit** ['vɪzɪt] besuchen, besichtigen **I U4,** 54
visitor ['vɪzɪtə] Besucher/Besucherin **I U4,** 55
vocabulary [vəʊ'kæbjəlri] Wortschatz, Vokabular °**II U1,** 20
voice [vɔɪs] Stimme **II U2,** 31
volleyball ['vɒlibɔ:l] Volleyball **I U3,** 40

W

to **wait** [weɪt] warten **I U5,** 69
to wait for ['weɪt fɔ:] warten auf **I U6,** 86
waiter ['weɪtə] Kellner, Bedienung **II U4,** 55
*to **wake** [weɪk] (auf)wecken **II U7,** 94
to wake up [weɪk‿'ʌp] aufwecken, aufwachen **I U3,** 48
walk [wɔ:k] Spaziergang **III U5,** 76
to go for a walk [ˌgəʊ fər‿ə 'wɔ:k] spazieren gehen **III U5,** 76
to **walk** [wɔ:k] gehen, laufen **I U4,** 54
to walk the dog [ˌwɔ:k ðə 'dɒg] mit dem Hund spazieren gehen **I U3,** 42
to walk up to [wɔ:k‿'ʌp tə] hingehen, zugehen auf **III U5,** 75
wall [wɔ:l] Wand, Mauer **I U1,** 18
wallet ['wɒlɪt] Brieftasche, Geldbeutel **II U4,** 56
to **want** (to) ['wɒnt tə] wollen, mögen **I U4,** 54
to want sb to do sth [wɒnt] wollen, dass jemand etwas tut **III U4,** 52
wardrobe ['wɔ:drəʊb] Kleiderschrank, Garderobe **I U2,** 30
warm [wɔ:m] warm **II U2,** 25
to **wash** [wɒʃ] (sich) waschen **I U3,** 44
to **watch** [wɒtʃ] ansehen, beobachten **I LUB,** 38; achten auf **II U2,** 31
water ['wɔ:tə] Wasser **I U5,** 68
wave [weɪv] Welle **III U4,** 60
to **wave** [weɪv] winken, schwenken **II U6,** 83
way [weɪ] Weg **I U3,** 42; Art, Weise °**III U3,** 39
He is on his way to .... [ˌhi:‿ɪz‿ɒn hɪz 'weɪ tə] Er ist auf dem Weg zu .... **I U3,** 42
Which way ...? [wɪtʃ weɪ] Auf welche Art ...?, Auf welchem Weg ...? °**III U3,** 39
we [wi:] wir **I U1,** 16
weak [wi:k] schwach **III U4,** 60
to go weak [gəʊ 'wi:k] schwach werden **III U4,** 60
*to **wear** [weə] anhaben, tragen **I U3,** 45
weather ['weðə] Wetter **II U1,** 14
weatherman, weathermen *(pl)* ['weðəmən; 'weðəmen] Meteorologe °**II U6,** 78
webcam ['webkæm] Webcam °**II U5,** 63
website ['websaɪt] Website, Internetauftritt **II U5,** 64
Wednesday ['wenzdeɪ] Mittwoch **I LUB,** 39
week [wi:k] Woche **I LUB,** 39
a week [ə 'wi:k] pro Woche, in der Woche **II U4,** 52
weekend [ˌwi:k'end] Wochenende **I U3,** 45
weight [weɪt] Gewicht **III U1,** 11
Welcome to ... ['welkəm tə] Willkommen in ... **III U4,** 57
You're welcome. [jʊə 'welkəm] Bitte sehr!, Gern geschehen! **I U1,** 19

to **welcome** ['welkəm] willkommen heißen **I U7,** 90
*to be **welcome to do sth** [bi: 'welkəm] gerne etwas tun können **III U4,** 56
well [wel] also, na ja, nun gut **I U2,** 29
as **well** as [əz 'wel‿əz] sowohl … als auch **III U4,** 57
Welsh [welʃ] walisisch; Waliser/Waliserin **III U3,** 42
west [west] Westen **I U4,** 54
wet [wet] nass **II U6,** 74
wet blanket [wet 'blæŋkɪt] Miesmacher/Miesmacherin **II U6,** 74
what [wɒt] welche/welcher/welches **I LUA,** 25; was **I U1,** 11
What about … ? [wɒt‿ə'baʊt] Was ist mit … ? Wie wäre es mit … ? **I U2,** 30
What a laugh! [ˌwɒt‿ə 'lɑ:f] Wie lustig! **III U1,** 17
What a week! [ˌwɒt‿ə 'wi:k] Was für eine Woche! **II U2,** 22
What does it say? [ˌwɒt dʌz‿ɪt 'seɪ] Was steht da? **II U3,** 44
What's the film about? [wɒts ðə 'fɪlm‿əˌbaʊt] Wovon handelt der Film? °**II U3,** 43
What's the matter? [ˌwɒts ðə 'mætə] Was ist los? **III U5,** 76
What's the time, please? [ˌwɒts ðə 'taɪm ˌpli:z] Wie viel Uhr ist es, bitte?; Wie spät ist es, bitte? **I U3,** 42
What's up? [ˌwɒts‿'ʌp] Was ist los? **I U1,** 16
What's your name? [ˌwɒts jə 'neɪm] Wie heißt du? **I U1,** 11
What time … ? [wɒt 'taɪm] (Um) wie viel Uhr … ? **III U1,** 12
when [wen] wenn, als; wann **I U2,** 33
where [weə] wo, wohin **I U1,** 11
Where are you from? [ˌweər‿ə jə 'frɒm] Woher kommst du? **I U1,** 11
Where's the fire? [ˌweəz ðə 'faɪə] Wo brennt's denn? **I U7,** 96
which [wɪtʃ] welche/welcher/welches **II U1,** 14; der/dem/den/die/das *(Relativpronomen)* **II U3,** 42
Which way … ? [wɪtʃ 'weɪ] Auf welche Art … ?, Auf welchem Weg … ? °**III U3,** 39
to **whisper** ['wɪspə] flüstern, zuflüstern **II U1,** 18
white [waɪt] weiß **I LUA,** 24
white elephant stall [ˌwaɪt 'elɪfənt stɔ:l] Trödelstand **I U7,** 96
who [hu:] wer, wem, wen **I U5,** 70; der/dem/den/die *(Relativpronomen)* **II U3,** 42
whose [hu:z] wessen **II U5,** 68; dessen, deren *(Relativpronomen)* **III U3,** 47
why [waɪ] warum **I U5,** 70
wicked ['wɪkɪd] großartig **II U5,** 70
wife, wives *(pl)* [waɪf; waɪvz] Ehefrau **III U5,** 74
wig [wɪg] Perücke **II U2,** 28
wild [waɪld] wild **III U5,** 76
***will ('ll), won't** [wɪl; wəʊnt] werden, werden nicht *(futurisch)* **II U6,** 76
*to **win** [wɪn] gewinnen, siegen **II U7,** 91
wind [wɪnd] Wind **I U2,** 35
window ['wɪndəʊ] Fenster **I U1,** 18
to **windsurf** ['wɪnsɜ:f] windsurfen **III U3,** 40
windy ['wɪndi] windig **I U6,** 79
winner ['wɪnə] Gewinner/Gewinnerin, Sieger/Siegerin **III U4,** 53
winter ['wɪntə] Winter **I U6,** 79
wish [wɪʃ] Wunsch **III U4,** 53
to **wish** [wɪʃ] wünschen **III U4,** 58
I wish I had … [wɪʃ] Ich wünschte, ich hätte … **III U4,** 58
with [wɪð] mit **I U1,** 14; bei **II U1,** 11
within [wɪ'ðɪn] innerhalb **III U2,** 24
without [wɪ'ðaʊt] ohne **I U4,** 54
to go without [ˌgəʊ wɪ'ðaʊt] ohne … auskommen **II U4,** 52
wizard ['wɪzəd] Zauberer **II U5,** 69
wolf, wolves *(pl)* [wʊlf; wʊlvz] Wolf **III U5,** 74
woman, women *(pl)* ['wʊmən; 'wɪmɪn] Frau **I U4,** 62
wood [wʊd] Holz **III U3,** 41
Woof! [wʊf] Wau! °**I U2,** 27
word [wɜ:d] Wort **I U1,** 15
word star ['wɜ:d stɑ:] Wortstern °**I U1,** 22
work [wɜ:k] Arbeit **I U3,** 47
to **work** [wɜ:k] arbeiten, funktionieren **I U3,** 48
to work out [wɜ:k‿'aʊt] herausfinden; ausarbeiten °**III U3,** 43
worksheet ['wɜ:kʃi:t] Arbeitsblatt **I U4,** 58
workshop ['wɜ:kʃɒp] Workshop, Werkstatt **III U4,** 53
world [wɜ:ld] Erde, Welt **III U1,** 15
*to be **worried** [bi: 'wʌrid] besorgt sein, beunruhigt sein **I U6,** 87
worry ['wʌri] Sorge °**III U4,** 54
to **worry** ['wʌri] sich Sorgen machen **I U6,** 82; ängstigen, beunruhigen **II U3,** 45
worse [wɜ:s] schlimmer, schlechter **II U4,** 50
worst [wɜ:st] schlimmste/schlimmster/schlimmstes, schlechteste/schlechtester/schlechtestes **II U4,** 50
***would** [wʊd] würde(n) **III U3,** 47
would like [wʊd 'laɪk] hätte gern, möchte gern **II U4,** 52
Would you mind … ? [ˌwʊd jə 'maɪnd] Hätten Sie/Hättest du etwas dagegen … ? **III U4,** 56
wow [waʊ] toll, wow °**I U1,** 12
*to **write** [raɪt] schreiben **I U3,** 43
to write down ['raɪt ˌdaʊn] aufschreiben °**I LUB,** 38
wrong [rɒŋ] falsch **I U1,** 16
to be wrong [bi: 'rɒŋ] Unrecht haben **III U3,** 47
to get … wrong [get … 'rɒŋ] falsch machen **II U3,** 44; falsch verstehen °**II U3,** 47
to go wrong [gəʊ 'rɒŋ] schief gehen **II U6,** 85

Y

yard [jɑ:d] Elle *(Längenmaß: 0,914 m)* **III U3,** 43
year [jɪə] Jahr, Jahrgangsstufe **I U1,** 10
year-old [ˌjɪər‿'əʊld] -jährig; -Jähriger/-Jährige **III U4,** 53
yellow ['jeləʊ] gelb **I LUA,** 24
yes [jes] ja **I U1,** 12
yesterday ['jestədeɪ] gestern **II U2,** 26
not … **yet** [jet] noch nicht **II U5,** 66
you [ju:; jə] dich, dir, Sie, Ihnen, euch **I LUB,** 38; du, ihr, Sie **I U1,** 11; man **III U1,** 8
Here you are! ['hɪə ju:‿ɑ:] Bitte schön! **I U1,** 20
thank you ['θæŋk‿ju:] danke **I U1,** 12
you're lucky [ˌjʊə 'lʌki] du hast Glück **I U1,** 16
You're welcome. [jʊə 'welkəm] Bitte sehr!, Gern geschehen! **I U1,** 19
young [jʌŋ] jung **I U3,** 45
your [jɔ:] dein/deine, euer/eure, Ihr/Ihre **I U1,** 11
Yours [jɔ:z] Dein …/Deine …/Euer …/Eure … *(in Briefen)* **II U3,** 36

youth [ju:θ] Jugend **II U3,** 38
yukky ['jʌki] ekelhaft **III U4,** 57

Z

zoo [zu:] Zoo, Tierpark **II U2,** 22
zookeeper ['zu:ki:pə] Tierpfleger/Tierpflegerin, Wärter/Wärterin **II U2,** 26

Boys' names

Angus ['æŋgəs] **II FA,** 103
Arthur ['ɑ:θə] **III FA,** 84
Ben [ben] **I U2,** 27
Bob [bɒb] **I U6,** 78
Burt [bɜ:t] **II U4,** 55
Chandler ['tʃændlə] **II U3,** 37
Charles [ˌtʃɑ:lz] **III U5,** 76
Charlie ['tʃɑ:li] **I U2,** 33
Daniel ['dænjəl] **II U4,** 51
Dave [deɪv] **III U1,** 9
David ['deɪvɪd] **I U2,** 28
Derek ['derɪk] **II U4,** 51
Dicken ['dɪkn] **II FA,** 110
Douglas ['dʌgləs] **II FA,** 102
Ector ['ektɔ:] **III FA,** 84
Eric ['erɪk] **I FA,** 102
Fred [fred] **III U3,** 41
Gelert ['gelət] **III U5,** 69
Henry ['henri] **II FA,** 114
Ian ['i:ən] **III U5,** 75
Jack [dʒæk] **I FA,** 102
Jake [dʒeɪk] **II U1,** 14
James [dʒeɪmz] **I U2,** 28
Jay [dʒeɪ] **III U5,** 73
Jim [dʒɪm] **I U5,** 73
Jo [dʒəʊ] **I FA,** 105
Joey ['dʒəʊi] **II U3,** 37
John [dʒɒn] **I U4,** 57
Kay [keɪ] **III FA,** 84
Kingsley ['kɪŋzli] **III U2,** 34
Leo ['lɪ:eʊ] **III U1,** 16
Llywelyn [lə'welɪn] **III U5,** 74
Marc [mɑ:k] **III U4,** 53
Mark [mɑ:k] **I U4,** 61
Matt [mæt] **II U2,** 31
Mike [maɪk] **III U4,** 62
Nelson ['nelsn] **I U1,** 13
Patrick ['pætrɪk] **II U7,** 88
Paul [pɔ:l] **I U6,** 85
Pete [pi:t] **II U1,** 11
Peter ['pi:tə] **I U4,** 61
Phil [fɪl] **I U2,** 28
Ray [reɪ] **III U4,** 58
Reg [redʒ] **III U2,** 30
Richard ['rɪtʃəd] **I U2,** 27
Rob [rɒb] **I U2,** 26
Robert ['rɒbət] **II U4,** 51
Rodger ['rɒdʒə] **III U5,** 77
Roger ['rɒdʒə] **II U3,** 36
Ross [rɒs] **II U3,** 37
Sam [sæm] **I U1,** 16
Steve [sti:v] **I U1,** 23
Ted [ted] **I U2,** 26
Terry ['teri] **I U1,** 10
Thomas ['tɒməs] **I LUA,** 25
Tim [tɪm] **I LUA,** 25
Todd [tɒd] **II U3,** 36
Tom [tɒm] **I U1,** 10
Tony ['təʊni] **I LUA,** 25
Uther ['u:θə] **III FA,** 84

Girls' names

Alison ['ælɪsən] **II U5,** 67
Amanda [ə'mændə] **III U5,** 75
Anna ['ænə] **I U3,** 47
Carrie ['kæri] **III U4,** 54
Daisy ['deɪzi] **III U4,** 54
Debbie ['debi] **II U3,** 36
Dorothy ['dɒrəθi] **II U5,** 68
Elena ['elɪnə] **I U2,** 28
Em [em] **II FA,** 114
Emma ['emə] **I U1,** 12
Farah ['fɑ:rə] **I U2,** 26
Fiona [fi'əʊnə] **I U1,** 23
Glinda ['glɪndə] **II FA,** 114
Grace [greɪs] **I U2,** 26
Helen ['helən] **II U7,** 88
Igraine [ɪ'greɪn] **III FA,** 84
Jade [dʒeɪd] **I U2,** 27
Jane [dʒeɪn] **III U2,** 29
Jenna ['dʒenə] **III U4,** 59
Jenny ['dʒeni] **I U4,** 57
Julie ['dʒu:li] **III U4,** 62
Kate [keɪt] **I U4,** 57
Kath [kæθ] **I U6,** 78
Laura ['lɔ:rə] **II U1,** 11
Lauren ['lɔ:rən] **III U4,** 54
Lisa ['li:sə] **I U1,** 10
Maria [mə'ri:ə] **I U2,** 28
Mary ['meəri] **I U4,** 57
Monika ['mɒnɪkə] **II U3,** 37
Nadine [neɪ'di:n] **I U1,** 13
Nancy ['nænsi] **III U1,** 9
Nasreen [nʌs'ri:n] **I U2,** 26
Nicola ['nɪklə] **I FA,** 100
Nicole [nɪ'kəʊl] **II U3,** 36
Nyla ['naɪlə] **III U4,** 54
Pat [pæt] **II U1,** 16
Paula ['pɔ:lə] **III U1,** 11
Phoebe ['fi:bi] **II U3,** 37
Pru [pru:] **III U2,** 31
Rachel ['reɪtʃl] **II U3,** 37
Sally ['sæli] **I U6,** 85
Sarah ['seərə] **I U2,** 28
Stella ['stelə] **II FA,** 104
Sue [su:] **I U2,** 27
Susan ['su:zn] **I U2,** 28
Suzanne [su:'zæn] **I U1,** 11
Tamara [tə'mɑ:rə] **I LUA,** 25
Tess [tes] **I U6,** 85
Tilly ['tɪli] **I LUA,** 25
Tina ['ti:nə] **I LUA,** 25
Toni Ann [ˌtəʊni 'æn] **III U2,** 34
Tracy ['treɪsi] **I U2,** 28
Trina ['tri:nə] **III U1,** 15
Virginia [və'dʒɪnjə] **III FA,** 96

Surnames

Akodu [ə'kəʊdʊ] **III U4,** 58
Barnes ['bɑ:nz] **III U1,** 16
Barrymore ['bærimɔ:] **III U5,** 76
Baskerville ['bæskəvɪl] **III U5,** 70
Bell [bel] **II U4,** 52
Berry [beri] **III U1,** 9
Black [blæk] **II U1,** 11
Bland [blænd] **II FA,** 108
Brook [brʊk] **I U1,** 12
Brown [braʊn] **II U1,** 11
Burns [bɜ:nz] **III U5,** 71
Cage [keɪdʒ] **III U1,** 9
Canterville ['kæntəvɪl] **III FA,** 94
Carter ['kɑ:tə] **I U1,** 12;
Cartwright ['kɑ:traɪt] **III U2,** 30
Clarke [klɑ:k] **III U3,** 46
George [dʒɔ:dʒ] **III U1,** 11
Gibbs [gɪbz] **III U4,** 56
Gruntle ['grʌntl] **II FA,** 103
Gulch [gʌltʃ] **II FA,** 114
Hall [hɔ:l] **III U5,** 75
Howard [haʊəd] **II U1,** 14
Hunter [hʌntə] **I U6,** 82
Jackson ['dʒæksn] **I U1,** 10
Jones [dʒəʊnz] **III U4,** 60
Lean [li:n] **I FA,** 104

Marco ['mɑ:kəʊ] **II U1,** 11
Martin ['mɑ:tɪn] **I FA,** 106
McArthur [mək'ɑ:θə] **II FA,** 102
Monte ['mɒnteɪ] **I U2,** 28
Morley ['mɔ:li] **III U4,** 54
Muir [mjʊə] **II FA,** 103
Newman ['nju:mən] **I U1,** 12
O'Brien [əʊ'braɪən] **II U7,** 88
Otis ['əʊtɪs] **III FA,** 94
Pilch [pɪltʃ] **I U2,** 28
Prynn [prɪn] **III U4,** 60
Reece [ri:s] **III U4,** 59
Richards ['rɪtʃədz] **II U3,** 45
Richstone ['rɪtʃsteʊn] **III U5,** 72
Robbins ['rɒbɪnz] **III U3,** 45
Rose [rəʊz] **I U4,** 60
Simpson ['sɪmpsən] **III U5,** 70
Smith [smɪθ] **III U4,** 53
Spencer ['spentsə] **I U2,** 28
Stapleton ['steɪpltən] **III U5,** 77
Stavros ['stʌvrəs] **I U2,** 28
Taylor ['teɪlə] **I U1,** 10
Tiny ['taɪni] **I LUA,** 25
Watson ['wɒtsn] **III U5,** 69
White [waɪt] **III U2,** 29
Wilkins ['wɪlkɪnz] **III U4,** 60
Willis ['wɪlɪs] **III U5,** 75

Place names

Abergavenny [ˌæbəgə'veni] **III U1,** 11
America [ə'merɪkə] **II U3,** 36
Australia [ɒs'treɪliə] Australien **II ZI,** 8
Avondale ['eɪvndeɪl] **III U5,** 69
Baker Street ['beɪkə ˌstri:t] **III U5,** 76
Barcelona [ˌbɑ:sl'əʊnə] **III U1,** 13
Bath [bɑ:θ] **I U6,** 79
Boston ['bɒstn] **III U1,** 15
Brighton ['braɪtn] **III U3,** 38
Bristol ['brɪstl] **I U1,** 12
Britain ['brɪtn] **II FA,** 102
British Isles [ˌbrɪtɪʃ 'aɪlz] Britische Inseln **II ZI,** 8
Camden ['kæmdən] **II U2,** 22
Canada ['kænədə] Kanada **III U5,** 76
Canary Wharf [kən'eəri ˌwɔ:f] **III U2,** 27
the **Channel** [ðə 'tʃænl] **III U3,** 39
Chicago [ʃɪ'kɑ:gəʊ] **III U1,** 9
China ['tʃaɪnə] **III U1,** 15
Chunnel ['tʃʌnl] Tunnel durch den Ärmelkanal **III U3,** 39
Cornwall ['kɔ:nwɔ:l] **II U6,** 78
Covent Garden [ˌkɒvnt 'gɑ:dn] **III U2,** 24
Cutty Sark Gardens [kʌti ˌsɑ:k 'gɑ:dnz] **I U4,** 54
Dartmoor ['dɑ:tmɔ:] **III U5,** 76
Devon ['devn] **II U6,** 78
Dover ['dəʊvə] **III U3,** 38
Dublin ['dʌblɪn] **II U7,** 88
Eastbourne ['i:stbɔ:n] **III U3,** 38
England ['ɪŋglənd] England **I U2,** 29
Exmoor ['eksmɔ:] **II ZI,** 8
Falmouth ['fælməθ] **III U3,** 42
Fenchurch Street ['fentʃɜ:tʃ ˌstri:t] **III U2,** 26
Folkestone ['fəʊkstən] **III U3,** 38
Germany ['dʒɜ:məni] Deutschland **I U2,** 29
Glasgow ['glæzgəʊ] **II FA,** 102
Great Tower Street [ˌgreɪt 'taʊə ˌstri:t] **III U2,** 26
Great Blasket Island [ˌgreɪt ˌblɑ:skɪt 'aɪlənd] **III U3,** 42
Greece [gri:s] Griechenland **I U2,** 29
Greenwich ['grenɪdʒ] **I U1,** 10
Hastings ['heɪstɪŋz] **III U3,** 38
Heathrow [ˌhi:θ'rəʊ] **III U3,** 39
Hollyoaks ['hɒliəʊks] **III U5,** 70
Hollywood ['hɒliwʊd] **III U5,** 68
Houses of Parliament [ˌhaʊzɪz‿əv 'pɑ:ləmənt] **I FA,** 114
Ireland ['aɪələnd] **II U6,** 85
Irish Sea [ˌaɪrɪʃ 'si:] **III U3,** 38
Isle of Dogs [ˌaɪl‿əv 'dɒgz] **I U4,** 54
Isle of Wight [ˌaɪl‿əv 'waɪt] **III U3,** 38
Istanbul [ˌɪstæn'bʊl] **I U1,** 13
Italy ['ɪtəli] Italien **I U2,** 29
Kansas ['kænzəs] **II FA,** 114
Kilkenny [kɪl'keni] **II U7,** 93
King's Road ['kɪŋz ˌrəʊd] **III U2,** 22
Limerick ['lɪmrɪk] **II ZI,** 8
Loch Ness [ˌlɒx 'nes] **II ZI,** 8
London ['lʌndən] **I U1,** 10
London Bridge [ˌlʌndən 'brɪdʒ] **III U2,** 29
Madrid [mə'drɪd] **I U1,** 13
Marble Arch ['mɑ:bl ˌɑ:tʃ] **III U2,** 24
Mark Lane ['mɑ:k ˌleɪn] **III U2,** 26
Mincing Lane ['mɪnsɪŋ ˌleɪn] **III U2,** 26
Moher ['məʊhə] **II U7,** 93
Moscow ['mɒskəʊ] Moskau **III U3,** 46
New York [ˌnju: 'jɔ:k] **I U4,** 55
Northern Ireland [ˌnɔ:ðn‿'aɪələnd] **II U7,** 89
North Sea [ˌnɔ:θ 'si:] Nordsee **III U3,** 38
Nottingham ['nɒtɪŋəm] **II U2,** 25
Paris ['pærɪs] **I U1,** 13
Perth [pɜ:θ] **II ZI,** 8
Piccadilly Circus [ˌpɪkədɪli 'sɜ:kəs] **III U2,** 24
Poland ['pəʊlənd] Polen **I U2,** 29
Pudding Lane [ˌpʊdɪŋ 'leɪn] **III U2,** 28
Republic of Ireland [rɪˌpʌblɪk‿əv‿'aɪələnd] **II U7,** 88
Russia ['rʌʃə] Russland **I U2,** 29
Salisbury ['sɔ:lzbri] **III U3,** 38
Scilly Isles ['sɪli ˌaɪlz] **II U6,** 78
Scotland ['skɒtlənd] Schottland **II ZI,** 8
Seething Lane ['si:ðɪŋ ˌleɪn] **III U2,** 26
Shannon ['ʃænən] **II U7,** 93
Sherwood Forest [ˌʃɜ:wʊd 'fɒrɪst] **II FA,** 110
Shoreditch [ʃɔ:'dɪtʃ] **III U2,** 31
Southampton [saʊ'θæmtən] **III U3,** 38
South England [ˌsaʊθ 'ɪŋglənd] **III U3,** 39
Spain [speɪn] Spanien **III U1,** 15
Stonehenge [stəʊn'hendʒ] **III U3,** 39
Tarr Steps [tɑ: 'steps] **II U6,** 82
the **Thames** [temz] **I U4,** 54
Tokyo ['təʊkiəʊ] **I U1,** 13
Tower Hill [ˌtaʊə 'hɪl] **III U2,** 26
Turkey ['tɜ:ki] Türkei **I U2,** 29
Twickenham ['twikənəm] **III U1,** 8
United Kingdom (UK) [ju:ˌnaɪtɪd 'kɪŋdəm] Vereinigtes Königreich von Großbritannien und Nordirland **III U3,** 38
Urquhart Castle [ˌɜ:kət 'kɑ:sl] **II FA,** 102
Wales [weɪlz] Wales **II ZI,** 8
Wembley Stadium ['wembli 'steɪdiəm] **III U1,** 13
Western Australia [ˌwestən ɒs'treɪliə] **II U1,** 14
White Hart Lane [ˌwaɪt hɑ:t 'leɪn] **III U1,** 16
Wiltshire ['wɪltʃə] **I U6,** 78
Wimbledon ['wɪmbldn] **III U1,** 15
France [frɑ:nts] **III U3,** 39
Spain [speɪn] Spanien **III U3,** 40

Other names

Accent ['æksnt] **III U2,** 31
Aquarius [ə'kweəriəs] Wassermann **II U6,** 80
Arena [ə'ri:nə] **II U2,** 22
Arsenal ['ɑ:snl] **III U1,** 16
Bakerloo Line [ˌbeɪkəlu: 'laɪn] **III U2,** 24
Barker ['bɑ:kə] **I U2,** 27
Baskerville Hall ['bæskəvɪl ˌhɔ:l] **III U5,** 76

English – German

Batman ['bætmæn] **III U5,** 75
Bell Tower ['bel ˌtaʊə] **III U2,** 29
Big Ben [ˌbɪg 'ben] **III U2,** 22
Bollywood ['bɒliwʊd] **III U5,** 68
Boxing Day ['bɒksɪŋ ˌdeɪ] **I FA,** 114
Buckingham Palace [ˌbʌkɪŋəm 'pælɪs] **III U2,** 22
Burger Bonanza [ˌbɜ:gə bə'nænzə] **II U3,** 44
Chalte Chalte ['tʃʌlte, ˌtʃʌlte] **III U5,** 70
Chicago Cubs [ˌʃɪ'kɑ:gəʊ 'kʌbz] **III U1,** 9
Chicago Hope [ʃɪˌkɑ:geʊ 'həʊp] **III U5,** 75
Ching Ming [ˌtʃɪŋ 'mɪŋ] **II U4,** 48
Cincinnati Reds [ˌsɪnsɪnæti 'redz] **III U1,** 9
Circle Line ['sɜ:kl ˌlaɪn] **III U2,** 24
Countdown ['kaʊntdaʊn] **III U5,** 70
Crawford Park [ˌkrɔ:fəd 'pɑ:k] **III U4,** 53
Cutty Sark [ˌkʌti 'sɑ:k] **I U4,** 54
Diamond Hotel [ˌdaɪəmənd həʊ'tel] **III U5,** 70
DLR [ˌdi:‿el‿'ɑ:] **I U4,** 55
Docklands Light Railway ['dɒkləndz ˌlaɪt 'reɪlweɪ] **I U4,** 55
Dynamo Moscow ['daɪnəməʊ 'mɒskəʊ] **III U1,** 16
Embankment [ɪm'bæŋkmənt] **III U2,** 24
Emergency Room [ɪ'mɜ:dʒntsi ˌru:m] **III U5,** 70
FA Cup [ˌef‿eɪ 'kʌp] **III U1,** 15
Firestorm ['faɪəstɔ:m] **III U2,** 28
Friar Tuck [ˌfraɪə 'tʌk] **II FA,** 110
General Hospital [ˌdʒenrl 'hɒspɪtl] **III U5,** 75
GMT ['dʒi:em'ti:] **I U4,** 55
Great Fire [ˌgreɪt 'faɪə] **III U2,** 22
Greenwich Mean Time [ˌgrenɪdʒ 'mi:n taɪm] **I U4,** 55
Guy Fawkes [ˌgaɪ 'fɔ:ks] **I FA,** 114
Harrods ['hærədz] **II U2,** 23
Harry Potter [ˌhæri 'pɒtə] **II U1,** 11
James Bond [ˌdʒeɪmz 'bɒnd] **I FA,** 104
Kingsdale Comprehensive School ['kɪŋsdeɪl kɒmprɪ'hensɪv ˌsku:l] **III U4,** 56
Little John [ˌlɪtl 'dʒɒn] **II FA,** 110
London Dungeon [ˌlʌndən 'dʌndʒn] **III U2,** 22
London Eye [ˌlʌndən‿'aɪ] **III U2,** 22
London Knights [ˌlʌndən 'naɪts] **II U2,** 22
London Underground [ˌlʌndən 'ʌndəgraʊnd] **III U2,** 23
Madonna [mə'dɒnə] **III U2,** 25
Maid Marian [ˌmeɪd 'mæriən] **II FA,** 110
Man U ['mæn ju:] **III U5,** 70
Meridian Line [mə'rɪdiən 'laɪn] **I U4,** 54
Merlin ['mɜ:lɪn] **III FA,** 84
Monument ['mɒnjəmənt] **III U2,** 24
Napoleon [nə'pəʊliən] **II U5,** 62
Nessie ['nesi] **II FA,** 103
Nottingham Panthers [ˌnɒtɪŋəm 'pænθəz] **II U2,** 25
OC California [ˌəʊ 'si: ˌkælɪ'fɔ:niə] **III U5,** 70
Oz [ɒz] **II FA,** 114
Palace of Westminster [ˌpælɪs əv 'wesmɪnstə] **III U2,** 22
Queen Elizabeth [ˌkwi:n‿ɪ'lɪzəbəθ] **I U5,** 73
Ready Steady Cook [ˌredi ˌstedi 'kʊk] **III U5,** 70
Robbie Williams [ˌrɒbi 'wɪljəmz] **II U1,** 14
Robin Hood [ˌrɒbɪn 'hʊd] **II FA,** 110
Rover ['rəʊvə] **II U7,** 88
Royal Observatory [ˌrɔɪəl əb'zɜ:vətri] **I U4,** 55
Rugby School [ˌrʌgbi 'sku:l] **III U1,** 8
Shakespeare ['ʃeɪkspɪə] **II U5,** 62
Sherlock Holmes [ˌʃɜ:lɒk 'həʊmz] **III U5,** 70
Spiderman ['spaɪdəmæn] **II U6,** 85
St James's Park [snt ˌdʒeɪmzɪz 'pɑ:k] **III U2,** 24
St Paul's Cathedral [snt ˌpɔ:lz kə'θi:drl] **III U2,** 24
Superman ['su:pəmæn] **III U5,** 75
Taj Mahal [ˌtɑ:dʒ mə'hɑ:l] **II U4,** 48
The Pink Panther [ðə pɪŋk 'pænθə] **III U5,** 73
Thomas Tallis School [ˌtɒməs tælɪs 'sku:l] **I U1,** 10
Titanic [taɪ'tænɪk] **III U3,** 39
Top of the Pops [ˌtɒp‿əv ðə 'pɒps] **III U5,** 70
Tower of London [ˌtaʊər‿əv 'lʌndən] **III U2,** 22
Tube [tju:b] Londoner U-Bahn **III U2,** 22
Valentine ['væləntaɪn] **II U6,** 85
Weakest Link [ˌwi:kəst lɪŋk] **III U5,** 70
White House ['waɪt ˌhaʊs] **II U3,** 43
William the Conqueror [ˌwɪljəm ðə 'kɒŋkrə] **III U2,** 28
Wizard of Oz [ˌwɪzəd əv‿'ɒz] **°II U5,** 64
Wrigley Field Stadium [rɪgli fi:ld 'steɪdiəm] **III U1,** 9
Angelina Jolie [ændʒˌli:nə 'dʒəʊli] **III U2,** 25
Arthur Conan Doyle [ˌɑ:θə ˌkəʊnən 'dɔɪl] **III U5,** 75
Charlie Chaplin [ˌtʃɑ:li 'tʃæplɪn] **III U4,** 62
David Beckham [ˌdeɪvɪd 'bekəm] **III U2,** 25
Derrek Lee [ˌderɪk 'li:] **III U1,** 9
Naomi Campbell [ˌneɪəmi: 'kæmbl] **III U2,** 25

A

ab off [ɒf]
Abc alphabet ['ælfəbet]
Abend evening ['i:vnɪŋ]
am Abend in the evening [ˌɪn ðiː 'i:vnɪŋ]
an diesem Abend that evening [ˌðæt‿'i:vnɪŋ]
heute Abend this evening [ðɪs 'i:vnɪŋ]; tonight [tə'naɪt]
zu Abend essen to have supper [hæv 'sʌpə]
Abendessen supper ['sʌpə]; tea [ti:]
zum Abendessen for supper [fə 'sʌpə]
abends in the evening [ˌɪn ðiː 'i:vnɪŋ]
Abenteuer adventure [əd'ventʃə]
aber but [bʌt]
abfahren to leave [li:v]
Abfall rubbish ['rʌbɪʃ]
Abfälle rubbish ['rʌbɪʃ]
Abflug departure [dɪ'pɑ:tʃə]
abholen to collect [kə'lekt]; to pick up [pɪk‿'ʌp]
Abitur A-levels *(pl)* ['eɪləvlz]
Abreise departure [dɪ'pɑ:tʃə]
abschalten to turn off [tɜ:n‿'ɒf]
abschließen to lock [lɒk]
abschrecken to frighten away [ˌfraɪtn‿ə'weɪ]
abschreiben to copy ['kɒpi]
achten auf to watch [wɒtʃ]
Acker field [fi:ld]
addieren to add [æd]
Adresse address [ə'dres]
Aftershave aftershave ['ɑ:ftəʃeɪv]
Akku battery ['bætri]
Aktion action ['ækʃn]
Aktivität activity [æk'tɪvəti]
Akzent accent ['æksnt]
Alarm alarm [ə'lɑ:m]
alle/alles all [ɔ:l]
allein alone [ə'ləʊn]
alles everything ['evriθɪŋ]
Alphabet alphabet ['ælfəbet]
alphabetisch alphabetical [ˌælfə'betɪkl]
als as [æz; əz]
als *(Vergleich)* than [ðən]
als *(zeitlich)* when [wen]
also so [səʊ]; well [wel]
alt ancient ['eɪnʃnt]; old [əʊld]
Alter age [eɪdʒ]
Amerikaner American [ə'merɪkən]
amerikanisch American [ə'merɪkən]
am Leben alive [ə'laɪv]
sich **amüsieren** to have a good time [ˌhæv‿ə gʊd 'taɪm]; to have fun [ˌhæv 'fʌn]
an at [æt; ət]; on [ɒn]
an sein to be on [bi:‿'ɒn]
Andenken souvenir [ˌsu:və'nɪə]
andere/anderer/anderes other ['ʌðə]
ein anderer/eine andere/ein anderes another [ə'nʌðə]
ändern to change [tʃeɪndʒ]
anders different ['dɪfrnt]
Änderung change [tʃeɪndʒ]
Anfang start [stɑ:t]
anfangen to begin [bɪ'gɪn]; to start [stɑ:t]
Anführer/Anführerin leader ['li:də]
angeln to fish [fɪʃ]
Angeln fishing ['fɪʃɪŋ]
angreifen to attack [ə'tæk]
Angst haben (vor) to be afraid (of) [bi:‿ə'freɪd]; to be frightened (of) [bi: 'fraɪtnd]
Ich habe Angst. I'm scared. [aɪm 'skeəd]
ängstigen to worry ['wʌri]
anhaben to wear [weə]
anhalten to stop [stɒp]
anhören to listen ['lɪsn]
sich anhören to sound [saʊnd]
fest **anklopfen** to bang [bæŋ]
ankommen to arrive [ə'raɪv]
anmalen to paint [peɪnt]
Anmerkung note [nəʊt]
annähernd nearly ['nɪəli]
Anorak anorak ['ænəræk]
Anrufbeantworter answerphone ['ɑ:nsəfəʊn]
anrufen to call [kɔ:l]; to phone [fəʊn]
anschauen to have a look [ˌhæv‿ə 'lʊk]
Anschlag notice ['nəʊtɪs]
ansehen to look at ['lʊk‿ət]; to watch [wɒtʃ]
sich ansehen to look at ['lʊk‿ət]
anstreichen to paint [peɪnt]
antik ancient ['eɪnʃnt]
antippen to touch [tʌtʃ]
Antwort answer ['ɑ:ntsə]; response [rɪ'spɒns]
anziehen to put on [pʊt‿'ɒn]
sich anziehen to dress [dres]
Apfel apple ['æpl]
am **Apparat** speaking ['spi:kɪŋ]
April April ['eɪprl]
Arbeit work [wɜ:k]
arbeiten to work [wɜ:k]
Arbeitsblatt worksheet ['wɜ:kʃi:t]
Arbeitsgemeinschaft club [klʌb]
Arbeitsstelle job [dʒɒb]
Arena arena [ə'ri:nə]
Ärger trouble ['trʌbl]
Argument argument ['ɑ:gjəmənt]
argumentieren to argue ['ɑ:gju:]
arm poor [pɔ:; pʊə]
Arm arm [ɑ:m]
Art kind [kaɪnd]
Arzt/Ärztin doctor ['dɒktə]
zum Arzt gehen to see a doctor [si: ə 'dɒktə]
Assistent/Assistentin assistant [ə'sɪstnt]
auch also ['ɔ:lsəʊ]; too [tu:]
sowohl … als auch as well as [əz 'wel‿əz]
auf at [æt; ət]; on [ɒn]; onto ['ɒntu:; 'ɒntə]; up [ʌp]
auf dem Land in the country [ˌɪn ðə 'kʌntri]
auf einmal suddenly ['sʌdnli]
auf … hinauf onto ['ɒntu:; 'ɒntə]
auf Sendung on the air [ˌɒn ði‿'eə]
auf Wiedersehen goodbye [gʊd'baɪ]
aufbauen to put up [pʊt‿'ʌp]
Aufblinken flash [flæʃ]
aufführen to perform [pə'fɔ:m]
Aufführung performance [pə'fɔ:məns]
Aufgabe exercise ['eksəsaɪz]
aufgehen to open ['əʊpn]
aufgeregt excited [ɪk'saɪtɪd]; nervous ['nɜ:vəs]
aufgeregt sein to be upset [bi: ʌp'set]
aufheben to pick up [pɪk‿'ʌp]
aufhören to finish ['fɪnɪʃ]; to stop [stɒp]
aufhören etw. zu tun to stop + -ing [stɒp]
aufhören mit to stop [stɒp]
aufklären to solve [sɒlv]
aufmachen to open ['əʊpən]
aufnehmen to record [rɪ'kɔ:d]
aufpassen auf to look after [lʊk‿'ɑ:ftə]
sich **aufregen** to panic ['pænɪk]
aufregend exciting [ɪk'saɪtɪŋ]
aufschauen to look up [lʊk‿'ʌp]
aufsetzen to put on [pʊt‿'ɒn]
aufspringen to jump up [dʒʌmp‿'ʌp]

aufstehen to get out of bed [ˌget‿aʊt‿əv 'bed]; to get up [get‿'ʌp]
aufsteigen to get on [get‿'ɒn]
aufstellen to put up [pʊt‿'ʌp]
auftragen *(Make-up)* to put on [pʊt‿'ɒn]
auftreten to perform [pə'fɔ:m]
aufwachen to wake up [weɪk‿'ʌp]
aufwecken to wake [weɪk]; to wake up [weɪk‿'ʌp]
aufzeichnen to record [rɪ'kɔ:d]
auf ... zu towards [tə'wɔ:dz]
Auge eye [aɪ]
Augenblick moment ['məʊmənt]
im Augenblick at the moment [ət ðə 'məʊmənt]
in diesem Augenblick right now [ˌraɪt 'naʊ]
Augenbraue eyebrow ['aɪbraʊ]
August August ['ɔ:gəst]
aus from [frɒm]
aus ... heraus out of ['aʊt‿əv]
Ausbildung training ['treɪnɪŋ]
sich **ausdenken** to make up [meɪk‿'ʌp]
Ausflug trip [trɪp]
ausfüllen to fill in [fɪl‿'ɪn]
ausgeben to spend [spend]
ausgehen to go out [gəʊ‿'aʊt]
ausgraben to dig up [dɪg‿'ʌp]
ohne ... **auskommen** to go without [ˌgəʊ wɪ'ðaʊt]
auslachen to laugh at ['lɑ:f‿ət]
im **Ausland** abroad [ə'brɔ:d]
ins Ausland abroad [ə'brɔ:d]
ausländisch foreign ['fɒrɪn]
ausliefern to deliver [dɪ'lɪvə]
auslösen *(Alarm)* to set off [set‿'ɒf]
Auslöser button ['bʌtn]
ausmachen to put out [pʊt‿'aʊt]
ausrauben to rob [rɒb]
Ausreißer/Ausreißerin runaway ['rʌnəˌweɪ]
sich **ausruhen** to rest [rest]
ausschalten to turn off [tɜ:n‿'ɒf]
ausscheren to swerve [swɜ:v]
aussehen to look [lʊk]
Aussehen look [lʊk]
außer beside [bɪ'saɪd]
außerhalb outside [aʊt'saɪd]
Außerirdischer/Außerirdische alien ['eɪliən]
Aussicht view [vju:]
aussteigen to get out [get‿'aʊt]
aussteigen aus to get off [get‿'ɒf]
Austausch exchange [ɪks'tʃeɪndʒ]
Australier Australian [ɒs'treɪliən]
australisch Australian [ɒs'treɪliən]
auswählen to choose [tʃu:z]
auswechseln to substitute ['sʌbstɪtju:t]
ausweichen to swerve [swɜ:v]
ausziehen to take off [teɪk‿'ɒf]
Auto car [kɑ:]
Autogramm autograph ['ɔ:təgrɑ:f]

B

Baby baby, babies *(pl)* ['beɪbi; 'beɪbiz]
Bach stream [stri:m]
Bäcker/Bäckerin baker ['beɪkə]
Backofen oven ['ʌvn]
Badeanzug swimsuit ['swɪmsu:t]
Badezimmer bathroom ['bɑ:θrʊm]
Badminton badminton ['bædmɪntən]
Bahnhof station ['steɪʃn]
bald soon [su:n]
Ball ball [bɔ:l]
Banane banana [bə'nɑ:nə]
Bart beard [bɪəd]
Base base [beɪs]
Baseball baseball ['beɪsbɔ:l]
Basketball basketball ['bɑ:skɪtbɔ:l]
Batterie battery ['bætri]
Bauch stomach ['stʌmək]
bauen to build [bɪld]
Bauer/Bäuerin farmer ['fɑ:mə]
Bauernhaus farmhouse ['fɑ:mhaʊs]
Bauernhof farm [fɑ:m]
Baum tree [tri:]
Beamter/Beamtin officer ['ɒfɪsə]
bedauerlich sad [sæd]
bedeuten to mean [mi:n]
Bedienung waiter ['weɪtə]
Beeil dich! Hurry up! [ˌhʌri‿'ʌp]
beenden to finish ['fɪnɪʃ]
beerdigen to bury ['beri]
Beerdigung funeral ['fju:nrəl]
befolgen to follow ['fɒləʊ]
befördern to carry ['kæri]
Beförderung transport *(no pl.)* ['trænspɔ:t]
Beginn start [stɑ:t]
beginnen to begin [bɪ'gɪn]
begraben to bury ['beri]
behalten to keep [ki:p]
bei at [æt; ət]; with [wɪð]
beide both [bəʊθ]
Beifahrer/Beifahrerin passenger ['pæsndʒə]
Bein leg [leg]
beinahe almost ['ɔ:lməʊst]
zum **Beispiel** for example [fər‿ɪg'zɑ:mpl]
sich **beklagen** to moan [məʊn]
bekommen to get [get]
belebt busy ['bɪzi]
beliebt popular ['pɒpjələ]
bellen to bark [bɑ:k]
Bellen bark [bɑ:k]
bemerken to notice ['nəʊtɪs]
benötigen to need [ni:d]
benutzen to use [ju:z]
beobachten to watch [wɒtʃ]
bereit ready ['redi]
berühmt famous ['feɪməs]
berühren to touch [tʌtʃ]
Besatzung crew [kru:]
beschäftigt busy ['bɪzi]
besichtigen to visit ['vɪzɪt]
besitzen to have got [hæv 'gɒt]
Besitzer/Besitzerin owner ['əʊnə]
besonders special ['speʃl]; especially [ɪ'speʃli]
besorgen to get [get]
besorgt sein to be worried [bi: 'wʌrid]
Besprechung meeting ['mi:tɪŋ]
besser better ['betə]
beste/bester/bestes best [best]
besteigen to climb ['klaɪm]
bestellen to order ['ɔ:də]
am **besten** best [best]
bestürzt sein to be upset [bi: ʌp'set]
Besuch visit ['vɪzɪt]
besuchen to see [si:]; to visit ['vɪzɪt]
Besucher/Besucherin visitor ['vɪzɪtə]
sich **beteiligen** to enter ['entə]
betreten to enter ['entə]
Bett bed [bed]
beunruhigen to worry ['wʌri]
beunruhigt sein to be worried [bi: 'wʌrid]
Bevölkerung population [ˌpɒpjə'leɪʃn]
bevor before [bɪ'fɔ:]
bewachen to guard [gɑ:d]
bewegen to move [mu:v]
sich bewegen to move [mu:v]
Bibliothek library ['laɪbri]
Bild picture ['pɪktʃə]
Bildschirm screen [skri:n]
Bildung education [edʒʊ'keɪʃn]
billig cheap [tʃi:p]

Bindeglied link [lɪŋk]
Birne pear [peə]
bis to [tʊ; tə]; until [ʌn'tɪl; n'tɪl]
bis zu up to ['ʌp tə]
Bis dann! See you! ['si: jə]
ein **bisschen** a bit [ə 'bɪt]
bitte please [pli:z]
Bitte schön! Here you are! ['hɪə ju:‿ɑ:]
Bitte sehr! You're welcome. [jʊə 'welkəm]
bitten (um) to ask (for) ['ɑ:sk fə]
blasen to blow [bləʊ]
Blatt leaf, leaves *(pl)* [li:f; li:vz]
blau blue [blu:]
bleiben to stay [steɪ]
Bleistift pencil ['pensl]
Blick look [lʊk]
einen vernichtenden Blick zuwerfen to give … a dirty look [ˌgɪv‿ə dɜ:ti 'lʊk]
blind blind [blaɪnd]
Blitzen flash [flæʃ]
blöd stupid ['stju:pɪd]
blond blond [blɒnd]; fair [feə]; blond(e)-haired ['blɒnd ˌheəd]
bloß only ['əʊnli]
Blume flower ['flaʊə]
Blut blood [blʌd]
blutig bloody ['blʌdi]
Boden ground [graʊnd]
Bohne bean [bi:n]
Bonbon sweet [swi:t]
Boot boat [bəʊt]
borgen to borrow ['bɒrəʊ]
bösartig fierce [fɪəs]
böse angry ['æŋgri]
böse sein auf to be angry with [bi: 'æŋgri wɪð]
Brand fire [faɪə]
brauchen to need [ni:d]; to take *(Zeit)* [teɪk]
braun brown [braʊn]
Breakdance tanzen to break-dance ['breɪkdɑ:nts]
brechen to break [breɪk]
brennen *(Licht)* to be on [bi:‿'ɒn]
brennen to burn [bɜ:n]
schwarzes **Brett** notice board ['nəʊtɪs bɔ:d]
Brief letter ['letə]
Briefmarke stamp [stæmp]
Brieftasche wallet ['wɒlɪt]
Briefumschlag envelope ['envələʊp]
bringen to bring [brɪŋ]; to take [teɪk]
es weit bringen to go far [gəʊ 'fɑ:]
nach Hause bringen to take home [ˌteɪk 'həʊm]
britisch British ['brɪtɪʃ]
Brot bread [bred]
belegtes Brot sandwich ['sænwɪdʒ]
Brücke bridge [brɪdʒ]
Bruder brother ['brʌðə]
Buch book [bʊk]
buchen to book [bʊk]
Bücherei library ['laɪbri]
Büchse tin [tɪn]
Buchstabe letter ['letə]
buchstabieren to spell [spel]
Bude stall [stɔ:l]
bügeln to iron [aɪən]
Bumm! Crash! [kræʃ]
Burg castle ['kɑ:sl]
Büro office ['ɒfɪs]
Bus bus, buses *(pl)* [bʌs; 'bʌsɪz]
im Bus on the bus [ˌɒn ðə 'bʌs]
Busch bush [bʊʃ]
Bushaltestelle bus stop ['bʌs ˌstɒp]
Butter butter ['bʌtə]

C

Café café ['kæfeɪ]
Cafeteria cafeteria [ˌkæfə'tɪəriə]
Camping camping ['kæmpɪŋ]
Cartoon cartoon [kɑ:'tu:n]
CD CD [ˌsi:'di:]
CD-Player CD player [ˌsi:'di: ˌpleɪə]
Celsius Celsius (C) ['selsiəs]
Charts charts *(pl)* [tʃɑ:ts]
chinesisch Chinese [tʃaɪ'ni:z]
circa about [ə'baʊt]
Cola coke [kəʊk]
College college ['kɒlɪdʒ]
Comic comic ['kɒmɪk]
Comicheft comic ['kɒmɪk]
Computer computer [ˌkəm'pju:tə]
cool cool [ku:l]
Cornflakes cornflakes ['kɔ:nfleɪks]
aus **Cornwall** Cornish ['kɔ:nɪʃ]
Couch sofa ['səʊfə]
Couchpotato couch potato ['kaʊtʃ pəˌteɪtəʊ]
Countdown countdown ['kaʊntdaʊn]
Cousin/Cousine cousin ['kʌzn]
Crew crew [kru:]
Curry *(Gewürz oder Gericht)* curry ['kʌri]

D

da there [ðeə]
da drüben over there [ˌəʊvə 'ðeə]
da ist there is [ðer‿'ɪz]
da sind there are [ðer‿'ɑ:]
Dach roof [ru:f]
dank thanks to ['θæŋks tə]
danke thanks [θæŋks]; thank you ['θæŋk‿ju:]
danken to thank [θæŋk]
dann then [ðen]
darauf zu towards [tə'wɔ:dz]
quer **darüber** across [ə'krɒs]
das the [ðə; ði]; that [ðæt]
Datum date [deɪt]
dauern to take [teɪk]
Decke blanket ['blæŋkɪt]
dein/deine your [jɔ:]
Dein … *(in Briefen)* Yours [jɔ:z]
Deine … *(in Briefen)* Yours [jɔ:z]
denken to think [θɪŋk]
der the [ðə; ði]
der/dem/den/die *(Relativpronomen)* who [hu:]
der/dem/den/die/das *(Relativpronomen)* which [wɪtʃ]
deren whose [hu:z]
derselbe/dieselbe/dasselbe the same [seɪm]
Desaster disaster [dɪ'zɑ:stə]
deshalb that's why ['ðæts ˌwaɪ]
dessen whose [hu:z]
Dessert dessert [dɪ'zɜ:t]
Detektiv/Detektivin detective [dɪ'tektɪv]
deutsch German ['dʒɜ:mən]
Deutscher/Deutsche German ['dʒɜ:mən]
Dezember December [dɪ'sembə]
Dialog dialogue ['daɪəlɒg]
Diamant diamond ['daɪəmənd]
Diät diet [daɪət]
eine Diät machen to go on a diet [ˌgəʊ‿ɒn ə 'daɪət]
dich you [ju:; jə]
Dichter/Dichterin poet ['pəʊɪt]
dick *(nicht für Personen)* thick [θɪk]
die the [ðə; ði]
Diener/Dienerin servant ['sɜ:vnt]
Dienst service ['sɜ:vɪs]
Dienstag Tuesday ['tju:zdeɪ]
dies this [ðɪs]
diese these [ði:z]
diese/dieser/dieses this [ðɪs]

an diesem Abend that evening [ˌdætˬ'iːvnɪŋ]
diese dort those [ðəʊz]
diese hier these [ðiːz]
digital digital ['dɪdʒɪtl]
Ding thing [θɪŋ]
dir you [juː; jə]
direkt direct [dɪ'rekt]
Direktor/Direktorin director [dɪ'rektə]
Disko disco ['dɪskəʊ]
Distanz distance ['dɪstns]
DJ DJ [ˌdiː'dʒeɪ]
Dokumentarfilm documentary [ˌdɒkjə'mentri]
dokumentiert on record [ɒn 'rekɔːd]
Dokusoap docu soap ['dɒkju ˌsəʊp]
Dom cathedral [kə'θiːdrl]
Donnerstag Thursday ['θɜːzdeɪ]
Doppelgänger double ['dʌbl]
das **Doppelte** double ['dʌbl]
Dorf village ['vɪlɪdʒ]
dort there [ðeə]
Dose tin [tɪn]
Drama drama ['drɑːmə]
dramatisch dramatic [drə'mætɪk]
draußen outside [aʊt'saɪd]
Drehbuch script [skrɪpt]
drehen to turn [tɜːn]
drin inside [ɪn'saɪd]
dritte/dritter/drittes third [θɜːd]
drücken to press [pres]; to push [pʊʃ]
drucken to print [prɪnt]
du you [juː; jə]
Du bist dran. It's your turn. [ɪts jɔː 'tɜːn]
dumm silly ['sɪli]; stupid ['stjuːpɪd]; thick [θɪk]
Dummkopf idiot ['ɪdɪət]; silly ['sɪli]
dunkel dark [dɑːk]
Dunkelheit dark [dɑːk]
durch through [θruː]
quer durch across [ə'krɒs]
durchdrehen to go bananas [ˌgəʊ bə'nɑːnəz]
Durcheinander mess [mes]
durchschnittlich average ['ævrɪdʒ]
dürfen can [kæn]
nicht dürfen mustn't ['mʌsnt]
Dusche shower ['ʃaʊə]
DVD DVD [diːviː'diː]
DVD-Player DVD player [ˌdiːviː'diː ˌpleɪə]

E

Ebene level ['levl]
echt real [rɪəl]
Ecke corner ['kɔːnə]
Es ist mir **egal.** I don't care. [aɪ dəʊnt 'keə]
Ehefrau wife, wives *(pl)* [waɪf; waɪvz]
Ei egg [eg]
eifersüchtig (auf) jealous (of) ['dʒeləs]
eigener/eigene/eigenes own [əʊn]
es **eilig haben** to be in a hurry [biːˬɪnˬə 'hʌri]
ein/eine a, an [ə; ən]
ein paar a few [ə 'fjuː]
einander each other [ˌiːtʃˬ'ʌðə]
Einband cover ['kʌvə]
Einbrecher/Einbrecherin burglar ['bɜːglə]
einfach easy ['iːzi]
Einfall idea [aɪ'dɪə]
einflussreich important [ɪm'pɔːtnt]
einige a few [ə 'fjuː]; any ['eni]; some [sʌm]
Einkauf shopping ['ʃɒpɪŋ]
Einkaufen shopping ['ʃɒpɪŋ]
Einkaufswagen trolley ['trɒli]
einladen to invite [ɪn'vaɪt]
Einladung invitation [ˌɪnvɪ'teɪʃn]
einmal once [wʌnts]
einsam lonely ['ləʊnli]
einschicken to send in [sendˬ'ɪn]
einschieben to put in [pʊtˬ'ɪn]
einsetzen to put in [pʊtˬ'ɪn]
einst once [wʌnts]
einsteigen *(in Zug, Bus, …)* to get on [getˬ'ɒn]
einsteigen (Bus) to get onto [getˬ'ɒntə]
einsteigen in (Auto) to get into [getˬ'ɪntə]
einstellen to set [set]
eintreten to enter ['entə]
Eintritt verboten! Keep out! [kiːpˬ'aʊt]
Eintrittskarte ticket ['tɪkɪt]
Einzelkind only child ['əʊnli ˌtʃaɪld]
einzige/einziger/einziges only ['əʊnli]
Eis ice [aɪs]; ice-cream [aɪs 'kriːm]
Eisbahn ice rink ['aɪs rɪŋk]
Eiscreme ice-cream [aɪs 'kriːm]
Eishockey ice hockey ['aɪs ˌhɒki]
ekelhaft yukky ['jʌki]
Elefant elephant ['elɪfənt]
Ellbogen elbow ['elbəʊ]
Elle *(Längenmaß: 0,914 m)* yard [jɑːd]
Eltern parents *(pl)* ['peərənts]
E-Mail e-mail ['iːmeɪl]
Empfang reception [rɪ'sepʃn]
Ende end [end]
enden to end [end]
endlich finally ['faɪnli]
englisch English ['ɪŋglɪʃ]
Entfernung distance ['dɪstns]
entkommen to escape [ɪ'skeɪp]; to get out [getˬ'aʊt]
entlang along [ə'lɒŋ]
Geh … entlang. Go down … . ['gəʊ daʊn]
entlanggehen to go down [gəʊ 'daʊn]
entscheiden to decide [dɪ'saɪd]
Entschuldigung! Excuse me! [ɪk'skjuːz mi]
sich **entspannen** to rest [rest]
enttäuscht disappointed [ˌdɪsə'pɔɪntɪd]
Entzücken glee [gliː]
er he [hiː]
Erbe/Erbin inheritor [ɪn'herɪtə]
Erbse pea [piː]
Erde world [wɜːld]
Erdkunde Geography [dʒi'ɒgrəfi]
Ereignis event [ɪ'vent]
erfahren to learn [lɜːn]
Erfassung registration [ˌredʒɪ'streɪʃn]
erfinden to invent [ɪn'vent]; to make up [meɪkˬ'ʌp]
Erfindung fiction ['fɪkʃn]
sich **erfreuen** to enjoy [ɪn'dʒɔɪ]
sich **erinnern (an)** to remember [rɪ'membə]
erklären to explain [ɪk'spleɪn]
erläutern to explain [ɪk'spleɪn]
noch einmal **erleben** to relive [ˌriː'lɪv]
erledigen to finish ['fɪnɪʃ]
erlöschen to go out [gəʊˬ'aʊt]
erreichen to catch [kætʃ]; to get to ['get tə]; to reach [riːtʃ]
ersetzen to substitute ['sʌbstɪtjuːt]
erst only ['əʊnli]
erstaunt surprised [sə'praɪzd]
erste/erster/erstes first [fɜːst]
ersticken to choke [tʃəʊk]
erwarten to expect [ɪk'spekt]
erzählen to tell [tel]
Erzählung story ['stɔːri]
Erziehung education [edʒʊ'keɪʃn]
es it [ɪt]
es gibt there are [ðerˬ'ɑː]; there is [ðerˬ'ɪz]
Es lautete … . It said … . [ɪt 'sed]

essen to eat [i:t]
Essen food [fu:d]
Essen zum Mitnehmen takeaway ['teɪkəweɪ]
Esszimmer dining room ['daɪnɪŋ rʊm]
et cetera etc. [ɪt'setrə]
etwa about [ə'baʊt]
etwas any ['eni]; anything ['eniθɪŋ]; some [sʌm]; something ['sʌmθɪŋ]
euch you [ju:; jə]
euer/eure your [jɔ:]
Euer ... *(in Briefen)* Yours [jɔ:z]
Eure ... *(in Briefen)* Yours [jɔ:z]
Euro *(Währung)* euro ['jʊərəʊ]
Examen exam [ɪg'zæm]
Experiment experiment [ɪk'sperɪmənt]

F

Fackel torch, torches *(pl)* [tɔ:tʃ; 'tɔ:tʃɪz]
Fahne flag [flæg]
Fähre ferry ['feri]
fahren to drive [draɪv]; to ride [raɪd]
fahren *(Schiff)* to sail [seɪl]
Fahrer/Fahrerin driver ['draɪvə]; rider ['raɪdə]
Fahrplan timetable ['taɪmteɪbl]
Fahrrad bike [baɪk]
mit dem Fahrrad by bike [baɪ 'baɪk]
Fahrschein ticket ['tɪkɪt]
Fahrt journey ['dʒɜ:ni]
fair fair [feə]
Fakt fact [fækt]
in der **Falle sitzen** to be trapped [bi: 'træpt]
fallen to fall [fɔ:l]; to drop [drɒp]
fallen lassen to drop [drɒp]
falls if [ɪf]
falsch wrong [rɒŋ]
falsch machen to get ... wrong [get ... 'rɒŋ]
Familie family ['fæmli]
Fan fan [fæn]
fangen to catch [kætʃ]
Fänger/Fängerin catcher ['kætʃə]
fantastisch fantastic [fæn'tæstɪk]
Farbe colour ['kʌlə]; paint [peɪnt]
färben to dye [daɪ]
Farm farm [fɑ:m]
fast almost ['ɔ:lməʊst]; nearly ['nɪəli]
Fastfood-Restaurant burger bar ['bɜ:gə ˌbɑ:]
Februar February ['februəri]
Federball badminton ['bædmɪntən]
Federmäppchen pencil case ['pensl ˌkeɪs]
fehlen to be missing [bi: 'mɪsɪŋ]; to miss [mɪs]
Feier party ['pɑ:ti]
eine Party **feiern** to have a party [ˌhæv‿ə 'pɑ:ti]
fein fine [faɪn]
Feind/Feindin enemy ['enəmi]
Feld field [fi:ld]
Fenster window ['wɪndəʊ]
Ferien holiday(s) ['hɒlədeɪ(z)]
Ferienhaus cottage ['kɒtɪdʒ]
Fernsehen TV [ˌti:'vi:]
Fernseher TV [ˌti:'vi:]
Fernsehglotzer/Fernsehglotzerin couch potato ['kaʊtʃ pəˌteɪtəʊ]
fertig ready ['redi]
festnehmen to arrest [ə'rest]
Feuer fire [faɪə]
Feuerstelle fire [faɪə]
Feuerwehr fire brigade ['faɪə brɪˌgeɪd]
Figur figure ['fɪgə]
Fiktion fiction ['fɪkʃn]
Film film [fɪlm]
finden to find [faɪnd]
Finger finger ['fɪŋgə]
Finsternis dark [dɑ:k]
Firma company ['kʌmpəni]
Fisch fish, fish *(pl)* [fɪʃ]
fischen to fish [fɪʃ]
Fischen fishing ['fɪʃɪŋ]
fit fit [fɪt]
Fläche area ['eəriə]
Flagge flag [flæg]
Flamme flame [fleɪm]
Flasche bottle ['bɒtl]
Fleck mark [mɑ:k]
Fleisch meat [mi:t]
fliegen to fly [flaɪ]
flüchten to escape [ɪ'skeɪp]
Flug flight [flaɪt]
Flughafen airport ['eəpɔ:t]
Flugzeug plane [pleɪn]
Flur corridor ['kɒrɪdɔ:]; hall [hɔ:l]
Fluss river ['rɪvə]
flüstern to whisper ['wɪspə]
flutartige Überschwemmung flash flood ['flæʃ ˌflʌd]
folgen to follow ['fɒləʊ]
folgend/folgender/folgende/folgendes following ['fɒləʊɪŋ]
Football American football [əˌmerɪkən 'fʊtbɔ:l]
Form form [fɔ:m]
Formular form [fɔ:m]
fortgeschritten advanced [əd'vɑ:nst]
Foto photo ['fəʊtəʊ]
Fotos machen to take pictures [teɪk 'pɪktʃəz]
Fotoapparat camera ['kæmrə]
Fotografie photo ['fəʊtəʊ]
fotografieren to take pictures [teɪk 'pɪktʃəz]
Foul foul [faʊl]
Frage question ['kwestʃn]
fragen to ask [ɑ:sk]
fragen nach to ask for ['ɑ:sk fə]
französisch French [frentʃ]
Frau woman, women *(pl)* ['wʊmən; 'wɪmɪn]
Frau *(Anrede)* Miss [mɪs]; Mrs ['mɪsɪz]
frei free [fri:]
Freitag Friday ['fraɪdeɪ]
fremd foreign ['fɒrɪn]
Fremder/Fremde alien ['eɪliən]; stranger ['streɪndʒə]
fressen to eat [i:t]
Freund/Freundin friend [frend]
Freund *(in einer Paarbeziehung)* boyfriend ['bɔɪfrend]
Freundin *(in einer Paarbeziehung)* girlfriend ['gɜ:lfrend]
Friede peace [pi:s]
frieren to be cold [bi: 'kəʊld]
frisch fresh [freʃ]
Friseur/Friseurin hairdresser ['heəˌdresə]
Frisur style [staɪl]
froh glad [glæd]; happy ['hæpi]
Frucht fruit [fru:t]
früh early ['ɜ:li]
Frühling spring [sprɪŋ]
Frühstück breakfast ['brekfəst]
frühstücken to have breakfast [hæv 'brekfəst]
frustriert frustrated [frʌs'treɪtɪd]
fühlen to feel [fi:l]
sich fühlen to feel [fi:l]
Führer/Führerin leader ['li:də]
Füller pen [pen]
Fundbüro Lost and Found ['lɒst ˌənd 'faʊnd]
funktionieren to work [wɜ:k]
für for [fɔ:; fə]
furchtbar awful ['ɔ:fl]; frightening ['fraɪtnɪŋ]; horrible ['hɒrəbl]; terrible ['terəbl]

German – English

sich **fürchten (vor)** to be afraid (of) [bi:‿ə'freɪd]
Fuß foot, feet *(pl)* [fʊt; fi:t]
Fuß *(Längenmaß: 30,48 cm)* foot, feet *(pl)* [fʊt; fi:t]
zu Fuß on foot [ɒn 'fʊt]
Fußball football ['fʊtbɔ:l]
Fußboden floor [flɔ:]
füttern to feed [fi:d]
Futur future ['fju:tʃə]

G

Gabel fork [fɔ:k]
Gang corridor ['kɒrɪdɔ:]
Gang *(Menü)* course [kɔ:s]
im **Gange sein** to be on [bi:‿'ɒn]
ganz all [ɔ:l]; full (of) [fʊl]
im **Ganzen** in all [ɪn‿'ɔ:l]
Garderobe wardrobe ['wɔ:drəʊb]
Garten garden ['gɑ:dn]
Gast guest [gest]
Gastgeber host [həʊst]
Gate gate [geɪt]
Gebäude building ['bɪldɪŋ]
geben to give [gɪv]
Gebiet area ['eəriə]
gebrochen broken ['brəʊkn]
Geburt birth [bɜ:θ]
Geburtstag birthday ['bɜ:θdeɪ]
Gedicht poem ['pəʊɪm]
gefährlich dangerous ['deɪndʒrəs]
Gefühl feeling ['fi:lɪŋ]
gegen against [ə'genst]
sich **gegenseitig** each other [ˌi:tʃ‿'ʌðə]
Geheimnis mystery ['mɪstəri]
gehen to go [gəʊ]; to leave [li:v]; to walk [wɔ:k]
Geh ... entlang. Go down .... ['gəʊ daʊn]
gehören zu to belong to [bɪ'lɒŋ tə]
Geist ghost [gəʊst]; mind [maɪnd]
gelangweilt bored [bɔ:d]
gelb yellow ['jeləʊ]
Geld money ['mʌni]
Geldbeutel wallet ['wɒlɪt]
Geldbuße fine [faɪn]
Geldstrafe fine [faɪn]
Gemüse vegetable ['vedʒtəbl]
genannt werden to be called [bi: 'kɔ:ld]
genau genommen in fact [ɪn 'fækt]
genießen to enjoy [ɪn'dʒɔɪ]
genug enough [ɪ'nʌf]
genügend enough [ɪ'nʌf]
geöffnet open ['əʊpn]
Geografie Geography [dʒi'ɒgrəfi]
Gepäck luggage ['lʌgɪdʒ]
Gepäckwagen trolley ['trɒli]
Geplauder chat [tʃæt]
Geräusch noise [nɔɪz]; sound [saʊnd]
gerecht fair [feə]
Gern geschehen! You're welcome. [jʊə 'welkəm]
gern haben to like [laɪk]
gern mögen to love [lʌv]
Geruch smell [smel]
Gesamtschule comprehensive school [kɒmprɪ'hensɪv ˌsku:l]
Geschäft shop [ʃɒp]; store [stɔ:]
Geschäftsmann businessman ['bɪznɪsmən]
geschehen to happen ['hæpn]
Geschenk present ['preznt]
Geschichte History ['hɪstəri]; story ['stɔ:ri]
geschieden von divorced from [dɪ'vɔ:st frɒm]
geschockt shocked [ʃɒkt]
Gesellschaft company ['kʌmpəni]
Gesicht face [feɪs]
Gespenst ghost [gəʊst]
Gespräch dialogue ['daɪəlɒg]
Gestalt figure ['fɪgə]
Gestank smell [smel]
gestern yesterday ['jestədeɪ]
gestern Abend last night [lɑ:st 'naɪt]
gestern Nacht last night [lɑ:st 'naɪt]
gesund healthy ['helθi]
Getränk drink [drɪŋk]
Gewächshaus greenhouse ['gri:nhaʊs]
Gewicht weight [weɪt]
gewinnen to win [wɪn]
Gewinner winner ['wɪnə]
gewiss certainly ['sɜ:tnli]
gewöhnlich usually ['ju:ʒli]
Gitter grid [grɪd]
Glas glass [glɑ:s]
glauben to believe [bɪ'li:v]; to think [θɪŋk]
gleich the same [seɪm]
gleich right away [raɪt‿ə'weɪ]
Glocke bell [bel]
Glück luck [lʌk]
du hast Glück you're lucky [ˌjʊə 'lʌki]
Viel Glück! Good luck! [ˌgʊd 'lʌk]
glücklich happy ['hæpi]; lucky ['lʌki]
Gold gold [gəʊld]
Mein **Gott!** My God! [maɪ 'gɒd]
Grab grave [greɪv]
Grabstein gravestone ['greɪvstəʊn]
Grad degree (°) [dɪ'gri:]
Gramm gramme (g) [græm]
Gras grass [grɑ:s]
grau grey [greɪ]
greifen to grab [græb]
Grieche/Griechin Greek [gri:k]
griechisch Greek [gri:k]
groß big [bɪg]; great [greɪt]; large [lɑ:dʒ]; tall [tɔ:l]
großartig fantastic [fæn'tæstɪk]; great [greɪt]; wicked ['wɪkɪd]
Größe height [haɪt]
Großstadt city ['sɪti]
grün green [gri:n]
Grundlinie back line [ˌbæk 'laɪn]
Grundschule primary school ['praɪməri ˌsku:l]
Gruppe group [gru:p]
gruselig scary ['skeəri]
Gummi rubber ['rʌbə]
Gummistiefel rubber boots *(pl)* [ˌrʌbə 'bu:ts]
gut fine [faɪn]; good [gʊd]
Es geht uns gut. We're OK. [ˌwɪər‿əʊ'keɪ]
Guten Morgen! Good morning! ['gʊd 'mɔ:nɪŋ]
gut mit ... umgehen können to be good with ... [bi: 'gʊd wɪð]
ich bin gut in ... I'm good at ... [aɪm 'gʊd‿ət]
Gymnasium grammar school ['græmə ˌsku:l]

H

Ha! Ha! [hɑ:]
Haar, Haare hair [heə]
haben to have [hæv]; to have got [hæv 'gɒt]
Hafen port [pɔ:t]
Hähnchen chicken ['tʃɪkɪn]
halb half [hɑ:f]
halb (drei) half past (two) ['hɑ:f pɑ:st]
eine halbe Stunde half an hour [ˌhɑ:f‿ən‿'aʊə]
zum halben Preis half-price [ˌhɑ:f'praɪs]

Halbschwester half-sister ['hɑ:fˌsɪstə]
Halle hall [hɔ:l]
Hallo! Hello! [he'ləʊ]
halten to keep [ki:p]
Haltestelle stop [stɒp]
Hand hand [hænd]
Hände weg! Hands off! [hændz‿'ɒf]
Handkarren trolley ['trɒli]
Handlung action ['ækʃn]
Handschuh glove [glʌv]
Handtasche handbag ['hænbæg]
Handy mobile ['məʊbaɪl]
hart hard [hɑ:d]; tough [tʌf]
Hass hate [heɪt]
hassen to hate [heɪt]
hätte gern would like [wʊd 'laɪk]
Haupt- main [meɪn]
Haus house [haʊs]
zu Hause at home [ət 'həʊm]
Hausaufgabe(n) homework ['həʊmwɜ:k]
Hausmeister/Hausmeisterin caretaker ['keəteɪkə]
Haustier pet [pet]
Heft exercise book ['eksəsaɪz ˌbʊk]
Heim home [həʊm]
Heimat home [həʊm]
Heimat- home [həʊm]
heiraten to marry ['mæri]
heiß hot [hɒt]
heißen to be called [bi: 'kɔ:ld]
Ich heiße .... My name is .... [maɪ 'neɪm‿ɪz]
Heizung heating ['hi:tɪŋ]
Held hero, heroes *(pl)* ['hɪərəʊ; 'hɪərəʊz]
Heldin heroine ['herəʊɪn]
helfen to help [help]
Helikopter helicopter ['helɪˌkɒptə]
hell fair [feə]
Helm helmet ['helmət]
Hemd shirt [ʃɜ:t]
heraus out [aʊt]
herausfinden to find out [faɪnd‿'aʊt]
herausnehmen to take out [teɪk‿'aʊt]
Herbst autumn ['ɔ:təm]
herein in [ɪn]
hereinkommen to come in [kʌm‿'ɪn]
Herr *(Anrede)* Mr ['mɪstə]
herüberkommen to come over [kʌm‿'əʊvə]
herüberreichen to pass [pɑ:s]
herum around [ə'raʊnd]
herumspringen to jump about [ˌdʒʌmp‿ə'baʊt]
sich **herumtreiben** to hang out [hæŋ‿'aʊt]
herunter down [daʊn]; off [ɒf]
herunterfallen to fall [fɔ:l]; to fall off [fɔ:l ɒf]
herunterkommen to come down [kʌm 'daʊn]
herunterladen to download [ˌdaʊn'ləʊd]
Herzliche Grüße love [lʌv]
heute today [tə'deɪ]
heute Abend tonight [tə'naɪt]
heute Nacht tonight [tə'naɪt]
Hi! Hi! [haɪ]
hier here [hɪə]
Hilfe help [help]
hilflos helpless ['helpləs]
hilfreich helpful ['helpfəl]
Himmel sky [skaɪ]
hinauf up [ʌp]; onto ['ɒntu:; 'ɒntə]
die Treppe **hinaufrennen** to run upstairs [ˌrʌn‿ʌp'steəz]
hinaufschauen to look up [lʊk‿'ʌp]
hinausgehen to go out [gəʊ‿'aʊt]
hinauslehnen to lean out [li:n‿'aʊt]
sich hinauslehnen to lean out [li:n‿'aʊt]
hinausstellen to put out [pʊt‿'aʊt]
hineingehen to go in [gəʊ‿'ɪn]
hinfallen to fall [fɔ:l]
hingehen to walk up to [wɔ:k‿'ʌp tə]
(sich) **hinlegen** to lie down [laɪ 'daʊn]
sich **hinsetzen** to sit down [sɪt 'daʊn]
hinter behind [bɪ'haɪnd]
Hinter- back [bæk]
hinterhergehen to follow ['fɒləʊ]
hinüber across [ə'krɒs]
hinübergehen to go over [gəʊ‿'əʊvə]
hinunter down [daʊn]
hinuntergehen to go down [gəʊ 'daʊn]
Hinweis clue [klu:]
hinzufügen to add [æd]
Hip-Hop hip hop ['hɪp hɒp]
Hit hit [hɪt]
Hitparade charts *(pl)* [tʃɑ:ts]
Hobby hobby, hobbies *(pl)* ['hɒbi; 'hɒbiz]
hoch high [haɪ]; tall [tɔ:l]
Hochmoor moor [mɔ:]
hochspringen to jump up [dʒʌmp‿'ʌp]
Hochwasser flood [flʌd]
Hockey hockey ['hɒki]
hoffen to hope [həʊp]
höflich polite [pə'laɪt]
Höhe height [haɪt]
holen to get [get]
Holz wood [wʊd]
hören to hear [hɪə]
Horoskop horoscope ['hɒrəskəʊp]
Hose trousers *(pl)* ['traʊzəz]
kurze Hose shorts *(pl)* [ʃɔ:ts]
Hosentasche pocket ['pɒkɪt]
Hotel hotel [həʊ'tel]
Hotelsuite hotel suite [həʊ'tel ˌswi:t]
Hubschrauber helicopter ['helɪˌkɒptə]
Huhn chicken ['tʃɪkɪn]
Hund dog [dɒg]
mit dem Hund spazieren gehen to walk the dog [wɔ:k ðə 'dɒg]
hundemüde dog-tired [ˌdɒg 'taɪəd]
hundert hundred ['hʌndrəd]
Hunger bekommen to get hungry [get 'hʌŋgri]
hungrig hungry ['hʌŋgri]
Hut hat [hæt]

I

ich I [aɪ]
Ich heiße .... My name is .... [maɪ 'neɪm‿ɪz]
Ich nehme .... I'm having .... [aɪm 'hævɪŋ]
ich würde gern I'd like to [ˌaɪd 'laɪk tə]
ich würde lieber I'd rather [aɪd 'rɑ:ðə]
Idee idea [aɪ'dɪə]
Idiot idiot ['ɪdɪət]
ihm him [hɪm]
ihn him [hɪm]
ihnen them [ðem]
Ihnen you [ju:; jə]
ihr you [ju:; jə]
ihr/ihre her [hɜ:]; their [ðeə]; its [ɪts]
Ihr/Ihre your [jɔ:]
Ikone icon ['aɪkɒn]
im Gange sein to be on [bi:‿'ɒn]
Imbiss snack [snæk]
im Ganzen in all [ɪn‿'ɔ:l]
immer always ['ɔ:lweɪz]
immer noch still [stɪl]
im unteren Teil at the bottom [ət ðə 'bɒtəm]
in at [æt; ət]; in [ɪn]; into ['ɪntə]
in ... hinein into ['ɪntə]
indisch Indian ['ɪndiən]
Industrie industry ['ɪndəstri]

German – English

Infokasten fact box ['fækt bɒks]
Information/Informationen information [ˌɪnfə'meɪʃn]
Informationszentrum information centre [ɪnfə'meɪʃn ˌsentə]
Inhalt content ['kɒntent]
Inlineskates skates *(pl)* [skeɪts]
Inlineskates fahren to skate [skeɪt]
innen inside [ɪn'saɪd]
innerhalb within [wɪ'ðɪn]
Insel island ['aɪlənd]
insgesamt in all [ɪn‿'ɔ:l]
Institut college ['kɒlɪdʒ]
interessant interesting ['ɪntrəstɪŋ]
sich **interessieren für** to get interested in [get 'ɪntrəstɪd]
interessiert interested ['ɪntrəstɪd]
international international [ˌɪntə'næʃnl]
Internet Internet ['ɪntənet]
im Internet surfen to surf the Internet [ˌsɜ:f ði‿'ɪntənet]
Internetauftritt website ['websaɪt]
Interview interview ['ɪntəvju:]
interviewen to interview ['ɪntəvju:]
irgendetwas anything ['eniθɪŋ]
irgendjemand anybody ['eniˌbɒdi]
irgendwo anywhere ['eniweə]; somewhere ['sʌmweə]
irisch Irish ['aɪrɪʃ]
Italiener/Italienerin Italian [ɪ'tæliən]
italienisch Italian [ɪ'tæliən]

J

ja yes [jes]
Jacke jacket ['dʒækɪt]
Jackentasche pocket ['pɒkɪt]
Jagdhund hound [haʊnd]
Jagen hunting ['hʌntɪŋ]
Jahr year [jɪə]
Jahreszeit season ['si:zn]
Jahrgangsstufe year [jɪə]
Jahrhundert century ['sentʃri]
-jährig year-old [ˌjɪər‿'əʊld]
-Jähriger/-Jährige year-old [ˌjɪər‿'əʊld]
Jahrmarkt fair [feə]
Januar January ['dʒænjuəri]
Jazz jazz [dʒæz]
je each [i:tʃ]
jede each [i:tʃ]
jede/jeder/jedes every ['evri]
jeder (beliebige) anybody ['eniˌbɒdi]
jemals ever ['evə]
jemand somebody ['sʌmbədi]; someone ['sʌmwʌn]
jene those [ðəʊz]
jenes that [ðæt]
jetzt now [naʊ]
jetzt gleich right now [ˌraɪt 'naʊ]
jeweils each [i:tʃ]
Job job [dʒɒb]
joggen to jog [dʒɒg]
Jugend youth [ju:θ]
jugendlich teenage ['ti:neɪdʒ]
Jugendliche/Jugendlicher teen [ti:n]; teenager ['ti:nˌeɪdʒə]
Juli July [dʒʊ'laɪ]
jung young [jʌŋ]
Junge boy [bɔɪ]; lad [læd]
Juni June [dʒu:n]
Juwel jewel ['dʒu:əl]

K

Kaffee coffee ['kɒfi:]
Kalender calendar ['kæləndə]
kalt cold [kəʊld]
Kamera camera ['kæmrə]
Kamerad/Kameradin mate [meɪt]
Kaminfeuer fire [faɪə]
Kampf fight [faɪt]
kämpfen to fight [faɪt]
Kampfrichter judge [dʒʌdʒ]
Kanal channel ['tʃænl]
Kanu fahren to canoe [kə'nu:]
Kappe cap [kæp]
Kapsel capsule ['kæpsju:l]
kaputt broken ['brəʊkn]
kaputtmachen to break [breɪk]
Karotte carrot ['kærət]
Karte card [kɑ:d]
Kartoffel potato, potatoes *(pl)* [pə'teɪtəʊ; pə'teɪtəʊz]
Kartoffelchip crisp [krɪsp]
Käse cheese [tʃi:z]
Kasten box, boxes *(pl)* [bɒks; 'bɒksɪz]
Katastrophe disaster [dɪ'zɑ:stə]
Kathedrale cathedral [kə'θi:drl]
Katze cat [kæt]
kaufen to buy [baɪ]
Kaufhaus department store [dɪ'pɑ:tmənt stɔ:]; store [stɔ:]
Kaufhausdetektiv/Kaufhausdetektivin store detective ['stɔ: dɪˌtektɪv]
Kautschuk rubber ['rʌbə]
kein/keine no [nəʊ]
keine Ahnung no idea [ˌnəʊ‿aɪ'dɪə]
keiner/keine none [nʌn]
Keks biscuit ['bɪskɪt]
Kelch cup [kʌp]
Kellergeschoss basement ['beɪsmənt]
Kellner waiter ['weɪtə]
kennen to know [nəʊ]
Kerl bloke [bləʊk]
Kette chain [tʃeɪn]
kicken to kick [kɪk]
Kilo(gramm) kilo (kg) ['kɪləʊ]
Kilometer kilometre ['kɪləʊˌmi:tə; kɪ'lɒmɪtə]
Kind child, children *(pl)* [tʃaɪld; 'tʃɪldrɪn]; kid [kɪd]
Kino cinema ['sɪnəmə]
Kirche church [tʃɜ:tʃ]
Kiste box, boxes *(pl)* [bɒks; 'bɒksɪz]
klagen to moan [məʊn]
Klang sound [saʊnd]
klar clear [klɪə]
klären *(ein Problem)* to sort out [sɔ:t‿'aʊt]
Klasse class [klɑ:s]
Klassenarbeit test [test]
Klassenzimmer classroom ['klɑ:srʊm]
klatschen to clap [klæp]
Kleider clothes *(pl)* [kləʊðz]
Kleiderschrank wardrobe ['wɔ:drəʊb]
Kleidung clothes *(pl)* [kləʊðz]
klein little [lɪtl]; small [smɔ:l]
klettern to climb ['klaɪm]
klicken to click [klɪk]
Klingel bell [bel]
klingeln to ring [rɪŋ]
Es klingelt. The bell rings. [ðə 'bel rɪŋz]
klingen to sound [saʊnd]
Klippe cliff [klɪf]
klopfen to knock [nɒk]
fest klopfen to bang [bæŋ]
Klopfen knock [nɒk]
Klub club [klʌb]
knarren to creak [kri:k]
Knie knee [ni:]
Knopf button ['bʌtn]
Kobold goblin ['gɒblɪn]
Koch/Köchin cook [kʊk]
Kochen cooking ['kʊkɪŋ]
Kollegium staff [stɑ:f]
komisch funny ['fʌni]
kommen to come [kʌm]; to get [get]
Komm./Kommt. Come on. [kʌm‿'ɒn]

kommen nach to get to ['get tə]
kommen zu to get to ['get tə]
Komödie comedy ['kɒmədi]
Kompanie company ['kʌmpəni]
Komparativ comparative [kəm'pærətɪv]
König king [kɪŋ]
Königin queen [kwi:n]
königlich royal ['rɔɪəl]
können can [kæn]
konnte/konnten could [kʊd]
könnte/könnten could [kʊd]
kann/könnte(n) vielleicht may [meɪ]
Konzert concert ['kɒnsət]
Kopf head [hed]
Kopfhörer headphones *(pl)* ['hedfəʊnz]
Kopfsalat lettuce ['letɪs]
kopieren to copy ['kɒpi]
kornisch Cornish ['kɔ:nɪʃ]
Körper body ['bɒdi]
körperlich physical ['fɪzɪkl]
korrekt correct [kə'rekt]; right [raɪt]
Korridor corridor ['kɒrɪdɔ:]
krabbeln to crawl [krɔ:l]
Krach! Crash! [kræʃ]
Kraft power ['paʊə]
krank sick [sɪk]
Krankenhaus hospital ['hɒspɪtl]
Krankenpfleger nurse [nɜ:s]
Krankenschwester nurse [nɜ:s]
Krankenwagen ambulance ['æmbjələns]
Krankmeldung sick note ['sɪk ˌnəʊt]
Kreis circle ['sɜ:kl]
Kreuzfahrt cruise [kru:z]
Kricket cricket ['krɪkɪt]
kriechen to crawl [krɔ:l]
Krimi detective story [dɪ'tektɪv ˌstɔ:ri]
Kritik review [rɪ'vju:]
Krone crown [kraʊn]
Küche kitchen ['kɪtʃɪn]
Kuchen cake [keɪk]
Küchenschrank cupboard ['kʌbəd]
Kuh cow [kaʊ]
sich **kümmern** to care [keə]
sich kümmern um to look after [lʊk‿'ɑ:ftə]
Kumpel mate [meɪt]
Kunde/Kundin customer ['kʌstəmə]
Kunst Art [ɑ:t]
Kurier courier ['kʊriə]
Kurs class [klɑ:s]
Kurve curve [kɜ:v]
kurz short [ʃɔ:t]
küssen to kiss [kɪs]
Küste coast [kəʊst]; seaside ['si:saɪd]
Küstenlinie coastline ['kəʊstlaɪn]

L

Labor lab(oratory) [læb; lə'bɒrətri]
lächeln to smile [smaɪl]
lachen to laugh [lɑ:f]
Laden shop [ʃɒp]; store [stɔ:]
Lamm lamb [læm]
Lammfleisch lamb [læm]
Land country, countries *(pl)* ['kʌntri; 'kʌntriz]; land [lænd]; state [steɪt]
landen to land [lænd]
landesweit national ['næʃnl]
Landkarte map [mæp]
Landstraße road [rəʊd]
Landungssteg pier [pɪə]
Landwirt/Landwirtin farmer ['fɑ:mə]
lang long [lɒŋ]
langsam slow [sləʊ]
langweilig boring ['bɔ:rɪŋ]
Laptop laptop ['læptɒp]
Lärm noise [nɔɪz]
lassen to leave [li:v]; to let [let]
Lasst uns .... Let's .... [lets]
Lassi *(Jogurtgetränk)* lassi ['lasɪ]
Laterne lantern ['læntən]
Lauf run [rʌn]
laufen to run [rʌn]; to walk [wɔ:k]; to be on [bi:‿'ɒn]
laufen gegen to run into [rʌn‿'ɪntə]
Läufer/Läuferin runner ['rʌnə]
laut loud [laʊd]
Es **lautete** .... It said .... [ɪt 'sed]
leben to live [lɪv]
Leben life, lives *(pl)* [laɪf; laɪvz]
lebendig alive [ə'laɪv]
Lebensmittel food [fu:d]
leer empty ['empti]
legen to put [pʊt]
sich legen to come down [kʌm 'daʊn]
lehren to teach [ti:tʃ]
Lehrer/Lehrerin teacher ['ti:tʃə]
leicht easy ['i:zi]
Leid tun to be sorry [bi: 'sɒri]
Tut mir Leid. sorry ['sɒri]
leihen to borrow ['bɒrəʊ]; to lend [lend]
Leinwand screen [skri:n]
leise quiet ['kwaɪət]; soft [sɒft]
lernen to learn [lɜ:n]; to study ['stʌdi]
lesen to read [ri:d]
letzte/letzter/letztes final ['faɪnl]; last [lɑ:st]
leuchten to glow [gləʊ]
leuchtend brilliant ['brɪljənt]
Leute people ['pi:pl]
Licht light [laɪt]
lieb dear [dɪə]
Liebe love [lʌv]
Liebe ... *(Anrede in Briefen)* Dear ... [dɪə]
Lieber ... *(Anrede in Briefen)* Dear ... [dɪə]
lieben to love [lʌv]
ich würde **lieber** I'd rather [aɪd 'rɑ:ðə]
Liebling dear [dɪə]; pet [pet]
Lieblings- favourite ['feɪvrɪt]
Lied song [sɒŋ]
liefern to deliver [dɪ'lɪvə]
Lieferwagen van [væn]
liegen to lie [laɪ]
Liga union ['ju:njən]
lila purple ['pɜ:pl]
Limonade lemonade [ˌlemə'neɪd]
Lineal ruler ['ru:lə]
Linie line [laɪn]
linke/linker/linkes left [left]
links left [left]; on the left [ɒn ðə 'left]
links abbiegen to turn left [tɜ:n 'left]
Lippenpflegestift lip balm ['lɪp bɑ:m]
Liste list [lɪst]
live live [laɪv]
Loch dump [dʌmp]
Löffel spoon [spu:n]
lokal local ['ləʊkl]
löschen *(Text)* to delete [dɪ'li:t]
löschen to put out [pʊt‿'aʊt]
lösen to solve [sɒlv]
losgehen *(Alarm)* to go off [gəʊ‿'ɒf]
Löwe lion ['laɪən]
Luft air [eə]
keine Luft bekommen to choke [tʃəʊk]
lustig funny ['fʌni]
sich lustig machen über to laugh at ['lɑ:f‿ət]
Lyrik poetry ['pəʊətri]

M

machen to do [du:]; to make [meɪk]
tot machen *(Volleyball)* to kill [kɪl]
eine Diät machen to go on a diet [ˌgəʊ‿ɒn ə 'daɪət]

sich lustig machen über to laugh at ['lɑ:f‿ət]
Spaß machen to be fun [bi: 'fʌn]
Macht power ['paʊə]
Mädchen girl [gɜ:l]
Magazin magazine [mægə'zi:n]
Magen stomach ['stʌmək]
Mahlzeit meal [mi:l]
Mai May [meɪ]
Make-up make-up ['meɪkʌp]
Mal *(zeitlich)* time [taɪm]
malen to paint [peɪnt]
Mama mum [mʌm]
man you [ju:; jə]; they [ðeɪ]
Manager/Managerin manager ['mænɪdʒə]
manchmal sometimes ['sʌmtaɪmz]
Mann! Cor! [kɔ:]
Mann man, men *(pl)* [mæn; men]
Mannschaft crew [kru:]; team [ti:m]
Mantel coat [kəʊt]
Mappe folder ['fəʊldə]
Markt market ['mɑ:kɪt]
Marmelade jam [dʒæm]
März March [mɑ:tʃ]
Mast post [pəʊst]
Mathematik Maths [mæθs]
Mauer wall [wɔ:l]
Maus mouse [maʊs]
Meer sea [si:]
Meeresküste seaside ['si:saɪd]
mehr more [mɔ:]
Mehrzahl plural ['plʊrəl]
Meile *(brit. Längenmaß)* mile [maɪl]
mein/meine my [maɪ]
Mein Gott! My God! [maɪ 'gɒd]
mein Herr *(Anrede)* sir [sɜ:]
das **meiste** most [məʊst]
die meisten most [məʊst]
eine **Menge** a lot of [ə 'lɒt‿əv]
Menschen people ['pi:pl]
Menschenmenge crowd [kraʊd]
Menü menu ['menju:]
sich **merken** to remember [rɪ'membə]
merkwürdig strange [streɪndʒ]
Messe fair [feə]
Messer knife, knives *(pl)* [naɪf; naɪvz]
Meter metre ['mi:tə]
mich me [mi:]
mich (selbst) myself [maɪ'self]
Miesmacher/Miesmacherin wet blanket [wet 'blæŋkɪt]
Mikrofon microphone ['maɪkrəfəʊn]
Milch milk [mɪlk]
Milchmann milkman, milkmen *(pl)* ['mɪlkmən; 'mɪlkmen]
Million million ['mɪlɪən]
mindestens at least [ət 'li:st]
Mineral- mineral ['mɪnərəl]
Minestrone minestrone [ˌmɪnɪ'strəʊni]
Minute minute ['mɪnɪt]
mir me [mi:]
mit with [wɪð]
mitbringen to bring [brɪŋ]
miteinander together [tə'geðə]
mitnehmen to take [teɪk]
Mitspieler/Mitspielerin player ['pleɪə]
Mittagessen lunch [lʌntʃ]
Mittagszeit lunchtime ['lʌntʃtaɪm]
mittel medium ['mi:diəm]
Mittelpunkt centre ['sentə]
Mitternacht midnight ['mɪdnaɪt]
Mittwoch Wednesday ['wenzdeɪ]
Möbel furniture ['fɜ:nɪtʃə]
Mobiltelefon mobile ['məʊbaɪl]
möchte gern would like [wʊd 'laɪk]
Mode fashion ['fæʃn]
Model model ['mɒdl]
Modell model ['mɒdl]
modisch trendy ['trendi]
mögen to like [laɪk]
gern mögen to love [lʌv]
möglich possible ['pɒsəbl]
Mohrrübe carrot ['kærət]
Molkerei dairy ['deəri]
Moment moment ['məʊmənt]
Moment mal! Hang on! ['hæŋ‿ɒn]
momentan at the moment [ət ðə 'məʊmənt]
Monat month [mʌnθ]
Mond moon [mu:n]
Montag Monday ['mʌndeɪ]
montags on Mondays [ɒn 'mʌndeɪz]
morgen tomorrow [tə'mɒrəʊ]
Morgen morning ['mɔ:nɪŋ]
am Morgen in the morning [ˌɪn ðə 'mɔ:nɪŋ]
am nächsten Morgen (the) next morning [(ðə) ˌnekst 'mɔ:nɪŋ]
Guten Morgen! Good morning! ['gʊd 'mɔ:nɪŋ]
Morgenappell assembly [ə'sembli]
Morgendämmerung dawn [dɔ:n]
morgens in the morning [ˌɪn ðə 'mɔ:nɪŋ]
MP3 MP3 [empi:'θri:]
MP3-Player MP3 player [empi:'θri: ˌpleɪə]
müde tired ['taɪəd]
Müll rubbish ['rʌbɪʃ]
Mülleimer bin [bɪn]
Müllkippe dump [dʌmp]
Mülltonne bin [bɪn]
Mund mouth [maʊθ]
Museum museum [mju:'zi:əm]
Musical musical ['mju:zɪkl]
Musik music ['mju:zɪk]
müssen must [mʌst]; to have to ['hæv tə]; to need [ni:d]
mutig brave [breɪv]
Mutter mother ['mʌðə]
Mutti mum [mʌm]
Mütze cap [kæp]
Mythos myth [mɪθ]

N

nach *(zeitlich)* after ['ɑ:ftə]
nach *(Uhrzeit)* past ['pɑ:st]
nach to [tʊ; tə]
nach draußen outside [aʊt'saɪd]
nach drinnen inside [ɪn'saɪd]
nach Hause home [həʊm]
nach Hause bringen to take home [ˌteɪk 'həʊm]
nach unten down [daʊn]
Nachbar/Nachbarin neighbour ['neɪbə]
Nachmittag afternoon [ˌɑ:ftə'nu:n]
am Nachmittag in the afternoon [ˌɪn ði ˌɑ:ftə'nu:n]
nachmittags in the afternoon [ˌɪn ði ˌɑ:ftə'nu:n]
Nachmittagstee afternoon tea [ˌɑ:ftənu:n 'ti:]
Nachricht message ['mesɪdʒ]
Nachricht(en) news *(sg.)* [nju:z]
nachschauen to have a look [ˌhæv‿ə 'lʊk]
nachschlagen to look up [lʊk‿'ʌp]
nächste/nächster/nächstes next [nekst]
am nächsten Morgen (the) next morning [(ðə) ˌnekst 'mɔ:nɪŋ]
Nacht night [naɪt]
heute Nacht tonight [tə'naɪt]
nachts at night [ət 'naɪt]
Nachtisch dessert [dɪ'zɜ:t]; pudding ['pʊdɪŋ]
Nachtschwester night nurse ['naɪt nɜ:s]
nahe near [nɪə]
in der **Nähe von** near [nɪə]

Nahrung food [fu:d]
Name name [neɪm]
Nase nose [nəʊz]
die Nase voll haben to be fed up [bi: ˌfed‿ˈʌp]
nass wet [wet]
national national [ˈnæʃnl]
National- national [ˈnæʃnl]
natürlich of course [əv ˈkɔ:s]
Naturwissenschaft Science [ˈsaɪəns]
Nebel fog [fɒg]
neben beside [bɪˈsaɪd]; next to [ˈnekst tə]
nebenan next door [ˌnekst ˈdɔ:]
neblig foggy [ˈfɒgi]
Neffe nephew [ˈnefju:]
nehmen to take [teɪk]
Ich nehme .... I'm having .... [aɪm ˈhævɪŋ]
neidisch (auf) jealous (of) [ˈdʒeləs]
nein no [nəʊ]
nennen to call [kɔ:l]
nervös nervous [ˈnɜ:vəs]
nett nice [naɪs]
Netz net [net]
neu new [nju:]
Neuigkeit(en) news *(sg.)* [nju:z]
nicht no [nəʊ]; not [nɒt]
nicht einmal not even [nɒt‿ˈi:vn]
noch nicht not ... yet [jet]
nichts nothing [ˈnʌθɪŋ]
nie never [ˈnevə]
nieder down [daʊn]
niederlegen to lie down [laɪ ˈdaʊn]
niemals never [ˈnevə]
niemand no one [ˈnəʊwʌn]
Niveau level [ˈlevl]
noch else [els]; still [stɪl]
noch ein/noch eine another [əˈnʌðə]
noch nicht not ... yet [jet]
Norden north [nɔ:θ]
normal normal [ˈnɔ:ml]
normalerweise usually [ˈju:ʒli]
Note *(in der Schule)* mark [mɑ:k]
Notfall emergency [ɪˈmɜ:dʒnsi]
Notiz note [nəʊt]; notice [ˈnəʊtɪs]
Notlage emergency [ɪˈmɜ:dʒnsi]
November November [nəʊˈvembə]
Nummer number [ˈnʌmbə]
nun now [naʊ]
nur only [ˈəʊnli]
nutzlos useless [ˈju:sləs]

O

ob if [ɪf]
oben above [əˈbʌv]; up [ʌp]; upstairs [ʌpˈsteəz]
oben at the top [ət ðə ˈtɒp]
oberhalb above [əˈbʌv]
obligatorisch compulsory [kəmˈpʌlsri]
Observatorium observatory [əbˈzɜ:vətri]
Obst fruit [fru:t]
obwohl although [ɔ:lˈðəʊ]
oder or [ɔ:]
offen open [ˈəʊpn]
öffnen to open [ˈəʊpən]
sich öffnen to open [ˈəʊpn]
Öffnungszeiten hours [ˈaʊəz]
oft often [ˈɒfn]
ohne without [wɪˈðaʊt]
ohne ... auskommen to go without [ˌgəʊ wɪˈðaʊt]
Ohr ear [ɪə]
Oje! Oh dear! [əʊ ˈdɪə]
OK OK [əʊˈkeɪ]
Oktober October [ɒkˈtəʊbə]
Oma grandma [ˈgrændmɑ:]
Onkel uncle [ˈʌŋkl]
Opa grandad [ˈgrændæd]
Orange orange [ˈɒrɪndʒ]
Ordner folder [ˈfəʊldə]
Ordner mit Informationen (über) fact file (on) [ˌfækt ˈfaɪl]
Organisator/Organisatorin organizer [ˈɔ:gənaɪzə]
organisieren to organize [ˈɔ:gənaɪz]
Ort place [pleɪs]
örtlich local [ˈləʊkl]
Osten east [i:st]
Ozean ocean [ˈəʊʃn]
Ozeandampfer ocean liner [ˈəʊʃn ˌlaɪnə]

P

ein **paar** a few [ə ˈfju:]
Päckchen packet [ˈpækɪt]
packen to pack [pæk]
Paket packet [ˈpækɪt]
Palast palace [ˈpælɪs]
in **Panik geraten** to panic [ˈpænɪk]
Panter panther [ˈpæntθə]
Papa dad [dæd]
Paradies paradise [ˈpærəˌdaɪs]
Park park [pɑ:k]
Partner/Partnerin partner [ˈpɑ:tnə]
Party party [ˈpɑ:ti]
eine Party feiern to have a party [ˌhæv‿ə ˈpɑ:ti]
Pass passport [ˈpɑ:spɔ:t]; pass [pɑ:s]
Passagier/Passagierin passenger [ˈpæsndʒə]
passen to fit [fɪt]
passen zu to go with [ˈgəʊ‿wɪð]
das nicht dazu passende odd one out [ɒd wʌn‿ˈaʊt]
Passkontrolle passports *(pl)* [ˈpɑ:spɔ:ts]
Patient/Patientin patient [ˈpeɪʃnt]
Pause break [breɪk]
PC PC [ˌpi:ˈsi:]
Pech bad luck [ˌbæd ˈlʌk]
peinlich embarrassing [ɪmˈbærəsɪŋ]
Pence *(Währung)* pence *(pl)* [pents]
Person person [ˈpɜ:sn]
Personal staff [stɑ:f]
Perücke wig [wɪg]
Pfad path [pɑ:θ]
Pfeife pipe [paɪp]
Pferd horse [hɔ:s]
Pflanze plant [plɑ:nt]
pflücken to pick [pɪk]
Pforte gate [geɪt]
Pfosten post [pəʊst]
Pfund *(Währung)* pound (£) [paʊnd]
Pfund *(Gewicht)* pound (lb) [paʊnd]
physisch physical [ˈfɪzɪkl]
Pier pier [pɪə]
pikant spicy [ˈspaɪsi]
pink pink [pɪŋk]
Pizza pizza [ˈpi:tsə]
Plakat poster [ˈpəʊstə]
Plan plan [plæn]
planen to plan [plæn]
Platz place [pleɪs]; room [ru:m; rʊm]
plötzlich at once [ət ˈwʌnts]; suddenly [ˈsʌdnli]
Plural plural [ˈplʊərəl]
Poet/Poetin poet [ˈpəʊɪt]
Poetry Slam *(Gedichtwettbewerb)* poetry slam [ˈpəʊətri ˌslæm]
Pokal cup [kʌp]
Polizei police [pəˈli:s]
Polizist policeman, policemen *(pl)* [pəˈli:smən; pəˈli:smen]
polnisch Polish [ˈpəʊlɪʃ]
Pommes frites chips *(pl)* [tʃɪps]
Pony pony [ˈpəʊni]
populär popular [ˈpɒpjələ]
Postamt post office [ˈpəʊst‿ˌɒfɪs]
Poster poster [ˈpəʊstə]

Postkarte postcard ['pəʊstkɑ:d]
praktizieren to practise ['præktɪs]
Preis price [praɪs]
zum halben Preis half-price [ˌhɑ:f'praɪs]
pressen to press [pres]
prima brilliant ['brɪljənt]; cool [ku:l]
Prinz prince [prɪns]
privat private ['praɪvɪt]
pro per [pɜ:]
proben to practise ['præktɪs]
proben *(ein Theaterstück)* to rehearse [rɪ'hɜ:s]
probieren to try [traɪ]
Problem problem ['prɒbləm]
Programm channel ['tʃænl]; programme ['prəʊgræm]
Projekt project ['prɒdʒekt]
Prüfung exam [ɪg'zæm]
Publikum audience ['ɔ:diəns]
Pudding pudding ['pʊdɪŋ]
Puder powder ['paʊdə]
Pulver powder ['paʊdə]
Punk punk [pʌŋk]
Punkt point [pɔɪnt]
punkten to score [skɔ:]
Punktestand score [skɔ:]
Puzzle puzzle ['pʌzl]

Q

quietschen to creak [kri:k]

R

Radiergummi rubber ['rʌbə]
Radio radio ['reɪdiəʊ]
Radiosendung radio show ['reɪdiəʊ ˌʃəʊ]
Rap rap [ræp]
rappen to rap [ræp]
Rasen grass [grɑ:s]
Rasierwasser aftershave ['ɑ:ftəʃeɪv]
raten to advise [əd'vaɪz]; to guess [ges]
Rätsel mystery ['mɪstəri]; puzzle ['pʌzl]
rau tough [tʌf]
rauben to rob [rɒb]
Rauch smoke [sməʊk]
rauchen to smoke [sməʊk]
Raum room [ru:m; rʊm]
Reaktion response [rɪ'spɒns]
Realityshow reality show [ri'æləti ˌʃəʊ]
Rechnung bill [bɪl]
Recht haben to be right [bi: 'raɪt]
rechte/rechter/rechtes right [raɪt]
rechts right [raɪt]; on the right [ɒn ðə 'raɪt]
rechts abbiegen to turn right [tɜ:n 'raɪt]
reden to talk [tɔ:k]
reden mit to talk to ['tɔ:k tə]
Regal shelf, shelves *(pl)* [ʃelf; ʃelvz]
Regalbrett shelf, shelves *(pl)* [ʃelf; ʃelvz]
Regel rule [ru:l]
regeln *(ein Problem)* to sort out [sɔ:t‿'aʊt]
Regen rain [reɪn]
Regenguss shower ['ʃaʊə]
Regenschirm umbrella [ʌm'brelə]
Regisseur/Regisseurin director [dɪ'rektə]
Registrierung registration [ˌredʒɪ'streɪʃn]
regnen to rain [reɪn]
regnerisch rainy ['reɪni]
reich rich [rɪtʃ]
Reihe row [rəʊ]
reinigen to clean [kli:n]
Reis rice [raɪs]
Reise journey ['dʒɜ:ni]; trip [trɪp]; travel ['trævl]
Reisebus coach [kəʊtʃ]
reisen to travel ['trævl]
Reisepass passport ['pɑ:spɔ:t]
reiten to ride [raɪd]
Reiter/Reiterin rider ['raɪdə]
Religionsunterricht Religious Education (RE) [rɪˌlɪdʒəs‿edʒʊ'keɪʃn]
religiös religious [rɪ'lɪdʒəs]
rennen to run [rʌn]
Rennen race [reɪs]
Reporter/Reporterin reporter [rɪ'pɔ:tə]
reservieren to book [bʊk]
Respekt respect [rɪ'spekt]
Rest rest [rest]
Restaurant restaurant ['restrɒnt]
Restaurant mit Straßenverkauf takeaway ['teɪkəweɪ]
retten to rescue ['reskju:]; to save [seɪv]
Rettung rescue ['reskju:]
Rettungsschwimmer/Rettungsschwimmerin lifeguard ['laɪfgɑ:d]
Rezept recipe ['resɪpi:]
Rezeption reception [rɪ'sepʃn]
Richter judge [dʒʌdʒ]
richtig correct [kə'rekt]; right [raɪt]
richtig machen to get … right [get … 'raɪt]
in **Richtung** towards [tə'wɔ:dz]
riechen to smell [smel]
riesig large [lɑ:dʒ]
Ring ring [rɪŋ]
etwas **riskieren** to take your chance [ˌteɪk jɔ: 'tʃɑ:ns]
Ritter knight [naɪt]
Rock skirt [skɜ:t]
Rolle part [pɑ:t]; role [rəʊl]
rosa pink [pɪŋk]
rot red [red]
rot werden to go red [gəʊ 'red]
Rücken back [bæk]
Rucksack rucksack ['rʌksæk]
rückwärtig back [bæk]
rufen to call [kɔ:l]; to cry [kraɪ]; to shout [ʃaʊt]
rufen *(Eule)* to hoot [hu:t]
Rugby rugby ['rʌgbi]
Rugbyschuh rugby boot [ˌrʌgbi 'bu:t]
Ruhe quiet ['kwaɪət]
ruhig calm [kɑ:m]; quiet ['kwaɪət]
Runde round [raʊnd]; run [rʌn]
Russe/Russin Russian ['rʌʃn]
russisch Russian ['rʌʃn]

S

Saal hall [hɔ:l]
Sache thing [θɪŋ]
sagen to say [seɪ]; to tell [tel]
Saison season ['si:zn]
Salat salad ['sæləd]
sammeln to collect [kə'lekt]
Samstag Saturday ['sætədeɪ]
Sand sand [sænd]
sandig sandy ['sændi]
Sandwich sandwich ['sænwɪdʒ]
sanft soft [sɒft]
Sänger/Sängerin singer ['sɪŋə]
sauber clean [kli:n]
säubern to clean [kli:n]
sauer sour ['saʊə]
Säugling baby, babies *(pl)* ['beɪbi; 'beɪbiz]
Schachtel box, boxes *(pl)* [bɒks; 'bɒksɪz]
Schaden harm [hɑ:m]
Schaf/Schafe sheep, sheep *(pl)* [ʃi:p]
es **schaffen** to make it ['meɪk‿ɪt]
Schalter desk [desk]

Schatz dear [dɪə]
Schau show [ʃəʊ]
schauen to look [lʊk]; to have a look [ˌhæv‿ə 'lʊk]
Schauplatz scene [si:n]
Schauspieler actor ['æktə]
Schauspielerin actress ['æktrəs]
schenken to give [gɪv]
scherzen to joke [dʒəʊk]
Scheune barn [bɑ:n]
schicken to send [send]
schieben to push [pʊʃ]
Schiedsrichter/Schiedsrichterin ref(eree) [ˌrefr'i:]
schief gehen to go wrong [gəʊ 'rɒŋ]
Schiff boat [bəʊt]
Schild sign [saɪn]
Schinken ham [hæm]
schlafen to sleep [sli:p]; to be asleep [ˌbi:‿ə'sli:p]
schläfrig sleepy ['sli:pi]
Schlafsack sleeping bag ['sli:pɪŋ ˌbæg]
Schlafzimmer bedroom ['bedrʊm]
Schlag knock [nɒk]; shot [ʃɒt]
schlagen to bang [bæŋ]; to bat [bæt]; to hit [hɪt]; to knock [nɒk]
k.o. schlagen to knock out [nɒk‿'aʊt]
Schläger bat [bæt]
Schlagmann/Schlagfrau batter ['bætə]
Schlagzeug drums *(pl)* [drʌmz]
Schlange queue [kju:]
schlecht bad [bæd]
schlechter worse [wɜ:s]
schlechteste/schlechtester/schlechtestes worst [wɜ:st]
schleichen to crawl [krɔ:l]
Schleiereule barn owl ['bɑ:n‿əʊl]
schließen to close [kləʊz]
Schließfach locker ['lɒkə]
schließlich in the end [ɪn ði:‿'end]
schlimmer worse [wɜ:s]
schlimmste/schlimmster/schlimmstes worst [wɜ:st]
Schlittschuhbahn ice rink ['aɪs rɪŋk]
Schloss castle ['kɑ:sl]
Schluss end [end]
zum Schluss in the end [ɪn ði:‿'end]
Schlüssel key [ki:]
schmackhaft tasty ['teɪsti]
schmecken to taste [teɪst]
Schminke make-up ['meɪkʌp]
Schmuck jewellery ['dʒu:əlri]
Schmuggler/Schmugglerin smuggler ['smʌglə]
schmutzig dirty ['dɜ:ti]
schnappen to grab [græb]
Schnee snow [snəʊ]
schneien to snow [snəʊ]
schnell fast [fɑ:st]; quick [kwɪk]
schnüffeln to sniff [snɪf]
schnuppern to sniff [snɪf]
schockiert shocked [ʃɒkt]
Schokolade chocolate ['tʃɒklət]
schön beautiful ['bju:tɪfl]; fine [faɪn]; nice [naɪs]
schon already [ɔ:l'redi]
schottisch Scottish ['skɒtɪʃ]
Schrank cupboard ['kʌbəd]
schrecklich awful ['ɔ:fl]; frightening ['fraɪtnɪŋ]; horrible ['hɒrəbl]; terrible ['terəbl]
Schrei cry [kraɪ]
schreiben to write [raɪt]
Schreibtisch desk [desk]
schreien to cry [kraɪ]; to shout [ʃaʊt]
schreien *(Eule)* to hoot [hu:t]
Schritt footstep ['fʊtstep]
schüchtern shy [ʃaɪ]
Schuh shoe [ʃu:]
Schule school [sku:l]
Schüler/Schülerin pupil ['pju:pl]
Schulfach subject ['sʌbdʒɪkt]
Schulhof playground ['pleɪgraʊnd]
Schulklasse class [klɑ:s]
Schulranzen school bag ['sku:l bæg]
Schultasche school bag ['sku:l bæg]
Schuppen shed [ʃed]
Schuss gunshot ['gʌnʃɒt]; shot [ʃɒt]
Schüssel bowl [bəʊl]
Schusswaffe gun [gʌn]
schütteln to shake [ʃeɪk]
schwach weak [wi:k]
schwach werden to go weak [gəʊ 'wi:k]
Schwamm sponge [spʌndʒ]
schwarz black [blæk]
Schwein pig [pɪg]
Schweinefleisch pork [pɔ:k]
schwenken to wave [weɪv]
schwer heavy ['hevi]
Schwester sister ['sɪstə]
schwierig difficult ['dɪfɪklt]; hard [hɑ:d]
Schwierigkeit problem ['prɒbləm]
Schwimmbad swimming pool ['swɪmɪŋ ˌpu:l]
Schwimmbecken swimming pool ['swɪmɪŋ ˌpu:l]
schwimmen to swim [swɪm]
Schwimmer/Schwimmerin swimmer ['swɪmə]
Schwimmreifen rubber ring [ˌrʌbə 'rɪŋ]
Sciencefiction science fiction [ˌsaɪəns 'fɪkʃn]
Scone *(Gebäck)* scone [skɒn]
Screenshot screen shot ['skri:n ˌʃɒt]
See lake [leɪk]
segeln to sail [seɪl]
sehen to see [si:]; to look [lʊk]
sehr very ['veri]
Seife soap [səʊp]
Seifenoper soap [səʊp]
sein to be [bi:]
an der Reihe sein to be on [bi:‿'ɒn]
an sein to be on [bi:‿'ɒn]
sein his [hɪz]; its [ɪts]
seine his [hɪz]; its [ɪts]
seit for [fɔ:]; since [sɪnts]
seitdem since [sɪnts]
Seite page [peɪdʒ]; side [saɪd]
Sekretär/Sekretärin secretary ['sekrətri]
Sekunde second ['seknd]
(ich) **selbst** myself [maɪ'self]
selbstverständlich of course [əv 'kɔ:s]
selten seldom ['seldəm]
seltsam strange [streɪndʒ]
Sendung programme ['prəʊgræm]; show [ʃəʊ]
auf Sendung on the air [ˌɒn ði‿'eə]
September September [sep'tembə]
Serie series, series *(pl)* ['sɪəri:z]
Service service ['sɜ:vɪs]
sich **setzen** to sit down [sɪt 'daʊn]
sich setzen zu to sit with ['sɪt wɪθ]
Shorts shorts *(pl)* [ʃɔ:ts]
Show show [ʃəʊ]
sicher safe [seɪf]; sure [ʃʊə]; certainly ['sɜ:tnli]
sichergehen to make sure [meɪk 'ʃʊə]
Sicherungskasten fuse-box ['fju:zbɒks]
Sicht view [vju:]
sie she [ʃi:]; her [hɜ:]
sie *(Mehrzahl)* they [ðeɪ]; them [ðem]
Sie you [ju:; jə]
siegen to win [wɪn]
Sieger winner ['wɪnə]
Siegtreffer winning goal ['wɪnɪŋ gəʊl]
Signal signal ['sɪgnl]
singen to sing [sɪŋ]
Sintflut flash flood ['flæʃ ˌflʌd]
Situationskomödie sitcom ['sɪtkɒm]

German – English

Sitz seat [si:t]
sitzen to sit [sɪt]
in der Falle sitzen to be trapped [bi: 'træpt]
Sitzplatz seat [si:t]
Skateboard skateboard ['skeɪtbɔ:d]
skaten to skate [skeɪt]
SMS text message ['tekst ˌmesɪdʒ]
Snack snack [snæk]
so so [səʊ]
so … wie … as … as [æz … æz; əz … əz]
so (schlimm) that (bad) ['ðæt bæd]
Sofa sofa ['səʊfə]
sofort at once [ət 'wʌnts]; right away [raɪt‿ə'weɪ]
sogar even ['i:vn]
Sohn son [sʌn]
solange wie as long as [əz 'lɒŋ‿əz]
sollte/sollten should [ʃʊd]
Sommer summer ['sʌmə]
Sommerfest summer fair ['sʌmə ˌfeə]
Sonne sun [sʌn]
Sonnenbräune suntan ['sʌntæn]
sonnig sunny ['sʌni]
Sonntag Sunday ['sʌndeɪ]
sonst else [els]
sich **Sorgen machen** to worry ['wʌri]
sorgfältig careful ['keəfl]
Sorte kind [kaɪnd]
Souvenir souvenir [ˌsu:və'nɪə]
Spaghetti spaghetti [spə'geti]
spannend exciting [ɪk'saɪtɪŋ]
sparen to save [seɪv]
Sparschwein piggy bank ['pɪgi bæŋk]
Spaß fun [fʌn]
Spaß haben to have fun [ˌhæv 'fʌn]
Spaß machen to be fun [bi: 'fʌn]
Viel Spaß! Have fun! [ˌhæv 'fʌn]
spät late [leɪt]
später later ['leɪtə]
zu spät late [leɪt]
spazieren gehen to go for a walk [ˌgəʊ fər‿ə 'wɔ:k]
Spaziergang walk [wɔ:k]
Speisekarte menu ['menju:]
Speisesaal dining room ['daɪnɪŋ rʊm]
spektakulär spectacular [spek'tækjələ]
speziell special ['speʃl]
Spiel game [geɪm]; match [mætʃ]; play [pleɪ]
spielen to play [pleɪ]
spielen *(Theater)* to act [ækt]
Spieler/Spielerin player ['pleɪə]
Spielfeld court [kɔ:t]; pitch [pɪtʃ]
Spielplatz playground ['pleɪgraʊnd]
Spielstand score [skɔ:]
Spielzeug toy [tɔɪ]
Sport sport [spɔ:t]
Sport *(Schulfach)* Physical Education (PE) [ˌfɪzɪkl‿edʒʊ'keɪʃn]
Sport machen to exercise ['eksəsaɪz]
Sport treiben to do sports [du: 'spɔ:ts]
Sportfest sports day ['spɔ:ts deɪ]
Sportgeschäft sports shop ['spɔ:ts ʃɒp]
sportlich sporty ['spɔ:ti]
Sportplatz sports field ['spɔ:ts fi:ld]
Sportzeug PE kit [ˌpi:‿'i: kɪt]
Sprache language ['læŋgwɪdʒ]
sprechen to say [seɪ]; to speak [spi:k]; to talk [tɔ:k]
sprechen mit to talk to ['tɔ:k tə]
Sprecher/Sprecherin speaker ['spi:kə]
springen to jump [dʒʌmp]
Staat state [steɪt]
staatlich state [steɪt]
Stadion stadium ['steɪdiəm]; arena [ə'ri:nə]
Stadt city ['sɪti]; town [taʊn]
Stadtplan map [mæp]
Stammkunde/Stammkundin regular ['regjələ]
Stand stall [stɔ:l]
Standbesitzer/Standbesitzerin stall holder ['stɔ:l ˌhəʊldə]
ständig always ['ɔ:lweɪz]
Star star [stɑ:]
stark strong [strɒŋ]; hard [hɑ:d]
Stärke power ['paʊə]
Start start [stɑ:t]
starten to start [stɑ:t]
Station station ['steɪʃn]
stattfinden to take place [teɪk 'pleɪs]
Stau traffic jam ['træfɪk ˌdʒæm]
Steelband *(Band, deren Instrumente aus leeren Ölfässern bestehen)* steel band [ˌsti:l 'bænd]
stehen to stand [stænd]
stehlen to steal [sti:l]
steigen to climb ['klaɪm]; to rise [raɪz]
Stein stone [stəʊn]
Stelle place [pleɪs]
stellen *(Uhr)* to set [set]
sterben to die [daɪ]
Stern star [stɑ:]
Sternwarte observatory [əb'zɜ:vətri]
Stiefel boot [bu:t]
Stiefvater stepdad ['stepdæd]
Stil style [staɪl]
still quiet ['kwaɪət]
Stille quiet ['kwaɪət]
Stimme voice [vɔɪs]
Stock stick [stɪk]
im oberen Stock upstairs [ʌp'steəz]
im unteren Stock downstairs [daʊn'steəz]
stöhnen to moan [məʊn]
Stollenschuh rugby boot [ˌrʌgbi 'bu:t]
stolz auf proud of ['praʊd‿əv]
stoßen to knock [nɒk]; to push [pʊʃ]
stoßen gegen to run into [rʌn‿'ɪntə]
Strand beach [bi:tʃ]
Straße road [rəʊd]; street [stri:t]
Strauch bush [bʊʃ]
Streich trick [trɪk]
streichen to paint [peɪnt]
Streit argument ['ɑ:gjəmənt]
streiten to argue ['ɑ:gju:]; to fight [faɪt]
sich streiten to have an argument [ˌhæv‿ən‿'ɑ:gjəmənt]
streng strict [strɪkt]
strikt strict [strɪkt]
studieren to study ['stʌdi]
Studio studio ['stju:diəʊ]
Stuhl chair [tʃeə]
Stunde hour ['aʊə]
eine halbe Stunde half an hour [ˌhɑ:f‿ən‿'aʊə]
stundenlang for hours [fər‿'aʊəz]
Stundenplan timetable ['taɪmteɪbl]
Sturm storm [stɔ:m]
stürmisch stormy ['stɔ:mi]
suchen nach to look for ['lʊk fə]
Süden south [saʊθ]
Südwesten southwest [ˌsaʊθ'west]
Superlativ superlative [su:'pɜ:lətɪv]
Supermarkt supermarket ['su:pəˌmɑ:kɪt]
Suppe soup [su:p]
surfen to surf [sɜ:f]
im Internet surfen to surf the Internet [ˌsɜ:f ði‿'ɪntənet]
Surfen surfing ['sɜ:fɪŋ]
süß sweet [swi:t]
Süßigkeit sweet [swi:t]
Sweatshirt sweatshirt ['swetʃɜ:t]
System system ['sɪstəm]
Szene scene [si:n]

T

Tabelle grid [grɪd]
Tafel board [bɔ:d]
Tag day [deɪ]
Einen schönen Tag. Have a nice day. [ˌhæv‿ə naɪs 'deɪ]
Einen schönen Tag noch. Have a nice day. [ˌhæv‿ə naɪs 'deɪ]
eines Tages one day [wʌn 'deɪ]
Tagesanbruch dawn [dɔ:n]
Tagesfahrkarte day travel card [ˌdeɪ 'trævl ˌkɑ:d]
täglich daily ['deɪli]
Talkmaster host [həʊst]
Talkshow talk show ['tɔ:k ˌʃəʊ]
Tante aunt [ɑ:nt]
tanzen to dance [dɑ:nts]
Breakdance tanzen to break-dance ['breɪkdɑ:nts]
tapfer brave [breɪv]
Tasche bag [bæg]
Taschendieb/Taschendiebin pickpocket ['pɪkˌpɒkɪt]
Taschengeld pocket money ['pɒkɪt ˌmʌni]
Taschenlampe torch, torches *(pl)* [tɔ:tʃ; 'tɔ:tʃɪz]
Taschenmesser penknife, penknives *(pl)* ['pennaɪf; 'pennaɪvz]
Tasse cup [kʌp]
tasten nach to feel for ['fi:l fə]
in der **Tat** in fact [ɪn 'fækt]
Tätowierung tattoo [tæt'u:]
Tatsache fact [fækt]
tauchen to dive [daɪv]
Tausch exchange [ɪks'tʃeɪndʒ]; swap [swɒp]
tauschen to change [tʃeɪndʒ]; to swap [swɒp]
tausend thousand ['θaʊznd]
Taxi taxi ['tæksi]
Team team [ti:m]
Technik Technology [tek'nɒlədʒi]
Tee tea [ti:]
Teenager teenager ['ti:nˌeɪdʒə]
Teil part [pɑ:t]
teilen to share [ʃeə]
teilnehmen an to take part in [teɪk 'pɑ:t‿ɪn]
Telefon phone [fəʊn]
telefonieren to phone [fəʊn]
Telefonnummer phone number ['fəʊn ˌnʌmbə]
Telefonzelle phone box ['fəʊn ˌbɒks]
Teller plate [pleɪt]
Temperatur temperature ['temprətʃə]
Tennis tennis ['tenɪs]
Test test [test]
teuer expensive [ɪk'spensɪv]
Textnachricht schicken to text [tekst]
Theaterstück play [pleɪ]
Thema subject ['sʌbdʒɪkt]; topic ['tɒpɪk]
Thriller thriller ['θrɪlə]
Ticket ticket ['tɪkɪt]
Tier animal ['ænɪml]
Tierpark zoo [zu:]
Tierpfleger/Tierpflegerin zookeeper ['zu:ki:pə]
Tiger tiger ['taɪgə]
Tipp tip [tɪp]
Tisch table ['teɪbl]
den Tisch decken to set the table [ˌset ðə 'teɪbl]
Tischtennis table-tennis ['teɪblˌtenɪs]
Titel title ['taɪtl]
Titelseite cover ['kʌvə]
Toilette toilet ['tɔɪlɪt]
toll great [greɪt]; brilliant ['brɪljənt]
Tomate tomato, tomatoes *(pl)* [tə'mɑ:təʊ; tə'mɑ:təʊz]
Ton sound [saʊnd]
Topf pot [pɒt]
Tor gate [geɪt]; goal [gəʊl]
ein Tor schießen to score [skɔ:]
Torpfosten goal post ['gəʊl pəʊst]
Torwart goalkeeper ['gəʊlˌki:pə]
tot dead [ded]
töten to kill [kɪl]
Tourist/Touristin tourist ['tʊərɪst]
Tradition tradition [trə'dɪʃn]
tragen to carry ['kæri]
Training practice ['præktɪs]; training ['treɪnɪŋ]
Transport transport ['trænspɔ:t]
Traum dream [dri:m]
traurig sad [sæd]
treffen to meet [mi:t]; to hit [hɪt]
sich treffen to meet [mi:t]
Treffen meeting ['mi:tɪŋ]
Treppe stairs *(pl)* [steəz]
die Treppe hinaufrennen to run upstairs [ˌrʌn‿ʌp'steəz]
treten to kick [kɪk]
Tribüne stand [stænd]
Trick trick [trɪk]
trinken to drink [drɪŋk]
Tritt kick [kɪk]
Trödelstand white elephant stall [ˌwaɪt 'elɪfənt stɔ:l]
tschüss bye [baɪ]
T-Shirt T-shirt ['ti:ʃɜ:t]
tun to do [du:]; to make [meɪk]
Tunnel tunnel ['tʌnl]
Tür door [dɔ:]
türkisch Turkish ['tɜ:kɪʃ]
Türklingel doorbell ['dɔ:bel]
Turm tower ['taʊə]
Turnhalle gym [dʒɪm]
Turnschuhe trainers ['treɪnəz]
Türstufe doorstep ['dɔ:step]
Tüte bag [bæg]
Typ bloke [bləʊk]

U

U-Bahn underground ['ʌndəgraʊnd]
Übelkeit verspüren to feel sick [fi:l 'sɪk]
üben to exercise ['eksəsaɪz]; to practise ['præktɪs]
über above [ə'bʌv]; across [ə'krɒs]; [ə'krɒs]; over ['əʊvə]; about [ə'baʊt]
überall anywhere ['eniweə]; everywhere ['evriweə]
überprüfen to check [tʃek]
überraschend surprising [sə'praɪzɪŋ]
überrascht surprised [sə'praɪzd]
Überschrift title ['taɪtl]
Überschwemmung flood [flʌd]
flutartige Überschwemmung flash flood ['flæʃ ˌflʌd]
übrig left [left]
Übung exercise ['eksəsaɪz]
Übungsheft exercise book ['eksəsaɪz ˌbʊk]
Uhr clock [klɒk]
Uhr *(Zeitangabe)* o'clock [ə'klɒk]
Um wie viel Uhr ... ? What time ... ? [wɒt 'taɪm]
Wie viel Uhr ist es, bitte? What's the time, please? [ˌwɒts ðə 'taɪm ˌpli:z]
umdrehen to turn [tɜ:n]
sich umdrehen to turn over [ˌtɜ:n‿'əʊvə]; to turn round [tɜ:n 'raʊnd]
Umfrage survey ['sɜ:veɪ]
Umgebung environment [ɪn'vaɪərnmənt]
umhauen to knock out [nɒk‿'aʊt]
umher around [ə'raʊnd]
umkehren to turn back [tɜ:n 'bæk]

German – English

Umschlag envelope ['envələʊp]
sich **umsehen** to look round [lʊk 'raʊnd]
umsteigen to change [tʃeɪndʒ]
Umwelt environment [ɪn'vaɪərnmənt]
Umweltverschmutzung pollution [pə'lu:ʃn]
umziehen to move [mu:v]
unabhängig independent [ˌɪndɪ'pendənt]
und and [ænd]
Unfall accident ['æksɪdnt]
ungefähr about [ə'baʊt]
ungesund unhealthy [ʌn'helθi]
unglücklich unhappy [ʌn'hæpi]
unheimlich scary ['skeəri]; spooky ['spu:ki]
Uniform uniform ['ju:nɪfɔ:m]
Union union ['ju:njən]
Unordnung mess [mes]
Unrecht haben to be wrong [bi: 'rɒŋ]
uns us [ʌs]
unser/unsere our ['aʊə]
Unsinn rubbish ['rʌbɪʃ]
unten down [daʊn]; at the bottom [ət ðə 'bɒtəm]; downstairs [daʊn'steəz]
  nach unten down [daʊn]
unter under ['ʌndə]
Unterführung tunnel ['tʌnl]
Untergeschoss basement ['beɪsmənt]
sich **unterhalten** to chat [tʃæt]
Unterhaltung chat [tʃæt]
Unterricht class [klɑ:s]
unterrichten to teach [ti:tʃ]
Unterrichtsstunde lesson ['lesn]
Unterschied difference ['dɪfrns]
unterschreiben to sign [saɪn]
unterstreichen to underline [ˌʌndə'laɪn]
Urlaub holiday(s) ['hɒlədeɪ(z)]
usw. etc. [ɪt'setrə]

V

Vater father ['fɑ:ðə]
Vati dad [dæd]
verändern to change [tʃeɪndʒ]
verängstigt scared [skeəd]
Veranstalter/Veranstalterin organizer ['ɔ:gənaɪzə]
Veranstaltung event [ɪ'vent]; session ['seʃn]
verärgert angry ['æŋgri]
Verbindung link [lɪŋk]
verbrennen to burn [bɜ:n]
verbringen to spend [spend]
verdammt bloody ['blʌdi]
Verein club [klʌb]
Vereinigung union ['ju:njən]
verfehlen to miss [mɪs]
Vergangenheit past [pɑ:st]
vergessen to forget [fə'get]
vergleichen to compare [kəm'peə]
verhaften to arrest [ə'rest]
verheiratet mit married to ['mærid tə]
sich **verirren** to get lost [get 'lɒst]
  sich verirrt haben to be lost [bi: 'lɒst]
verkaufen to sell [sel]
Verkäufer/Verkäuferin shop assistant ['ʃɒp‿əˌsɪstnt]
Verkehr traffic ['træfɪk]
Verkehrsmittel transport *(no pl.)* ['trænspɔ:t]
verlassen to leave [li:v]
verletzen to hurt [hɜ:t]
verletzt hurt [hɜ:t]
Verletzung harm [hɑ:m]
verlieren to lose [lu:z]
  verloren gehen to get lost [get 'lɒst]
vermissen to miss [mɪs]
vermuten to guess [ges]
vernünftig sensible ['sensɪbl]
verpassen to miss [mɪs]
verregnet rainy ['reɪni]
verrückt crazy ['kreɪzi]; mad [mæd]
  verrückt machen to drive crazy [draɪv 'kreɪzi]
  verrückt nach … sein to be nuts about [bi: ˌnʌts‿ə'baʊt]
  verrückt werden to go bananas [ˌgəʊ bə'nɑ:nəz]
Versammlung assembly [ə'sembli]
verschieden different ['dɪfrnt]
verschlafen sleepy ['sli:pi]
Verschmutzung pollution [pə'lu:ʃn]
verschneit snowy ['snəʊi]
verschwinden to disappear [ˌdɪsə'pɪə]
verspätet late [leɪt]
versprechen to promise ['prɒmɪs]
Verstand mind [maɪnd]
verstecken to hide [haɪd]
  sich verstecken to hide [haɪd]
verstehen to understand [ˌʌndə'stænd]
Versuch experiment [ɪk'sperɪmənt]
versuchen to try [traɪ]
vertrauen to trust [trʌst]
verwenden to use [ju:z]
verzeichnet on record [ɒn 'rekɔ:d]
Video video ['vɪdiəʊ]
viel a lot [ə 'lɒt]; much [mʌtʃ]
  viele many ['meni]
  viel/viele a lot of [ə 'lɒt‿əv]; lots (of) ['lɒts‿əv]
  Viel Glück! Good luck! [ˌgʊd 'lʌk]
vielleicht maybe ['meɪbi]
Viertel quarter ['kwɔ:tə]
  Viertel nach quarter past ['kwɔ:tə pɑ:st]
  Viertel vor quarter to ['kwɔ:tə tə]
violett purple ['pɜ:pl]
Vogel bird [bɜ:d]
voll (von/mit) full (of) [fʊl]
Volleyball volleyball ['vɒlibɔ:l]
vollständig complete [kəm'pli:t]
von from [frɒm]; of [ɒv; əv]
vor before [bɪ'fɔ:]; in front of [ɪn 'frʌnt‿əv]
  vor *(zeitlich)* ago [ə'gəʊ]
vorbei over ['əʊvə]; past [pɑ:st]
sich **vorbereiten** to get ready [get 'redi]
Vorhersage *(Wetter)* forecast ['fɔ:kɑ:st]
Vormittag morning ['mɔ:nɪŋ]
vormittags *(Uhrzeit)* a.m. [ˌeɪ'em]
  vormittags in the morning [ˌɪn ðə 'mɔ:nɪŋ]
Vorschrift rule [ru:l]
vorsichtig careful ['keəfl]
Vorsingen audition [ɔ:'dɪʃn]
Vorspeise starter ['stɑ:tə]
Vorsprechen audition [ɔ:'dɪʃn]
sich (etwas) **vorstellen** to imagine [ɪ'mædʒɪn]
Vorstellung performance [pə'fɔ:məns]
Vortanzen audition [ɔ:'dɪʃn]
vorüber over ['əʊvə]; past [pɑ:st]

W

wachsen to rise [raɪz]
etwas **wagen** to take your chance [ˌteɪk jɔ: 'tʃɑ:ns]
wählen to choose [tʃu:z]
wahr true [tru:]
während *(+ Nomen)* during *(+ noun)* ['djʊərɪŋ]
wahrscheinlich probably ['prɒbəbli]
Waliser/Waliserin Welsh [welʃ]
walisisch Welsh [welʃ]
Wand wall [wɔ:l]
Wandtafel board [bɔ:d]

wann when [wen]
warm warm [wɔ:m]
warten to wait [weɪt]
warten auf to wait for ['weɪt fɔ:]
Warte mal! Hang on! ['hæŋ‿ɒn]
Wärter/Wärterin zookeeper ['zu:ki:pə]
Warteschlange queue [kju:]
warum why [waɪ]
was what [wɒt]
Was ist los? What's up? [ˌwɒts‿'ʌp]
Was ist mit … ? What about … ? [wɒt‿ə'baʊt]
Was steht da? What does it say? [ˌwɒt dʌz‿ɪt 'seɪ]
(sich) **waschen** to wash [wɒʃ]
Wasser water ['wɔ:tə]
Website website ['websaɪt]
Wechselgeld change [tʃeɪndʒ]
wechseln to change [tʃeɪndʒ]
wecken to wake [weɪk]
Wecker alarm clock [ə'lɑ:m ˌklɒk]
weg away [ə'weɪ]
Weg way [weɪ]; path [pɑ:θ]
Er ist auf dem Weg zu … . He is on his way to … . [ˌhi:‿ɪz‿ɒn hɪz 'weɪ tə]
wegbleiben to stay out [steɪ‿'aʊt]
weggehen to leave [li:v]
wegnehmen to take [teɪk]
wegrennen to run away [rʌn‿ə'weɪ]
weh tun to hurt [hɜ:t]
wehen to fly [flaɪ]; to blow [bləʊ]
weich soft [sɒft]
weil because [bɪ'kɒz]
weinen to cry [kraɪ]
weit far [fɑ:]
weit kommen to go far [gəʊ 'fɑ:]
es weit bringen to go far [gəʊ 'fɑ:]
weitergeben to pass [pɑ:s]
Weitsprung long jump ['lɒŋ ˌdʒʌmp]
welche/welcher/welches what [wɒt]; which [wɪtʃ]
Welle wave [weɪv]
Wellenreiten surfing ['sɜ:fɪŋ]
Welt world [wɜ:ld]
wem who [hu:]
wen who [hu:]
wenige few [fju:]
wenigstens at least [ət 'li:st]
wenn if [ɪf]; when [wen]
wer who [hu:]
werden to become [bɪ'kʌm]; to get [get]
werden, werden nicht *(futurisch)* will ('ll), won't [wɪl; wəʊnt]
werfen to throw [θrəʊ]
Werfer/Werferin pitcher ['pɪtʃə]
Werkstatt workshop ['wɜ:kʃɒp]
wertvoll valuable ['væljuəbl]
wessen whose [hu:z]
Westen west [west]
wetten to bet [bet]
Wetter weather ['weðə]
Wettkampf match [mætʃ]
Wettlauf race [reɪs]
einen Wettlauf machen to run a race [ˌrʌn‿ə 'reɪs]
wichtig important [ɪm'pɔ:tnt]
widerhallen to echo ['ekəʊ]
wie *(Vergleich)* like [laɪk]
wie as [æz; əz]
wie how [haʊ]
Wie spät ist es, bitte? What's the time, please? [ˌwɒts ðə 'taɪm ˌpli:z]
Wie viel Uhr … ? What time … ? [wɒt 'taɪm]
Wie alt bist du? How old are you? [ˌhaʊ‿'əʊld‿ɑ: ju:]
Wie geht es dir/Ihnen/euch? How are you? [ˌhaʊ‿'ɑ: ju:]
Wie heißt du? What's your name? [ˌwɒts jə 'neɪm]
wie viele how many [haʊ 'meni]
Wie viel kosten … ? How much are … ? [ˌhaʊ 'mʌtʃ‿ɑ:]
Wie viel kostet … ? How much is … ? [ˌhaʊ 'mʌtʃ‿ɪz]
Wie viel Uhr ist es, bitte? What's the time, please? [ˌwɒts ðə 'taɪm ˌpli:z]
Wie wäre es mit … ? What about … ? [wɒt‿ə'baʊt]
wieder again [ə'gen]
auf **Wiedersehen** goodbye [gʊd'baɪ]
wild wild [waɪld]
willkommen heißen to welcome ['welkəm]
Willkommen in … Welcome to … ['welkəm tə]
Wind wind [wɪnd]
windig windy ['wɪndi]
windsurfen to surf [sɜ:f]; to windsurf ['wɪnsɜ:f]
winken to wave [weɪv]
Winter winter ['wɪntə]
winzig tiny ['taɪni]
wir we [wi:]
wirklich real [rɪəl]; really ['rɪəli]
wissen to know [nəʊ]
Wissenschaft Science ['saɪəns]
Wissenschaftler/Wissenschaftlerin scientist ['saɪəntɪst]
Witz joke [dʒəʊk]
Witze machen to joke [dʒəʊk]
wo where [weə]
Woche week [wi:k]
in der Woche a week [ə 'wi:k]
pro Woche a week [ə 'wi:k]
Wochenende weekend [ˌwi:k'end]
Woher kommst du? Where are you from? [ˌweər‿ə jə 'frɒm]
wohin where [weə]
Wohltätigkeit charity ['tʃærɪti]
Wohltätigkeitsverein charity ['tʃærɪti]
wohnen to live [lɪv]
wohnen bei to stay with ['steɪ wɪð]
Wohnung flat [flæt]
Wohnzimmer living room ['lɪvɪŋ rʊm]
Wolf wolf, wolves *(pl)* [wʊlf; wʊlvz]
Wolke cloud [klaʊd]
wolkig cloudy ['klaʊdi]
Wolldecke blanket ['blæŋkɪt]
wollen to want (to) ['wɒnt tə]
Workshop workshop ['wɜ:kʃɒp]
Wort word [wɜ:d]
Wörterbuch dictionary ['dɪkʃnri]
wunderschön beautiful ['bju:tɪfl]
Wunsch wish [wɪʃ]
wünschen to wish [wɪʃ]
würde(n) would [wʊd]
Wurf throw [θrəʊ]
Wurst sausage ['sɒsɪdʒ]
Würstchen sausage ['sɒsɪdʒ]
würzig spicy ['spaɪsi]
wütend furious ['fjʊəriəs]; mad [mæd]

Z

zäh tough [tʌf]
Zahl number ['nʌmbə]
Zahn tooth, teeth *(pl)* [tu:θ; ti:θ]
Zauberer wizard ['wɪzəd]
Zeh toe [təʊ]
Zeichen sign [saɪn]; signal ['sɪgnl]
Zeichentrickfilm cartoon [kɑ:'tu:n]
zeichnen to draw [drɔ:]
zeigen to show [ʃəʊ]
Zeile line [laɪn]
Zeit time [taɪm]
Du liebe Zeit! Good grief! [gʊd 'gri:f]
Zeitalter age [eɪdʒ]
Zeitschrift magazine [mægə'zi:n]

German – English

Zeitschriftenhändler/Zeitschriftenhändlerin newsagent ['nju:sˌeɪdʒənt]
Zeitung newspaper ['nju:sˌpeɪpə]
Zelt tent [tent]
Zelten camping ['kæmpɪŋ]
Zentrum centre ['sentə]
zerbrechen to break [breɪk]
zerbrochen broken ['brəʊkn]
zerstören to destroy [dɪ'strɔɪ]
ziehen to pull [pʊl]
Ziehen tug [tʌg]
Ziel goal [gəʊl]
Zimmer room [ru:m; rʊm]
zittern to shake [ʃeɪk]
Zoll customs *(pl)* ['kʌstəmz]
Zoll *(Längenmaß: 2,54cm)* inch [ɪnʃ]
Zoo zoo [zu:]
zu to [tʊ; tə]
zuerst at first [ət 'fɜ:st]; first [fɜ:st]
zuflüstern to whisper ['wɪspə]
zufrieden sein mit to be pleased with [bi: 'pli:zd wɪð]
Zug train [treɪn]
zugehen auf to walk up to [wɔ:k‿'ʌp tə]
Zuhause home [həʊm]
zuhören to listen ['lɪsn]
zumachen to close [kləʊz]
zunächst at first [ət 'fɜ:st]
zunehmen to rise [raɪz]
Zupfen tug [tʌg]
zurück back [bæk]
zurückgehen to turn back [tɜ:n 'bæk]
zusammen together [tə'geðə]
Zusatz extra ['ekstrə]
zusätzlich extra ['ekstrə]
Zuschauer/Zuschauerin viewer ['vju:ə]
zweimal twice [twaɪs]
zwingend compulsory [kəm'pʌlsri]
zwischen between [bɪ'twi:n]

In the classroom

What you can say ...

... when you arrive and leave:	
Good morning, Mrs/Mr	Guten Morgen, Frau/Herr ... .
I'm sorry, I'm late.	Tut mir Leid, dass ich mich verspätet habe.
What are we going to do today?	Was machen wir heute?
I'm sorry, I've forgotten my exercise book.	Tut mir Leid, ich habe mein Heft vergessen.
What's for homework, please?	Was haben wir als Hausaufgabe auf?
See you next time.	Bis zum nächsten Mal.
Have a nice weekend.	Schönes Wochenende!
Goodbye./Bye.	Auf Wiedersehen./Tschüs.

... if you want to be polite:	
I'm sorry (to bother you), but could I please borrow your mobile/... ?	Entschuldige, (dass ich dich störe,) aber kann ich bitte dein Handy/... ausleihen?
I'm sorry about my homework/... .	Es tut mir Leid wegen meiner Hausaufgaben/... .
I'm sorry (that) I'm late.	Entschuldigung, dass ich zu/so spät komme.
Oh, I'm sorry!	Oh, Entschuldigung/Verzeihung!
That's OK./ No problem.	Macht nichts./Nichts passiert.
That's no problem.	Kein Problem.
Wait, I'll help you.	Warte mal! Ich helfe dir.
Thanks./Thank you (very much).	Danke! Vielen Dank!
I'll carry those books for you, Miss.	Ich trage Ihnen die Bücher, Frau ... .

... if there is a problem:	
How are you?	Wie geht es dir?
Are you feeling ill?	Fühlst du dich krank?
What's the matter with you?	Was fehlt dir denn?
I'm fine, thank you.	Gut, danke.
I'm not feeling well.	Ich fühle mich nicht gut.
I've got a headache.	Ich habe Kopfweh.
Can I open the window, please?	Darf ich bitte das Fenster öffnen?
Can I go to the toilet, please?	Darf ich bitte auf die Toilette gehen?

... if you want to ask for help:	
Can you help me, please?	Können Sie mir bitte helfen?
I don't understand this.	Ich verstehe das nicht.
What do we have to do?	Was müssen wir denn machen?
What's that in English / German?	Was heißt das auf Englisch / Deutsch?
Can I say: ...? / What does ... mean?	Kann ich sagen: ...? / Was bedeutet ...?
How do you do this exercise?	Wie macht man diese Übung?
Is this right? I'm not sure.	Ist das richtig? Ich bin nicht sicher.
Sorry, I don't know.	Tut mir Leid, das weiß ich nicht.
Can you write it on the board, please?	Können Sie das bitte an die Tafel schreiben?
Can I ask a question, please?	Kann ich bitte eine Frage stellen?
Pardon? Can you repeat the question / sentence, please?	Wie bitte? Können Sie die Frage / den Satz bitte wiederholen?
Can you play the CD again, please?	Können Sie die CD bitte nochmal abspielen?
Can we do another example, please?	Können wir noch ein Beispiel machen?

... if you have a discussion:	
What do you think?	Was meinst du?
In my opinion	Meiner Meinung nach ... .
I think you are right/wrong.	Ich denke, du hast recht/Unrecht.
On the one hand ... , on the other hand	Einerseits ... , andererseits ... .

... if you work together:

Can I work with ... ?	Kann ich mit ... zusammenarbeiten?
Can I have your ... ?	Kann ich mal dein/e/n ... haben?
Whose turn is it?	Wer ist dran?
What are we going to do first?	Was machen wir als Erstes?
Let's write ... on our poster.	Schreiben wir ... auf unser Poster.
Let's put this picture here.	Setzen/Kleben wir das Bild hier hin.
You can be ... and I'll be	Du kannst ... spielen und ich werde ... spielen.
Let's act the story/play a game.	Lasst uns die Geschichte/ein Spiel spielen.

... if you give a talk:

Today I'd like to talk about	Heute möchte ich über ... reden.
Here you can see	Hier seht ihr ... .
On the left/right	Auf der linken/rechten Seite ... .
I hope you liked the talk.	Ich hoffe, euch hat mein Vortrag gefallen.
Are there any questions?	Habt ihr Fragen dazu?

... if you want to talk about stories/poems/songs:

I like/don't like this story/poem/song/game.	Diese Geschichte/Dieses Gedicht/Lied/Spiel gefällt mir/gefällt mir nicht.
I think it's good/interesting/brilliant/funny/really exciting.	Ich finde sie/es gut/interessant/toll/ witzig/wirklich spannend.
I think it's sad/boring/terrible.	Ich finde sie/es traurig/langweilig/schrecklich.
It was OK but I've read better ones.	Sie/Es ist ganz nett, aber ich habe schon bessere gelesen.
I don't think this is right/wrong.	Ich glaube nicht, dass dies richtig/falsch ist.

What the teacher says to you

Questions

Excuse me. Could you ... ?	Entschuldigung, könntest du ... ?
Could you help me, please?	Könntest du mir bitte helfen?
What's the problem?	Was ist das Problem?/Was ist los?
What's happening in the picture?	Was passiert (gerade) im Bild?
What do you know about poetry slams/... ?	Was wisst ihr über 'poetry slams'/... ?
What do you think of ... ?	Was haltet ihr von ... ?
Have you got any other ideas?	Habt ihr andere/sonstige Ideen?
Can you find the mistakes?	Könnt ihr die Fehler entdecken?
What does ... mean?	Was bedeutet ... ?

Instructions

Be careful with the word order/... .	Achtet auf die Satzstellung/... .
Make a grid (like this).	Macht eine Tabelle (wie diese).
Match the questions/pictures with the answers/sentences.	Ordnet den Fragen/Bildern die Antworten/Sätze zu.
Read the definitions.	Lest die Definitionen.
Define these jobs/... .	Erklärt diese Berufe/... .
Discuss with a partner.	Diskutiert mit einem Partner/einer Partnerin.
Give three reasons.	Nenne drei Gründe.
Find the places on the map.	Sucht die Orte auf der Karte.
Close your books, please.	Macht eure Bücher zu.
Don't forget to check your spelling.	Vergesst nicht, die Rechtschreibung zu prüfen.
Give your talk to the class.	Halte dein Referat vor der Klasse.
Present your poster/DVD to the class.	Präsentiere dein Poster/deine DVD vor der Klasse.

List of irregular verbs

to **be** [bi:]	**was/were** [wɒz/wɜ:]	**been** [bi:n]	sein
to **become** [bɪ'kʌm]	**became** [bɪ'keɪm]	**become** [bɪ'kʌm]	werden
to **begin** [bɪ'gɪn]	**began** [bɪ'gæn]	**begun** [bɪ'gʌn]	beginnen, anfangen
to **bet** [bet]	**bet** [bet]	**bet** [bet]	wetten
to **build** [bɪld]	**built** [bɪlt]	**built** [bɪlt]	bauen
to **blow** [bləʊ]	**blew** [blu:]	**blown** [bləʊn]	blasen
to **break** [breɪk]	**broke** [brəʊk]	**broken** ['brəʊkn]	(zer)brechen; kaputtmachen
to **bring** [brɪŋ]	**brought** [brɔ:t]	**brought** [brɔ:t]	bringen, mitbringen
to **burn** [bɜ:n]	**burnt** [bɜ:nt]	**burnt** [bɜ:nt]	(ver)brennen
to **buy** [baɪ]	**bought** [bɔ:t]	**bought** [bɔ:t]	kaufen
to **catch** [kætʃ]	**caught** [kɔ:t]	**caught** [kɔ:t]	fangen
to **choose** [tʃu:z]	**chose** [tʃəʊz]	**chosen** ['tʃəʊzn]	wählen, auswählen
to **come** [kʌm]	**came** [keɪm]	**come** [kʌm]	kommen
to **cut** [kʌt]	**cut** [kʌt]	**cut** [kʌt]	schneiden
to **dig up** [dɪg‿'ʌp]	**dug up** [dʌg‿'ʌp]	**dug up** [dʌg‿'ʌp]	ausgraben
to **do** [du:]	**did** [dɪd]	**done** [dʌn]	machen, tun
to **draw** [drɔ:]	**drew** [dru:]	**drawn** [drɔ:n]	zeichnen
to **drink** [drɪŋk]	**drank** [dræŋk]	**drunk** [drʌŋk]	trinken
to **drive** [draɪv]	**drove** [drəʊv]	**driven** ['drɪvn]	fahren
to **eat** [i:t]	**ate** [et / eɪt]	**eaten** ['i:tn]	essen, fressen
to **fall** [fɔ:l]	**fell** [fel]	**fallen** ['fɔ:ln]	fallen, herunterfallen, hinfallen
to **feed** [fi:d]	**fed** [fed]	**fed** [fed]	füttern
to **feel** [fi:l]	**felt** [felt]	**felt** [felt]	fühlen, sich fühlen
to **fight** [faɪt]	**fought** [fɔ:t]	**fought** [fɔ:t]	kämpfen
to **find** [faɪnd]	**found** [faʊnd]	**found** [faʊnd]	finden
to **fly** [flaɪ]	**flew** [flu:]	**flown** [fləʊn]	fliegen
to **forget** [fə'get]	**forgot** [fə'gɒt]	**forgotten** [fə'gɒtn]	vergessen
to **get** [get]	**got** [gɒt]	**got** [gɒt]	kommen, bekommen; werden
to **give** [gɪv]	**gave** [geɪv]	**given** ['gɪvn]	geben, schenken
to **go** [gəʊ]	**went** [went]	**gone** [gɒn]	gehen
to **hang out** [hæŋ‿'aʊt]	**hung out** [hʌŋ‿'aʊt]	**hung out** [hʌŋ‿'aʊt]	sich herumtreiben
to **hear** [hɪə]	**heard** [hɜ:d]	**heard** [hɜ:d]	hören
to **hide** [haɪd]	**hid** [hɪd]	**hidden** ['hɪdn]	verstecken, sich verstecken
to **hit** [hɪt]	**hit** [hɪt]	**hit** [hɪt]	schlagen, treffen
to **hold** [həʊld]	**held** [held]	**held** [held]	halten
to **hurt** [hɜ:t]	**hurt** [hɜ:t]	**hurt** [hɜ:t]	verletzen, weh tun
to **keep** [ki:p]	**kept** [kept]	**kept** [kept]	(be)halten
to **know** [nəʊ]	**knew** [nju:]	**known** [nəʊn]	wissen, kennen
to **lay** [leɪ]	**laid** [leɪd]	**laid** [leɪd]	legen
to **learn** [lɜ:n]	**learnt** [lɜ:nt]	**learnt** [lɜ:nt]	lernen
to **leave** [li:v]	**left** [left]	**left** [left]	lassen, verlassen, abfahren
to **lend** [lend]	**lent** [lent]	**lent** [lent]	leihen
to **let** [let]	**let** [let]	**let** [let]	lassen
to **lie** [laɪ]	**lay** [leɪ]	**lain** [leɪn]	liegen
to **lose** [lu:z]	**lost** [lɒst]	**lost** [lɒst]	verlieren
to **make** [meɪk]	**made** [meɪd]	**made** [meɪd]	machen, tun

to **mean** [mi:n]	**meant** [ment]	**meant** [ment]	bedeuten, meinen
to **meet** [mi:t]	**met** [met]	**met** [met]	treffen, sich treffen
to **put** [pʊt]	**put** [pʊt]	**put** [pʊt]	setzen, stellen, legen
to **read** [ri:d]	**read** [red]	**read** [red]	lesen
to **ride** [raɪd]	**rode** [rəʊd]	**ridden** ['rɪdn]	fahren, reiten
to **ring** [rɪŋ]	**rang** [ræŋ]	**rung** [rʌŋ]	klingeln; anrufen
to **rise** [raɪz]	**rose** [rəʊz]	**risen** ['rɪzn]	steigen, wachsen, zunehmen
to **run** [rʌn]	**ran** [ræn]	**run** [rʌn]	rennen, laufen
to **say** [seɪ]	**said** [sed]	**said** [sed]	sagen, sprechen
to **see** [si:]	**saw** [sɔ:]	**seen** [si:n]	sehen; besuchen
to **sell** [sel]	**sold** [səʊld]	**sold** [səʊld]	verkaufen
to **send** [send]	**sent** [sent]	**sent** [sent]	schicken
to **set** [set]	**set** [set]	**set** [set]	stellen, einstellen
to **shake** [ʃeɪk]	**shook** [ʃʊk]	**shaken** ['ʃeɪkn]	schütteln, zittern
to **show** [ʃəʊ]	**showed** [ʃəʊd]	**shown** [ʃəʊn]	zeigen
to **sing** [sɪŋ]	**sang** [sæŋ]	**sung** [sʌŋ]	singen
to **sit** [sɪt]	**sat** [sæt]	**sat** [sæt]	sitzen
to **sleep** [sli:p]	**slept** [slept]	**slept** [slept]	schlafen
to **smell** [smel]	**smelt** [smelt]	**smelt** [smelt]	riechen
to **speak** [spi:k]	**spoke** [spəʊk]	**spoken** ['spəʊkn]	sprechen
to **spell** [spel]	**spelt** [spelt]	**spelt** [spelt]	buchstabieren
to **spend** [spend]	**spent** [spent]	**spent** [spent]	verbringen, ausgeben
to **steal** [sti:l]	**stole** [stəʊl]	**stolen** ['stəʊln]	stehlen
to **swim** [swɪm]	**swam** [swæm]	**swum** [swʌm]	schwimmen
to **take** [teɪk]	**took** [tʊk]	**taken** ['teɪkn]	nehmen, mitnehmen, bringen
to **teach** [ti:tʃ]	**taught** [tɔ:t]	**taught** [tɔ:t]	lehren
to **tell** [tel]	**told** [təʊld]	**told** [təʊld]	erzählen, sagen
to **think** [θɪŋk]	**thought** [θɔ:t]	**thought** [θɔ:t]	denken, glauben
to **throw** [θrəʊ]	**threw** [θru:]	**thrown** [θrəʊn]	werfen
to **understand** [ˌʌndə'stænd]	**understood** [ˌʌndə'stʊd]	**understood** [ˌʌndə'stʊd]	verstehen
to **wake** [weɪk]	**woke** [wəʊk]	**woken** ['wəʊkn]	(auf)wecken
to **wear** [weə]	**wore** [wɔ:]	**worn** [wɔ:n]	anhaben, tragen
to **win** [wɪn]	**won** [wɒn]	**won** [wɒn]	gewinnen, siegen
to **write** [raɪt]	**wrote** [rəʊt]	**written** ['rɪtn]	schreiben

Lösungen Revision

Revision 1 – Seite 36–37

1 Things people do

2. Do Sue and Kate **play baseball**? – No, but they **often play volleyball**.
3. Does Stella **enjoy sports**? – No, but she **always enjoys music**.
4. Does Mr Brown **buy computer magazines**? – No, but he **usually buys sports magazines**.
5. Does Rob **ride his bike to the stadium**? – No, but he **rides his bike to the park at the weekends**.
6. Do the fans **take Cincinnati Reds flags** to a game (with them)?
   No, but they **always take Chicago Cubs flags** (with them).

2 Wrong facts

1. That's wrong. A football team doesn't have 15 players. A **rugby team** has 15 players. (A football team has 11 players.)
2. That's wrong. Derrek Lee **never** plays for the Cincinnati Reds. He plays for the **Chicago Cubs**.
3. That's wrong. Beach volleyball players **never** use arm signals. They use **hand** signals.
4. That's wrong. In baseball the pitcher **never** tries to hit the ball with a bat. The **batter** tries to do this.
5. That's wrong. Volleyball players **never** wear helmets. They **always** wear shorts and a T-shirt.
6. That's wrong. In football the players **never** pass and catch the ball. They do this in **rugby**.
7. That's wrong. They **never** play beach volley ball in a field. They play it **on sand/ in a court**.
8. That's wrong. In tennis the players **never** use a red ball. They use a **white or yellow** ball.

3 What did they do?

1. Suzanne **worked** as a bike courier… .
2. James Cartwright's dad **was** a milkman.
3. Reg **spent** six months learning all the roads … .
4. Pru **found** her old job boring.

4 At the Science Museum

Last Saturday it **was** Jamie's birthday. Jamie and his friends **went** to the Science Museum. They **took** the Underground there. The trip **wasn't** long so they **got** to the museum early. They **bought** their tickets and **decided** to go to the flight lab first because they **didn't** want to stand in the long queues later. They **liked** it a lot. Then they **wanted** to see the old Concorde but they **couldn't** find it. They **asked** a man in uniform. He **was** very friendly and **showed** them where to go. Before they **left**, they **visited** the museum shop. There **were** lots of interesting things there and fantastic posters, too. Jamie's friends **gave** him a great present: He **could** choose something from the shop! He **chose** a model of his favourite car.

5 Can you remember?

a) 2. Where did the pickpocket steal the rucksack?
3. Why did the people go to the river?
4. How did Reg meet David Beckham?
5. Where did Pru work before she started at Accent?
6. Who did James, the milkman, get cakes or sweets from?
7. What did Suzanne hate until she became a courier?
8. When did they build the Tower of London?

b) 1. It/The Great Fire happened in 1666.
2. He stole the rucksack at Marble Arch.
3. They wanted to escape from the fire (in boats).
4. He met David Beckham because he once took him to the airport (in his taxi).
5. She worked in a post office before she started at Accent.
6. He got cakes or sweets from his customers.
7. She hated helmets until she became a courier.
8. They built it in the 11th century.

Revision 2 – Seite 66–67

1 A day trip

1. can; 2. needn't; 3. can't, 4. needn't; 5. needn't;
6. can; 7. can; 8. can; 9. needn't; 10. can; 11. can't

2 Rules on a ferry

a) 3. You mustn't put your feet on the seats
4. You must keep out of the engine room.
5. You mustn't throw away your bottles/throw your bottles away.
6. You must take them/the bottles back.
7. You mustn't leave your luggage anywhere.
8. You must keep your luggage with you.
9. You mustn't dive off the ferry.
10. You mustn't carry animals or plants (with you).

b) 2. Why must I listen to announcements? Well, something could go wrong with the ferry.
3. Why mustn't I put my feet on the seats? The seat will get dirty!
4. Why must I keep out of the engine room? It's only for people who work on the ferry.
5. Why mustn't I throw my bottles away? Because they clean and use the bottles again.
6. Why must I take them back? They give you money for the empty bottles at the café.
7. Why mustn't I leave my luggage anywhere? Because somebody can steal your bag.
8. Why must I keep my luggage with me? Well, then they can't steal it, of course!
9. Why mustn't I dive off the ferry? It's very dangerous and you can get hurt!
10. Why mustn't I carry animals or plants (with me)? Because it's against the UK Customs' rules.

3 Work for it!

a) 2. OK, Dad, I'll paint the garage door (for you) for five pounds.
3. OK, I'll do your shopping (for you) for three pounds.
4. Well, I'll deliver your papers (for you) for five pounds.
5. Of course, Grandma, I'll clean your windows (for you) for four pounds.
6. I'll read (some poetry, ...) to you for three pounds.

b) 2. We won't paint the garage door until Saturday because we (still) have to buy the paint.
3. I won't do my aunt and uncle's shopping on Thursday because they always do it on Friday.
4. I won't deliver my brother's papers every day. I'll just do it at the weekend.
5. We won't clean my grandma's windows now because it's raining.
6. I won't read (any poetry, ...) to Mrs Howard tomorrow because she's at a party then.

4 Lots of questions!

1. How will they get there without their car?
2. Where will I get the money from for a new bike?
3. Why won't you come to my party?
4. What will she do in a new town without her friends?
5. When will they deliver that pizza?
6. Who will help Tom put up the shelves?
7. Where will she stay when she's in England?
8. Why won't Dad move to a big town?
9. Who will look after my bags? I want to go swimming.

Lösungen Try it out!

Try it out! 1 – Seite 20–21

A Reading

1

a. 4 a magazine article
b. 3 a road race on bikes
c. 4 the man with the shortest time for all the races

2

a. 'Tour'
b. accidents
c. crashed/died
d. helmets
e. races
f. important

B Language

a. bad
b. died
c. most difficult
d. ends
e. different
f. shortest

C Mediation and communication

You: Er **braucht** einen **Helm**, aber er will **keinen kaufen**. Er möchte ihn nur **übers Wochenende ausleihen**.
You: Kann er die **beiden Helme** links **anprobieren**?
You: Der **blaue Helm** ist zu **groß** aber der **rote Helm passt** ihm sehr gut. Kann er ihn bis **Montag ausleihen**?
You: Vielen **Dank**. Er bringt ihn **zurück**.

D Listening

a. 3 10 km from Paris.
b. 2 It's rainy.
c. 1 They must wait (for their new bikes).

E Writing

1

The Tour de France is a **bike race**. It always ends in **Paris**. All riders must wear helmets because it is **very dangerous**. They ride for more than three thousand **kilometres**.
The 'Tour' goes into other countries, for example **Spain, Germany and the UK**.
The most important race is the race for the **yellow jersey**.

2

I like it because **it is interesting and exciting**.

Or

I don't like it because I **don't like sport on TV**. /I think **ball sports are better**.

Try it out! 2 – Seite 34–35

A Reading

1

a. right
b. right
c. wrong
d. wrong
e. right
f. right

2

a. 1 young people.
b. 2 It's a great idea.
c. 3 things like healthy food.

B Language

a. people
b. activities
c. buses
d. lives
e. bullies
f. countries

C Skills

a. arbeitet
b. funktioniert nicht
c. arbeitsfähig
d. arbeitslos
e. Büroarbeit

D Mediation and communication

You: Meine Freundin **möchte wissen**, wie sie **morgen** zum **Stadion** kommt. **Muss** sie ein **Taxi bestellen** oder kann sie **mit dem Bus** fahren?
You: Haben Sie einen **Busfahrplan**?
You: Sarah **muss um 14 Uhr** am Stadion sein. Wo ist die **nächste Bushaltestelle**?

E Listening

traffic jams, bullying, drugs, noise

F Writing

1

The new website is for young people in **London**. Many of them have difficult **lives**. Some don't speak English well because **they come from other countries**. On the website they can **write about their problems and ask for help**. The website can only work if **young people know about it**.

2

Yes, I think it is a good idea because a lot of pupils have problems and need to talk about them. It's an easy way to give pupils and parents information quickly.
Or
No, I don't think it is a good idea because all school websites are boring.
Lots of kids aren't interested in a website at school.

Try it out! 3 – Seite 50–51

A Reading

a. 3 a museum on the south coast of England
b. 2 frightening and dangerous
c.
1 a day
2 the history of smuggling
3 the dangerous life of a smuggler
4 'Smugglers' Adventure'/the caves
5 the 'ghost' of a smuggler
6 strange noises

B Language

museum, England, film, information, coolest

C Skills

1

a. smuggler smuggling smuggled
b. live relive life lives life-sized
c. visit visitor
d. frighten frightening frightened

2

a. 2 see old things
b. 1 brings things into a country
c. 1 read to get information

D Mediation and communication

You: Es ist ein Museum.
You: Du kannst die Höhlen besuchen, wo die Schmuggler gewohnt haben.
Du kannst auch einen Film über Schmuggler sehen und einen Geist kennen lernen.
You: Das Museum ist in Hastings, an der Südküste Englands.
You: Es ist sehr gruselig dort. Du kannst komische Geräusche hören und unheimliche Lichter sehen.

E Listening

a. 3 Scotland.
b. 2 Hastings.
c. 3 windsurf.

F Writing

1

On the south coast of England there is an exciting **museum**. There you can learn about **the history of smuggling (on this coast)**. You can watch a **film about smuggling** and meet **the 'ghost' of a smuggler (who died here many years ago)**. If that doesn't scare you, you can **hear strange noises and spooky lights will frighten even the 'coolest' of your friends**.

2

I think it is interesting because there is a lot of information about smuggling there. I'd like to meet the 'ghost'.

Or

I don't think it is very interesting. I'm not interested in smuggling. I don't like dark caves and I hate spooky lights and strange noises.

Try it out! 4 – Seite 64–65

A Reading

1

a. 2 a girl from India
b. 3 in a factory
c. 1 be in school

2

a. years old
b. brothers
c. factory without windows
d. rupees a day
e. strong
f. money
g. work
h. much cheaper than their parents

B Language

1

a. from
b. in
c. with
d. into
e. from
f. in

2

a. years old
b. of millions
c. younger brothers
d. hours
e. rupees
f. cents

C Mediation and communication

a. In einem Raum ohne Fenster in einer Fabrik in Indien.
b. Sie stellt Streichhölzer her.
c. Sie muss arbeiten, weil ihre Familie das Geld braucht.
d. 50 Cent pro Tag.
e. Nein. Es passiert in vielen anderen Ländern auch.

D Listening

b. Her hair looks terrible.

E Skills

has to buy food — Sindhu
has to work — Sindhu
father had accident — Sindhu
50 cents a day — Sindhu
factory — Sindhu
Sindhu — should be in school
Sindhu — millions in India
Sindhu — children are cheaper

F Writing

1

a. Sindhu has to work because her father had an accident and she must earn some money.
b. With the money which she earns she has to buy food for all the family.
c. Millions of children in India have to work.
d. They should be in school. But they are much cheaper than their parents.

2

I think they have a very difficult life. They have to work. They can't go to school and the factories are unhealthy.

Or

I think Sindhu and her friends are lucky. They get money for their work. Sindhu has a home and parents. Some children are alone in the world.

Lösungen Grammatik

Unit 1

G1

We **play** football/basketball/… in a club. Our team **has got** … players.
We **have** practice once/two days a week/… a week/every Monday/… .
We **wear** shorts and T-shirts and trainers.

Unit 2

G2

The police **stopped** a pickpocket in London. What **did** he **get**? He **got** five wallets but he **didn't get** much money. Where **did** they **catch** him? The **caught** him at Monument.

G3

Nutty: Look! All these hats are in my shop.
Jane: Which are your favourite **ones**?
Nutty: The **one** on the left is expensive. It's £15. The **one** next to it is cheap. It's the cheapest **one**. And the **one** on my head is the most beautiful **one**.

Unit 3

G4

We **must** escape! We **can't** go through the trees. We **can't** take the helicopter.
We **must** get across the river but we **needn't** swim. We **can** take the boat.
We **mustn't** wait. We **must** hurry up!

Unit 4

G5

1. I promise **I'll help** you.
2. I'm sure **it'll rain** tomorrow.
3. I think my friend **will wait** for me.

Unit 5

G6/7

1. There are **some** great films on TV tonight.
2. Are there **any** soaps on BBC1?
3. Have you seen the TV guide **anywhere**?
4. **Somebody** has taken it.
5. You can't find **anything** in this house!

Text- und Bildquellen

Textquellen:
S. 29: Brad Arnold, Robert Todd Harrell, Christopher Lee Henderson, Matthew Darrick Roberts © Songs of Universal; für D, CH, A: Universal/MCA Music Publishing GmbH, Berlin; **S. 35:** PONS Orange Line Wörterbuch © Ernst Klett Sprachen GmbH, Stuttgart; **S. 45:** Sting © GM Sumner; für D, CH, A: EMI Music Publishing Germany GmbH Co KG, Hamburg; **S. 59:** Linda Perry © für D, CH, A: Famous Music Publishing Germany GmbH Co KG, München

Bildquellen:
Umschlag: Alamy Images RF (stockbyte rf), Abingdon, Oxon; Vorsatz: London Transport Museum, London; **S. 4:** Avenue Images GmbH (Corbis RF), Hamburg; MEV, Augsburg; Fotofinder (Caro/Oberhäuser), Berlin; Avenue Images GmbH (Image Source), Hamburg; **S. 5:** Alamy Images RM (David Pearson), Abingdon, Oxon; Ingram Publishing, Tattenhall Chester; Fotosearch RF (Photodisc), Waukesha, WI; Seuffert, Felix, Hannover; **S. 6:** defd, Hamburg; Corbis (Ralf-Finn Hestoft/), Düsseldorf; defd, Hamburg; Corbis (Rick Doyle), Düsseldorf; **S. 8:** Getty Images (John Gichigi), München; **S. 9:** Avenue Images GmbH (Corbis RF), Hamburg; Corbis (S. Carmona), Düsseldorf; Chicago Uncommon (Dawn M. Mikulich), Chicago IL; Alamy Images RM (Kim Karpeles), Abingdon, Oxon; **S. 10:** Avenue Images GmbH (Corbis RF), Hamburg; Getty Images (Photographer's Choice/Lang), München; **S. 11:** Corbis (Icon SMI/Goren), Düsseldorf; Getty Images (David Rogers), München; MEV, Augsburg; **S. 12:** Getty Images (Photonica/J. White), München; Getty Images (stone/Rowley), München; Picture-Alliance (Hildenbrand), Frankfurt; Getty Images (Peter Macdiarmid), München; Getty Images (Daniel Berehulak), München; Getty Images (Image Bank/Klumpp), München; **S. 13:** Avenue Images GmbH (Corbis RF), Hamburg; Getty Images (Image Bank/Joe Patronite), München; **S. 14:** Getty Images RF (PhotoDisc), München; Fotosearch RF (Stockbyte), Waukesha, WI; Ingram Publishing, Tattenhall Chester; Getty Images RF (Photo Disc), München; Getty Images (Mike Powell), München; **S. 15:** Alamy Images RM (Jiri Rezac), Abingdon, Oxon; Getty Images (Mike Hewitt), München; Picture-Alliance (epa/Martyn Hayhow), Frankfurt; **S. 16:** Getty Images (Hulton Archive Hutton), München; Getty Images (Hulton Archive/Topical Press Agency), München; **S. 17:** Science & Society Picture Library, London; **S. 19:** Klett-Archiv (Steinle), Stuttgart; MEV, Augsburg; Fotosearch RF (PhotoDisc), Waukesha, WI; Avenue Images GmbH (Corbis RF), Hamburg; Avenue Images GmbH (Corbis RF), Hamburg; **S. 20:** Picture-Alliance (epa/Breloer), Frankfurt; **S. 22:** Fotofinder (Caro/Oberhäuser), Berlin; **S. 23:** Picture-Alliance (Writtle), Frankfurt; Alamy Images RM (Sullivan), Abingdon, Oxon; Fotofinder (Freelens Pool/Kutt), Berlin; Corbis (Fisher), Düsseldorf; Corbis (Blair), Düsseldorf; Fotofinder (Vario Press/Unkel), Berlin; **S. 25:** Picture-Alliance, Frankfurt; Fotofinder (Picture News/Vedde), Berlin; Fotofinder (Keystone/Schulz), Berlin; Alamy Images RM (Angel Terry), Abingdon, Oxon; Corbis (Reuters/Evans), Düsseldorf; Getty Images (Cole), München; Corbis (REUTERS/Ian Hodgson), Düsseldorf; Getty Images (MS Kim), München; Fotofinder (Schapowalow/SIME), Berlin; **S. 26:** Harper Collins Publishers, New York; **S. 27:** Getty Images (Pollok/Taxi), München; Fotofinder (stock4B/Harding), Berlin; Avenue Images GmbH (Image Source), Hamburg; Getty Images (Photonica/Tezarr), München; **S. 28:** Fotofinder (Bridgeman/Stapleton), Berlin; Fotofinder, Berlin; **S. 29:** Historic Royal Palaces, Surrey; Alamy Images RM (Alex Segre), Abingdon, Oxon; www.britainonview.com, London; Alamy Images RF (RF), Abingdon, Oxon; Getty Images (Photonica/AB), München; **S. 30:** Getty Images (taxi/Moskowitz), München; The Ceres Partnership, Dunsden, Reading; Fotosearch RF (Photodisc), Waukesha, WI; **S. 31:** Masterfile (Woodhouse), Düsseldorf; Image 100 (RF), Berlin; **S. 32:** Getty Images (taxi), München; Getty Images (Vincent), München; **S. 34:** Bananastock RF, Watlington/Oxon; **S. 36:** MEV, Augsburg; **S. 37:** Alamy Images RM (David Pearson), Abingdon, Oxon; **S. 39:** Alamy Images RM (David Pearson), Abingdon, Oxon; Corbis (Ric Ergenbright), Düsseldorf; Ingram Publishing, Tattenhall Chester; iStockphoto (RF/Irwin), Calgary, Alberta; **S. 40:** Alamy Images RM (Nick Hanna), Abingdon, Oxon; **S. 42:** Alamy Images RM (Andre Jenny), Abingdon, Oxon; www.cornish-language.org; **S. 43:** Metric/Press; **S. 44:** Avenue Images GmbH (Stockbyte), Hamburg; **S. 45:** iStockphoto (RF/Hidden), Calgary, Alberta; **S. 48:** Alamy Images RF (RF/fotosonline), Abingdon, Oxon; MEV, Augsburg; **S. 49:** MEV, Augsburg; MEV, Augsburg; **S. 50:** www.discoverhastings.co.uk; **S. 52:** Fotosearch RF (Photodisc), Waukesha, WI; **S. 53:** Seuffert, Felix, Hannover; Visum (Georg Schoenharting), Hamburg; Seuffert, Felix, Hannover; **S. 55:** Corbis (Jim Cummins), Düsseldorf; **S. 59:** Alamy Images RF (RF/Design Pics), Abingdon, Oxon; Avenue Images GmbH (Stockbyte), Hamburg; **S. 61:** Fotolia LLC (RF/Elen), New York; **S. 63:** Getty Images (Photonica/Tiedje), München; **S. 64:** terre des hommes Deutschland e.V., Osnabrück; **S. 66:** Corbis (Ergenbright), Düsseldorf; **S. 68:** RTL 2, Grünwald; **S. 69:** Alamy Images RM (Ange), Abingdon, Oxon; Argus (Mike Schröder), Hamburg; Corbis (Ralf-Finn Hestoft), Düsseldorf; Alamy Images RM (ACE), Abingdon, Oxon; **S. 71:** Alamy Images RM (Ilianski), Abingdon, Oxon; **S. 73:** defd, Hamburg; Avenue Images GmbH (StockDisc), Hamburg; **S. 75:** iStockphoto (RF), Calgary, Alberta; Corbis (Rick Doyle), Düsseldorf; **S. 95:** Reuen, Sascha, Essen; Klett-Archiv (Hamida Aziz), Stuttgart; **S. 115:** Comstock, Luxemburg; Corel Corporation, Unterschleissheim; **S. 118:** MEV, Augsburg; **S. 119:** Comstock, Luxemburg; Alamy Images RM (Sullivan), Abingdon, Oxon; **S. 123:** MEV, Augsburg; **S. 125:** Comstock, Luxemburg; **S. 130:** Comstock, Luxemburg; iStockphoto, Calgary, Alberta; **S. 136:** Comstock, Luxemburg.

Every effort has been made to trace the proper owners of the copyrighted material. However, in a few cases, this may have proved impossible despite repeated enquiries.
The publishers would be glad to hear from any further copyright owners of material reproduced in this book.